福建历史文化名人概览

刘传标 编著

九州出版社
JIUZHOUPRESS

图书在版编目（CIP）数据

福建历史文化名人概览 / 刘传标主编 . -- 北京：
九州出版社，2023.1
ISBN 978-7-5108-8685-0

Ⅰ．①福… Ⅱ．①刘… Ⅲ．①历史人物－生平事迹－
福建 Ⅳ．① K820.857

中国国家版本馆 CIP 数据核字（2023）第 016658 号

福建历史文化名人概览

作　　者	刘传标　主编	
责任编辑	沧　桑	
出版发行	九州出版社	
地　　址	北京市西城区阜外大街甲 35 号（100037）	
发行电话	(010)68992190/3/5/6	
网　　址	www.jiuzhoupress.com	
印　　刷	三河市祥宏印务有限公司	
开　　本	787 毫米 ×1092 毫米　16 开	
印　　张	14.5	
字　　数	396 千字	
版　　次	2023 年 1 月第 1 版	
印　　次	2023 年 1 月第 1 次印刷	
书　　号	ISBN 978-7-5108-8685-0	
定　　价	98.00 元	

凡例

一、《福建历史文化名人概览》收录的名人，自先秦至近代，含括福建各府州县及流寓福建的外省籍卓有贡献与影响者。本着"以人系事，以事记史"为原则，力求展示与还原历代福建区域的历史文化名人的活动轨迹和历史风貌。

二、《福建历史文化名人概览》使用的主要资料是各市县方志、档案，同时参考国内外已经出版的书刊、回忆录、访谈录等。

三、《福建历史文化名人概览》1912年之前采用阴历与阴历对照纪年，1912年后采用公元纪年。

四、《福建历史文化名人概览》使用简体字，但姓名中的异体字和具有单独含意的繁体字予以保留。

五、人物籍贯中的旧地名（有生年的保留了当时的政区称谓）加注今地名。

六、跨时代人物，以其主要活动和贡献归代。

七、体例：按编年体，先朝代，再按姓名按首字汉语拼音为序。书后附按地市编排的人物索引便于查阅。

　　文化是软实力，也是竞争力，保护和利用好文化遗产，具有重要而深远的意义。福建素有"文献名邦""海滨邹鲁"之称，给我们留下丰富的文化遗产，编纂《福建省历史文化名人概览》旨在梳理福建区域（包含在闽为官或寄籍闽地）历史文化领域中做出重大贡献的历史名人，展示与宣传福建区域文化的软实力和文化魅力。

目录

上册　古代卷

一、先秦

欧冶子

欧冶子，战国初期越国人，中国古代铸剑鼻祖，龙泉与湛卢剑的铸造人。曾在今福建松溪、政和两县交界的湛卢山和福州市北的冶山、剑池建炉铸剑，曾为越王勾践铸湛卢、巨阙、胜邪、鱼肠、纯钧等五柄宝剑，为楚昭王铸七星龙渊（后改名龙泉剑）、泰阿、工布等三柄名剑。1965 年在湖北省荆州市江陵县的楚墓中挖掘的越王勾践的佩剑，出土时依然寒光闪闪、锋利无比，埋藏 2000 多年都没有锈蚀，而德国于 1937 年、美国于 1950 年才发明了这种冶金技术。（张慧）

二、汉朝

董 奉

董奉（220—280 年），又名董平，字昌，又字君异，号拔墈。东汉建安三神医之一。东汉扬州东冶侯官董墈村（今福州市长乐区古槐镇龙田村）人。生于建安二十五年。曾任侯官县小吏，后归隐其家村后山中，行医济世。民间传说，董奉到南方一带行医时，在交州（今广东、广西、越南北部一带），恰遇交州太守士燮病危，垂死已 3 日。正好董奉在交州，听说后就前去看望。董奉把 3 粒药丸放入病人口中，用水灌下，让人把死者的头捧起来摇动着让药丸溶化，不一会儿，士燮的手脚就像能动，脸上有了活人的颜色，半日就能坐起来，四天后就能说话了。

董奉晚年到豫章（今江西）庐山下隐居，继续行医。《浔阳志·董奉太乙观》记载："董奉居庐山大中祥符观。"

董奉在豫章庐山行医时，有一个人得了热病，快死了，用车拉着来见董奉，叩头哀求董奉救命。董奉让病人坐在一间屋子里，用五层布单子蒙上他，让他别动。病人说起初觉得一个什么动物舔他身子的每一个地方，使他疼痛难忍。这个东西的舌头好像有一尺多长，喘气像牛一样粗，不知是个什么玩意儿。过了很久

那东西走了。董奉就把病人身上的布单揭下来给他洗澡，然后就让他回家。董奉告诉病人不久就会好，注意不要受风。十几天后，病人身上的皮全脱掉了，全身通红十分疼痛，只有洗澡才能止痛。二十天后，病人身上长出新皮，病也好了，皮肤十分光滑，像凝结后的油脂。

由于医术高明，人们把董奉同当时谯郡的华佗、南阳的张仲景并称为"建安三神医"。董奉治病不取钱物，只要重病愈者在山中栽杏 5 株，轻病愈者栽杏 1 株。数年之后，有杏万株，郁然成林。董奉在树下建一草仓储杏，凡买杏子者，以稻谷换杏子，将所得之谷赈济贫民和在外赶路缺少路费的人。

吴天纪四年，董奉逝世。董奉医术的高明和不求名利、乐善好施的高尚医德被人们传为佳话，千秋流传。

后世以"杏林春暖""誉满杏林"称誉医术高尚的医家，唤中医为"杏林"。在福州的茶亭街河上村有一座明代的救生堂（今迁到白马河畔浦东），均为纪念董奉。后人为纪念董奉将其原居住（今古槐镇龙田村境内）的"福山"改名"董奉山"。清乾隆《福州府志》："福山，今名董峰山，属长乐县。"今在董奉的老家，古槐镇龙田村与雁堂村交界处，建起了颇具规模的董奉草堂。草堂占地 20 亩，仿后汉三国时代风格而建，四周遍植杏树，使我们能感受"杏林春暖"千古佳话的意韵。（张慧）

无 诸

无诸，驺氏。约生于战国晚期，卒于西汉初年。越王勾践后裔，西汉时期诸侯国——闽越国的国君。楚威王六年，楚国夺取越国钱塘江以北和以西的土地后，越国解体。越王子孙在江南海滨一带各据一方，或称王或为君，互不统属。无诸是移居今福建境内的越人后裔，自称为"闽越王"。秦始皇统一天下，派大军攻越地，废除无诸的王号，降为"君长"，在闽越故地设立"闽中郡"，辖区大体是今福建全境、浙江南部、江西东部、广东潮梅地区。闽中郡土地辽阔，但距离中原遥远，秦王朝未直接派遣守尉令长，闽中郡仍由无诸统治。

秦二世元年，陈胜、吴广举行反秦起义，各地武装纷起响应。无诸因"秦夺其地，使其

社稷不得血食"，便率领闽中士卒举师北上，归附鄱阳县令吴芮。陈胜、吴广起义失败后，项羽和刘邦所带领的队伍成为反秦主力军，无诸率领闽中甲兵跟随刘邦入武关，战蓝田，攻析、郦。秦王子婴元年，刘邦率领军队攻克咸阳，秦王子婴出降，秦朝灭亡。刘邦废秦苛法，与关中父老约法三章。随之项羽也率军入关，杀子婴，自立为西楚霸王。鸿门宴后封刘邦为汉王，统治巴蜀地及汉中一带。同年，楚汉战争爆发，无诸率领闽中甲兵辅佐刘邦，攻击项羽，为西汉王朝的建立和中国的重新统一做出贡献。汉高祖五年二月，刘邦消灭项羽后，登基称帝，建立西汉政权，分封异姓诸侯王时，封无诸为"闽越王"，封地大约在原闽中郡。无诸仿效中原，建都于"冶"（今福州）。无诸在位期间，积极吸收中原的科技文化，推广铁制工具，大大提高社会生产力，闽越国的经济文化获得快速发展，成为中国历史上闽越族的第一个卓著人物。

相传无诸死后葬在福州城隍山西面小山上，俗称"王墓山"。闽人怀念无诸，历代都立庙祭祀，俗称祖庙。（张慧）

三、南北朝

陈宝应

陈宝应（？ -564），南朝时期江州晋安郡[①]

---

① 南朝宋孝武帝元嘉年间对政区重新分割荆、扬，复立南兖、兖和南豫三州，并将闽地的"晋安郡"改名"昌都郡"。泰始四年，将江州的"昌都郡"改名"晋平郡"，改属于扬州刺史统辖。刘宋泰始七年，又将扬州刺史所辖"晋平郡"改名"晋安郡"。南朝齐建元二年，"晋安郡"又复名"晋平郡"，隶属于江州。南朝梁太平二年，陈霸先迫萧方智禅位，自立为帝（陈武帝），定国号为"陈"，改元"永定"，史称"南陈"。同年南陈在闽地设置"闽州"，福建历史上第一个省级建制。天嘉六年，陈文帝裁撤闽州，闽地又归隶于东扬州。在"东扬州"下设"晋安郡"，辖原丰、侯官、罗江、温麻等4县。光大二年，陈顼在闽地设置丰州（今福州），统辖建安、晋安、南安等3郡。隋朝开皇九年改州、郡、县三级制为州、县两级制，废"建安郡"，改"丰州"为"泉州"（今福州，福建历史上首次出现"泉州"之名），统辖原丰（改建安郡"东侯官"为"原丰"）、建安、南安、龙溪等4县。开皇十二年，改原丰为闽县。

侯官县（今福州市）人，生年不详。南朝梁时，壮武将军、晋安太守，加封侯官县侯，食邑五百户。

陈宝应，其家本是闽中本地世家大姓。南朝梁时，晋安郡经常爆发本地大姓反对官府的武装斗争，其郡将、长吏，累次被杀。陈宝应之父陈羽本是郡中豪强，颇有才干，经常从中谋划，扩充势力，后又投靠官军，消灭各大姓势力，从而掌握晋安郡的兵权。

梁太清二年，梁将领侯景发动叛乱，直攻建业（今江苏南京），各地豪族乘乱而起，割据一方。梁大宝元年，陈羽以武力逼走晋安太守宾化侯萧云，自主郡政，因年老，命陈宝应典兵。当时，江浙东境闹饥荒，会稽尤甚，饿死者十占七八，饥民多卖身求活。时晋安丰收，陈宝应乘机发兵，从海道攻占临安、永嘉、会稽、余姚、诸暨等地。又运去大量谷米，取回大量玉帛、人口，江浙间能驾驭舟车者也多投归闽中。陈氏由此资财大增、兵多将广，晋安的势力一时强盛。大宝二年，梁朝平定侯景之乱，承认陈羽、陈宝应割据闽中的事实，任陈羽为晋安太守。绍泰元年，陈霸先攫取梁朝的辅政大权，陈羽请归老，求以郡政传给陈宝应，获准；陈宝应因被授为壮武将军、晋安太守。绍泰二年，加封侯官县侯，食邑五百户。这时陆路兵乱不通，陈宝应乃从海道至会稽上贡。

梁太平二年，陈霸先取梁敬帝萧方智而代之，国号陈，改元永定。同年置闽州，辖建安、晋安二郡，授陈宝应持节散骑常侍、信武将军、闽州刺史领会稽太守。

陈天嘉元年，陈文帝继位，为笼络地方割据集团，晋陈宝应为宣毅将军，加陈羽光禄大夫，并把陈氏一族编入宗室籍，其子女不论大

长乐隶属于泉州（今福州）闽县。隋大业二年，泉州（今福州）更名为闽州，辖闽县、建安、南安、龙溪等4县，长乐地隶属于闽州的闽县。大业三年，隋廷下旨废除"州"的建制，闽地的"闽州"改为"建安郡"，郡治由建安（今建瓯）移至闽县（今福州）。原闽州辖下的建安、晋安、南安等3郡合并为"建安郡"，原设置的15个县裁并为闽县、建安、南安、尤溪等4县。唐朝开创道、州、县三级制，武德元年，改郡为州。"建安郡"改为"建州"。武德六年，岭南道析"建州"增设"泉州"，设泉州都督府治所于闽县（今福州）。

小皆封爵。

陈宝应为巩固对闽中的统治，与割据浙、赣的留异、周迪结成联盟，并娶留异女为妻。

永定三年，陈朝开始实行消灭地方割据势力的政策。先是派萧乾为建安太守，想从闽江上游削弱陈宝应的势力，但因陈宝应阻挠，萧乾无法到任。至天嘉三年，陈朝派遣司空侯安都领军攻浙江留异，陈宝应出兵支援，不敌，留异父子奔福州投陈宝应。同年，陈朝又派江州刺史吴明彻率军攻江西周迪，陈宝应也出兵、粮资助周迪。天嘉四年正月，周迪兵败，单身越岭，亦奔福州投附陈宝应。文帝盛怒之下，取消陈宝应的宗室属籍，发兵讨伐。派都督章昭达军由陆路、益州刺史领信义太守余孝顷军由海道，两路夹攻闽地。陈宝应率军据建安湖漈，结水栅山寨以阻陈军前进。天嘉五年（564年），陈朝章昭达命军伐木结筏，乘溪水涨急时流放之，冲破陈宝应兵寨水栅，而后水陆急攻，适余孝顷率海路军至，陈宝应兵大败，率其子南逃，至莆田被俘。陈宝应及全家子弟20人被押送建康（今南京）斩首。南陈统一闽地，结束南朝梁末年以来闽地割据的局面。（刘传标）

四、唐及五代

陈元光

陈元光（657—711年），字廷炬，号龙湖。唐朝淮南道光州固始（今河南固始）人。唐归德将军陈政之子。唐高宗总章二年，闽中泉州（治所在今福州）、潮州爆发"蛮獠啸乱"。唐高宗诏令归德将军陈政为岭南行军总管，率领3600名府兵南下入闽平乱。蛮獠擅长山地作战，终因寡不敌众，退守九龙江下游九龙山（今九龙岭），"且耕且守"，奏请增兵。唐咸亨元年唐朝廷命陈政之兄陈敏、陈敷带领五十八姓军校及军眷5000多人"尽室南来"增援。年仅14岁的陈元光同行，至须江县（今浙江省江山市），陈敏、陈敷相继病逝，由魏太夫人率领援兵到九龙山，与陈政会合，连克36个蛮獠山寨，取得"九龙山大捷"。唐高宗仪凤二年四月，陈政病故于军中，21岁的陈元光承父职，

授玉钤卫翊府左郎将，继续平叛。永隆二年，授左玉钤卫中郎将、岭南道行军总管。历9年数百次战斗，平定"蛮獠啸乱"。

当时漳州地区是尚未开化之地，农业尚处于"刀耕火种"，生产落后，野兽出没，历多年战乱后更是百业凋零，民不聊生。垂拱二年，陈元光奏请唐廷在泉州（今福州）、潮州之间设郡县，以加强开发与管理。垂拱四年六月二十九日，武则天诏令增设"漳州"，初郡治设于今云霄，辖漳浦、怀恩二县，陈元光为中郎将右鹰扬卫率府怀化大将军兼任漳州刺史。陈元光在州内设36个堡，立行台于四境，作为军事绥靖和政治教化的据点，对山越人以招抚为主，德威并重，对叛唐的人施以武力，对愿归顺者，划地居住，实施"寓兵于农"的政策，令南下的府兵家属、流民与当地土著一起开垦土地"依户分田"，推广铁器牛耕等中原先进的农耕技术。同时，兴办学校，成为促进中原文化与闽越文化融合的奠基者。开发闽南漳州地区，陈元光居功第一。

睿宗景云二年十一月初五，潮州一带蛮僚残部又作乱，率轻骑兵御敌，战死沙场，时年55岁。唐廷感念其开漳之功，于先天元年敕赠韬卫镇军大将军兼光禄大夫、中书左丞临漳侯，谥号"忠毅"。开元四年，唐玄宗追赠陈元光为"颍川侯"，并下诏书在州治敕建奉祀陈元光庙宇，建"盛德世祀"牌坊。自唐以来，历代朝廷对陈元光的追封计达22次。清乾隆年间，陈元光被追封为"开漳圣王"。陈元光因开发漳州之功，由人被尊为神。目前，漳州和潮汕地区民间供奉"开漳圣王"的宫庙百余座。"开漳圣王"信仰在明末清初，随漳州籍居民迁居台湾而传到台湾。目前在台湾主祀开漳圣王的庙宇有81座，名称有"威惠庙""开漳圣王庙""永镇庙""灵惠庙""景福宫""广济宫""威惠庙""燕翼宫""州主庙"等多种称呼。（黄洁琼）

韩 偓

韩偓（844—923年），字致光，号"致尧"，小字"冬郎"，号"玉山樵人"。京兆万年县（今陕西西安）人。晚唐大臣、诗人、"南安四贤"之一。韩偓聪敏好学，十岁即能吟诗，

李商隐的名句"雏凤清于老凤声"就是赠给幼年韩偓的。唐昭宗龙纪元年进士及第，历任左拾遗、谏议大夫、度支副使、中书舍人、兵部侍郎、翰林承旨。不肯依附于梁王朱全忠，贬为邓州司马。

天复元年因协助昭宗反正有功，入为翰林学士，受到昭宗的倚重。天复三年因不阿附朱全忠险些丧命，被贬为濮州司马。天佑元年，朱全忠弑昭宗，立李柷为昭宣帝（即哀帝）。韩偓携眷南逃到江西抚州。时王审知主闽政，延揽人才，派人到抚州邀韩偓入闽。天佑三年入闽依附王审知，晚年隐居南安。

天佑四年，朱全忠篡唐，改国号梁，王审知向朱全忠献表纳贡。韩偓对此心有抵触，坚拒王审知的任命，辗转到泉州，后到南安葵山（又名黄旗山）山麓的报恩寺旁建房舍定居，称"韩寓"，自号"玉山樵人"。生活穷困却始终坚持不出仕不食梁禄，后梁龙德三年，韩偓病逝于泉州南安，葬长葵山之阳。其品格与人格为后人所敬重，实为"唐末完人"。

著有《玉山樵人集》，曾由《四部丛刊》重印传世；《全唐诗》收录其诗280多首。今有明汲古阁刻本《韩内翰别集》1卷，附补遗1卷。另《香奁集》有元刊3卷本和汲古阁1卷本传世。

韩偓是晚唐著名诗人，擅写宫词，多写艳情，诗歌前期以闺阁诗为主，辞藻华丽，注重描写女性的心理与神态，手法细腻委婉、风格绮艳悲恻，被后人称为"香奁体"。为"香奁体"的创始人，被尊为"一代诗宗"。《香奁集》是中国文学史上第一部几乎以所有的篇幅来描写爱情类题材的诗集，对后世的诗歌、词、小说均产生了重大的影响。韩偓后期的诗作将视角扩展到广阔的社会现实，反映了晚唐那段风雨如晦的历史，从而使得后人通过其诗歌对历史有更直接的感悟。韩偓在书法上也颇有造诣，其行书写的极好，宋明之人认为他的字"八法俱备，淳劲可爱"，曾有《仆射帖》《艺兰帖》《手简十一帖》等传世。

韩偓入闽后大部分时间生活在南安，被誉为"南安四贤"之一，对南安的文化发展影响深远。南安不少地方都留有韩偓的相关史迹，为纪念其忠贞精神而建的"三贤祠"，宋淳祐年间重建。后又改为四贤祠（祀秦系、姜公辅、韩偓、席相，一说为秦系、姜公辅、韩偓、欧阳詹）。至今保存完好的韩偓墓地早在宋代就成为著名的人文胜迹。韩偓寓居南安，写下大量诗篇，对福建诗歌的发展有深远的影响。陈衍先生曾指出："吾闽文教之开较中土为晚，隋唐间始有诗人，迨唐末五代秦系、韩偓、崔道融之伦，流寓入闽诗教乃盛。"（《陈衍诗论合集》）（黄洁琼）

黄璞

黄璞（837—920年），字德温，一字绍山，号"雾居子"。历史学家、文学家。唐代泉州莆田县（今涵江区国欢镇黄巷山前），后迁居福州三坊七巷之一东街口南后街黄巷。黄璞少时与欧阳詹齐名，擅长诗歌。唐乾符五年八月，黄巢入福州，夜过黄璞家门，知是大儒，命令军士把火把吹灭，以免误焚其宅。

唐大顺二年登进士第，初授尚衣监主簿。乾宁初，升任崇文阁校书郎致仕，乾宁初，擢任翰林院崇文馆校书郎。昭宗之世杜门不仕，自号"雾居子"。

黄璞卒于闽贞明六年十一月十五日，葬在国欢寺后。

著有《雾居子集》。他还搜集自唐中宗以后福建名人54人事迹写成福建第一部人物传《闽川名士传》。这部传记集注重情节的安排，语言诙谐生动，颇类于佚事小说；注重诗赋本身的记载及相关诗文的登录以突出传主文士的身份。该书仿照《史记》"太史公曰"，在每个人物传记之后以"黄子曰"的形式发表自己的看法和议论。不管是从内容还是写作手法来看，该书都是一部优秀的地方人物传记集。

黄璞以《春秋》为榜样，"得失必书""善恶无隐"，不管是"操履高特者"还是"义行亏缺者"都记录在案。黄璞写作本书志在记录乡贤事迹，原书虽早已散佚，但"是书纪闽士详甚，其平平无闻不能自列于史官者，赖以不泯，实有功于闽，闽传之宜"。《困学纪闻》卷十七称："欧阳詹之行，获称于昌黎，而见毁于黄璞记太原伎。黄介、喻良能为文以辨。"这体现了黄璞严谨的写作态度，唐代闽籍学者的材料因而赖其保存，对唐史及闽地文学的研究，有重

要的史料价值。（黄洁琼）

黄滔

黄滔（840—911年），字文江。原籍唐福州闽县（今福州市），后迁居泉州莆田县涵江黄巷延福里前埭（今荔城区东里巷）。晚唐五代著名的文学家，在福建文学史上占有重要地位，被誉为"福建文坛盟主"、闽中"文章初祖"。

唐咸通十三年，黄滔北上长安求取功名。此后24年，经过了20场考试（中间因河东兵变、黄巢攻破长安等，朝廷停考4年），场场落第。面对考场规则，黄滔既愤慨又无奈，到了后来，他几乎患上了黄榜恐惧症。但黄滔的才名，却在长安传开了，名士罗隐、韩偓、崔道融等人与他惺惺相惜，相互唱和。

唐乾宁二年登进士第。其时藩镇割据，政局动荡，朝廷无暇授官。唐光化二年，刚刚恢复自由、从华州回到长安的昭宗皇帝，立即为黄滔等人安排职位。黄滔被分配到国子监四门馆，被授予"四门博士"的闲职。一年后，昭宗落入宦官刘季述之手。刘季述作乱，朱温又杀哀帝李柷，迫不及待地登上皇帝位，建立后梁政权。唐朝灭亡。历史进入了最黑暗的五代十国时代，黄滔避乱回闽。

唐天复元年，在同乡进士、京兆尹参军翁承赞的推荐下，黄滔投奔了驻节在福州的武威军节度使王审知。王审知对黄滔深为赏识，奏请朝廷授黄滔为监察御史里行，充威武军节度推官，成为王审知的重要幕僚。黄滔悉心辅佐王审知治闽，提倡节约官府开支、减赋税、轻徭役；重商务、开港路；建学校、育人才。王审知采纳黄滔的建议。当朱温篡唐后，割据各地的军阀纷纷称王。黄滔建议王审知"宁为开门节度使，不为闭门天子"。王审知接受了黄滔的建议，奉后梁、后唐为正朔，使福建在天下大乱、军阀混战的情况下，能够独享太平，30年免受兵祸。黄滔的匡正之功，《四库全书总目提要·黄御史集》评价说："王审知据有全闽，而终其身为节将者，滔规正有力焉。"

黄滔的匡正之功，致使七闽大地一时成为乐土，北方名士李洵、韩偓、崔道融、赵观文、王涤等人，纷纷来闽避乱。黄滔礼遇这些流亡名士，名士们遂"悉主于滔"。

黄滔是晚唐五代著名的文学家，与韦庄、罗隐、杜荀鹤齐名，具有多方面的文学才能，是晚唐五代时期的知名诗人，工于五、七言律诗，不失诗人本色。他将自唐高祖武德至昭宗天佑290年间福建诗人写下的诗歌，编集成《泉山秀句》30卷。这是福建的第一部诗歌总集。

唐天复二年，王审知修筑福州城，在灵山塑北方毗沙门天王像镇守城池，命黄滔撰《灵山塑北方毗沙门天王碑》，碑文长达2000多字，骈散间行，气韵生动，神采飞扬，堪称碑记中的珍品。

黄滔其诗文经其子孙及后代学者辑轶成集，并以其官职"御史"命名《黄御史集》8卷[①]，附1卷，所收大多是登临咏叹、离别题赠和忆旧感怀之作，记录有大量的隋唐时期，尤其是王审知主闽期间大量的福建史料。

黄滔一生留下了大量的诗歌，有208首被收入《全唐诗》。他的诗意境开阔，关注时事，同情民生。前人称其赋"雄新隽永"，誉为"一时绝调"。前人评价其文章"赡蔚有典则，策扶教化"（洪迈《黄御史集》序）。洪迈称赞其诗"清淳丰润，若与人对语，和气郁郁，有贞元、长庆风概"；南宋诗人杨万里则言"诗至唐而盛，至晚唐而工"，"御史公之诗尤奇"。所谓"有贞元、长庆风概"，是指黄滔的诗风与白居易、刘禹锡为代表的现实主义的中唐诗风相近。《馆娃宫赋》《秋色赋》等风行一时。（张慧）

林慎思

林慎思（844—880年），字虔中，号伸蒙子。唐代福州长乐县崇贤乡钦平里（今潭头镇大宏村）人。兄弟五人在筹岩筑室读书。咸通十年登归仁绍榜进士，翌年再试中宏词科第一，誉满京都。他兄弟五人先后俱登第，懿宗赏赐"兰柱同芳"匾，改所居崇贤乡为芳桂乡，故里钦平里改为大宏里，一时传为佳话。

林慎思初授职秘书省校书郎，派出为兴平

---

① 《黄御史集》最初刊刻于宋代，明万历三十四年，叶向高、曹学佺刊印时曾将其析为10卷附录1卷，明崇祯十一年黄鸣乔等校刊重印。清光绪十年，由王祖源、王懿荣父子据宋、明各种版本，搜辑补茸，成为最完备的刻本。

县尉。咸通末，官升尚书水部郎中，掌管全国水利、河运、渔捕等政令。唐懿宗咸通十四年，宦官杀死懿宗长子，立12岁李儇为太子，同年李儇即位，即僖宗皇帝。少年皇帝登基，权力被宦官田令孜所控制。李儇即位提拔田令孜为枢密使、左神策军中尉。田令孜专横跋扈，残害忠良。掌权的宦官与朝臣的矛盾日益突出，甚至不能坐在同一张板凳上办公（朝臣在皇宫南边办公，宦官在皇宫北办公，史称"南衙北司之争"）。宫廷之外，各地饥荒连年，但州县仍催征勒索，百姓流离失所，饿殍遍野，民不聊生。当政治昏暗无法生存的时候，百姓铤而走险，揭竿而起，李儇即位第二年王仙芝和黄巢就分别起义。因僖宗日与宦官嬉乐，不理朝政。慎思与余镐屡次上书直谏，被外放为京兆万年令。长期受儒家正统思想熏陶的林慎思，施仁政，爱黎庶。正如黄璞所说："治邑最有声，民怀其惠。属兵兴，科敛百出。它邑皆事严束，鞭笞肆行，人不堪命。独万年行之以宽。大使数趣督，且怵以危法，毅然不为动，民力纾，大吏亦心服不敢按发。"（引自唐·黄璞《唐宏词进士水部郎中伸蒙公行状》一文）

广明元年十二月，黄巢攻长安，僖宗皇帝束手无策，与田令孜等仓皇南逃。林慎思领兵迎战，"力不支欲自刭，贼执之，逼降，慎思踞床大骂，北面稽首，遂遇害，年三十七"（引自《长乐县志·名臣列传》）。平定黄巢之乱后，归葬长乐昌化乡渡桥大墓山。唐天子旌其门曰"儒英忠义"，诏立忠贤祠祀于筹岩山读书处。

林慎思学识渊博，精通经史，为福建历史上第一个思想家，理学的奠基者，后人誉之为"晚唐儒宗"。阐发孔孟儒学，博采道、法等诸家之长，独成一家之言。

著有《伸蒙子》《续孟子》二卷、《外篇·宏词》5篇、《儒范》7篇（佚）。

林慎思主张以礼制教育为主"辅之以刑或法"。林慎思认为世上的人并非都善或都恶，单靠仁义礼智信等儒家传统的说教是远远不够的。林慎思认为，统治者除了在生活上要为臣民着想外，还要提倡礼义，特别要实行教育。他在《续孟子卷下·宋臣十一》中强调了教育与提高民众素质的重要性，认为"恩抚赈给都要恰到好处，因时因地制宜，切不可盲从"。因此，

林慎思在强调儒学的过程中，注意吸收其他各家的思想，尤其对道家、法家和魏晋清谈的思想。林慎思认为，行教化首先要分析对象，特点不明、对象不清，教化的作用就会减少或者相反。林慎思主张"儒家教化"，重视教育的作用，关注"品格教育"。林慎思还提出了教育应随时间、地点、具体人性的变化而变化，不能墨守成规。在这方面他不仅与道家的思想不同，也与传统儒学的某些观点产生分歧，有一定的进步意义："干禄先生曰：'子谓今民易化，何唐尧独彰于古邪？'伸蒙子曰：'吾所谓古民难化，性犹土也，土不移，移则埙生矣。今民易化，性犹水也。水可导，导则源清矣。是以古之民虽唐尧在上，终不能化顽嚚使有知。今之民有尧之化，孰有顽嚚之难化乎？'故曰今民易化也。"只有了解民性、时代，才有可能掌握好教育这一重要的统治工具。林慎思强调了人性的两个特点：其一，人性古今不同，可以变化；其二，人性可以通过教育有所变化。

林慎思认为儒学改造的一个重要方面，就是要加强儒家知识分子自身的修养"治外物易、治已身难"。他说："习幻惑之徒，蓄其异求，每一呼吸，皆能变寒为暑，变正为非矣。习焚炼之徒，蓄其神方，每一施用，皆能变石为金，变土为银也。然外物荣枯贵贱犹能变之，而己身荣枯贵贱不能变之，何邪？信知治外物之易，而治己身之难也。今有人行文行忠信之道，能言于人而不能行人于己，与夫习幻惑焚炼之徒何如，是知巧妇之手，不能饰丑为容，壮夫之力，不能拔贱为贵。"主张儒家学者应该"慎名"，应该终身为善，不行一恶。"终身为善，而善未必闻。卒有一恶归之，则为善之名败矣。终身为恶，而恶不可揜，卒有一善归之，则为恶之名弭矣。鲧之职非不专也，一旦功不至，反戾其职矣；管仲之谋非不僭也，一旦功既霸，反高其谋也。呜呼！服玩之器，重于千金也，忽坏则弃粪坏焉，稊草之丛，蔓于茞兰，忽食则同谷粟焉。"教导人们终日为善或改恶从善，加强自身的修养，为儒家伦理的振兴打下社会基础。在《伸蒙子卷下·刺奢》一节中林慎思对自身修养，认为："一树之花，人争盼焉；一株之棘，人争忌焉。且人皆爱花之鲜艳，不知鲜艳能诱人为骄奢之患矣。人皆忌棘之伤害，

不知伤害能诚人行正直之路矣。呜呼！骄奢事极，则花为祸人之根者也。正直路存，则棘为利人之本者也。而人不知忌于花，而忌于棘，噫！惑人也久矣。"

林慎思认为，儒家教育过程中，子不必与父同，学生不必与教师同，甚至可以与老师分庭抗礼或另辟蹊径。强调在教育过程中，学生的本性和教师的教导同样是起重要作用的。受教育者的好坏或成功与否，不能只看成是教师的作用，还要注意和考察其他因素。

林慎思的儒家教育思想在当时是较开明灵活的，在唐末有重要的历史的地位。林慎思的这些思想对后世思想家有重要的启发和影响。（刘传标）

留从效

留从效（906—962年），字元范。唐朝末年泉州桃林县留湾村（今泉州永春县城关留安村）人。生于唐昭宗天佑三年，父亲留璋，在留从效的幼年时便去世，他能于孤贫中自立，以孝顺母亲、尊敬兄长名闻乡里，略通书史，喜读兵法。年轻时为泉州城衙兵，后因随军征讨临汀（今福建长汀县）有功，升为闽国泉州散员指挥使。

天德二年，闽帝王延曦被部将朱文进弑杀，朱文进任命党羽黄绍颇为泉州刺史。十一月，留从效发动兵变擒杀黄绍颇。据建州的王延政，以王继勋为侍中、泉州刺史，留从效、王忠顺、董思安任都指挥使。南唐中主李璟趁闽中大乱，于保大四年出兵进取建州，至八月，王延政投降。

保大五年，占据福州的李弘义（李仁达），以泉州一向隶属威武军，不满王继勋抗礼，派其弟李弘通带兵万人攻泉州。留从效以泉州刺史王继勋"平日赏罚不当、士卒不肯用命"为由，废黜王继勋，自领军府事，称泉漳二州留后。

留从效对内割据，对外则名义上接受南唐朝廷的册封，是南唐下辖的藩镇。南唐中主李璟承认留从效对漳州的控制，改漳州为南州，以董思安为刺史。史称"闽中五州之分。自此始也"。南唐军在闽不得民心，留从效趁南唐受挫之机，以连年战争、供给不足为由，劝说南

唐驻守泉州的将领撤军。保大七年十二月，留从效之兄、南州副使留从愿用毒酒杀害南州刺史董思安而代之，李璟即升泉州为清源军，任命留从效为清源军节度使、泉南等州观察使。自此之后，留从效控制漳、泉之地。南唐升留从效为同中书门下平章事兼侍中、中书令、太尉、灵州大都督，爵位也由鄂国公晋封为晋江王。闽国末帝王延政被南唐软禁金陵，但仍有两个女儿在泉州。留从效感念王氏，仍以旧礼对待二人，对其生活多有资助。他积极修好与南唐中央的关系，曾在淮南之战前劝说南唐元宗主动出击，但见南唐大败于新生的后周政权、尽割江北之地后，转而于显德五年派使者暗中与后周方面接触，表示归附诚意。显德六年，又派别驾黄禹锡间道奉表，以獬豸通犀带、龙脑香数十斤为贡，后周世宗赐诏嘉纳。留从效还要求在汴梁建邸，世宗因其一向依附南唐，如果建邸则能与南唐分庭抗礼，故而没有同意。尽管如此，留从效仍然畏惧南唐的威胁。显德六年，南唐开始筹建南都南昌府（洪州）。留从效担忧此举有前来讨伐之意，于是派其子前往金陵进贡，留为质子。同时于建隆元年至建隆三年间，三次派使者向新建立的北宋进贡称藩。宋太祖遣使厚赐留从效，并加慰勉。由于留从效灵活周旋于中原王朝及南唐之间，使泉、漳二州得以保持相对安宁。

留从效主政泉漳期间，加筑泉州州城，并沿城环植刺桐树，使泉州的"刺桐城"之名，得遍传海外。留从效治理泉、漳十七年，采取息兵安民，重视文教，积极发展农业，令士兵屯田，召游民垦荒，围海造地，兴修水利，泉州因此常"仓满岁丰"。同时，留从效重视海外贸易，整建城港，招徕海外商贾，开辟一条北方航线，蠲除各种苛捐杂税，允许自由贸易，当时，从泉州运往东南亚、阿拉伯和东非等地的货物有陶瓷、铜铁器等手工业品，从海外运回的有象牙、犀角、玳瑁、明珠、浮香、樟脑等货物销往中原。泉州城内货物充盈，商业繁盛，号称"云屋万家，楼雉数里"。宋代泉州成为对外贸易巨港，留从效实为开创者。

对外贸易的兴旺，使泉州的手工业，特别是用于对外贸易的陶瓷、冶炼业和丝织业等，得到较大发展。

留从效很重视教育，每年秋季都在泉州举行考试，选取明经、进士，称之为"秋堂"。据记载，五代时，泉州有进士4人，漳州有2人。延至宋代，泉州中进士者达862人（特奏名480人除外）。五代至两宋，泉州先后有4位状元，8位宰辅。故而，泉州也有"海滨邹鲁"的称号。

建隆三年，宋太祖加授为开府仪同三司、检校太师，赐号"戴恩奉国保庆功"。是年八月八日，留从效病逝，享年57岁。

留从效庙位于福建省泉州市晋江市金井镇溜江村。庙始建于宋，历代均有翻修，现存为民国时重建的建筑物。庙为三开间二进深单檐硬山顶建筑，祀广泽尊王，庙内有宋代覆盆柱础、石门墩、方首石栏杆望柱、界石碑等。1999年6月，留从效庙被晋江市人民政府公布为第三批市级文物保护单位。（刘传标）

欧阳詹

欧阳詹（755—800年），字行周。唐代泉州晋江县（今晋江市池店潘湖村欧厝）人。中唐时期著名的诗人、文学家、早期古文运动的践行者之一。生于唐朝天宝十四年十二月三十日，少勤学而好问，"言秀而多思，率人所未言者"，建中贞元间"以文辞崛兴于瓯闽间"。因其文采出众，得福建观察使常衮和泉州刺史薛播、席相等人的赏识、培养和奖掖，"每有一作，屡加赏进；游娱燕飨，必召同席"，其知名度"渐腾于江淮，且达于京师"，韩愈就食江南时虽不认识其人早已听闻其名。欧阳詹是泉州历史上第一位进士，被称为"八闽文化先驱者"。

唐贞元八年考中第二名进士（贾棱第一名、韩愈第三名。此榜"多天下孤隽伟杰之士"，号为"龙虎榜"）。贞元十五年，欧阳詹"四试于吏部"，被授予"国子监四门助教"之职，人称"四门先生"。欧阳詹府第所在的巷子因此留下了"甲第"的美名（今泉州鲤城区甲第巷）。

欧阳詹历经肃宗、代宗、德宗三朝，一生没有离开国子监四门助教这个官职。虽然这只是皇家高等学府"四门学"中最低的职衔，但福建人担任此职在历史上还是第一次。在国子监四门助教任上，欧阳詹全力支持和参与韩愈、柳宗元等人共同倡导的古文运动。欧阳詹与韩愈同榜登科，志同道合，成为一生的挚友。贞元十五年，迁四门博士。次年十二月卒于京师，终年46岁。

著有《欧阳行周集》十卷（包括赋、诗、记、传、铭、颂、书、序等共140多篇）、《欧阳四门集》等，《全唐诗》录存其诗78篇，《全唐文》录存其文赋63篇。

欧阳詹是唐代古文运动前期的主要参与者，他与韩愈是至交，与柳宗元、刘禹锡等人也有交往，皆"志在古文"。其文章以古文运动"文以载道"的理论来创作，精于说理。欧阳詹继承先秦两汉诸子的为文传统，反对六朝以来侈靡的骈偶文风，提倡文风应当质朴刚健，骈散间行，词旨切直，风韵清致。

韩愈评他的文章"切深，喜反复，善自道"。唐末李贻孙说他的文章"新无所袭，才未尝困。精于理，故言多周详；切于情，故叙事重复，宜司当代文柄，以变风雅"。

欧阳詹乐于奖掖后进，推举贤才。他怀着对故乡的深深情谊，对来自家乡的友人总是给予必要的鼓励与帮助，在科举中受挫的闽中举子许稷、徐晦等在其激励之下相继登第。徐晦感恩不已，每语及詹必流涕。自詹而后，闽中士人仕进者接踵称盛，闽中文化得到了迅速发展，福建已不再是蛮野之地，而是"文儒之乡"了。朱熹对欧阳詹的评价是："事业兴邦，闽海贤才开气运；文章华国，温陵甲第破天荒。"明代理学名臣、乡贤蔡清为《欧阳行周文集》作序时认为，欧阳詹中进士后，福建文士才开始向慕读书，儒学风气开始振兴。没有欧阳詹的影响，福建不可能有"海滨邹鲁"的称谓。清代纪昀评价欧阳詹文章："实有古格，在当时纂组排偶者上。"欧阳詹开八闽文教之先，是福建历史上第一个在全国有影响的重要文学家，对中唐福建文化的发展具有重要的影响。在中唐文学史上有一定的地位。（黄洁琼）

欧阳衮

欧阳衮，字希甫。唐代福州闽县（今闽侯县）人。生卒年均不详，约唐文宗开成中前后在世。曾赴京都长安应举，数次皆不中。后与诗人项斯以诗相知，渐与项斯齐名诗坛。唐宝历元年进士及第，官至监察御史。

著有《文集》二卷，《新唐书艺文志》传于世。《全唐诗》收其《雨》《田家》《神光寺》《和项斯游头陀寺上方》等诗。（张慧）

王 潮

王潮（846—898年），原名王审潮，字信臣。唐代淮南道光州固始县（今河南固始）人。唐朝末年福建割据军阀，五代十国的闽国的奠基人。生于唐武宗会昌六年三月十一日，早年曾任固始县佐史，与王审邦、王审知兄弟三人以才气闻名乡里，邑人并称为"三龙"。唐僖宗中和元年八月，寿州（今安徽寿县）的杀猪贩子王绪集乡里壮汉五百多人，攻陷寿州（今安徽寿县），九月攻克河南光州。光启元年初，固始县东乡王集的王潮、王审邦、王审知兄弟等起兵响应，投奔王绪。王绪兵少势薄，初依附蔡州（今河南汝南）节度使秦宗权，后被迫于光启元年正月"悉举光、寿兵五千人"渡江南奔，经浔阳郡（治今江西九江）到南康郡（治今江西赣州），过章水，取汀州（治今福建长汀），是年八月攻克漳州。王绪"才不及人，心胸狭隘，狐疑猜忌""滥杀部下，诸将自惧"，军至南安（今南安县东丰州），王审知与先锋将发动兵变，擒王绪，众推王潮为统领。

光启二年八月，攻破泉州城池。福建观察使陈岩迫于形势，承认王潮兄弟对泉州的控制，疏请唐朝廷委任王潮为泉州刺史。

王潮在泉州励精图治，召集离散流民，鼓励生产，整饬部属，创筑子城，减轻徭役，放宽赋税，兴办义学，颇得人心。

大顺二年，福建观察使陈岩患病，派使者召请王潮到福州接管军政大事，使者未到泉州，陈岩已去世，陈岩妻弟、护军都将范晖执掌兵权，自称留后，陈兵列阵，抗拒王潮接管福州。景福元年，王潮以堂弟王彦复为都统，三弟王审知为都监，发兵攻打福州。经三个月的苦战，于景福二年五月二十一日攻入福州城。

福州被攻克后，王潮改迁官署至此，自称福建留后，又身着素服，安葬陈岩，将女儿嫁给陈岩之子陈延晦为妻，厚待其家。王潮由此声威远播，汀州刺史钟全慕、建州刺史徐归范携带户丁田粮册籍，亲赴福州请归王潮节制，

山岭海岛也有二十余股地方武装闻风来降。自此之后，王潮据有福建五州之地，称雄一方。

景福二年十月，昭宗命王潮为福建都团练观察处置使。王潮改福州为泉州（即唐武德六年从建州析出闽县），领新宁（含今长乐市、福清市、平潭县、闽侯县陶江以南，县治在今长乐古槐镇）、闽县（小闽县）、侯官、连江、长溪（设置于今霞浦县岭尾庵）五县之地，建州徐归范、汀州钟全慕以及山区、沿海等处游散的武装力量都相继归顺，全闽得到统一。王潮据有"福州""泉州""建州""汀州""漳州"等五州之地，称雄一方。乾宁三年九月，唐朝廷升福建为威武军，任命王潮为首任威武节度使，加检校尚书左仆射。王潮执法严正，不徇私情。理政精明，深谋远虑，对外交好，对内认真厘定赋税，鼓励生产。

王潮割据福建期间，对外交好，对内"招怀离散，均赋缮兵"，厘定赋税，迅速恢复生产，使得福建在其统治时期得到恢复，奠定了后来王审知开创闽国的基础。

乾宁四年冬，王潮病重，选择三弟王审知为继承人。十二月初六日，王潮病逝。唐廷追赠其为司空、秦国公，谥号"广武"。王潮死后，被葬在晋江县北郊盘龙山（今属福建惠安），今墓尚在。1996年，福建省人民政府公布其为第四批省级文物保护单位。

开平年间，王审知为王潮立庙祭祀，尊称其为"水西大王"，堂弟王想任新宁（今长乐）县令，在其居所旁建"威武将军庙"（庙今存），泉州百姓曾在泉州南门崇阳楼为王潮建广武王祠。（游丽江）

王审知

王审知（862—925年），字信通，又字祥卿。唐代淮南道光州固始（今河南固始）人，五代十国时期闽国建立者，"开闽三王"之一，先后被封琅琊王、闽王。

王审知早年加入王绪起义军，随军转战福建。在军中享有很高的威信，因相貌雄伟，体魄健壮，隆额方口，常骑白马，军中称他为"白马三郎"。

景福元年，王潮以堂弟王彦复为都统，三弟王审知为都监，发兵攻打福州。景福二年五

月二十一日攻入福州城。

乾宁三年三月，唐廷升福州为威武军，任命王潮为威武军节度使，王审知为副使。乾宁四年，王潮病重，委任王审知掌管军政事务。乾宁四年十二月，王潮去世，王审知嗣位，自称福建留后。光化元年春三月，被唐朝册封为威武军节度留后、检校太保、刑部尚书。冬十月，又授金紫光禄大夫、尚书省右仆射、威武军节度使，兼任三司发运使。正式接掌福建的军政大权。光化三年春二月，加同中书门下平章事；旋又改授光禄大夫、检校司空、特进、检校司徒。天佑元年夏四月，唐朝派遣右拾遗翁承赞到福州，加王审知为检校太保，封琅琊郡郡王，食邑四千户，实封一百户。

唐昭宗天佑四年，朱温篡夺唐朝政权，建立后梁。为避免战争，甘为"开门节度使，不做闭门天子"，奉中原王朝后梁的正朔，并向后梁朝贡。五月初三日，朱温进封王审知为威武节度使兼侍中。后梁开平三年四月初四日，后梁太祖朱温加封王审知为中书令、闽王，升福州为大都督府。

后唐同光三年五月，王审知患病卧床，命由长子威武节度副使王延翰为"权知军府事"。十二月十二日，王审知去世，终年六十四岁，后唐朝廷赐谥"忠懿"。翌年，王延翰谥王审知为昭武王。葬于凤池山。长兴三年，改葬莲花山（今福州晋安区新店镇斗顶村）。长兴四年，王审知次子王延钧称帝后，追谥为"昭武孝皇帝"，追尊庙号太祖，陵号宣陵。

王审知治闽期间，军纪严肃，扫清福建地区的残唐兵祸，"遂使数十年之氛授，遽致廓清"。天复二年，王审知筑福州外罗城四十里，东西宽约1.8公里，南北长约1.7公里，呈不规则圆弧形，设8个城门：东海晏门、西善化门、南利涉门、北永安门、东南通津门、东北延远门、西南清远门、西北安善门，把冶山、安泰河、大航桥以南的居民区、商业经济区都全部括入城内，形成内外两重城垣。内重是政治中心及贵族居住地，外重是平民居住区和商业经济区。罗城的分区布局以大航桥为界，政治中心与贵族居城北，平民居住区成为坊巷之始，形成了当今福建省城"名片"三坊七巷和闽都古街。唐哀帝天佑二年，又筑南北夹城，称为

"南北月城"，与大城合起来共计方圆二十六里四千八百丈。梁开平二年王审知认为城区太小，决定扩大罗城南北两端建夹城，南北周围扩大26里四千八百丈，并开浚和江湖相通。夹城建成后，把屏山、乌山、于山、白塔、乌塔等制高点全部连在城中，提高了福州的防御能力。

王审知"招怀离散"，逃难的中原人相继迁入福建。王审知重视生产，减轻赋役，宽刑简政，亲自主持兴建或扩建了福清、长乐沿海大堤，泉州6里破、9溪18坝，连江东湖，晋江40余华里灌渠，疏浚了受益幅员可达25平方公里的福州西湖等一大批骨干水利工程。同时围海造田，扩大耕地。在平原推广双季稻；在山区开垦茶园；因地制宜发展纺织、陶瓷、冶金、铸造等工业生产。

王审知好礼下士，选贤任能，招揽了不少中原名士前来投奔，其中包括唐朝学士韩偓、王淡（王溥之子）、杨沂（杨涉从弟）、徐寅（进士）等人。

王审知重视发展教育，他采纳了翁承赞的建议，在福州"建学四门，以教闽士之秀者"，选知名人士黄滔等担任"四门博士"。在王审知的倡导下，当时州有州学，县有县学，乡僻村间设有私塾，"幼已佩于师训，长者置国库"，使教育事业大大发展。王审知重视文物典籍搜集，他组织大批的文人学士，开展了一场"搜集古籍"的活动。不管是"鲁壁之残编"，或者"周陵之坠简"，都"巫命访寻，精于缮写"，"次第签题"，而后"森罗卷轴"。

王审知发挥海洋优势，积极发展海外贸易，天佑二年，开辟甘棠港，"招来蛮商""尽去繁苛，纵其交易"因而"利涉益远"，开拓航路北至新罗、东洋，南经南洋，达印度、三佛齐以及阿拉伯等国。当时除"甘棠港"外，闽南的泉州亦成为海上贸易的重要港口，当时福建的陶器、铁器都大量运销国外。"闽陶器、铜铁泛于蕃国，取金贝而返，民甚称便"。

王审知在位期间谨事四邻，尽量地避免战争。他奉中原王朝后梁的正朔，并向后梁朝贡。后梁开平三年九月，淮南高季兴派遣使者张知远到福建与王审知建立友好关系。张知远骄横傲慢，王审知就把他杀了，并上表把淮南的书信进呈给朱温，朱温便开始与淮南断绝关系。

对周边政权，王审知尽量与之友好。贞明三年与吴越结为婚姻。"王为子牙内都指挥使延钧娶越王岩之女"。贞明二年，王审知为了与睦邻友好，把自己的第三女琅琊郡君出嫁给吴越王钱镠子钱传珦为妻。

王审知是一个很有驭将才能的军事统帅，他禁止滥杀，军纪严肃。扫清福建地区的残唐兵祸。在统治福建的二十九年，政治清明，百姓安居乐业，出现了"政教翕张，士庶宁谧"，"时和年丰，家给人足"，"公私富实"，"一境晏然"的景象。经济文化一向落后的福建，在历史上第一次得到比较大规模的开发与发展。

王审知，施政深得当时人心，治理福建贡献卓越，获得百姓衷心爱戴，后世尊称"开闽尊王""开闽圣王""忠懿尊王"。（刘传标）

翁承赞

翁承赞（859—932年），字文尧，一作文饶，晚年号"狎鸥翁"，唐代建州莆阳兴福里竹啸庄（今北高镇竹庄村）人。唐乾宁三年，翁承赞以进士第三名（后人称"探花"），擢博学宏词科，授京兆尹参军，累迁右拾遗，户部员外郎。

天佑元年，唐昭宗李晔为羁縻威武军节度使王审知，派遣右拾遗翁承赞前往福州，翁承赞奉诏回闽册封王审知为检校太保、"琅琊郡王"，食邑四千户，实封一百户。时朱温率军进入关中，控制了唐朝朝廷，用武力把唐昭宗逼迁洛阳。八月，朱温指示左龙武统军朱友恭、右龙武统军氏叔琮及蒋玄晖等人，以入宫奏事为名，趁机带兵入宫，将唐昭宗杀死。随即立唐昭宗的第九子李柷为新帝，李柷当时只有十三岁，史称唐哀帝，何皇后被尊为皇太后。

天佑四年四月，朱温在百官劝进之后，接受唐哀帝的禅位，正式即皇帝位，改国号梁，定都开封。

翁承赞归梁，被擢升为右谏议大夫。王审知为求闽中政局安定，向朱全忠上表纳贡。朱全忠知翁承赞前曾使闽，便派他为册礼副使。于后梁开平三年，再次回闽册封王审知为闽王。翁承赞回到福州，备受王审知的礼遇。翁承赞又回到长安复命后，朱全忠任命翁承赞为福建盐铁副使，加左散骑常侍、御史大夫。因朱全

忠日渐骄恣凶悍，翁承赞毅然辞官回闽。

翁承赞回闽后，王审知拜他为同平章事（相当于丞相），封晋国公，其故里改名为文秀乡光贤里，以示荣宠。为闽相期间，翁承赞建议王审知在福州设立"四门学"，"以教闽士之秀者"，并在所属各州县广设庠序以授生徒，发展福建地方教育，海隅闭塞之民智为之一开。对于审知整饬吏治，发展经济等重要措施，都起了襄助的作用。

后唐同光三年十二月十二日，王审知去世，翁承赞为之篆写《唐故威武军节度使守中书令闽王墓志》。

因王审知诸子争立混战不断，闽政日非，翁承赞称疾致仕，归隐建州（今建瓯），长兴三年去世，终年74岁，安葬在建安新丰乡，追谥"忠献"。

翁承赞工诗，与同时的黄滔、徐寅齐名，著有《谏议昼锦宏词》前后集，世久散佚。现翁承赞传世的诗集有《昼锦堂诗集》48首，及收入《全唐诗》37首。（张慧）

徐 寅

徐寅（858—929年），又书"徐夤"，字昭梦。唐代泉州莆田县（今莆田市）人。博学多才，尤擅作赋。为唐末至五代间较著名的文学家。早年所作《人生几何赋》《斩蛇剑》《御沟水》等，远传至渤海等国。

景福三年正月十日，昭宗大赦天下。改元为乾宁元年。徐寅考中进士第一名（为福建历史上第二个状元），官秘书省正字。唐天佑元年，朱全忠勾结宰相崔胤，杀了唐昭宗，另立年仅13岁的李柷为傀儡皇帝（唐昭宣帝），以武力劫持中央政权，控制关中和关东广大地区。天祐四年四月，朱全忠逼唐哀帝李柷"禅让"，篡唐自立为帝，改国号梁，定都开封。梁开平元年，徐寅参加后梁的庚午科科考，凭借一篇《人生几何赋》一举夺魁，"进士第一"，高中状元。张榜后，朱温接见了徐寅，徐寅从容若定，对答如流，很合朱温的心意。随后，朱温让人取来徐寅的考卷，逐字逐句地欣赏这篇辞藻宏伟、对偶公正、引经据典的《人生几何赋》。在赋中，徐寅开篇写道："叶落辞柯，人生几何？"表达出了一种人生无可奈何的消沉气息。因梁

太祖指其《人生几何赋》中"一皇五帝不死何归"句，要其改写，徐寅答"臣宁无官，赋不可改"，梁太祖怒削其名籍。徐寅返乡，时福建是闽王王审知当政，王审知敬仰其正直和学识，礼聘入幕，官秘书省正字。徐寅提出"轻徭薄敛，抚民休息"之策，首先兴修水利，发展农业生产。他协助王审知修长乐海堤，建十个斗门，旱可蓄水，涝可泄洪，灌溉千亩良田，粮食丰收，民心安定。自此，八闽大地积极兴修水利，漳、泉等地仓廪盈实。

后唐同光三年，王审知卒，诸子争立混战不断，闽政日非，归隐莆田延寿村，在延寿桥头南侧建"延寿万卷书楼"，藏书达万卷，对莆仙教育文化发展居功甚伟。闽天成四年病逝于莆田延寿村，终年72岁。

著有《徐正字诗赋》二卷，《全唐诗》收录其诗220余首。

后代徐氏宗亲缅怀徐寅高风亮节和造福家乡德行，每年逢年过节常张贴"寿水家声大，书潭世泽长"的春联，以示纪念。（张慧）

薛令之

薛令之（683—756年），字君珍，号明月。唐代岭南道泉州（今福州）长溪县（今福安市溪潭乡廉村）人。生于唐永淳二年八月十五日。唐中宗神龙二年登姚仲豫榜进士，成为福建进士及第第一人，人称"开闽第一进士"。登第后，初任右庶子（太子东宫僚属）。唐先天元年七月，太平公主废黜太子隆基的图谋失败。八月，唐玄宗李隆基即位。薛令之升为左补阙（唐朝设左右谏议大夫，左右补阙，均为谏臣）兼太子侍读。当时，李林甫为相，专权误国，太子李亨与李林甫不睦，因此薛令之也备受排斥。薛令之对李林甫的所作所为非常愤慨，在东宫墙上题下《自悼》："朝日上团团，照见先生盘。盘中何所有？苜蓿长阑干。饭涩匙难绾，羹稀箸易宽。只可谋朝夕，何由度岁寒？"不久，玄宗"幸东宫，以为讽上"。遂援笔题其旁："啄木嘴距长，凤凰毛羽短。若嫌松桂寒，任逐桑榆暖。"薛令之心知得罪玄宗，遂托病辞官"徒步"归乡，并致书时任江西安福县令的独子薛国进，也命他弃官返乡。薛国进遵父命，于天宝末年随父返乡。由于父子同时弃官回乡

后，一贫如洗，生活窘迫，玄宗闻其清贫"甚心怜之"，曾下诏令长溪县拨赋谷资助。但薛令之"酌量领取，从来都不多拿"。至德元年，唐肃宗在灵武（今属宁夏）即位时，薛令之卒，家徒四壁。肃宗感念恩师的清廉，特敕其所居的村为"廉村"，以表彰他的一生清廉品行。从此一代廉臣薛令之的声名，便代代相传。

薛令之以诗文名，为闽人以诗赋登第第一人。著有《明月先生集》和《补阙集》（均已佚失），现存诗作仅有《自悼》《灵岩寺》《太姥山》《草堂吟》《唐明皇命吟屈轶草》《送陈朝散诗》等6首，前3首收录在《全唐诗外编》中，《全唐诗》仅录其《自悼》和《灵岩寺》二诗。后3首存录于《高岑薛氏宗谱》。（薛静）

张 睦

张睦（856—926年），字泰和，又字仲雍、号宗和。唐代淮南道光州固始县（今河南固始）魏陵乡祥符里人。唐朝中和元年天下大乱，随王潮、王审知兄弟起事而入闽。景福元年，王潮命王审知率军攻下福州，各地民军纷纷来归，据八闽（今福建省）之地。王潮卒，唐授王审知为威武军节度使，后加平章事，封琅玡王。唐朝乾宁四年，王审知请于朝，授张睦三品官，领榷货务（主管商贸的长官），"晓得体恤商艰，招徕商舶"。张睦辅佐王审知二十九年，时福州黄崎海岸横石巉峭，常为舟楫之患。张睦率领工役开凿港道，称"甘棠港"。自此往来商舶无覆溺之患，福州成为全国对外贸易的重要港口。闽国时期，福州与琉球、倭国（日本）、林邑（越南南方）、赤土（马来半岛）、真腊（柬埔寨）、婆利（印尼）、新罗（朝鲜）、三佛齐（苏门答腊）、天竺（印度）等地均有商贸往来。物充斥填郊盈郭，增加了大量国税，使"国以富饶、朝野称颂"，"闽国蓥庾丰盛，币藏殷实"。

后梁太祖开平三年王审知封为闽王，张睦封为尚书右仆射。天成元年张睦去世，民众感其德，"鸠财塑公之像"立祀于福州东凤池坊，号曰"榷货金华大王庙"。后唐明宗长兴四年，闽王王延钧（王璘）称帝，追尊王审知为太祖，赠张睦为太师。宋代建隆元年，吴越王钱氏请于朝，赐王审知谥"忠懿"，追封张睦为"英烈武护国公""镇闽大王"。宋太祖赵匡胤追赠其

为唐太师,加封"梁国公"。开宝间,为闽王立祠,配祀闽王祠,张睦配享庙庭。

张睦葬于侯官县太平乡兴和里赤塘山(今闽侯县上街镇上街村)。1996年,由海内外张氏宗亲集资于厚美村过排山之阳(原墓东约500米)重建张睦陵园。墓前树立着高大的古墓碑,碑正面直下阴刻"唐太师梁国公讳睦张公墓"。张睦祠堂原在福州市城守前路24号,二十世纪末因建设居民新村被废。2002年在陵园左侧重建"梁国公张睦祠"。祠宇古朴典雅端庄,宏伟壮观。"凤池张氏"后裔以重建"梁国公张睦祠"寄托对先祖的怀念,以纪念先祖开拓闽疆和"海上丝绸之路"的功绩。(游丽江)

郑　露

郑露(748—818年),初名褒,又名灌三,字恩叟。唐代河南荥阳人。生于唐玄宗开元二十七年三月十五日。唐肃宗乾元三年举明经进士,其先祖自入闽居于侯官的永泰,唐德宗建中元年,官居太府卿。

德宗贞元元年,郑露赴常州受封太傅。同年八月初一偕同同祖弟郑庄、郑淑迁至莆田,在南湖山祖坟侧创建了"湖山书院",吟诵诗书,研修儒业,授课讲学,开创了莆田文化教育之先河,换来"十室九书堂,龙门半天下"的人文荟萃局面。郑露与其弟郑庄、郑淑倡学,共同开创了莆田文教之先河,合称"南湖三先生",被认为是"倡学先儒""道承东鲁""学启闽南"的人物。

贞元十三年五月初一日,郑露被加封太傅丞相、英国公。宪宗元和十二年被封为侯,升为中书舍人、学瑜、为吏部左侍郎,是年九月初十到兴化军会二弟一起受封。

宪宗元和十三年卒,享年79岁,夫人蔡氏卒于宪宗元和十五年合葬莆田荔城区壶山宝胜院麓牛眠埔,有包砌双龟碑一通,上镌"唐太府卿郑露公墓",其墓是荔城区第三批市级文物保护单位。

郑露在南湖山兴学历时三十多载,开启了莆田的文风。历代赞誉不绝,北宋景祐进士蔡高:"先生如不出,莆海无真儒。"南宋理学家朱熹:"倡学功高泽且宏,庄庄奕叶盛云传。三贤文献俨然在,云案薪传夜夜灯。"明成化二年进

士黄仲昭:"露在莆人未知学之先与其弟从事诗书,开莆之儒学,亦可谓豪杰之士也欲。"景泰甲申年所作莆田进士题名碑记:"吾莆科第、昉自唐贞元。"莆田人为纪念郑露,曾在莆田县城拱辰门(北大门)英龙坡境社行人通衢之处(今荔城区北大路)竖立"开莆来学"牌坊,横批"倡学先儒唐太府卿首祀乡贤南湖郑露",左右联曰:学启闽南,道承东鲁。牌坊后被毁。

《全唐诗》收录郑露诗作《彻云涧》一首:"延绵不可穷,寒光彻云际。落石蚤雷鸣,溅空春雨细。"人称其诗作是"气浑质奥,实陈、隋入唐风调,后人托手不得"。(黄洁琼)

五、宋朝

蔡　卞

蔡卞(1048—1117年),字元度。北宋宰相、书法家。北宋福建路①兴化军仙游县连江里赤湖境蕉溪村(今仙游县枫亭镇赤湖蕉溪东宅村)人。蔡京之弟,王安石之婿。生于宋仁宗庆历八年,宋神宗熙宁三年,与蔡京同登进士。翌年,授任江苏江阴县主簿。蔡卞极力推行王

----

① 宋开宝八年改忠义军为建州,治平三年析建安、浦城、建阳等地置瓯宁县。建州,州治所在建瓯县,辖闽北的泰宁、建安、将乐、建瓯、浦城及闽东的屏南、古田等6县。北宋雍熙二年,设福建路(治所设于福州),领福州、建州、泉州、漳州、汀州、南剑州等6州,及邵武军、兴化军。北宋南宋闽地均8个行政机构,故称"八闽"。泉州,州治所在晋江县,辖南安、莆田、晋江、仙游、永春、同安、德化等7县及澎湖、台湾、钓鱼岛等。漳州,州治所在龙溪县,领龙溪、漳浦、龙岩、长泰等4县。汀州,州治所在长汀县,初辖长汀、宁化2县。北宋淳祐五年上杭、武平升场为县,元符元年置清流县。南剑州,州治所设于剑浦县(今南平市区),领延平、沙县、顺昌、将乐、尤溪等5县。泉州,治所在晋江县。辖晋江、南安、同安、惠安、永春、安溪、德化等7县。汀州,治所在长汀县,辖长汀、莲城、宁化、上杭、武平、清流等6县。南剑州,治所在剑浦县,辖剑浦、将乐、顺昌、沙县、尤溪等5县。昭武军,治所在昭武县,辖昭武、光泽、泰宁、建宁等4县。兴化军,治所在莆田县,辖莆田、仙游、兴化等3县。南宋高宗绍兴三十二年升建州为建宁府。建州升为"建宁府"。建宁府以"建安""瓯宁"(由建安县划出)为附郭,辖建安、瓯宁、浦城、嘉禾、松溪、崇安、政和等7县。一府五州二军,共计8个,故福建号称"八闽"。

安石的青苗法，受到王安石器重，招他为婿。

历任谏院同知、侍御史、中书舍人兼侍讲、给事中、礼部侍郎、龙图阁待制知宣州、江宁府扬州知州、广州知州、越州知州、润州知州、陈州知州、尚书左丞。靖国元年，遭到弹劾，以资政殿大学士知江宁府、少府少监、大名府知府，召为中太乙宫使，后擢知枢密院事，负责边防、军备等机要事务。蔡卞主张多与蔡京不同，因此受到蔡京的诋毁，他以天章阁资政殿大学士身份出知河南府，旋加观文殿学士，拜昭庆军节度使，入为侍读，进检校少保，开府仪同三司，累迁镇东军节度使。

徽宗政和七年，蔡卞告假返乡祭祖，逝于途中，享年70岁，赠太傅，谥"文正"。

著有《毛诗名物解》，与蔡京编撰《宣和书谱》《宣和画谱》各20卷。（刘传标）

蔡　京

蔡京（1047—1126年），字元长。北宋宰相、书法家。北宋福建路兴化军仙游县连江里赤湖蕉溪村（今枫亭镇赤湖蕉溪东宅村）人。熙宁三年登进士第，历任钱塘尉、舒州推官、起居郎、中书舍人、成德知军、瀛州知州、成都知府、江淮荆浙发运使、扬州知州、郓州知州、永兴军知军、龙图阁直学士、龙图阁待制、知开封府、户部尚书、洞霄宫提举、定州知州、大名府知府、学士承旨、尚书左丞、右仆射、左仆射，官至太师、宰相，并被封为嘉国公。崇宁五年，蔡京擢为司空、开府仪同三司、安远军节度使，改封为魏国公。大观元年，又拜为左仆射。因南丹纳土，擢为太尉，拜为太师。大观三年，遭弹劾，改封楚国公。大观四年五月，再遭弹阁，被贬为太子少保。

政和二年，蔡京又被召回京师，仍为宰相，改封鲁国公，三天去一次都堂办理政事。不久又改定官名，以仆射为太、少宰，自称公相，总治尚书、中书、门下三省。

宣和二年，宋徽宗令他辞官退休。

宣和六年，凭借朱勔的势力，再度为相，但政事都由他的小儿子蔡绦处理。蔡绦窃弄威权，立即用他的妻兄韩木吕为户部侍郎，挑拨是非，陷害和驱逐朝士。宋徽宗大怒，革去蔡绦侍读，毁掉赐出身的诏令，蔡京也辞职。

靖康元年，因金军南下，宋徽宗禅位给宋钦宗，蔡京被连贬崇信、庆远军节度副使，又迁到韶、儋二州。蔡京死于潭州，终年80岁。乾道四年，蔡京后裔把其骸骨迁回仙游枫亭故里今莆田仙游县枫亭镇溪南村安葬。

蔡京的书法艺术有姿媚豪健，体现宋代"尚意"的书法美学情趣，朝野学其书者甚多。宋代人评其书法"冠绝一时""无人出其右者"，就连狂傲的米芾都曾经表示，自己的书法不如蔡京。存世书迹有《草堂诗题记》《节夫帖》《宫使帖》等。（张慧）

蔡　确

蔡确（1037—1093年），字持正。北宋福建路泉州晋江县人，王安石"熙宁变法"的重要成员。北宋仁宗嘉祐四年登进士第，历任邠州司理参军、御史中丞。熙宁九年，王安石二度罢相后，蔡确、章惇等仍留在朝廷的变法派成员承担起了继续推行新法的重任。

熙宁十年，蔡确判司农寺，积极开展变法工作。司农寺是继制置三司条例司之后推行新法的重要机构之一，常平新法、农田水利法、免役法、保甲法等皆由司农寺制订或颁布。蔡确判司农寺时间虽短，但做了不少工作，"凡常平、免役法皆成其手"。他还对提举常平司等机构进行改革、整顿司农寺、编写《元丰司农敕令式》等，这些工作取得了显著的效果，使这些机构能够更有效地发挥功能，这对变法工作的继续推行是有利的。

神宗元丰二年五月，蔡确被擢为参知政事，坚持变法立场，维护变法成果。宰相吴充多次向神宗提出废除新法的建议，都被蔡确驳倒，反变法派废除新法的企图始终没能实现。元丰五年，神宗改革官制，蔡确改任尚书右仆射兼中书侍郎，使新法在政策上保持了一定连续性和稳定性，对维护新法起了重要的作用。元丰八年，任尚书左仆射兼门下侍郎。蔡确位居宰辅七年里，坚定地推行新法，对维护变法成果有重要贡献。

元祐元年，年幼的宋哲宗即位，朝政大权掌握在以宣仁太后、司马光等人为首的反变法派手中，他们"以复祖宗法度为先务"，废除新法，变法派集团的重要成员纷纷被赶出朝廷，贬黜在外。身为宰执的变法派首领蔡确首当其冲于元祐元年罢相，改任陈州知州。

元祐二年，因其弟蔡硕"招权纳贿"遭牵连而被夺官职，转任安州（今湖北安陆）知州，继又转任邓州（今河南省邓州市）知州。

元祐四年，知汉阳军吴处厚笺释蔡确所作《夏日游车盖亭》绝句十首并上书朝廷，称其中五首有毁谤朝政之嫌，特别是"矫矫名臣郝甑山，忠言直节上元间"之句，用唐代忠臣郝处俊在上元年间劝谏唐高宗欲传位给武则天之事，谤讪太后，阴怀异志。在梁焘、刘安世等人的推波助澜下，宣仁太后大怒，随后引发的新旧两党的斗争愈演愈烈，蔡确被贬为英州别驾，新州（今广东新会）安置，被斥逐的变法派人员再次被予以降职重贬，在朝的所谓"熙丰余党"受到清除，这次事件史称"车盖亭诗案"。此后，蔡确郁郁成疾，于元祐八年正月卒于贬所。

蔡确与王安石兄弟、王珪、吴处厚等人俱有诗词往来和交游。《千家诗》收录了蔡确在安州时所作车盖亭诗其中的一首："纸屏石枕竹方床，手倦抛书午梦长。睡醒莞然成独笑，数声渔笛在沧浪。"《苕溪渔隐丛话》称其"殊有闲适自在之意"。他谪居岭南时所作的《悼侍儿》："鹦鹉言犹在，琵琶事已非。伤心瘴江水，同渡不同归。"得到《徐氏笔精》的高度评价，认为"即唐人莫是过也"。蔡确的著作多已散佚，《全宋诗》录蔡确诗二十首，《全宋文》录蔡确文二卷，计册文三、奏议三十四、赋、记、书、疏、墓志铭、牒各一，凡四十三篇。（黄洁琼）

蔡　沈

蔡沈（1167—1230年），一名蔡沉，字仲默，号九峰。南宋建宁府①建阳县麻沙镇人。蔡

① 唐武德四年，改建安郡为建州，改太守为刺史，移治建安县，下辖建安、建阳、绥城、将乐、唐兴（今浦城）、闽县6县。天宝元年，复改建安郡。乾元元年，复为建州，属福州都督府。上元元年，建州属福州节度。大历六年，建州属福州都团练观察置使。中和四年，因黄巢起义攻打建州，建州寓治建阳。景福二年，建州刺史徐归范叛附王潮（即闽王王审知之兄）。五代晋天福八年，王延政以建州建国，国号"殷"，改元天德。南唐保大四年，陷建州，殷亡。王延政家族被迁移到金陵州。建州改为永安军，不久，又改为忠义军。北宋开宝

元定次子。幼年师事朱熹，为朱熹晚年最有成就的弟子之一。庆元二年爆发庆元"反伪学"案，其父蔡元定谪官道州（今湖南道县），蔡沈随其父步行三千里到道州。父殁，护枢回建阳。他与兄蔡渊一道将祖上所留下的武夷山牧堂加以修缮扩建，名为"南山书堂"，以为授徒论道，在建阳崇泰里（今莒口乡）庐峰山麓建大明堂（即庐峰精舍），潜心著述，开创九峰学派，主要弟子有陈光祖、刘钦、何云源及其子蔡模、蔡杭、蔡权等。

绍定三年，蔡沈病逝，谥"文正"。真德秀撰墓志铭。南宋宝祐三年理宗追赠太子少师，次年再赠太子太师、太师永国公，谥"文正"。

著有《洪范皇极内篇》《尚书集传》。《洪范皇极内篇》与朱熹的《周易本义》《诗集传》及胡安国的《春秋传》等书并列为官书，为科举所依据，成为元、明、清三代人士必读课本。

元朝至正十九年追赠建国公。明成化三年又赠崇安伯，明嘉靖九年诏蔡沈入至圣祠。清康熙四十四年，圣祖仁皇帝御书颁赐蔡沈《学阐图畴》金匾。（张慧）

蔡　襄

蔡襄（1012—1067年），字君谟。北宋名臣，书法家、文学家、茶学家。北宋福建路兴化军仙游县唐安乡依仁（安）里赤湖的蕉溪（仙游县枫亭镇九社村五星自然村）人，生于宋真宗大中祥符五年二月十二日。十八岁游京师，入国子监。宋仁宗天圣八年登进士第，先后任馆阁校勘、知谏院、直史馆、知制诰、龙图阁直学士、枢密院直学士、翰林学士。

庆历四年，蔡襄调福州知府，时福州百姓患病不就医，而向巫觋求拜。蔡襄撰《圣惠方后序》《福州五戒文》，刊刻于碑，戒除陋俗。蔡襄发动百姓，从福州大义至泉州、漳州七百余里的大道两旁栽植松树，故民谣歌颂道："夹道松，夹道松，问谁栽之，我蔡公；行人六月不知暑，千古万古摇清风"。

庆历六年秋，改任福建路转运使。从改造

八年南唐平，恢复建州。太平兴国三年，建州属两浙西南路。雍熙二年，建州改属福建路。端拱元年，建州升为建宁军节度。南宋绍兴三十二年，改建州为建宁府。

北苑茶品质花色入手，求质求形。在外形上改大团茶为小团茶、品质上采用鲜嫩茶芽做原料，并改进制作工艺，制作"小龙团"贡茶，把北苑茶业发展到新的高峰，为福建茶业及茶文化的发展作出较大贡献。

皇祐三年，蔡襄回朝修《起居注》，参预政事。次年，迁任起居舍人、知制诰兼判注内诠。嘉祐元年，蔡襄再知福州。

嘉祐二年七月第二次任泉州知府，在泉州任上，整顿吏治、修建沿海州县城池，加强军事防备，防备海寇，修建中国第一座海港大石桥万安桥（洛阳桥）。

嘉祐六年，蔡襄被授为翰林学士、权理三司使，主管朝廷财政。

宋英宗继位，蔡襄在朝廷难于容身，请求外任，治平二年以端明殿学士出知杭州。治平四年八月十六日，蔡襄在蕉溪居所逝世，享年56岁。朝廷追赠史部侍郎，后加赠少师。葬于枫亭铺头村蔡岭。欧阳修撰《端明殿学士蔡公墓志铭》。

宋孝宗淳熙三年，其曾孙蔡洸为蔡襄奏请谥于朝，孝宗赐谥"忠惠"。宋宁宗庆元年间，在泉州洛阳桥南街尾建蔡襄祠。

著有《蔡忠惠公文集》（共三十六卷，另有《别纪》十卷，内含诗词 370 首，诗文清妙；奏议 64 篇，杂文 584 篇）《茶录》《荔枝谱》等。另有《龙寿丹记》（此书有五朝小说本）、《蔡忠惠奏议》十卷、《蔡襄治平会计录》六卷、《墨谱》一卷、《茶果》一卷、《荔枝故事》一卷、《讲〈春秋〉〈左传〉疏》一篇、《蔡莆阳诗》六卷、《蔡忠惠诗集全编》四卷、《蔡忠惠诗集全编》二卷（《别纪补遗》二卷）、《蔡福州外纪》十卷、《蔡端明别纪》十二卷（也有十卷、一卷）、《蔡忠惠公别纪补遗》等。其中《茶录》总结了古代制茶、品茶的经验；《荔枝谱》则被称赞为"世界上第一部果树分类学著作"。

蔡襄擅长正楷、行书和草书，浑厚端庄，淳淡婉美，自成一体。与苏轼（东坡）、黄庭坚（涪翁）、米芾（襄阳漫士）合称为"宋四家"。蔡襄传世墨迹有《自书诗帖》《书谢赐御书诗》，及《陶生帖》《郊燔帖》《蒙惠帖》等，碑刻有《万安桥记》《昼锦堂记》及鼓山灵源洞楷书"忘归石""国师岩"等珍品。

蔡襄的书法精妙，书法创作与书学思想，具有承前续后的关键作用。蔡襄书法注重法度，"落笔刚劲足法度，字字不妄作"。他主张以古人为法，崇尚晋唐法度"古之善书者，必先楷法"，极力追崇唐楷集大成者颜真卿的书法正脉。故其小楷恬淡典雅，大楷浑厚凝重，《万安桥记》《海隅帖》《门屏帖》等皆是楷书精品。蔡襄注重法度，但又不拘泥于法度，他提出"学书之要，唯取神、气为佳"的"神气论"，认为在书法创作中要突出表现自我，任"意"流露，成为引领宋朝"尚意"书风的先驱。蔡襄的行书与行草则是其尚意书风的最佳证明，章法布局错落有致，通篇气势浑厚洒脱，一气呵成，沉稳意蕴与洒脱精神兼具，《暑热帖》《谢郎帖》为其中佳作，欧阳修评其书："行书第一，小楷第二，草书第三。"蔡襄在言及意时，往往与韵相关联，追慕魏晋风韵，在创作中力求融入主客体互动的精神，表现出从外在法度转向内在个性的艺术特色。因此，他在前人基础上创造了极具个人特色的"飞白草"，笔势如烟龙云蛇，随手运转翻腾上下，飞草也是其法、意、韵三位一体的书法美学追求的最佳诠释，代表性作品为《陶生帖》。蔡襄称得上是宋初书法活动的中心人物，苏东坡多次盛赞其为"本朝第一"，欧阳修则言："近年君谟独步当世，然谦让不肯主盟。"宋《墨池编》卷三有云："君谟真、行、草皆优，入妙品。笃好博学，卓冠一时，少务刚劲有气势，晚归于淳淡婉美。"

蔡襄的出现为北宋书坛带来了临古尚意之风，其书风既有唐五代对"法"的推崇，也有魏晋对"韵"的独钟，还融合宋代对"意"的渴求，成为上接唐、魏晋，下启苏、米、黄的桥梁，为宋代书坛的发展起到推进作用。欧阳修曾感慨："书之盛莫盛于唐，书之废莫废于今。"（薛静）

蔡　渊

蔡渊（1156—1236 年）字伯静，号节斋。南宋福建路建宁府①建阳县麻沙镇人。蔡元定长

---

① 唐朝高祖武德二年，改建安郡为建州。宋开宝八年改忠义军为建州，北宋端拱元年，建州改为建宁军。治平三年析建安、浦城、建阳县地置瓯宁县。建州，

子，内学于父，外师事朱熹。与其弟蔡沈躬耕不仕。庆元二年爆发庆元"反伪学"案，其父蔡元定谪官道州（今湖南道县），蔡沈随其父步行三千里到道州，蔡渊在家侍奉母亲。

蔡渊之学以易学为宗，其易学既承西山家学，又受闽学的影响，继承朱熹的阴阳源于"道"的思想，且把理的动静与气联系在一起，主张理气二分，把性情关系与理气关系相类比，认为性与情跟理与气是一致的，把阴阳分为生物之阴阳，物理之阴阳，并认定物生之阴阳，阳能变而阴不能变。在解读《周易》时，时时强调变化之理。他认为变易之理存在于阴阳变化的过程中，是"无形"的。变化无穷的原因在于"道"中所存在的无形之体。其民本思想主要包括三点：一、为民谋利。统治者应该节制欲望，不伤财，不损害民众的利益。二、与民同乐，顺时而动。三、"劳徕其民，劝民相助。"从理气论上发展了朱子学。

著有《太极图解》《周易训解》《易象意言》《卦爻辞旨》《大传易说》《古易协韵》《象数余论》《太极通旨》《化原闻辨》《体仁拟议》《性情机要》《大学思问》《中庸思问》《论孟思问》。其中《周易训解》《易象意言》被收入了《四库全书》。《蔡氏九儒书》中仅保存了他注释《四书》和《易学启蒙》的部分。（周元侠）

蔡元定

蔡元定（1135—1198 年），字季通，世称"西山先生"。南宋福建路建宁府建阳县麻沙镇人。生于宋绍兴五年乙卯十一月十一日，幼承父教精研三氏（程、邵、张）之学说，十九岁秉承父志，在西山构筑书屋读书，对天文、地理、兵制、礼乐、度数无所不通，精识博闻。后师从朱熹，从学最久，被视作朱熹生前的第一大弟子。乾道六年，蔡元定在西山设"疑难堂"，与朱熹在云谷的"晦庵草堂"遥遥相对。两山悬灯相望，夜间相约为号，灯暗表明学有难处，翌日往来解难。蔡元定每到朱熹住处，朱熹必留他数日，论学经常通宵达旦。朱熹在研究《河图》《洛书》及邵雍《皇极经世书》

辖闽北的泰宁、建安、将乐、建瓯、浦城及闽东的屏南、古田等 6 县。绍兴三十二年则因闽北人口增长，升建州为建宁府。

《先天图》时常与蔡元定商量探讨。朱熹重要著述的编纂都有蔡元定参与，比如《四书章句集注》《通鉴纲目》《近思录》《易学启蒙》等。

庆元三年，权臣韩侂胄擅政，制造"伪学之禁"，把"四书""六经"定为禁书，朱熹被打成"伪学魁首"，诬蔡元定为朱熹的左右羽翼之罪，贬湖南道州编管。湖南道州气候恶劣，蔡元定公常年抱病，百方医治难愈。庆元四年八月初九病逝，时年 64 岁。旨许归葬，子蔡沉扶柩三千里以还，十一月初六，葬于建阳县崇泰里莒口翠岚山。

韩侂胄死后，宋廷对蔡元定平反招雪，初赠迪功郎。宝祐四年赠太子太傅谥"文节"。明嘉靖九年诏元定崇祀启圣祠。清康熙四十四年，圣祖仁皇帝颁赐宋儒蔡元定"紫阳羽翼"金匾。

蔡元定是理学家中"慎独"的典范。尝对诸子曰"独行不愧影，独寝不愧衾"，这句话被蔡氏子孙作为祖训，载入族谱之中代代相传。元定对程朱理学思想的形成有过重大贡献，后世学者称他为"闽学干城"，意为闽学的中坚骨干。

蔡元定著有《大学说》《大衍详说》《律吕本源》《律吕新书》《燕乐原辨》《蒸乐原辩》《皇极经世指要》《太玄潜虚指要》《洪范解》《八阵图说》《家引经引义》《地理发微论》《阴符经注解》《<玉髓真经>发挥》《气运节略》《脉书》以及《翁季录》等十七部著作，并协助朱熹撰成《近思录》《易学启蒙》《太极图说解》《资治通鉴纲目》《周易参同契考异》等重要著作。这些著作分别收录于《宋史》《四库全书》和《续编四库全书》《潭阳蔡氏九儒书》《（建阳）庐峯蔡氏族谱》《朱子全书》或其他专门类书。殊为可惜者，其中有的著作因时代久远而湮没无稽。

蔡元定对朱子学的弘扬和发展做出了巨大的贡献，被誉为"朱门领袖"，清朝康熙皇帝曾赐御书"紫阳羽翼"给蔡家。（周元侠）

陈 淳

陈淳（1159—1223 年），字安卿，居北溪因而人称"北溪先生"。南宋福建路漳州龙溪县游仙乡龙州里（今步文乡蓬洲社）人。生于宋绍兴二十九年正月十五日。为人恬静，不善交游，初专攻科举。淳熙七年高登门人林宗臣劝告陈淳："子之所习，科举文尔。圣贤大业，则不在是。"并将朱熹与吕祖谦合编的《近思录》授予陈淳。诵习此书后，陈淳"始知濂洛之渊源"，对理学产生了浓厚的兴趣。此后，他又搜集《语孟精义》《河南程氏遗书》《河南程氏文集》《易传通书》《孟》《中庸》《大学》《太极图说解》《西铭解义》等理学著述，潜心研习。他曾有抛弃世学，向朱熹当面求学的念头，但碍于家境贫穷，需赡养双亲，未能成行。

淳熙十六年，陈淳赴临安参加秋贡，可惜未能如愿。

绍熙元年四月，朱熹任漳州知州。十一月十八日，陈淳以所著《自警诗》为贽，拜会朱熹。《自警诗》共三十五首诗，主要内容是陈淳的自我激励和学习理学的心得。朱熹于次日在郡斋召见陈淳。《朱子语类》记载了当时的问答。朱熹很欣赏陈淳，将其视为得意门生，对他的评价是"齿虽尚少，学已知方"。绍熙二年二月初二日，朱熹发《漳州延郡士入学牒》，创置"宾贤斋"，延请黄樵仲、施允寿、石洪庆、李唐咨、林易简、陈淳、杨士训及徐寓等八位"耆德之儒"入州学。同年四月二十六日，朱熹卸任，五月初二日离漳，陈淳送别至同安县东沈井铺。朱熹离漳后，常与人说："南来，吾道得一安卿。"据陈沂的《叙述》，朱熹离漳后，陈淳"推详所授根原"，将所思所得写作问卷，寄给朱熹批改。评语中有"看得甚精密"之语。《北溪先生大全文集》的卷五、卷六、卷七、卷八收录了陈淳所著问答和问目。尤其是卷八一卷，由陈淳亲呈朱熹评阅。朱熹看了一半，称赞"说得也好"，瞑目少久，读至"近来"处，说："说得皆好，皆是一意。"陈淳对朱熹的这番教导心领神会，对自己要求更为严格，"日求其所未至，不以苟得而遽止也。"

师徒二人自同安一别，有十年之久未能再见。虽然朱熹时常写信招延，但陈淳困于生计，需以开办蒙馆，教授儿童为业，故不能轻易成行。陈淳对朱熹非常尊崇，认为朱熹品德高尚，学问博大精深，超越群哲。为此，他终身捍卫师门，坚斥异说，不遗余力。

庆元五年十一月，陈淳与岳父李唐咨一同前往建阳考亭，拜谒朱熹。此时朱熹疾病缠身，健康状况极差，陈淳与其他门人遂入卧听教。《朱子语录》收录了此番师生间的交谈。朱熹问他："相别十年，有甚大头项工夫，大头项疑问，可商量处？"陈淳述以十年所学。朱熹颇有感慨，喜其"已见根原"，又指出"当大作下学之功，毋遽求上达之见"。他鼓励陈淳应当游学四方，多与其他学者交流。陈淳回龙溪后，认真阅读书籍，推究各种事物原理，终于达到义理贯通的境界。三个月后，朱熹病逝。死讯传至漳州，陈淳悲痛万分。

朱熹死后，陈淳结合讲学，着力疏释、宣扬程朱学说，在其所著的《严陵讲义》《北溪字义》中，竭力阐释、宣扬朱熹学派的主张。

嘉定十年，陈淳赴临安（今杭州）待试。八月初，陈淳返乡途径严州，受郡守郑之悌的邀请，到郡庠讲学，撰写了《道学体统》《师友渊源》《用功节目》《读书次序》四篇讲义（合称《严陵讲义》），同时还写《似道》《似学》两篇辩论文章，以驳斥异端。

嘉定十一年，陈淳再次前往杭州，以特奏名恩授迪功郎，任命为泉州安溪主簿（但未赴任）[①]。曾经代理过长泰县的主簿。嘉定十五年陈淳以恩循修职郎。

陈淳的一生，不沾名利，恬然自得。嘉定五年，知州赵汝谠将朱熹原设于州学的"三先生祠"，增祀朱熹，改为"四先生祠"。祠成后，赵汝谠邀请朱熹门生李唐咨和陈淳参与释菜之典。

陈淳自觉负有传授理学的使命，热心教学，循循善诱。他常与人书信往来，探讨理学，答疑解惑。《北溪先生大全文集》的卷二十二至四十二，收录了他与友人、学生的书信和答问。

嘉定十六年四月一日，陈淳病逝，享年65岁。葬于龙溪县二十四都瑞泉里坂头保石鼓之原崎岭社（今属步文乡崎岭村）。

---

① 根据陈淳的律诗和《祷雨良冈山》一文，他曾经代理过长泰县的主簿。由于地方志中，宋代长泰县令和主簿的记载不全，我们无法得知陈淳代理长泰县主簿的具体时间。不过从陈淳写于嘉定十五年（1222年）四月的《别徐懋公赠言》来看，文末落款为"北溪陈某安卿书于武胜簿曹之读书室"。可知在他逝世一年前，仍然代理主簿一职。

宝庆三年，陈淳的学生苏思恭、梁集、陈沂等人请求陈淳的友人陈宓为其书写墓碑，并作墓志铭。到了明代，晋江人文学家王慎中重新立石。嘉靖三十五年，龙溪县知县蔡亨嘉在陈淳墓前立坊，榜曰"朱门高弟，漳上真儒"。

淳祐六年，漳州知州方来在龙江书院东侧建"道原堂"（即"朱文公祠"），将陈淳配祀于内。此后漳州的朱文公祠，多以陈淳为配祀。明成化九年，刑金事林克贤命同知蒋濬建"陈北溪祠"于芝山南麓（即今漳州一中东南角），成化十三年，知府姜谅塑陈淳像于其中，委托提学副使周孟中作《陈北溪先生祠堂记》。弘治五年，户部左侍郎吴原请赐祠额，春秋奉祀。

陈北溪祠于清乾隆二十七年重修，今已不存。雍正三年，清廷将陈淳增祀入文庙，列东庑。列祀文庙的漳州人仅有两名，另一人是明末学者黄道周，祀西庑。

陈淳著有《北溪大全集》50卷，《论孟学庸义》《语孟大学中庸口义》《字义详讲》（即《北溪字义》）《礼解》《女学》《筠谷濑口金山所闻》等书。清代学者全祖望评价他"卫师门甚力，多所发明"。陈淳著述中，除了理学思想，关于漳州地方状况的部分，是宋代漳州珍贵的第一手史料，同样值得我们关注和研究。（刘传标）

陈 瓘

陈瓘（1057—1124年），字莹中，号了斋。北宋福建路南剑州沙县（今三明沙县）城西劝忠坊人。宋元丰二年探花，授官湖州掌书记，后擢礼部贡院检点官。

宋元祐四年，陈瓘任越州通判。时蔡京的胞弟蔡卞为越州太守。蔡卞听说陈瓘很有才华，想收为己用，陈瓘知道意不纯，多次以病为借口，要求辞官归隐。后，陈瓘改任温州通判。北宋时期，朝廷沿袭唐代的职分田制，按内、外官和服务性质的不同，授予职官员80亩到12顷的职分田，以其租充作俸禄的一部分。陈瓘认为自己的职分田收入颇丰，只取其中一部分作为生活费用，其余充公。

绍圣元年，章惇为相。章惇对陈瓘十分器重，向他征询当今朝政应以什么为重。陈瓘直言不讳地告诉章惇：当今处理朝政应该持公正，不能再搞朋党政治。他举乘舟为例，说："移左置右，偏重一边都要覆舟，都是不可取的。"章惇说："司马光奸邪，应该罚治是当务之急。"陈瓘明知章惇与司马光政见相悖，却在章惇面前为司马光辩护说："这就错了，就像乘舟一样，偏重一边，有失天下之所望。"章大怒说："司马光不务织述先烈，而大改成绪，误国。如此不算奸邪又是什么呢？"陈瓘以理力争说："不了解人的心迹，就怀疑人家的行为，是不可为的；没有罪证，就指责他人奸邪，盲目处置才是最大的误国。当今之急是消除朋党，公平持正，才可以救弊治国。"章惇虽然十分气愤，但也不得不佩服陈瓘的胆识和学识。陈瓘被任命为太学博士。

章惇、蔡卞当政，将司马光等人列为奸党，并欲将司马光著作《资治通鉴》毁版，抹去他的一切痕迹。时任太学博士的陈瓘，问主张毁书者，《资治通鉴》的序文难道不是宋神宗御笔亲制吗？神宗褒奖的大作，你们却要毁弃，这是继承先帝的遗志吗？由于他的巧妙问难，毁版计划被迫中途辍止。

陈瓘上书言朋党之争误国，因而忤犯了蔡卞一伙，被贬"出通判、沧州知卫州"。

建中靖国元年，宋徽宗即位后，陈瓘被任命为右正言，后又升为左司谏。陈瓘在答徽宗询问时说："做事应该持公正态度，顾及大体，不要抓住人家枝节小事不放，以其一点，攻击其余。尤其是作为谏官的更应该尊重事实，不要以自己的孤见寡闻来妖言惑众。"御史龚尖因弹劾蔡京误国，被蔡京一党驱逐出京。陈瓘不畏强权，挺身而出，严正陈词说："绍圣以来七年间就有五次驱逐朝廷大臣的事件。被罢免放逐的都是蔡京不同政见的官员。今天又要驱逐龚尖，公理何在？"上书奏请治蔡京等人结党营私，误国误民之罪。陈瓘还上书抨击皇太后干预朝政等事，得罪太后一党，被贬为扬州粮科院监官；不久又转任无为军知事。翌年，陈瓘被召回京城，任著作郎。十月，改任右司马员外郎兼权给事中。时，蔡京的党羽曾布为相。曾布派门客私下告诉陈瓘，将授予他实职，企图以高官收买他。陈瓘不为所动，对其子陈正汇说："我与宰相议事多有不合，现在他们以官爵为饵来笼络我，如果我接受他们的推荐，那么与他们所为有什么区别呢？这样做于公于私都有愧。我这里有一道奏章，论及他们的错处，准备呈上去。与丞相开诚布公地讨论，合则留，不合则去。"

宋徽宗政和元年，陈瓘贬在湖南郴州，其子陈正汇在杭州举报蔡京一党有动摇东宫的企图。蔡京一党大惊，以同谋罪逮捕陈瓘，逼陈瓘承认父子俩无中生有，造谣诬陷宰相。在公堂上，陈瓘侃侃而谈："正汇举告蔡京将不利社稷的文书还在路上，我怎么有可能预先得知呢？既然我不知道，而要我违心地去指证他们犯罪，是情义所不容的；挟私愤，作伪证来迎合你们，是道义所不为的。蔡京奸邪，必定为害国家，这是我多次奏明的，用不着今天才说。"陈瓘大义凛然。字字掷地有声，连内侍黄经臣闻之都为之感动。他说："皇上正要知道事情真相，就据陈瓘所言上奏吧。"结果，陈正汇因诬告罪而流放海岛，陈瓘被贬置通州。

陈瓘迁移了几处贬所，在台州时，蔡党抓住他写《尊尧集》一事，欲起文字狱，陷之死地。蔡党知州把他押来，欲动大刑，陈瓘昂然启问：这是皇上的意思吗？《尊尧集》岂是诽谤朝廷？我把神宗皇帝尊为尧，当今皇上自然为舜，你们难道敢反对？为虎作伥，所得几何？今后如何面对天地良心和世间公议？知州面露惭色，只得作罢。

宣和六年，陈瓘病逝于楚州，终年65岁。

靖康元年宋钦宗即位后，蔡京一党受到了清算；蔡京也被贬岭南，途中死于潭州（今湖南长沙）。同年，朝廷追封陈瓘为谏议大夫，并在县学中建斋祠奉祭。绍兴二十六年，宋高宗对辅臣们说："陈瓘当初为谏官，正直的议论，对国家大事多次陈言，现在看来都是对的。"因此，特谥陈瓘为"忠肃"，赐葬扬州禅智寺。

著有《了斋集》《了斋易说》《尊尧集》《论六书》等。

陈瓘为人谦和，不争财物，闲居矜庄自持，不苟言谈，秉性淡定，不喜与人争名夺利，见到别人有缺点，从不当面直斥，让人难堪，而是巧妙婉转地点示，让人家自己觉悟而暗中改正，力图保全别人的脸面。但在朝廷上，陈瓘则是秉公直言，不畏权势，不顾私情友谊，知无不言，言无不尽，是位直谏之臣，《宋史》称其谏疏似陆贽，刚方似狄仁杰，明道似韩愈。

与陈师锡被称"二陈"，同斥蔡京、蔡卞、章惇、安惇等。虽为之忌恨，然其人品无不为之折服。因之坎坷，遭遇尤惨。四十二年间，调任凡二十三次，经八省历十九州县。钦宗即位，平反昭雪。其精神与岳飞、文天祥同辉，共祀于南通文庙、狼山准提庵及如皋定慧寺等处。

陈瓘书法造诣颇深。真迹传世唯《仲冬严寒帖》。李纲曰："了翁书法，不循古人格辙，自有一种风味。观其书，可以知气节之劲也。"邓肃曰："开卷凛然，铜筋铁骨，洗空千古，侧眉之态，盖鲁公之后一人而已。"明陶宗仪曰："精劲萧散，有《兰亭》典型。"（张慧）

陈宓

陈宓（1160—1226年），字师复，号复斋。南宋福建路兴化军莆田人。年少时师从朱熹，朱熹去世后，随黄榦学习。黄榦评价他："胸怀坦然，无一毫私欲之累。"陈宓曾任泉州南安盐税，嘉定三年，陈宓任安溪知县。为了照顾无家可归的穷人，他设立安养院，为他们提供食物、药品，甚至棺材。

嘉定七年，入监进奏院，当时正逢大旱，陈宓向皇帝进奏言："宫中饮食宴会，过于频繁奢侈了。贪官如果得不到惩治，廉洁之士只会招来怨恨。如果皇帝能整顿朝廷内外的秩序，正名纲纪，如果天不下雨，我甘愿受惩罚。"为此，丞相史弥远忌恨，陈宓贬为军器监簿，他又进言："人主之德贵乎明，大臣之心贵乎公，台谏之言贵乎直。"指陈时事之弊端，较以前更加深切。出知南康军，遭遇天灾，粮食歉收，于是陈宓一面上奏减免赋税，一面组织百姓筑堤，救活很多百姓。同时他还不忘到白鹿洞书院讲学。后又改知南剑州，遇到大旱，一面救灾，一面创延平书院，按照朱子所定《白鹿洞规》规划书院。宝庆二年，除直秘阁，主管崇禧观，提点广东刑狱，章复三上，迄不就。宋宁宗去世后，陈宓拜祠命而请致仕。诏进职一等任漳州知府，未行请致仕。未几去世，家无余财，库无余帛。端平元年，追赠直龙图阁。

陈宓很重视修身与从政之间的关系，他天性刚毅，信道尤笃，尝为《朱墨铭》，以验理欲分寸之多寡，谓朱属阳，墨属阴。他的理想是"居官期如颜真卿，居家期如陶潜"，又深爱诸葛亮"家无余财，库无余帛"，是一位廉洁自律的理学官员。

陈俊卿与朱熹是好友，曾请朱熹到家塾讲学，陈宓后来将这所家塾改为仰止堂，置朱子像于其间，与朋友讲习于其中。陈宓还建了沧州草堂，讲学授徒，为朱子学说的传播和发展做出了贡献。黄榦晚年论当世志道之人有三：真德秀、李道传和陈宓。

著有《论语注义问答》《春秋三传钞》《续通鉴纲目》《唐史赘疣》诸书。（周元侠）

陈　普

陈普（1244—1315年），字尚德，号惧斋，世称"石堂先生"。南宋福建路福州宁德县石堂（今属宁德市蕉城区虎贝乡文峰村）人。南宋教育家、理学家。生于南宋淳祐四年，饱览四书五经，潜心探研朱熹理学。南宋咸淳末年，闻会稽韩冀甫倡道浙东，其学以朱熹理学为宗，遂往游其门。经数年刻苦磨砺，终精通经史，学识超群，名闻闽浙。宋祥兴年间，陈普返回故里。时值宋朝将亡，兵戈四起，生灵涂炭。陈普遂隐居于石堂山，以著述自娱。

元至元十六年宋亡，陈普以宋遗民自居，誓不仕元。元朝廷曾多次聘他为福建教授，陈普均坚辞不就，锐意振兴家乡教育，在石堂山仁丰寺里设馆倡学，招徒课艺。四方学子闻其学识宗风，负笈从游者每年达数百。他治学师承冀甫传统，力倡朱熹正学，曾告诫门生："性命、道德、五常、诚敬等字，在四书五经中如斗极列宿之在天，五岳四渎之在地，舍此无求，更学何事？"为推广朱熹学说，普受丞相刘敏中之托，重辑朱熹门人黄榦、杨复二人的《丧祭礼》及朱熹的有关著述，分十卷刊行于世。在教学上，陈普力倡理论联系实际，治经"不贵文词"，而"必真知实践，求无愧于古圣贤"。在其熏陶下，不少门人既精于理学奥义，又能深入社会实际，求取真知灼见。出其门者，如韩信同、杨琬、余载等，皆为当时理学名士。

陈普曾应友人邀请，先后受聘主讲于建州（今建瓯县）云庄书院、建阳鳌峰书院和德兴（今江西镜内）初庵书院。所至之处，学者纷至沓来，不绝于途，名重当时。

元贞三年以后，陈普寓居莆田18载。他以精湛的学识陶冶后秀，培养了一批优秀的理学人才。后人称"莆中多贤，讲学造就，石堂殆为鼻祖"，实非过誉。

延祐二年，陈普病逝于莆田，归葬于石堂山。邑人缅怀其兴学育才之功绩，祀之于乡贤祠。

陈普，多才多艺。除六经外，他还熟谙律吕、天文、地理、算数之学，精于阴阳玑衡之说。曾铸刻漏壶，玲珑精巧，应时升降，纤毫无爽，为时人所激赏。其铸刻漏壶为世界最早钟表之雏形。

著有《四书句解铃键》《学庸指要》《孟子纂图》《周易解》《尚书补微》《四书五经讲义》《浑天仪论》《咏史诗断》《字义》等凡数百卷。大多散佚。今存《石堂先生遗集》二十二卷、《石堂先生遗稿》一卷、《武夷櫂歌》一卷。（张慧）

陈　容

陈容（1200—1266年），字公储，号所翁，别署所斋。南宋福建路福州长乐县西隅西关岐后横路花眉台人。南宋著名画家。初游太学，与建宁艾竹坡友善。艾喜画竹石，容善画龙，时称太学"二妙"。宋端平二年登进士第，初授温州府平阳知县，嘉熙三年擢江南西路洪州隆兴府临江军通判。宋淳祐元年入为国子监主簿，左迁知兴化军。后任福建光化军太守，官至朝散大夫。宝祐二年罢归，居县西花眉台下。

陈容工诗文书画，尤善画龙，泼墨成云，喷水成雾，醉余大叫，脱巾濡墨，信手涂抹，然后以笔成之，不经意，皆得神似，世称"所翁龙"。陈容还擅长画松、竹、鹤，偶亦画虎，垂老笔力简易精妙，故世又有"所翁鹤""所翁竹"之称。

陈容于中国美术史上占有重要一席，"所翁龙"成为后人画龙的典范，倍受国人特别是明清以来画家们的追捧。

海内外所藏署款为陈容的画龙作品共22件，中国大陆及台湾地区共11件，海外11件。其中故宫博物院、广东省博物馆与中国美术馆藏有《霖雨图》《墨龙图》画卷，美国波士顿博物馆藏有《九龙图》画卷。陈容墓在长乐区政府后山。（刘传标）

陈文龙

陈文龙（1232—1276年），初名子龙，字刚中，号如心。南宋著名抗元英雄。祖籍兴化军（今莆田），宋理宗绍定五年二月生于南宋福建路福州长乐县芳桂乡（今潭头镇）阜山村。自幼聪颖，苦学不厌，年未弱冠即以精于声律而名噪郡庠。南宋宝祐四年，入太学，以"能文章，负气节"著称。咸淳四年登戊辰科进士，殿试擢第一（状元）。度宗因其文才出众，赐名"文龙"、赐字"君贲"。初授镇东军节度判官历崇政殿说书、秘书省校书郎、著作郎、礼部员外郎，至监察御史、参知政事、权知枢密院事。

陈文龙为官清正廉直，刚正不阿，不畏权贵、疾恶如仇。初入仕途被任命为镇东军节度判官的陈文龙秉公处事，关心民瘼，"不挠不屈，不可干以私，人皆惮之"，成为镇军元帅刘良贵的得力助手，"政无大小，悉以询之"。丞相贾似道喜欢他的文章，很看重他，极力拉拢提拔，从镇东军节度判官升为崇政殿说书、秘书省校书郎，不数年又升为监察御史，多因贾似道提携之力。但陈文龙并未因此而对贾趋炎附势，而是对贾弄权误国的行径进行严厉的抨击和弹劾。在陈文龙之前的谏官上奏疏都得先呈贾似道，独文龙以不合朝廷制度，自向皇帝直奏，引得贾似道大怒，将其贬出朝廷。当时浙西转动使洪起畏迎合贾似道意旨，请行"类田法"，即把劣等公田强换农民好田，一时"吏缘为奸，争以多买为功"，致使浙西"六郡之民，破家者多"，民怨沸腾。陈文龙上疏力争其不可，同时弹劾洪起畏。贾似道迫不得已才处罚洪起畏以自解。消息传出大快人心，时人赞文龙为"朝阳之鸣凤"。襄阳被围，手握军政大权的贾似道却夜夜笙歌，纵酒淫乐，不仅不发兵赴援，还封锁隐匿军情。直到咸淳七年贾似道迫于朝野舆论的压力才不得不派其女婿范文虎率兵援襄。范文虎贪生怕死，临阵先遁，致使宋军大败。咸淳九年，樊城、襄阳相继失守，长江天然防线洞开，元军得以顺江长驱东下。消息震动朝野，纷纷要求惩办范文虎。贾似道却只让他降官一级，随即又擢范知安庆。贾还任命亲信赵溍出知建康，又提拔无耻之徒黄万石任临安知府。陈文龙愤极上疏，严辞弹劾贾似道罪状及其党范、赵、黄三人。贾似道大怒，黜其出知抚州，并派人暗中搜集材料，妄图进一步加以迫害。陈文龙未把被贬之事放在心上，而是坚持为官初心，在抚州任上治民宽恕，对于不法之人绳之以法。贾似道又指使监察御史李可以"催科峻急"的罪名弹劾陈文龙。陈被罢官返回兴化军故里。

陈文龙一生践行"忠君报国"之志，至死不渝。德祐元年，元兵东下逼近安庆，范文虎不战而降。接着，元兵直逼首都临安，贾似道虽无奈出兵，却于临阵求和，未果，军溃鲁港弃军而逃。贾似道落败后，朝廷始悔当初不用陈文龙之言，急召陈文龙入京，起为左司谏，寻迁侍御史、同知枢密院事、参知政事权知枢官院事。陈文龙临危受命，却未有一丝犹豫，离家时语其族叔陈瓒曰："是行也，某必死之。"誓以死报国。不久，元兵攻破杭州北面的独松关，陈文龙主张与元兵决一死战，朝廷却决定议和。

德祐二年正月，宋廷遣使奉表称臣于元，陈文龙见抗元壮志难酬，怏怏归闽。南宋朝廷降元后，文天祥、张世杰、陆秀夫等爱国将领继续领导军民进行抗元斗争。景炎元年五月，益王赵昰在福州即位，是为端宗，改元景元，以福州为行都，设立抗元救亡的政府，复以陈文龙为参知政事。时值漳州反叛，端宗以陈文龙为闽广宣抚使前往征讨，文龙按兵泉州，使黄恮入漳抚之，民复归附。继又因兴化"石手军"不得其用而乱，陈文龙又受命兼知兴化军，迅速平之。十一月，元军先后攻破建宁府、邵武军、南剑州，福州知府王刚中不战而降。张世杰、陆秀夫等拥端宗由海上退避泉州，后逃往潮州。

陈文龙依前官闽广宣抚使驻节兴化军，并于兴化开设衙门。陈文龙受命于危难之际，他"毁家纾国，合得俸给并祖父坟山、功德院岁入悉以招军"，募兵万人，死守兴化。正当陈文龙在兴化部署抗元之时，泉州招抚使蒲寿庚和知府田真子献城降元。兴化腹背受敌，顿成孤城，但文龙抗元意志更坚。元兵数次遣使到兴化劝降，文龙焚劝降书斩杀来使。元军见招降无效，便下令攻城。当时城中守兵不满千人，元兵屡攻不下，陈文龙还设伏于囊山寺前，打了一场胜仗。陈文龙制"生为宋臣""死为宋鬼"两面大旗立于城头，每次巡城则以此旗为前导，以激励士气，振奋人心。元兵屡攻不克又劝降不成，便抓捕陈文龙的姻家，逼其致书劝降，陈文龙仍不为所动。同年十二月底，陈文龙部将林华叛变，引元兵万余人到兴化城下，与通判曹澄孙里应外合，陈文龙寡不敌众与家人俱被擒，见民房火发，百姓号哭，对元兵说："速杀我！无害百姓。"继而，文龙与家人一起被押至福州董文炳军中。面对董文炳的凌辱，陈文龙大义凛然，指着自己的腹部说："此皆节义文章也可相逼邪？"元将唆都（索多）企图以"母老子幼"来动摇文龙。陈文龙慷慨陈词，唆都愀然改容，乃械系押往杭州。途经福州台江时，陈文龙作《寄仲子》诗与其子诀别，诗云："斗垒孤危弱不支，书生守志誓难移。自经沟渎非吾事，得死封挂是此时。须信累臣堪衅鼓，未闻烈士树降旗。一门百指沦胥尽，惟有丹衷天地知。"文龙自去兴化始绝食，至杭死于岳武穆庙，终年46岁。宋端宗闻讣赠陈文龙为太师，谥忠肃，赐庙号昭忠。陈文龙被押北上时，其母病系福州尼寺中，得知陈文龙殉国后悲痛拒不服药，曰："吾与吾儿同死又何恨哉！"亦死。陈文龙殉难后葬于杭州西湖畔智果寺，与同葬于此的岳飞、于谦并称"西湖三忠肃"。"清忠亮直抗元良将，节义文章扶宋名臣"，正是后世对他短暂一生的高度概括及评价。

陈文龙殉国后，邑人在玉湖（今莆田阔口村）祖祠立像奉祀，又在兴化府城隍庙旁建"二忠祠"以纪念陈文龙和他的从叔陈瓒。明洪武元年，明太祖朱元璋命中书省访求各地应祀神祇。凡有功于国家及惠爱在民者著于祀典，令有司岁时致祭，陈文龙等得以立庙祀典。永乐六年诏封文龙为福州府城隍，清乾隆四十六年皇帝又以能保佑航运、渔民，加封陈文龙为"水部尚书""镇海王"。福州人称为"尚书公"，成为民间信奉的水上保护神。阳歧为乌龙江重要码头之一，莆仙商旅多从此渡江，故俗称此码头为"化船道"或"兴化道"。文龙既司河舟，则立庙江于江边。当地村民和水上居民以及莆仙一带的商贾在此建庙立祀纪念水部尚书陈文龙，称"尚书祖庙"。其后福州南台先后建有万寿、新亭、龙潭、竹林等四座尚书庙皆自

阳歧祖庙分香而来。尚书信仰如今已经成为福州重要的民间信仰，人们在纪念、崇拜陈文龙的历史中逐渐形成了独特的尚书公信仰文化。

明清时期，历朝皇帝都委派新科状元率册封团赴琉球、台湾册封当地官员。册封团在海上行船为祈求平安，将陈文龙立于船中祭拜。因此，就有了"官船拜尚书、民船拜妈祖"之说。民间拜祭尚书公，既为推崇英雄，亦为祈求平安。

福州阳歧的尚书祖庙是祭祀陈文龙的庙宇，始建于明初。福州、马祖、台湾等地建有30多座以陈文龙为主神的尚书庙。马祖北竿水部尚书公府将台江陈文龙尚书庙（陈文龙纪念馆）奉为祖庙。（黄洁琼）

方士繇

方士繇（1148—1199年），字伯謩，一字伯休，号远庵。理学家。南宋福建路兴化军莆田县人，徙居建守府崇安县。乾道年间从朱熹游，以传道、讲学授徒为业，尤精于《易》。工于书，自篆、籀、分隶、行、草诸体，皆极其妙。朱熹答蔡季通书云："篆、隶碑子，字画皆不满人意，未有可写之人，令伯謩篆如何？"

庆元五年，方士繇逝世，终年52岁。朱熹为之写祭文，陆游为之撰写墓志铭，赞其"……不为进士，专以传道为后学师。六经皆通，尤长于《易》。亦颇好《老子》。"（陆游《渭南文集》）

著有《远庵集》。（张慧）

何去非

何去非（1077—1145年），字正通。北宋军事评论家。北宋福建路建州浦城县人，生于北宋熙宁十年，何去非先后六次参加科举考试均以失败告终。北宋中叶以后文人论兵的社会风尚甚浓，何去非亦好读兵书，精于论兵。神宗元丰五年以特奏名廷试中第。因"词理优瞻，长于论兵"除右班殿直武学教授，受命参与校订《武经七书》（包括《孙子兵法》《孙子兵法》《吴子兵法》《六韬》《司马法》《三略》《尉缭子》《李卫公问对》）。《武经七书》是中国古代兵书定型和军事思想体系化的专辑，是对中国古代军事思想的一次大总结。书成后，何去非

擢为博士，成为中国历史上第一个武学博士。

宋哲宗元祐四年，苏轼写《举何去非换文资状》，荐为承奉郎。哲宗诏准，授承奉郎博士。

元祐五年，授徐州教授，苏轼又推荐他担任富阳县令。后改通值郎，后任沧州通判。后改任授司农寺丞，但何去非力求外任，改庐州通判，最终病故，享年73岁。

著有《文集》20卷、《备论》4卷、《司马法讲议》3卷、《三略讲议》3卷，都是重要的军事文献。其中《备论》共28篇，现存26篇，对战国至五代的兴废成败和22个军事人物的用兵得失进行了评述，旨在寻求历史借鉴。苏轼曾誉"其论历代所以废兴成败，皆出人意表，有补于世"。

《何博士备论》成书于北宋元祐年间，共28篇，以军事战略角度对战国至五代时期各王朝兴衰和著名军事人物的用兵得失进行评述，提出自己独到的见解和看法，旨在寻求历史借鉴应用于现实社会，是中国古代第一部从军事角度评论战国到五代著名军事家的用兵要点、成败得失的著作。该书每篇引一朝或一人事迹为一论，紧紧围绕一个中心思想展开评论，又历数正反事例来论证作者的观点。具体篇目依次为：六国论、秦论、楚汉论、晁错论、汉武帝论、李广论、李陵论、霍去病论、刘伯升论、汉光武论、魏论上、魏论下、司马仲达论、邓艾论、吴论、蜀论、陆机论、晋论上、晋论下、苻坚论上、苻坚论下、宋武帝论、杨素论、唐论、郭崇韬论、五代论。

《备论》比较全面地反映了何去非军事思想，在对待战争的态度上，何去非认为战争是客观存在的，当战则战，当止则止，关键要根据"顺逆之情""利害之势"来决定。"忘战""恶兵"会丧权辱国，"乐战""穷兵"也会有败亡之祸，"有以用而危，亦有不用而殆"（《汉武帝论》）。因此国家和军队战略的制定应当以现实情况为依据。在战略决策方面，何去非强调要考虑战争"利害"关系，即天下形势和民心的向背。他以楚汉为例，说明"形势"和"民心"的重要，指出刘濞失败的原因在于政治上没有得到"亡汉"的民心，军事上没有采纳"取梁""据洛"的方略。在作战指导方面，何去非强调战役战术中运用智谋，认为"智"胜于"勇"，楚汉战争中刘邦"能得真智之所在"，所以战胜了一味争强斗力的项羽；"智足以役勇，勇足以济智"。重视军事活动中捕捉战机和灵活用兵，反对心存侥幸，主张要先计而后战，"度有功而后动"，机未至不可动，机已至不可失。同时，何去非重视精兵强将的作用，认为弱能胜强的原因是弱能思奋，强则易懈，所以胜败不在多寡，在有节制，使百万若使一人者胜。在兵法的学习与运用问题上，何去非强调学兵法"法不泥法、缘法而生法、离法而会法"，"不以法为守，而以法为用"，推崇韩信、曹操"出奇应变"，多谋善断。认为"盖兵未尝不出于法，而法未尝能尽于兵""法有定论，而兵无常形"（《霍去病论》）。何去非强调军队纪律的重要性，他以李广为例说明军纪的重要性，认为李广是难得的将才，士卒也都拥戴他，但最后败在纪律松弛上。指出："治国而缓法制者亡，理军而废纪律者败。"军队纪律"号百夫之率，不可一日辄废"（《李广论》）。

（黄洁琼）

黄　榦

黄榦（1152—1221年），字直卿，号勉斋。儒学家、教育家，朱熹的次女婿。南宋福建路福州长乐县二难乡（今古槐镇）青山村人，寓居闽县（今福州市）东门外。生于宋绍兴二十二年。初师从清江刘子澄，淳熙三年春，黄榦拜朱熹为师，常与朱熹学友吕祖谦及学兄蔡元定论学，朱熹每"语之以道德性命之旨，言下领悟"，成为朱熹高徒。朱熹对他寄予厚望，将理学精髓悉心传授，"直卿志坚思苦，与之处甚有益"。

绍熙五年，黄榦授迪功郎，监台州酒务。庆元二年朱熹提倡的道学被朝廷斥为"伪学"，朱熹被罢职，回闽讲学。庆元三年黄榦丁母忧回闽。在福州北郊长箕岭筑墓庐讲学，从者甚众。

庆元六年三月，朱熹病重，将所著《礼书》底本托付给黄榦，补辑成书（其中丧、祭二篇由黄榦编成）。三月初九日朱熹病逝，黄榦守丧3年。

南宋嘉泰三年，黄榦调监嘉兴府石门酒库。

嘉定元年，黄榦任江西抚州临川县令。

嘉定五年，黄榦改任江西临江军新淦县令。后任安徽安丰军（今安徽寿县）通判。

嘉定八年，知湖北汉阳军。

嘉定九年四月，黄榦湖北汉阳知军任满后回到建阳。七月，在考亭书院当年朱熹为其建造的寓舍旁建草堂三间，名"环峰精舍"。

嘉定十年，黄榦调知安庆府。

嘉定十一年，黄榦辞安庆职，入庐山访其友李燔、陈宓，并在江西白鹿洞书院讲学。不久改知和州，黄榦在仕途顺畅、名声日长之时，选择急流勇退，以"衰病"为由辞官归居。九月，任广东潮州知州，再辞。十二月，主管亳州明道宫。

嘉定十二年四月回建阳，十月返回福州专事讲学，担当起"领袖朱门"的责任，学生日益增加，巴蜀、江浙、荆湖之士都纷纷前来求学。编辑礼仪，著写书籍，与弟子们讲论经典，论说理义，勤勉不倦，朝夕往来，质疑问难，请求教益，像朱熹讲学的时候一样。

嘉定十三年，在朱子去世的20年后，黄榦几经反复修改的《朱文公行状》终于定稿。

嘉定十四年三月十一日。黄榦病逝，终年70岁。葬于福州城北（今岭头镇）江南竺庵牺谷。时为之送行的"门人弟子执绋者二百余人，皆衰绖菅屦，引枢三十余里至山间"。

后世人评论朱熹门人弟子聪明卓越固不少，然求其始终不渝、老而弥笃者，唯黄榦也。绍定六年，黄榦门人请求赐给谥号。端平三年诏赠"朝奉郎"，赐谥号"文肃"。元朝元至正十九年，福州建"勉斋书院"纪念他。清雍正二年，从祀于孔庙，又在府学里建黄勉斋祠。

黄榦把"传承道统"看成是朱熹的最大成就，认为道出于天，表现为天地万物和人事的变化，故有道统。道统传授的次序：尧、舜、禹、汤、文王、武王、周公、孔子、颜子、曾子、子思、孟子、周敦颐、张载、二程、朱熹。经过黄榦的提倡和阐发，朱子学成为统治阶级的正统思想。

朱子学的形成和发展及在思想界主导地位的确立作出巨大的贡献。他一生以弘扬朱子学为己任。他为官期间，实践朱熹的政治思想，他致力于社会改革，力图"壮国势而消外侮"。

黄榦在浙江为官时，将朱子学传于金华人何基，后来通过何基再传，朱子学盛行于浙江。黄榦在江西为官时，传弟子饶鲁。饶鲁在江西讲学，广收弟子，成为朱子学在江西的源流。黄榦在汉阳为官时，在书院讲授理学，门人众多。后元兵攻入汉阳，俘虏理学家赵复，携归北方，使之在太极书院讲学，致使元代时朱子学在北方迅速传播，遂成独尊之势。

《闽南道学源流》记载朱门弟子以黄榦为首，蔡元定次之。

著有《周易系辞传解》1卷、《仪礼经传通解续》29卷、《孝经本旨》1卷、《论语注语问答通释》10卷、《勉斋先生讲义》1卷、《朱侍讲行状》1卷、《勉斋诗钞》1卷、《黄勉斋先生文集》8卷、《晦庵先生语续录》46卷、《勉斋集》40卷等及《朱熹行状》《勉斋集》《书传》《易解》《孝经本旨》《四书通释》《仪礼通解》等。（周元侠）

黄公度

黄公度（1109—1156年），字师宪，号知稼翁。宋代诗人、文学家。南宋福建路兴化军莆田县人。生于北宋大观三年，幼年曾寄居于涵江鳌山村姑母家中，在附近登瀛阁读书。南宋绍兴八年高宗居丧，依祖宗前例"人主有三年之丧则罢殿试，而以省元为榜首"，黄公度中省元，赐进士第一（状元）。绍兴十三年，授签书平海军节度判官兼南外宗簿。时值秦桧擅权，对外主和屈膝投降，对内打击抗金将领和人士。黄公度秉性耿直，不愿依附秦桧，而遭忌恨。绍兴十八年，黄公度被授秘书省正字，赴任途经长溪县福鼎时作《题分水岭两绝》曰："呜咽泉流万仞峰，断肠从此各西东。谁知不作多时别，依旧相逢沧海中。"因此而被罢贬为台州崇道观提举。绍兴十九年，再次触怒秦桧，改任肇庆府通判兼摄南恩州。

黄公度关心百姓疾苦，在南恩州任上清理积案，免除苛捐杂税，改革陋俗，又兴教育，办学校，培养人才，政绩斐然，南恩自此才有登第者。黄公度官至左朝散郎、尚书考功员外郎。

绍兴二十六年病逝，终年48岁。

著有《知稼翁集》十一卷，《知稼翁词》

一卷。

黄公度工词善文，词作清丽素雅，表达的感情清而不激，运用朴词造感人之深境，深得"词浅意深"之妙，艺术造诣很高。如《菩萨蛮》"无言但点头""还如旧日娇"，《卜算子》中"薄宦各东西，往事随风雨""愁共落花多，人逐征鸿去"，《浣溪沙》"欲去还留无限思，轻匀淡抹不成妆"等都是词浅意哀的佳句。《一剪梅》中的"冷艳幽香冰玉姿，占断孤高，压尽芳菲"之句是梅花冷艳、孤傲个性的真实写照；"嫣然一笑百花迟"表现的是在风霜的打压之下梅花丝毫不怯懦仍迎风怒放，表达词人对梅花傲雪凌霜之高洁品性的欣赏之情，透露出词人自己不屈不挠的精神。

黄公度词作品虽然数量不多，传世仅15阙，历代评价颇高。陈廷焯《白雨斋词话》评黄公度词曰："气和音雅，得味外味，人品既高，词理亦胜。"洪迈亦言黄公度词"宛转清丽，读者咀嚼于齿颊间而不能已"。

黄公度的诗效法杜甫、李商隐，使他的诗风最终定格在精深与淡远并行之间，深而有韵，淡而有味。

黄公度的文章因多为公牍文，其中又以书启为主，故而思想内容较为单薄，但有着较强的艺术美感和可读性。黄公度的文章与其诗歌一样，重视韵律和对偶，形式美和节奏感较强，具有行文脉络清晰、语言平易流畅、浅显易懂的特征。

黄公度身负科名而一生沉于下僚，但他始终能以一颗乐观之心对待自己的坎坷遭遇，始终坚持"以忠致主，以道觉民，以文章作世程，以人物为己任"的处世原则，时常提醒自己"恪守初心，誓坚晚节"。文如其人，陈俊卿《莆阳知稼翁文集》"序"称"公以文章魁多士，有盛名于时，胸中洒落，议论宏壮"。黄公度就如他词作中"一枝雪里冷光浮，空自许清流"的梅花，历经寒霜而保持节操，绝不做那"芳菲急在人知"的桃花李花。（黄洁琼）

黄　裳

黄裳（1043—1129年），字冕仲，号演山，又号紫玄翁。北宋词人、文学家、词论家。北宋福建路南剑州剑浦县（今南平市区）人。早年在浙江、京师等地读书游学，累举不第。宋神宗元丰五年登进士第一。历任太学博士、秘书省校书郎、集贤校理、太常少卿、礼部侍郎、兵部尚书兼礼部侍郎。建中靖国元年，龙图阁待制知颍昌府，后任青州知州，转知郓州，提举杭州洞霄宫。政和三年以龙图阁直学士出知福州，宣和七年，进端明殿学士。后晋礼部尚书。高宗建炎二年，致仕返乡。次年卒，谥"忠文"，赠少傅。原葬在抚州宜黄县，清道光十八年因宜黄迁县而改葬崇仁县黄坊村锅形山。

著有《演山先生文集》60卷、《演山词》。

黄裳的词语言明艳，如春水碧玉。代表作有《卖花声》《永遇乐》（一、二）《宴琼林》（一）《喜迁莺》（二）《减字木兰花》《渔家傲》（三）《蝶恋花》（五、十三）等，其中以《减字木兰花》为最著名，流传很广。

黄裳的书法技艺极受宋神宗赏识，福州鼓山及长乐等地均留有其手迹的摩崖石刻。（薛静）

胡安国

胡安国（1074—1138年），又名胡迪，字康侯，号青山，世称"武夷先生"。著名理学家，宋明理学"湖湘学派"骨干人，"胡氏学派"开山之祖。北宋福建路建宁府崇安县（今武夷山市）五夫里人，早年拜程颢、程颐弟子杨时为师，研究"性命"之学。两年后，入太学，以理学家程颐之友朱长文及靳裁之为师，深得靳裁之器重。北宋哲宗绍圣四年登进士第，授太学博士，提举湖北路学事。旋提举湖南学事，后迁居衡阳南岳。当时皇帝下诏要求举拔未被发现的有才能的人，胡安国便将永州布衣王绘、邓璋推荐给朝廷，以响应皇上之诏。王绘、邓璋二人年老不能赴朝，胡安国请求任命他们为官，以劝勉学子。零陵主簿说此二人为范纯仁党人，又为流放之人邹浩所请托。宰相蔡京一向厌恶胡安国，听到零陵主簿之言后大喜，便命湖南提刑诬陷胡安国"推举贤能不善"，将其罢官。不久，零陵主簿因为犯罪而伏法。大观四年，胡安国复官。

政和元年，提举成都府学事，不久改提举江东路学事。政和二年母丧丁忧，迁居到江东，父亲又去世，自此称病退出仕途，在父母墓旁建造房屋，耕田种地以自给。宣和五年始撰《春秋传》。宣和七年，委任屯田郎辞而不就，出任尚书员外郎及起居郎。徽宗召对，任中书舍人，但为耿南仲所忌，出知通州。

钦宗继位，委任为太常少卿，又推辞；再任命为起居郎，还是推辞。钦宗颁旨催促他，他到了京师，以有病为由请假。北宋靖康二年五月初一，金兵俘徽、钦二宗北去后，赵构在南京应天府（今河南商丘）即位，改元建炎。胡安国被召为给事中，命校点《左传》，并兼侍读，专讲左氏《春秋》。

绍兴元年，诏为中书舍人兼侍讲。当时，有右司谏陈公辅奏请朝廷，查禁二程学说。胡安国上疏道："孔孟之道不传久矣，自程颐兄弟始发明之，然后知可学而至；今学者师孔孟而禁程，是入室而不由户也。"还献上《时政论》21篇，其内容包括定计、建都、设险、制国、恤民、立政、尚志、正心、养气等。建议高宗"当立于恢复中原"，"必志于扫平仇敌"，积极主张抗金，收复失地。复任为给事中，到职十余日求去，携家寓居湖北荆门。荆门一带兵荒马乱，于南宋绍兴二年溯湘江抵湘潭，至碧泉定居，遂落籍湘潭。筑"碧泉书堂"著书讲学，从游弟子数十人，感于时事，借《春秋》寓意，不拘章句训诂，撰《春秋传》初稿，诏为提举万寿观兼侍读，还未就职。后朝廷召胡安国为经筵旧臣，令其继续纂修《春秋传》。

绍兴五年，因谏官陈公辅上疏攻击，而改任永州知州，胡安国推辞未就任，后又改提举太平观。绍兴八年书成，三十卷，进呈朝廷。高宗称赞"深得圣人之旨"，擢升宝文阁直学士。同年四月十三日病逝，葬隐山，朝廷破格赐谥"文定"，后世因而称之"胡文定公"。六月至八月，宋高宗赐金、帛委命湖南监司安置丧事，由潭州官府所建。明正统间从祀孔庙，其居所改为"胡文定祠"。清康熙四十五年，朝廷赐"霜松雪柏"匾额一方，乾隆二年拨内府库银建祠于隐山。

著有《春秋传》（30卷、后世科举士人必读的教科书）、《资治通鉴举要补遗》100卷、《文集》15卷。

胡安国是两宋时期著名的经学家、理学家和政治家，胡安国一生以圣人为目标，潜心研究《春秋》，对两宋之际的政治和学术领域均产生了较大的影响。胡安国以其《时政论》《治国论》《春秋传》奠定了将心性之学与经世致用相结合的"湘派"风，一方面为理学的发扬光大做出了重要贡献，同时也为统治阶级提供了一套有用的治国宝典。

胡安国讲学碧泉，传学胡宏及弟子。胡宏传学张栻。张栻湘中门人众多，仅见于《岳麓学案》的即有33人。他们先后讲学于碧泉、岳麓、南岳、主一等书院，培养大批学者，形成"胡氏学派"（又称"隐山之学"）、"湖湘学派"，主张经世致用，重教化，讲名节，轻利禄，憎邪恶。（刘传标）

胡 宏

胡宏（1102—1161年），字仁仲，号五峰。因长期寓居湖南衡山五峰下，人们称他为"五峰先生"。著名理学家，胡安国之次子，"胡氏学派"创立者之一。南宋福建路建宁府崇安县（今武夷山市）五夫里人，从小就在父亲胡安国的督导下研习经学，后来又师事程颢和程颐的弟子杨时和侯仲良。其父早年同秦桧有私交，秦桧当权之初，曾致书胡宏之兄胡寅"意欲用之"，胡宏回信严辞谢绝了秦桧。

绍兴八年四月十三日胡安国逝世后，以荫补承务郎（《宋史·儒林五》），但仍"避桧不出"（黄百家在《五峰学案》的按语）。绍兴二十五年八月秦桧死后，胡宏又一次被召，他仍托病不出，终身不仕，振兴道学为己任，隐居南山（衡山）之下20余年。终于成为南宋初期对振兴理学起了重大作用的关键人物。

绍兴三十一年病逝，终年59岁。

著有《知言》《皇王大纪》和《易外传》等。

胡宏生活于内忧外患时代，一生做学问、求大道，将其所学用于匡时救世。身虽在野，心系社稷安危，不忘抗金复仇，收回故土，他反对苛敛无已，关心人民疾苦。对于如何抗金复仇，如何安邦治国，胡宏自有一套系统的思考。

胡宏的理学思想虽然基本上是对二程学说的继承，其所探讨的主要范畴仍不出道、理、心、性等内容，然而他对这些范畴的运用和发挥却表现了许多独到之处。二程哲学以"理"为宇宙本体，胡宏的哲学理论则是以"性"为本体为其主要特色。

胡宏论"性"，不仅指人性而言，他说："天命之谓性，一性。天下之大本也，尧舜禹汤文王仲尼六君子先后相诏，必曰心而不性，何也？曰：心也者，知天地，宰万物以成性者也。"（《宋元学案》卷42"五峰学案"）又说："大哉性乎！万理具焉，天地由此而立矣。世德之言性者，类指一理而言之尔！未有见天命之全体者也。"（《知言》卷4"一气"）他认为"性"即是天命，为天下之大本，万理皆出于性。因此，这个"性"不仅仅指人性而言。

在"性"与"心"的关系问题上，胡宏"以性为体，以心为用"，认为"性是心的本体和本原，心是性的表现和作用"。二者的联系表现为"未发"为性，"已发"为心。他说："未发只可言性，已发乃可言心"（《五峰集》卷2），心是从性中萌发出来的，没有性之体，就不会产生性之用。他又说："圣人指明其体曰性，指明其用曰心，性不能不动，动则心矣。"（《宋元学案》卷42"五峰学案"）为了更明确地说明性体心用，胡宏又以水和流来比喻心性之关系，他说："性譬诸水乎！则心犹水之下，情犹水之澜，欲犹水之波浪。"（《知言》卷3）这就是说，性的本体地位譬如水，性与心、情等的关系则是水与流的关系。如果说水是性，那么，心、情、欲等意志活动就像水之向下，水之有澜、有波一样，都是由水这一本体决定的。由此可见，在性与心的关系上，胡宏主张性体心用，即主张以性为本体，把心看作是本体的属性和作用。不过，胡宏还说："心也者，知天地，宰万物以成其性者也。"（刘传标）

胡　寅

胡寅（1098—1156年），字明仲，学者称"致堂先生"。北宋福建路建州崇安县（今武夷山市）五夫里人，后迁居衡阳。生于宋哲宗元符元年，胡安国弟胡淳之子，过继给胡安国。少时桀骜难制，将其"闭于空阁"，阁中有杂木，胡寅尽刻成人。胡安国为"移其心"，乃置书数千卷。年余，胡寅遍览阁中群书，"悉能成诵，不遗一卷"。在胡安国的影响和引导下，胡寅年轻时即受二程博大精深思想的吸引，坚定了儒学治学的方向，杨时任祭酒时，胡寅从之学。

宋徽宗宣和三年登进士第，授司门员外郎。宋钦宗靖康元年擢为秘书省校书郎，后迁起居郎，擢永州知府。

北宋靖康二年四月，金军攻破东京（今开封），俘虏了宋徽宗、宋钦宗父子及大量赵氏皇族、后宫妃嫔与贵卿、朝臣等三千余人，北宋灭亡。当年三月，金人扶立张邦昌为帝，建立"楚"政权，胡寅即弃官归家，因此受"楚国"言官弹劾而遭降官一级。胡寅就此隐居，带家人从荆门来到湖南，在潭州湘潭建碧泉书院，"前后居潭三十余载"。后又在衡山山麓办文定书院，以讲学撰述为业。

南宋建立后，胡寅复被南宋朝廷召为起居郎，迁中书舍人。曾向高宗皇帝上万言书，云："建炎以来，有举措大失人心之事，今欲复收人心而图存，则既往之失，不可不追，咎不可不改。"（《斐然集》卷十六）言当纠合义师，北向迎请，不宜遽践大位，遂奉祠归。高宗称他"词旨剀切，深得献纳论思之体"。未几，以礼部侍郎兼侍讲、徽猷阁直学士。秦桧当权，乞致仕，归衡州。虽已告老，愤尚不平，因"讥讪朝政"，秦桧将其安置新州。

绍兴二十六年，秦桧死后，胡寅得复官，但未履职而病逝，终年59岁，谥"文忠"。

著有《论语详说》《读史管见》《斐然集》三十卷等。

胡寅的社会政治思想的主要特点：其一是"尊王攘夷"思想。胡寅理论和行动的出发点，也是其终点。无论是修内政，还是平内乱、攘外夷，其根本目的都是想恢复北宋王朝时期大一统的局面，并力图实现其理想中的统治模式。其二是轻民思想。对于下层民众，胡寅没有给予足够的重视，虽然他也曾上书建议统治者爱民、以民为本，但他仅仅把民众看作是被统治的对象，只要求统治者做到使民不乱即可。"固结百姓将离之心，勿致溃叛，乃爱民之实也"。他还认为民众是是非之端，"凡事皆本于民，无民则无事，无事则无官，而民终不能无也，故因事建官，使民出粟以养之事治则足矣"。民众奉养官吏成了天经地义的事，因此对于人民的起义理所当然地应予以镇压。可见胡寅的政治思想指向是从上到下，由内而外的，这完全是儒家内圣外王之道的现实体现，走的是修、齐、治、平的思想理路。其三是坚守儒家传统学说。胡寅论事皆以儒家元典为据，其言行皆以礼为守则。湖湘学派务实的思想、原始儒家身体力行的实践思想在其身上明显体现出来，从这个角度来说，胡寅不愧是一个真正的儒家。但是正因为如此，胡寅反对激烈的社会变革，对王安石的变法和其新学都有所排斥，他要求的是用儒家传统的治世之道来拯救南宋王朝衰亡的命运。然而其学说多不符合当时的实际需要，后人这样评价他所著的《读史管见》："寅作是书，因其父说，弥用严苛。大抵其论人也，人人责以孔、彦、思、孟，其论事也，事事绳以虞、夏、商、周。名为存天理，遏人欲，崇王道，贱霸功，而不近人情，不揆事势，卒至于窒碍而难行。"这也可以作为对胡寅整个思想的一个评价，虽然此评有刻意抨击宋明理学之嫌，但也有可借鉴处。

胡寅的社会政治思想深深根源于当时的社会现实，是南宋政府的腐败无能和辽、金等国强悍的攻势相交织而形成的强弱鲜明对比为其背景的，而其思想源头则终归于儒家正统元典。（刘传标）

李　宏

李宏（1042—1084年），北宋福建路福州侯官县（今福州市）人，宋代水利工程专家。出身官宦人家，乐善好施，胸怀壮志。生于北宋庆历二年的李宏与林从世在一次意外的邂逅而相识，因话语投机，志趣相投，结为异性兄弟，李宏得悉义兄林从世因修筑木兰陂功亏一篑，发誓要完成林从世未竟事业。宋神宗熙宁六年，李宏应诏主持莆田修筑木兰坡，并带家资七万缗来莆田第三次筑陂。在福州鼓山寺僧人冯智日的协助下，总结了钱四娘和林从世筑陂失败的原因及教训，经反复踏勘地形，观测水文，认为钱四娘所修之陂踞滩高流急之处，"与水争势，是以不遂"；林从世所修之陂位在

"隙扼两岸，怒涛流悍"的地方，故"是以再坏"。选择了在钱、林两陂址之间的木兰山下两岸夹峙，"溪宽流缓潮尾"的地方叠石为陂，经过整八年的苦战，于元丰六年将陂筑成。因在木兰山下，建成后号称"木兰陂"。陂长35丈、高2.5丈，上障诸溪，下阻海潮；又在陂的上下数里地方，砌以长石，阻遏浪潮；在陂的南岸建回澜桥，开大沟七条、小沟一百多条，导溪水过桥入沟，灌溉南洋万顷良田，岁输军储三万七千斛。

宋元丰七年，李宏在巡视木兰灌区途中得病，在莆田东门外大孤屿（黄石金山村）逝世，终年42岁。葬于兴化湾畔金山村龙头须处。莆田刘克庄称颂其："生不伐劳兮，死不嗟卑。"莆田人感其建陂之功德，在大孤屿建一座李公长者"升仙庙"，在陂头木兰山上，建协应庙。莆阳人民，这样敬爱他，从宋代以来，称之为"李长者"。宋景定三年诏封惠济侯。宋政和年间，改祠为庙，世称李长者庙。（张慧）

李　侗

李侗（1093—1163年），字愿中，世称"延平先生"。与杨时、罗从彦、朱熹师生四人古称"延平四贤"。北宋福建路南剑州剑浦县樟林乡（今南平市炉下镇樟岚村）人。生于宋元祐八年。自幼颖悟，少习举子业。政和六年，师从罗从彦。罗从彦授以《春秋》《中庸》《语》《孟》之说，李侗"有会于心，尽得其所传之奥"。此后几年间，虽"箪瓢屡空"，始终怡然自适。与乡人相处，"皆各尽其道，各得其宜"，故深受乡人敬重；接待后学，总是答问不倦，并能因材施教，"随人浅深，诱之各不同"。

绍兴二十三年，朱熹于赴同安县主簿之任途中，在延平首次拜见李侗。绍兴二十七年，卸同安之任后，朱熹徒步数百里到延平，就《春秋》《论语》等书中问题向李侗求教，李侗一一做了精到的答复。此后，除书信往来外，朱熹又多次到延平就教，常常住上数月才离去。朱熹很佩服李侗的学问，曾说：每次"去而复来，所闻必超绝，盖其上达不已，日新如是"。

李侗一生乡居，没有当过官，但"伤时忧国，论事感激动人"，曾谓："今日三纲不

振、义利不分。三纲不振，故人心邪僻，不堪任用，是致上下之气间隔，而中国日衰；义利不分，故自王安石用事，陷溺人心，至今不自知觉。人趋利而不知义，则主势日孤。人主当于此留意，不然，则是所谓虽有粟，吾得而食诸也。"绍兴三十二年，宋孝宗即位后，朱熹在上封事前曾特地向李侗征求意见。李侗赞成朱熹反和议的思想，认为："今日所以不振、立志不定、事功不成者，正坐此以和议为名尔……要之，断然不可和，自整顿纲纪，以大义断之，以示天下向背，立为国是可尔。"还指出"吾侪虽在山野，忧世之心但无所伸示"，希望朱熹早些把封事上闻。

绍兴二十七年，李侗儿子李友直、李友谅同登进士第，试官旁郡，更请迎养。隆兴元年，李侗自建安（今建瓯）赴江西铅山，又到邵武访外家，并顺路游武夷。归来后，应福州太守汪应辰之邀请，到福州讲学，十月十五日在府治之馆去世，享年71岁。归葬于延平炉下瓦口村。淳祐七年，宋廷应福建提刑杨栋之请，赐谥"文靖"。至元二十八年，元廷赠为太师，追封越国公。明万历四十三年，明廷又从福建提学熊尚文之请，诏准从祀孔子庙庭。清康熙四十五年，御书赠额曰"静中气象"。

李侗学问上造诣颇深，隐居山村40余年，不求功名利禄，潜心研究儒学真谛，教授门徒，门人中最得意者是朱熹。李侗一生没有做官，一生不著书，不作文。朱熹和李侗的主要交流方式是通信，朱熹将其书信整理编成《延平答问》。李侗对朱熹逃佛归儒起到重要作用，朱熹通过李侗接受了"理一分殊，重在分殊"的思想，这成为他日后辨明儒佛的关键。鉴于此，全祖望说："朱熹师有四，而其所推以为得统者称延平。"朱熹对李侗十分推崇，在晚年创立的沧州精舍时，祭祀了七位贤人，除了周敦颐、二程、张载、邵雍、司马光北宋诸儒之外，还有自己的老师李侗。至朱熹，理学遂大盛于天下。李侗的思想对朱熹哲学思想的成熟和发展起了重大作用。（周元侠）

李 纲

李纲（1083—1140年），字伯纪，号梁溪居士。北宋福建路昭武军昭武县（今邵武市）人。宋代政治家、文学家、抗金名将。生于北宋元丰六年正月十二日。崇宁三年，补国子监生，名列第一。政和二年，上舍及第，授镇江教授。不久，擢为国子正，后又转任尚书考功郎，升任监察御史兼权殿中侍御史。任职才一个月，即因论事切直忤权贵，改任尚书比部员外郎。

宣和元年，李纲任太常少卿，借京城水灾，疏请朝廷警惕盗贼与外患，并请直陈面奏。上章论六事，建议加强国防、体恤民间疾苦和积聚资财以备国用。宋徽宗认为"所论不当"，将李纲贬为南剑州沙县监税。宣和七年，金兵南侵，直逼汴京。在朝官员，茫然无策时，又重新起用李纲为太常少卿。

靖康元年，徽宗禅位给钦宗。钦宗下诏亲征，命李纲为兵部侍郎、亲征行营参谋官，后又升为尚书右丞、亲征行营使，许以一切便宜行事。李纲团结汴京军民及各路勤王军队，主持汴京保卫战。由于守城将领姚平仲急功躁进，带兵夜袭金营失利，钦宗转听投降派李邦彦等人的怂恿，罢免李纲官职，向金兵谢罪求和。太学生陈东等闻讯，伏阙上书乞罢李邦彦等，复用李纲。军民不期而集者数十万人，群情汹汹。钦宗不得已，恢复李纲的官职。金兵见宋军不断增援，而宋廷又已允割太原、中山、河间三镇，便撤兵北去。

金兵退后，徽宗自镇江回汴京，李纲因保卫汴京有功，任枢密院事，封开封伯。李纲预计金兵虽退，必再入寇，在具奏"备边御敌八事"之后，又奏请改革政治，荐用贤能，及诏发天下防秋之兵，加强防卫。但这时朝中主和派张邦昌、耿南仲之流又得势，一方面罢遣各路勤王军和民众自动组织的义军，一方面将李纲调离，出任河北、河东安抚使，继又调回京任观文殿大学士，知扬州，最后竟以"专主战议，丧师费财"的罪名，将其撤职，提举亳州明道宫，责授保静军节度副使，安置建昌军（今四川西昌县）；再谪云南宁江。

靖康元年秋天，金兵再度南侵，汴京被围。钦宗感到和议失策，又起用李纲为资政殿大学士，领开封牧，想倚靠其再解汴京之围。但李纲未至而汴京失守，金人立张邦昌为伪楚皇帝，并在大肆掳掠后，挟徽宗、钦宗父子北去。北宋遂亡。

建炎元年，康王赵构在南京（今河南商丘）即位，是为宋高宗。高宗以李纲威望素孚，任命为尚书仆射兼中书侍郎，进封开国侯。不久又兼御营使，进封开国公。李纲到达南京后，鉴于宣和、靖康间政治腐败、军事失利的教训，提出抗战建国的十大主张，主要为声讨僭逆、加强战备和刷新政治。为此采取了严惩奸贼、强化民间抗金组织、重用抗金将领、整顿军制等一系列措施。

高宗虽重用李纲为相，实际上还是宠信素来主张对金求和、退避东南的黄潜善、汪伯彦等人。高宗对李纲力主收复失地，迎回徽、钦二帝也有不满，便责李纲"招军买马之非"，罢为观文殿大学士，提举杭州冲霄宫，后落职居鄂州，不久又被安置到琼州（今海南岛）。李纲居相位实际仅70余日。

建炎三年，金兵又大举南侵，高宗下海出逃。建炎四年，金兵在河北立刘豫为伪齐皇帝后北撤。高宗回到绍兴。为了抵抗金兵，保全残破的东南半壁江山，不得不把李纲调回，先任银青光禄大夫。绍兴元年，复资政殿大学士，提举洞霄宫。

绍兴三年，荆湖江湘等地农民纷纷起义，加以散兵溃卒攻掠州、县，严重威胁南宋的后方统治。宋廷又重新起用李纲为观文殿大学士、荆湖广南路宣抚使兼知潭州（今湖南长沙）。李纲到湖南后，对各地武装力量，分别不同情况，采取不同的对策。对"小民迫于衣食"者，以抚为主。不到一年，湖南"境内遂安，流移归业"。在招抚中，"尽选精强付诸将"，使之转为抗金力量。这时主和派又纷纷在高宗面前攻击李纲是"藩镇跋扈之渐……使军民独知有纲，不知有陛下"，于是高宗又下诏将李纲撤职，提举西京崇福宫。李纲自湖南回福州。

绍兴四年冬，金兵与伪齐军队渡江攻建康（今江苏南京），南宋主战派宰相赵鼎劝高宗亲征。李纲上奏防御三策：上策为派岳飞疾趋襄阳，震慑伪齐，不但可牵制南下金兵，且可进而恢复中原；中策为驻跸江上，召上游之师顺流而下，再命韩世忠、刘光世等率师进攻淮南要害之地，断金兵粮道，金兵必退遁；下策为借亲征之名，举棋不定，必使卒伍溃散，州县

残破，"则其患不可测"。高宗以李纲所陈皆当务之急，付三省、枢密院施行，并降诏奖谕，称李纲"料敌于千里之外，制胜于三策之间"。由于宋廷采纳李纲积极战守的建议，军民配合作战，在前线大获胜利，金兵和伪齐军后退。

绍兴五年，高宗诏前宰执议战守方略，李纲应诏直言，指出金兵虽退，宋军力量尚不强大，既反对即行大举用兵，又反对遣使求和；并提出加强防务、振作士气和定都建康等措施。认为必须"防守既固，军政既修"，才能议攻讨；"政事修，仓廪足，府库充，器用备，士气振"乃"中兴之业所关"。疏奏，高宗亲笔褒谕，复任李纲为观文殿大学士、江西安抚制置大使，兼知洪州（今江西南昌）；不久，又兼本路营田大使。

李纲以朝廷既决心大举，又不做充分准备，便于赴任途中应诏赴行在之便，面奏高宗要"持重用兵，以多算为胜，而无为议和者所幸"。到洪州后，一面在江西境内赈济灾民，招军筑城，缮治器甲，充实仓库，催发钱粮，安定百姓；一面关注前方军事形势的发展。当听到前线捷报时，指出伪齐军中"胁从大半是吾民"，奏请高宗"当以招纳为先，不在广行杀戮"，要以"招徕人才，鼓作士气，爱惜民力，顺导众心为先"。高宗以李纲履任逾年，民安盗息，特赠金紫光禄大夫。

淮西宋将郦琼因与主将张浚不和，率众叛投伪齐，建康震动，高宗退回平江。主和派乘机攻击李纲，称"江西大旱，而纲课民修城"，"妄自尊大，恣为苛扰……违法虐民"。高宗又将李纲撤职，提举临安府洞霄宫。李纲自江西回福州。

金国以攻宋久不能克，扶植伪楚、伪齐阴谋又迭遭失败，只得应允南宋求和，但要高宗跪拜接受诏书。李纲闻之，极为气愤，向高宗痛斥金国无礼，并称人心物力还可以有为，当"应天顺人，光复旧业"。高宗虽赞扬李纲"大臣当如此矣"，但还是在绍兴九年正月，与金国订立屈辱的"绍兴和议"，向金称臣纳贡。和约签订后，高宗举行庆祝活动，命百官进呈贺表，普遍加官晋爵。因李纲深受众望，也被任命为荆湖南路安抚大使，兼知潭州。李纲坚决反对和议，不肯受命，以疾力辞。高宗诏允所请，

仍旧提举临安府洞霄宫，居福州。

李纲痛国事无可为，衰病交加。绍兴十年正月，正值上元节，举行家祭。李纲抚几号恸，感怆疾剧，当日殁于福州楞严精舍。讣闻，高宗诏赠太师。同年十二月，葬于福州怀安（今闽侯县）桐口乡大家山。绍兴十三年，赠太保；绍兴二十八年，再赠太师；淳熙十六年，特进陇西郡开国公，谥忠定。

李纲一生著作有：《易传内篇》10卷，《易传外篇》12卷，《论语评说》10卷。又有《靖康传信录》《奉迎录》《建炎时政记》《建炎进退记》《建炎制诰表札集》《宣抚荆广记》《制置江右录》及文章、诗歌、奏议百余卷。这些著作后来均收入《梁溪全集》。（黄洁琼）

梁克家

梁克家（1127—1187年），字叔子。宋代著名的政治家、方志学家。南宋福建路泉州晋江县人，生于南宋建炎二年3月17日。"幼聪敏绝人，书过目成诵"。青年时代曾就读于泉州学宫。绍兴二十一年游学至潮州府揭阳县京岗，揭阳县原县令孙乙之子孙白，重金聘请为家中塾师，为孙家子侄教授经史诗文。

梁克家素与朱熹交好，绍兴二十三年七月至绍兴二十六年七月朱熹任同安县主簿期间，朱熹应梁克家之邀，游历潮州。

绍兴二十九年，梁克家从揭阳回泉州参加福建乡试，名列第一（解元）。绍兴三十年梁克家上京城临安（今杭州）参加会试，位列一甲之选，殿试钦点状元及第，授职平江签判（今江苏省吴县）。

梁克家办事稳重，有人称之为"抗金的稳健派"。绍兴三十一年，金主完颜亮率兵南侵，在采石（今安徽当涂县西北）为宋军所败，完颜亮在败途中为部下所杀。金都督府派人到镇江与南宋朝廷议和，淮南金兵北撤。南宋满朝文武皆议要乘机进取，唯独平江签判梁克家致书兵部侍郎陈俊卿试图阻止贸然进兵。谓："敌虽退，吾兵力未振，不量力而动，将有后悔。"陈俊卿归以白丞相陈康伯，叹其远虑。隆兴元年，孝宗即位，陈俊卿向朝廷举荐梁克家。梁克家被召回临安，任秘书省正字，旋迁著作佐郎。梁克家做事坦荡，直言不讳。史载其"多

执奏无隐"。宋孝宗曾命克家分析当时存在的风气弊病，梁克家直言不讳地列四条曰："欺罔、苟且、循默、奔竞。"建议孝宗，应允许臣下畅所欲言，指出："陛下欲用实才，不喜空言，其意甚善；然惩空言则谏诤之路塞，愿有以开导之。"并陈六事：一为正心术，二为立纪纲，三为救风俗，四为谨威柄，五为定庙算，六为结人心。被孝宗采纳，累迁至中书舍人。

乾道元年，梁克家奉命出使金国后，金国派使者来贺庆会节。梁克家整肃朝仪，规定金使由南门入朝，随从人等不许走近殿门，尊崇朝廷礼制。孝宗对此举甚为嘉许，诏令今后使者朝见均照此办理。

乾道三年，梁克家迁任给事中。乾道五年二月，拜端明殿学士、签书枢密院事。

乾道六年，任参知政事兼知（枢密）院事（协助宰相虞允文执政）；乾道七年知枢密院事。金人自议和（"隆兴议和"）之后，不断派人前来索还被获的战俘，挑衅生事。梁克家请筑楚州（治在今江苏淮安县）城，城外环列舟师，金人见宋有备，不敢轻动。

乾道八年，诏更定左右仆射兼同中书门下平章事为左右丞相，三省合一。左、右宰相成为全国最高行政长官，尚书省只掌握六部，奉命执行政务。虞允文拜为左丞相兼枢密使，梁克家为拜右丞相兼枢密使。

皇太子初立，梁克家请选置官属，增讲读员，遂以王十朋（《泉州人名录·王十朋》）、陈良翰为詹事，中外称得人。

虞允文主恢复（中原），朝臣多迎合，梁克家密谏，数不合，力乞去。乾道九年，虞允文被罢相，梁克家独掌朝政。

梁克家推荐起用朱熹，（朱熹）又辞。梁克家奏熹屡召不起，宜蒙褒录，执政俱称之，上曰："熹安贫守道，廉退可嘉。"特改合入官，主管台州崇道观。朱熹以求退得进，于义未安，再辞（淳熙元年，始拜命）。因金使朝见授书仪，梁克家议不合，遂求去，以观文殿大学士知建宁府（治所在今福建省建瓯县）。

淳熙五年，梁克家因丧母，回泉州守制。有人上疏弹劾他秉政时擅改堂部授官，因此落职，以观文殿大学士提举临安府洞霄宫。淳熙六年，任福州府知府，在镇有治绩。淳熙八年，

召除醴泉观使。淳熙九年九月，拜右丞相，封仪国公。同年，修纂福州第一部地方志《三山志》40卷成①。

淳熙十三年，晋封郑国公，"命以内祠兼侍读，赐第"。

淳熙十四年六月十七日，梁克家病逝于京城临安，享年60岁。亲撰遗奏，孝宗看后为之流涕，追赠少师，谥号"文靖"。

著有《中兴会要》200卷（《宋史·志159·艺文5》）、《梁文靖集》《三山志》（又名《长乐志》）。《全宋诗》录其诗二首。（黄洁琼）

廖 刚

廖刚（1070—1143年），字用中，号高峰居士。北宋福建路南剑州顺昌县谟武（今顺昌县元坑镇）人。生于北宋熙宁三年，少时从学理学家陈瓘、杨时。崇宁五年登进士第，授漳州司录（掌总录文簿、举弹善恶的七品官）。宣和初年从漳州司录升为国子录，后提拔为监察御史。当时蔡京掌权，身为监察御史廖刚论奏无所顾忌，得罪权贵而以双亲年老要求外放地方官职，出任福建路兴化军知军。钦宗即位，以右正言召回。父亲去世服丧，期满，被授予工部员外郎官职，因母亲有病在身而推辞就任。

宋建炎三年春，御营前军统制苗傅、副统制刘正彦为逼高宗逊位，发动政变，事败后领兵退入建州。建州发生灾荒，饥民遍野，官府不加怜恤，反而横加鞭笞逼迫。建炎四年七月，瓯宁县（今建瓯市）人、盐贩范汝为在源峒揭竿起义。11月，范汝为攻破建阳县城。绍兴元年，廖刚安抚平定，因功任福建路提点刑狱，不久又被任命为吏部员外郎、迁起居舍人、吏部侍郎兼侍讲、给事中。

---

① 《淳熙三山志》原系陈傅良等撰写，由梁克家署名。是福建现存最早、最完整的一部地方志，也是我国现存三十余种宋元方志中的名志。最初成书时分40卷，后人陆续有增补，故现存本42卷。分9门，每门下分若干子目。全书采摭丰富，体例详备，精简古雅，文笔通畅。此书资料丰富翔实，记述范围包括今福州、宁德两市所辖区域，分地理、公廨、版籍、财赋、兵防、秩官、人物、寺观、土俗等九类，采取以纲统目的方式，层次分明，重点突出，是古代修志方法和类目设置的一大进步。《三山志》为研究福州古代历史的重要文献，对明清方志产生了深远影响，在文献辑佚、校勘等方面也有重要意义。

绍兴七年二月，拜御史中丞，以徽猷阁直学士提举亳州明道宫。母亲去世服完丧期，又被授予给事中。户部侍郎，寻迁刑部侍郎。求补外，除徽猷阁直学士、知漳州。因得罪秦桧，改授官工部尚书。

廖刚一生经历了北宋神宗、哲宗、徽宗、钦宗朝与南宋高宗五朝，在时代的风雨中度过了七十四个春秋。作为封建士大夫的一员，忠君爱民，主张重农业、薄赋敛、节省费用、消除朋党，对外力主抗敌御侮、对内全力慰抚百姓；他刚正不阿，忠直抗言，令蔡京、秦桧等奸邪沮气。廖刚的精神和品格名重于天下，名扬于千古，为世代所赞颂。

绍兴十二年廖刚辞职回家，在绍兴十三年，廖刚去世，终年74岁。

廖刚一生著述颇丰，传世的主要有《高峰集》《高峰先生文集》十七卷、《御览世彩堂诗集》等，后人赞其为"道南高弟，绍兴名臣"。（张慧）

林光朝

林光朝（1114—1178年），字谦之，自号艾轩。南宋大教育家、大理学家、"艾轩学派"开创者，世称"南夫子"。南宋福建路兴化军莆田县连江里（今黄石镇郑庄）人，郑侠之婿。生于北宋徽宗政和四年。少时力学知书，在家乡随从林霆为师（林霆是政和五年进士，博学经史，尤精象数，笃行义、重名节，力诋秦桧和议之非，官至湖州通判）。

南宋绍兴初，恢复开科取士。绍兴五年，林光朝赴礼部试落第。绍兴八年，再赴临安礼部应试，林光朝再次落第。

时理学为朝廷所推崇。程门子弟杨时、尹淳去世后，盐官（今浙江海宁）人陆子正尝受学于尹焞，后又师从杨时的高弟王信伯，学问精深，造履清白，忧国忧时，鲠直敢言。林光朝听说了这事，就不再以科场得失为意，前往吴中（今江苏吴兴）从陆景端（字子正）学。从此以后，林光朝专心致志于圣贤践履之学，通六经，贯百家，一言一动都以礼为准则。深造独得，学以致用。世称"其学探道德性命之蕴，慎言行动静之节，通甲兵钱谷之事"。绍兴九至十年间，由钱塘返莆，"开门教授"。在族叔林国钧的资助下于黄石东井"红泉宫"办"红泉义学"，供馆谷给四方来学的人。各地从他学习的每年不下数百人，被称为"南夫子"。其间，曾到城山"松隐精舍"、金山"蒲弄书堂"和福清海口"龙山书院"讲学，教学时间达二三十年之久。

林光朝授徒讲学，继承尹焞"学者以学为人的育人思想，教人身为律，以道德为权舆，不专习词章为进取计"。学内容以"六经"为主，对《易》《诗》《礼》，精通默识，间为章句（解释章节、句读），口授学者，使之心通理解，使诸生涵泳体践，知圣贤之心，而不在于训诂。自己则身体力行，出入起居，语言问对，无非率礼蹈义，感化士者，卓然有"南夫子"之号。朱熹在《答艾轩公书》中说"熹久欲有请于门下而未敢以进"，体现朱熹对林光朝的敬意。

林光朝长期在莆田各地授徒讲学，自成学派，终于成为莆阳理学之祖。

隆兴元年，年已 50 岁登进士第，授左迪功郎，秘书省正字兼国史编修，实录院检讨官，调任袁州（今江西宜春市）司户参军。当时孝宗初执位，重用原王府亲臣，以培育心腹势力。任命龙大渊、曾觌知阁门事，遂沽恩恃宠，窃弄威福，御台谏官纷纷弹劾，仍安然无事。时林光朝未上任，与新拜著作郎的弟子刘夙，以名儒一同荐对。林光朝谈史论道，清晰表明对治国之道、为君之道与用人之道的主张。但在应对中提及以潜邸恩侥幸进用的曾觌、龙大渊二人的罪行，触及孝宗痛处，遂改以左承奉郎任永福（今福建永泰县）知县。由于大臣识知林光朝乃治国大器，即使未为孝宗重用，仍"论荐不已"，召试馆职，为秘书省正字兼国史编修，实录院检讨官，参与编纂《四朝会要》。乾道五年，《四朝会要》书成，以著作佐郎兼礼部郎官。乾道八年，升任国子司业兼太子侍读。乾道九年，张说再任签书枢密院事，但林光朝不去致贺，被外调任广西提点刑狱。

淳熙元年，改调广东提点刑狱。在广东任上遭遇"茶寇"剽江西南簿岭，来势凶猛。孝宗皇帝下诏光朝为转运副史。但林光朝留于军屯，拦击敌人，直至"茶寇"奔逃。他急公好义、勇于担当的精神受到孝宗喜赞："林光朝儒生，乃知兵耶。"

淳熙元年，加直宝谟阁，召拜国子祭酒兼太子左谕德。

淳熙四年，宋孝宗巡幸太学。此前臣僚建言：祖宗朝幸太学，皆命儒臣讲经。孝宗说：《易经》《诗经》《书经》，累朝皆曾讲。如《礼记·中庸》篇，言'凡为天下国家有九经'，最关治道。前此却不曾讲。"巡幸之日，孝宗礼祭先圣后，于崇化堂赐诸生诏书，命"朝讲《中庸》九经"。林光朝讲解时，对"九经"（九条法则）之道细加训释，认为君主治理天下国家有九经，即修养自身，尊重贤人，爱护亲人，尊敬大臣，体谅群臣，视民如子，招徕百工，怀柔四夷，安抚诸侯，而要使这些得到施行，全靠"中庸"。因此孔子说，君子言行符合中庸，是因为时时处在适中的位置上，小人违背中庸，是因为其言行无所忌惮。因此，中庸之道是至高无上的。孝宗赞许林光朝所论，赐林光朝三品服。第二天，林光朝上劄子请求，将孝宗赐诸生诏书，镌刻于玉，镶于堂壁，借以激励天下四方士子。孝宗认可其奏，并高度评价林光朝的讲义训释，宣谕云："前日讲义甚好。如训释'凡为天下国家有九经，所以行之者一也，一乃中主庸'。此说深得圣人之旨，盖先儒来及。"

为此，林光朝升任中书舍人兼侍讲。但林光朝曾上表状请辞，朝廷没有批准。林光朝上任才几天，接连二次封还词头（皇帝命官喻旨），抵制王命。三月二十一日，枢密院编修官沈瀛知梧州（今属广西）。林光朝以其"懦而无立，惟知干进"为公论所不容，若与州郡之职，难以示劝惩，"公论自此不立，为害甚大"，奏请孝宗寝罢除命，"以为浮躁不知耻者之戒"。五天后，孝宗宠臣曾觌推荐吏部郎官谢廓然，除殿中侍御史，赐同进士出身。面对孝宗喻旨，林光朝不畏祸忍耻，不避诛斥，奏陈封缴词头之由。林光朝毅然拒绝书命的行为不仅因其端直敢言之性，更出自对所奉执政之道的忠诚如一，当时人论称赞他"此举为过江后所未有"。

宋孝宗见林光朝坚决不肯奉诏，改任工部侍郎。林光朝辞不就职，请求外调。于是以朝散郎充集英殿修撰出任婺州（今浙江金华）知州，又以老病不能去，改派提举江州（今江西九江市）太平兴国宫，官终工部侍郎。淳熙五年病逝，终年64岁，谥"文节"。大臣周必大作墓志。林光朝去世六年后，莆田人于是在城南建祠奉祀，陈俊卿撰《祠堂记》，称"艾轩之学行文章，为吾里宗师"。

林光朝作为名儒，仅仅口授学者，从未著书，以至故后仅有遗文数卷。林光朝儿子林成季曾汇集他的遗稿，但不轻易示人。后林光朝族孙林同叔，搜罗获得诗文若干首，为十卷，请名臣陈俊卿作序。之后，林光朝外甥方之泰搜求遗逸，辑为二十卷，刻于江西鄱阳，刘克庄作序。到了明代，两种宋刊本均已佚。经郑岳访求抄本，择优为九卷，附录遗事一卷，题《艾轩文选》，即今传世的《艾轩集》（《四库全书》）。明代林俊曰："艾翁不但道学倡莆，诗亦莆之祖，用字命意无及者。后村（刘克庄）虽工，其深厚未至也。"

林光朝倡导践履之学，以实行为本。出仕为官，是要在更广阔的政治课堂上，以官行道，实践儒家的政治主张。在其后十五年的从政经历中，极其鲜明地表现了对儒家治国之道的独特理解与实践。

林光朝无论居官何职，都能做到两袖清风、不贪不占。但这只是林光朝为官操守的一面，林光朝"居官而不贺权倖，遇乱辄以身当"。林光朝的风骨，时人早有评论"其高风特操，表表在人，尤非时贤所敢望以及者"。

林光朝对东南理学传播和后世提供了一个实践的范式，深为历代各地民众所景仰。至今在广西、浙江、福清、东峤等地，建有林光朝祠庙。（刘传标）

林 栗

林栗（1122—1190年），字黄中，一字宽夫。南宋福建路福州长乐县罗联乡东林村人。生于北宋宣和四年，少年即"以圣贤自期""笃志好学，留心经术"，参加国子监考试高中第一名。南宋绍兴十二年登进士第，因在对策论文中有议论秦桧的地方，被列为下第，初授崇仁尉、教授南安军。宰相陈康伯荐为太学正，守太常博士。埋没在底层做小吏19年。绍兴三十二年，宋高宗让位于赵昚，孝宗即位，林栗才被起用，任屯田员外郎、皇子恭王府直讲兼皇子庆王府直讲。随后除右司员外郎。孝宗

惩创绍兴权臣之弊，躬揽权纲，不以责任臣下。至有林栗"以鹿为马、以鸡为鸾"之语。方奉对时，读至"人主常患权在臣下，必欲收揽而独持之"，孝宗称善，栗徐曰："臣意尚在下文。"执政有诉于孝宗曰："林栗谓臣等指鹿为马，臣实不愿与之同朝。"乃出知江州。有旨省并江州屯驻一军，林栗奏："辛巳、甲申，金再犯两淮，赖江州一军分布防托，故舒、蕲、黄三州独不被寇。本州上至鄂渚七百里，下至池阳五百里；平时屯戍，诚哲无益，万一有警，鄂渚之戍，上越荆、襄，池阳之师，下流增备，中间千里藩篱，诚为虚阙。无以一夫之议，而废长江千里之防。"由是军得无动。因进言得罪权贵，遭到排挤而出知江州。

后召还，为吏部员外郎兼庆王府直讲，迁太常少卿加直敷文阁。当时太庙祫享之制，始祖东向，昭南向，穆北向，别庙神主祔于祖姑之下，随本室南北向而无西向之位。绍兴、乾道间，懿节、安穆二后升祔，有司设幄西向。逮安恭皇后新祔，有司承前失，其西向之位，几与僖祖相对。林栗辨正之。

除直宝文阁、知湖州。林栗朝辞。

知兴化军，又移南剑州，随后调任夔路提点刑狱，改知夔州加直敷文阁。淳熙九年，夺职罢归。

随即复直宝文阁、广南西路转运判官，改提点刑狱，又改知潭州。除秘阁修撰，进集英殿修撰、知隆兴府。旋复直宝文阁，除广南西路转运判官，就改提点刑狱，又改知潭州、知隆兴府。

淳熙十五年，召对便殿，奏乞仿唐制置补阙、拾遗左右各一员，不以纠弹为责。

林栗是南宋前期一名纯粹的义理派易学家，其易学研究专注于太极、两仪、四象、八卦之说，具有朴素的唯物主义思想。但由于他过于心高气傲，在治学上意气用事，反对象数学派的邵雍、周敦颐，反对心学派的易学家程颐，又与义理派易学家朱熹的观点相左。

林栗去世后，皇帝追赠少师，谥"简肃"。葬于福清方城里（今城头镇）拱辰山，墓前有石刻云："天生一穴，鬼神司之。后世子孙，无得开掘。"

林栗精通易学，著有《春秋经传集解》30

卷、《论语知心》10卷、《林黄中奏议》5卷、《简肃集》30卷，皆散失。现传世主要著作是《周易经传集解》36卷，被录入清朝乾隆时期编纂的《四库全书》。《周易经传集解》于南宋淳熙十二年四月进献朝廷，因林栗与朱子交恶，该书当时一直不受学者的重视。直到林栗去世，"书几不传"。

南宋教育家黄榦，是林栗的学生。黄榦出手热心传承，终使《周易经传集解》得以流布。林栗去世时，黄榦写了祭文，其中云"我公受天劲气，为时直臣"，对林栗作出了很高的评价。朱熹对林栗的部分观点也给予了肯定。

林栗"有治才，喜论事"，一些史书上评价他"为人强介有才，而性狷急，欲快其私忿，遂至攻诋名儒""至其畴昔论事雄辩，经略有才，亦别是一流人物"。（刘传标）

林希逸

林希逸（1193—1271年），字肃翁，一字渊翁，号竹溪，又号鬳斋、献机，晚年自号"溪干"。南宋福建路福州福唐县万安乡苏田里（今福清市渔溪镇苏田村）人，生于南宋绍熙四年。师从陈藻，理学精湛，在老子、列子、庄子的研究方面，贡献卓越。

南宋理宗端平二年考中进士甲科第四名，授从事郎、平海军节度推官。淳祐六年二月，"以国子录召试，当月除正字"。十一月以正字除校书郎。淳祐七年五月兼庄文府教授，七月除枢密院编修官兼权工部郎官。后历任翰林权直兼崇政殿说书。景定四年正月，以司农少卿兼直舍人院兼礼部郎官兼国史院编修官、实录院检讨官兼崇政殿说书除秘书少监，兼直舍人院兼国史院编修官、实录院检讨官兼崇政殿说书，四月除太常少卿。此后闲居七年，终直秘阁、福建路兴化军知军。

著有《竹溪十一稿》九十卷（《千顷堂书目》卷二九）、《春秋三传》十三卷、《易讲》四卷等，已佚。今存《竹溪十一稿诗选》一卷、《竹溪鬳斋十一稿续集》三十卷、《三子口义》、《考工记解》二卷、《老子鬳斋口义》《列子鬳斋口义》《庄子鬳斋口义》（合称《三子口义》）。

林希逸是艾轩学派第三代传人，林希逸参引释道，并引儒释两家思想注解老、列、庄三子的道家学说，开启其先声。林希逸作为艾轩学派的传人，一方面继承了先师们的理学思想，另一方面又超越了理学学派的正统立场，在东亚文化圈影响极大，尤其是《列子鬳斋口义》以深入浅出的语言，以及直白易辨的援引佛禅之语，受到日本学者的欢迎，为列子学的发展，以及中日文化交流作出积极的贡献。（张慧）

刘克庄

刘克庄（1187—1269年），初名灼，字潜夫，号后村。南宋福建路兴化军莆田县人。南宋"江湖派"诗歌的领袖，辛派词人的重要代表，与陆游、辛弃疾齐名于世。晚年致力于辞赋创作，提出了许多革新理论。

刘克庄师事真德秀，宁宗嘉定二年补将仕郎，调靖安主簿，随即任建阳县知县。因咏《落梅》诗得罪朝廷，闲废十年。后通判潮州，改吉州。

理宗端平二年授枢密院编修官兼权侍郎官，被免。后出任福建路漳州知府，后改任袁州知府。淳祐三年授右侍郎官，再次被免。淳祐六年，理宗以其"文名久著，史学尤精"，赐同进士出身，秘书少监，兼国史院编修、实录院检讨官。

景定三年授权工部尚书，升兼侍读。五年因眼疾离职。度宗咸淳四年特授龙图阁学士。第二年去世，谥"文定"。

刘克庄生前曾自编文集，嘱林希逸为序，继有后、续、新三集，其季子山甫汇为《大全集》200卷。《四部丛刊》收《后村先生大全集》196卷，系影印抄本。词集有《宋六十名家词》本《后村别调》一卷，《强村丛书》本《后村长短句》5卷，今人钱仲联有《后村词笺注》4卷。

刘克庄早年与四灵派翁卷、赵师秀等人交往，诗歌创作受他们影响，学晚唐，刻琢精丽。他与江湖派戴复古、敖陶孙等也有交往，自言"江湖吟人亦或谓余能诗"（《跋赵崇安诗卷》）。"江湖社友犹以畴昔虚名相推让"。但他后来不满于永嘉四灵的"寒俭刻削"之态，也厌倦了江湖派的肤廓浮滥，而致力于独辟蹊径，以诗讴歌现实。所以他的诗终于摆脱了四灵的影响，成就也在其他江湖诗人之上。他一生"前后四立朝"，但时间都很短暂，多数时间被贬斥出守外郡，这样便扩大了眼界，接触社会面较为广阔，诗歌内容亦随着丰富起来。尤其是他有一组以边防为题材的歌行体诗歌，明显地模拟中唐"新乐府"，反映了人民的痛苦辛酸与统治者的奢侈骄横，具有很强的现实性。其中《卖炭图》叹息"尽爱炉中兽，谁怜窑下人"，与白居易《卖炭翁》也极其相似。他晚年的不少诗活泼跳脱，深得杨万里"诚斋体"的旨趣。

胡适先生在其所著的《白话文学史》评价刘克庄："有悲壮的感情，高尚的见解，伟大的才气。"林希逸《后村先生刘公行状》说当时人"言诗者宗焉，言文者宗焉，言四六者宗焉"，在南宋后期号称一代文宗。（刘传标）

刘 彝

刘彝，字执中，号友处，又号屏山①。北宋福建路福州长乐县城东隅芝山乡（今吴航镇东关太平桥）人，生于北宋真宗天禧元年，刘彝"天资卓异，属意高深"，青少年时钻研诸子百家学问。自幼为人正直，仁义敦厚，"乐善好施、仗义勇为"受到乡人称赞。刘彝少年时到湖州拜当时的大儒、陕西人胡瑗②为师，学习礼仪道德和水利等实用技术，胡瑗称赞刘彝"善治水，凡所立纲纪规式，彝力居多"。深受胡瑗"明体达用"之学术思想的影响。北宋庆历六年考中丙戌科进士。北宋庆历七年初，刘彝被派任福建邵武军都尉（一说邵武军丞）。

北宋皇祐二年，刘彝调任江苏高邮主簿和海州朐山（今江苏连云港）县令，任内"治簿

---

① 宋朝昆山人卫湜在开禧、嘉定间集《礼记》诸家传注为《礼记集说》和宋代吕祖谦（1137—1181）撰的《吕氏家塾读诗记》均称之为"长乐刘氏"。2017年10月定居江西赣州的刘彝后裔一行六人到长乐二刘谒祖时，展现其家谱《（江西）兴国东韶安定公文达房谱》，记载"世居长乐东城"，即今长乐县城吴航东关村太平桥汾阳溪畔，即种芝宫旁。

② 宋仁宗景祐年间，胡瑗在湖州、苏州讲学，推广他的"新式学校"。胡瑗讲学分"经义""治事"二大类，"经义"是四书五经，而"治事"则包括水利、算术、历法等等。学生可以根据自己的兴趣和专长选择不同学科学习。胡瑗当时还提出了"游学""寄宿制"这样全新的办学理念。在苏州时，胡瑗与被贬的范仲淹相识，范非常欣赏胡的见识，并将自己两个儿子送入胡瑗门下。刘彝正是胡瑗办学时收的学生。

书，恤孤寡，筑坡圲，兴水利，教种艺，薄赋役，抑奸猾，治强霸，整怠惰，肃氓民"，"凡所以惠民者，无不至"，邑人纪其事，题曰"治范熙宁"。老百姓颂之为"神君"。

宋治平四年正月丁巳日英宗病死，年满20岁的赵顼于同日继位，即宋神宗，第二年改年号为"熙宁"。面对北宋"积贫积弱"的严重局面，起用王安石主持变法。王安石希望通过变法，减少人民的税负，盘活国家经济。王安石变法以发展生产，富国强兵，挽救宋朝政治危机为目的，以"理财""整军"为中心，涉及政治、经济、军事、社会、文化各个方面。刘彝的水利才华很快表现出来，他不仅得到了神宗的青睐，同时也被善于治水的王安石看重。熙宁二年召对，征召进入王安石变法的核心机构"制置三司条例司"。神宗择水官，刘彝因"悉东南水利"，出任都水监丞，奉命协同程颢巡视、治理各地水利。当时东京（又称汴京、汴梁，今开封市）久雨不晴，汴河水涨，众议要开掘长城口，以减少水患。但刘彝独持己见，只开杨桥水门，水即退去，全城百姓得以生存。为此大功，宋神宗亲自慰劳嘉奖，并提升刘彝为都员外郎。刘彝的老师胡瑗曾就此赞誉为"禹王再世"。

在京的几年中，刘彝没有过多地卷入政治纷争，而是专心于他的事业，"凡纲纪规范谋之居多"。刘彝因反对王安石变法中的某些举措而遭到罢免，外放为两浙转运判官。不久调任处州知州加直史馆。

宋神宗熙宁年间，刘彝改任虔州（1153年虔州改称赣州）知州。虔州地处赣江源头，此时的虔州（赣州），因为前任知军孔宗瀚建筑了城墙，城市已经初具规模，但老百姓仍然处于饥荒之中。刘彝到任后，以务实的态度、理性的思维，关注民生。

从北宋神宗熙宁元年开始，在刘彝的亲自组织下，浩大的福寿沟工程开始规划建设，一直到北宋神宗熙宁九年，将近十年时间这项浩大的工程才完工。

刘彝在赣州9年，修建的纵横行曲、条贯井然的排水网络，起到防洪、抗洪、排污作用③。

---

③ 福寿沟是赣州城市建设史上最早的污水综合利

刘彝政绩突出，备受民众称赞。宋熙宁七年，刘彝任桂州（今广西桂林市）知州。因为交趾国（今越南）人经常侵扰边境，刘彝到任后，一边加强文教，设学讲授周礼又兼水利，一边奏请罢免广南所驻守的北方籍士兵，改用福建枪仗手（福建晋江鸟枪手）分别镇守。一律禁止交趾人前来贸易，引起交趾国不满，举兵犯境，分兵3路连陷廉州、钦州、邕州，杀士人壮丁8000多人，最后合围邕州（今南宁），邕州最终在坚守了42天后，于次年正月十二日被攻破，邕州被屠城，郡守以下5.6万多人死难。

宋熙宁九年，朝廷以"妄生边事"归罪于刘彝，刘彝被降为检校水部员外郎。宋神宗元丰二年，刘彝再贬为均州（今湖北省均县）团练使，随州安置，不久又罢官为民，充军襄州（今湖北襄阳），永不录用。

宋哲宗元祐六年春，刘彝因"善治水"，宋哲宗重新起用，召刘彝到东京任都水丞（相当于水利部副部长）。刘彝在赴京途中病逝，享年74岁。

刘彝，善于治水，政声极佳，死后追赠"银青光禄大夫"，崇祀乡贤。

刘彝著述有《周礼申义》20卷、《礼记大全》10卷、《七经中议》（即《诗经中义》）170卷、《明善集》30卷、《居阳集》30卷、《水经注补》8卷、《周易注》《洪范解》6卷、《古礼经传续通解》29卷、《水经》4卷及《注礼大全》等。

刘彝生平见《宋史本传》《名宦传》《（清同

用工程。从北宋神宗熙宁九年福寿沟建成完工后一直使用到朝天启元年才进行第一次大维修；清朝同治八年，由于城市人口的膨胀，福寿沟第一次淤塞。地方当局以官府的名义，督促各家各户将自己房舍范围内的福沟、寿沟限期疏通，公产之地及空地由官府维修。这次维修历时三年多，耗费开支四十八万两。还主持绘制了《福寿沟图》，清代同治《赣县志》中还专门对这次维修工程作了《修福寿沟记》。1919年和1953年又先后进行第三、四次维修。先后四次维修，让福沟、寿沟的寿命一直延续到现在。刘彝主持修建福寿沟直到今日还有九百多米下水道仍然在使用，仍承载着赣州近10万旧城区居民的排污功能，成为中国城市建设史上的奇迹，与四川都江堰并称古代中国伟大水利建筑。刘彝一手打造的排水工程福寿沟福佑赣州近千年。

治）赣州府志》等。并留下"读万卷书，行万里路"的名言。（刘传标）

刘子翚

刘子翚（1101—1147年），字彦冲，自号"屏山病翁"，因其居背靠屏山，又筑屏山书院讲学，故人称"屏山先生"。南宋理学家、文学家。南宋福建路建宁府崇安县五夫里（今武夷山市五夫镇）人。刘子翚之父刘韐为宋哲宗元祐九年进士，官至京城四壁守御使，拜资正殿学士，转银青光禄大夫。刘韐是抗金名将，屡次打败金军，终在"靖康之变"中自缢殉国。刘子翚随父在京城时曾求学于二程高弟杨时，研习二程理学。刘子翚以父荫授承务郎，宋高宗建炎四年，刘子翚任兴化军（今莆田）通判，任满后以提举武夷山冲佑贯隐退。隐退后，刘子翚讲学传道，潜心理学。朱熹的父亲朱松临终时，将朱熹托付给刘子翚兄弟教养，并朝夕教导，孜孜不倦，对朱熹影响很大。

南宋绍兴十七年，刘子翚去世，终年47岁，葬于宁化县地名罗洞村，出水莲花形。理宗朝，被追封为齐国公，谥"文靖"。

刘子翚受其父爱国思想影响很深，早年游秦、洛、赵、魏时，就注意搜访古迹，了解历史，以体会国家兴衰规律，南渡后虽隐居乡里，但无时不忧国，唯因病魔缠身，无力请缨，壮志难酬，因而写入诗中，多以长篇或组诗全景式地反映社会时事，如《望京谣》《谕俗十二首》等。《汴京纪事》二十首前七首纪国都沦陷，后十三首忆往日繁华，以对比见感愤，殆若"诗史"，历来为人瞩目。

遗著由嗣子刘玶编为《屏山集》20卷，朱熹为之作序。宗杲曾作《刘子翚像赞》，称其"财色功名，一刀两断。立地成佛，须是这汉"。《强村丛书》辑其《屏山词》一卷。他的绝句佳作颇多，写景抒情擅长以明快的笔调表现深细的构思，表现出一个理学家特有的格物和体验功夫。（张慧）

柳 永

柳永（984—1053年），原名三变，字景庄，后改名柳永，字耆卿，因排行第七，又称柳七、白衣卿相。北宋著名词人，婉约派代表人物。北宋福建路建州崇安县五夫里（今武夷山市五夫镇）人。出身官宦世家，少时学习诗词。咸平五年，流寓杭州、苏州，沉醉于听歌买笑的浪漫生活之中。大中祥符元年（1008年），进京参加科举，屡试不中，遂一心填词。景祐元年，仁宗亲政，特开恩科，柳永与其兄柳三接同登恩科进士。历任睦州团练推官、余杭县令、晓峰盐碱、泗州判官、著作郎、太常博士、屯田员外郎，以屯田员外郎致仕，故世称"柳屯田"，定居润州。皇祐五年，柳永与世长辞。

柳永生性放荡不羁，故仕途坎坷。精通音律，尤工于词，是第一位对宋词进行全面革新的词人，也是两宋词坛上创用词调最多的词人。柳词在宋元时期流传最广，相传当时"凡有井水处，即能歌柳词"。

柳永创作慢词独多，其词多描写城市风光和歌妓生活及羁旅行役者，运用俚词俗语，以适俗的意象、淋漓尽致的铺叙、平淡无华的白描等独特的艺术个性，代表作有《雨霖铃》《八声甘州》《望海潮》等，著有《乐章集》，存词200余首。

柳永对宋词的发展产生了深远影响。南北宋之交的王灼即说"今少年""十有八九不学柳耆卿，则学曹元宠"；又说沈唐、李甲、孔夷、孔榘、晁端礼、万俟咏等六人"皆在佳句"，"源流从柳氏来"。即使是苏轼、黄庭坚、秦观、周邦彦等著名词人，也无不受惠于柳永。

柳词在词调的创用、章法的铺叙、景物的描写、意象的组合和题材的开拓上都给苏轼以启示。故苏轼作词，一方面力求在"柳七郎风味"之外自成一家；另一方面，又充分吸取了柳词的表现方法和革新精神，从而开创出词的一代新风。黄庭坚和秦观的俗词与柳词更是一脉相承，秦观的雅词长调，其铺叙点染之法，也是从柳词变化而出；周邦彦慢词的章法结构，同样是从柳词脱胎。（张慧）

陆　游

陆游（1125—1210年），字务观，号放翁。南宋浙江路越州山阴县（今浙江绍兴市）人。宋高宗时，陆游参加礼部考试，因受秦桧排斥而仕途不畅。绍兴三十二年，宋孝宗赵眘即位，任命陆游为枢密院编修官，赐进士出身，授福州宁德县主簿。陆游在任期间上疏，建议整饬吏治军纪、固守江淮、徐图中原，遭主和派排斥，被贬为镇江府通判。隆兴二年，再贬为浙江路建康府通判。乾道元年，调任江西路隆兴府通判，后遭"结交谏官、鼓唱是非，力说张浚用兵"之罪名，被罢免官职。

乾道五年十二月，朝廷征召已赋闲四年的陆游，任夔州通判，主管学事兼管内劝农事。乾道七年（1171年），应四川宣抚使王炎之邀，投身军旅，任职于南郑幕府。宋光宗继位后，升为礼部郎中兼实录院检讨官，不久又因"嘲咏风月"罢官归居故里。

乾道八年，陆游被任为成都府路安抚司参议官。

孝宗淳熙元年二月，虞允文病逝，陆游又调回蜀州（今四川成都崇州）通判。五月，改调嘉州（今四川乐山）通判。

淳熙元年十月，陆游被派到荣州代理州事。

淳熙二年，范成大由桂林调至成都，任四川制置使，举荐陆游为锦城参议。范成大统帅蜀州，陆游为参议官。南宋主和势力诋毁陆游"不拘礼法""燕饮颓放"，范成大迫于压力，将陆游免职。陆游就在杜甫草堂附近浣花溪畔开辟菜园，躬耕于蜀州。

淳熙三年，为回应主和派攻击他"颓放""狂放"，陆游自号"放翁"，进行反击。六月，陆游奉命主管台州桐柏山崇道观，以"祠禄"维持家人生计。

淳熙五年，陆游诗名日盛，受到孝宗召见，先后任命为福州、江西提举常平茶盐公事。

淳熙六年秋，陆游被任为江西常平提举。次年，江西水灾，陆游号令各郡开仓放粮灾。十一月，陆游奉诏返京，给事中赵汝愚借机弹劾陆游"不自检饬、所为多越于规矩"，陆游忿然辞官，重回山阴。

淳熙十三年，陆游闲居山阴五年之后，朝廷才重新起用他为严州知州。

淳熙十五年七月，陆游任满，朝廷升为军器少监，掌管兵器制造与修缮，再次进入京师。

绍熙元年，陆游升为礼部郎中兼实录院检讨官。由于陆游"喜论恢复"，谏议大夫何澹弹劾陆游之议"不合时宜"，主和派也群起攻之，朝廷最终以"嘲咏风月"为名将其削职罢官。

嘉泰二年，陆游被罢官十三年后，朝廷诏陆游入京，担任同修国史、实录院同修撰一职，主持编修孝宗、光宗《两朝实录》和《三朝史》，并免去上朝请安之礼，不久陆游兼任秘书监。

嘉泰三年四月，国史编撰完成，宁宗升陆游为宝章阁待制。五月，陆游致仕，蛰居山阴，时年79岁。

嘉定二年秋，陆游忧愤成疾，入冬后，病情日重，遂卧床不起。十二月二十九日，陆游与世长辞，享年85岁。临终之际，陆游留下绝笔《示儿》作为遗嘱："死去元知万事空，但悲不见九州同。王师北定中原日，家祭无忘告乃翁。"

陆游具有多方面文学才能，尤以诗的成就为最高。存世有九千三百余首。

著有《剑南诗稿》《渭南文集》《老学庵笔记》《南唐书》《入蜀记》等，传世墨迹有《苦寒帖》《自书诗》《怀成都诗》《与仲躬户部帖》《与原伯知府判院帖》等。后人编有《陆游集》，其中名篇有《书愤》《十一月四日风雨大作》《示儿》《关山月》《诉衷情》《钗头凤》等。

陆游在诗歌方面贡献最大，有"小李白"之称，与王安石、苏轼、黄庭坚并称"宋代四大诗人"，又与杨万里、范成大、尤袤合称"南宋四大家"。此外，陆游在词、散文、书法、史学等方面亦有建树。其诗词语言平易晓畅、章法整饬谨严，兼具李白的雄奇奔放与杜甫的沉郁悲凉，尤以饱含爱国热情对后世影响深远。朱熹评价陆游"放翁老笔尤健，在当今推为第一流"。梁启超在《读陆放翁集》中就称赞陆游："诗界千年靡靡风，兵魂销尽国魂空。集中十九从军乐，亘古男儿一放翁。"朱自清给予陆游高度评价，认为"过去的诗人里，也许只有他才配称为爱国诗人"。陆游的《南唐书》，"简贱有法"，史评色彩鲜明，具有很高的史料价值。

（游丽江）

罗从彦

罗从彦（1072—1135年），字仲素，人称"豫章先生"。北宋经学家、诗人，豫章学派创始人。祖籍福建路南剑州剑浦县（今南平市）

人，后徙沙县洞天岩之麓。罗从彦早年师从吴仪，以穷经为学。宋元符三年，徒步赴浙江萧山拜见理学奠基人程颢、程颐的弟子杨时，经杨时介绍，赴洛阳拜见程颢，请授《易经》。

罗从彦则一生坎坷，建炎四年，罗从彦61岁时方得了个特奏名进士，宋绍兴二年授广东惠州博罗县主簿，在任期间，倡三代"王道"之治，主"寡欲""简易"之说，认为"简易之理，天理也。行其所事，笃恭而天下平"（见《宋元学案》卷39）。在仙福都一图创建钓鳌书院，置渡口、学田若干，以其收入资助生员费用。继承发展程颢、程颐"穷理"学说和杨时"致知必先格物"的"理一分殊"说，创立"静中观理"说，在宋代理学发展史上，起到承前启后的作用。在认识论方面，提出"天地之先也，理"，"有理而后有物"，静中观理，尽心知性，思而有道，道为至高之性善，欲立言必先立德。在政治思想方面，注重"仁政"和法治的统一，认为"朝廷大奸不可容，朋友小过不可不容"，"若容大奸必乱天下，不容小过则无全人"；"朝廷立法不可不严，有司行法不可不恕，不严则不足以禁天下之恶，不恕则不足以通天下之情"。

宋绍兴五年，官满后，回家途中逝于汀州（一说死于任上），享年64岁。死时却因儿子敦叙早殁，因无资费，竟数年不得归葬。直至其族人罗友任惠州判官，始遣人持护以归。宋淳佑七年赐谥"文质"，明万历四十二年诏赐罗从彦与文天祥、朱熹、诸葛亮、颜真卿等同祀于孔庙。

罗从彦是闽学发展史上接程颢、程颐、杨时，下传李侗、朱熹，"承上启下"关键人物，是闽学的奠基人之一。罗从彦在修养论上强调"以主静为宗"，构成了早期闽学追求"静养"的特征。罗从彦建立了早期闽学中以抨击封建政治弊端和维护封建纲常名教为主要内容的政治理论体系。与杨时、李侗、朱熹史称"闽学四贤"。

著有《语孟解》《书斋记》《遵尧录》《台衡录》《中庸说》，另著有《〈春秋毛诗〉语解》《春秋指归语》《台衡录论议要语》《二程龟山语录》等，后辑入《豫章文集》十七卷。《四库总目》记载其有遵尧录、春秋毛诗语解、中庸说、春秋指归等传世。

明崇祯六年，其故里创建"豫章祠"。1997年被列为沙县第三批重点保护文物单位。（张慧）

吕惠卿

吕惠卿（1032—1111年），字吉甫，号恩祖。北宋福建路泉州南安县水头镇朴里人。北宋宰相、政治改革家，王安石变法中的二号人物。历任翰林学士、知军器监、参知政事、知太原府等职。

北宋嘉祐二年登进士第，授真州推官。熙宁二年，王安石在宋神宗的支持下，设置"制置三司条例司"，开始推行新法。吕惠卿因为与王安石政见相合，而获得王安石的器重，协助王安石推动青苗法、市易法等数项改革，由集贤殿校勘升任太子中允、崇政殿说书、集贤校理、判司农寺。"事无大小，安石必与惠卿谋之；凡所建请章奏，皆惠卿笔也。"王安石曾说："法之初行，议论纷纷，独惠卿与布（曾布）终始不易，余人则一出焉一入焉尔！"他主管司农寺期间，"主行常平、农田水利、免役、保甲诸法"，工作出色，成绩卓著，神宗皇帝赞曰："吕惠卿言农行，事甚善，然尚未至五分，若司农，即天下事大定矣。"主持国子监期间，积极建议学校挑选贡举，选通经术、谙政事的人主判太学，以有学行艺术者为教授。王安石接受他的意见，罢停制举，整顿学校，从中央至地方，学官、教授全改由经过中书或国子监选择之人充任。主管军器监时，经一番整顿，裁定中外所献枪刀样式，规定枪刀质量标准，又编制《弓箭》一书，供制造弓弩参照。自此，所制兵械精利，改善了宋军的武器装备，增强了抵御能力。北宋两次灾荒期间，吕惠卿等变法派在汴京粜卖了数以万计的粮食，稳定了京师居民的生活。尤其是在河北、江浙等地区，利用贮积的青苗钱米，募集受灾农民兴建水利和从事其他工役，度过灾荒。

吕惠卿因此成为新党核心，当时之人称王安石为"孔子"，吕惠卿为"颜渊"。

熙宁六年四月，设置经义局，负责编撰《诗》《书》《周礼》三书的经义，王安石为提举，吕惠卿和王安石之子王雱一同修撰《三经新义》。吕惠卿后又被任命为知谏院，翰林学士。

熙宁七年，王安石第一次被罢相后，吕惠卿出任参知政事（副宰相），继续推动变法。在变法过程中，和以司马光为首的保守派展开了激烈的斗争。王安石回朝后，吕惠卿因连坐其弟罪责被贬出京，历任鄜延路经略使、陈州知州、延州知州、太原府知府等职，继续推动置将法等军事改革的进行。哲宗即位后，高太后支持保守派，吕惠卿被贬为建宁军节度副使，后擢任延安府知府，筑米脂诸寨以备西夏侵扰。吕惠卿守边时，推广了置将法等新法，并改变了汉番兵各自为军现象，"陕西缘边汉番兵各自为军，每战则以番部为先锋，而汉兵城守，伺便乃出战。惠卿始合之为一，先搜补守兵而出其选以战，随屯置将，具条约上之"。

徽宗时，因事安置宣州，移庐州，复为观文殿学士，任醴泉观使，任上致仕。政和元年病逝，追赠开府仪同三司，谥"文敏"。

儒学在北宋中叶有了很大的发展，出现王安石的"新学"、二程的"理学"、三苏的"蜀学"、张载的"关学"等等儒家学派，各学派一方面各自发展自己的理论，一方面相互摩擦、攻击。首先拔得头筹的是王安石的"新学"。王安石通过变法得到了宋神宗的默许，让自己的学术主张成为了官方唯一承认的主流学术观点。吕惠卿大半生都被卷入新旧党的争斗，宦途也因此非常波折，评价也出现极大分歧，史书上认为他背信弃义、祸国无耻，人格低劣；而在后世对王安石变法重新定义后，认为他是卓有才能的政治改革家、王安石第二。

吕惠卿才思敏捷，学识精湛，著作甚丰，留有《孝经传》1卷、《道德经注》4卷、《论语义》10卷、《庄子义》《吕吉甫文集》《新史吏部式》2卷、《吕吉甫奏议》170卷、《县法》10卷、《弓试》1部、《建安茶用记》2卷、《中太乙宫碑铭》等。其中《县法》《新史吏部式》《弓试》和《奏议》，都是变法和经国治世的重要著作。（陈宇海）

潘大临

潘大临（1041—1090年），字邠老，一字君孚。北宋福建路福州长乐县敦素里平川（今江田镇井南村）三溪人，寄居湖北黄冈。二十岁中秀才，后屡试不第，以布衣之身驰名于诗坛，江西派重要诗人，诗风与黄庭坚相近，以"精苦"著称。元丰三年二月苏轼被贬为黄州团练副使，认识潘大临。潘大临随苏轼学诗，是苏轼忘年交朋友、渔友。黄庭坚说："潘老早期得诗律于东坡，天下奇才也！"（引自《豫章黄先生文集》）临川谢无逸曾致书问："近新作诗否？"潘答书曰："秋来景物，件件是佳句，恨为俗氛所蔽翳。昨日清卧，闻搅林风雨声，遂题壁曰'满城风雨近重阳'……忽催租人至，遂败意。只此一句奉寄。"这就是文学史上著名的"一句诗"的来历（见宋·惠洪《冷斋夜话》四卷），仅仅一句诗，可抵得上千句诗。潘大临与苏轼的忘年交给文坛留下佳话。

宋元祐五年，潘大临客死蕲春，终年50岁。

著有《柯山集》二卷（已佚），《两宋名贤小集》中存有《潘邠老小集》一卷。

潘大临诗作最大的特色：首先，寄情于景，感情真挚；其次，笔力雄健；第三，结构严整，对仗精工。现存的作品只有二十多首诗和那句脍炙人口的"满城风雨近重阳"。

潘大临的诗作影响深远。南宋伟大诗人陆游，以能寻读到潘大临的诗作为幸："潘邠老诗妙绝世，恨不见其字，今见此卷，无复遗恨矣！"理学宗师朱熹对潘大临的言简意赅的诗句赞不绝口："潘邠老有一诗一句说一事，更成甚诗。"（薛静）

蒲寿庚

蒲寿庚（1205—1290年），又称"蒲受畊"，号"海云"。先世西域（今阿拉伯）人。南宋初年，蒲寿庚父亲蒲开宗任福建路泉州市舶司三十年，而定居泉州，住在泉州郡城东南法石乡，经营香料业。蒲寿庚精通阿拉伯语、占城语（今越南）等多种语言，长期在泉州市舶司任职，亦官亦商。

南宋淳祐十年，蒲寿庚与兄蒲寿晟，帮助官府击退海寇。蒲寿庚因功授闽广招抚使兼领泉州市舶司提举，后迁福建行省安抚沿海都制置使兼泉州市舶司提举。蒲寿庚操纵海外贸易，又有很多海船，在福建沿海一带很有实力。

南宋景炎元年二月，丞相伯颜率大军南下，

五月，南宋遗臣文天祥、张世杰、陆秀夫等人拥恭帝庶兄益王赵昰在福州称帝（端宗）。为图恢复，张世杰等人同样以高官厚禄拉拢蒲氏兄弟，封蒲寿庚为福建、广东招抚使，并总统海舶。十一月，元兵从浙江进入福州，端宗由张世杰等人护驾逃到泉州，驻跸法石，蒲寿庚用其兄寿晟之计，紧闭城门不纳。随后蒲寿晟、蒲寿庚向元帅唆都请降。

蒲寿庚弃宋降元，受到元世祖忽必烈的重用，初授昭勇大将军（正三品），任闽广都督兵马招讨使，至元十四年又迁任江西行中书省参知政事（从二品）。第二年八月，晋升福建行中书省尚书左丞（正二品），元世祖通过蒲寿庚等人向海外各国宣布了元朝欢迎并保护通商贸易的政策。同年，蒲寿庚之子蒲师文奉诏"通道外国，抚宣诸夷"，并取得了良好的效果，打开了元代泉州港海外交通贸易以致中国与南海诸国关系的新局面。至元十六年六月，元世祖又派蒲寿庚部下尤永贤招谕南毗国，"占城、马八儿诸国遣使"来华，其他国家或地区的使者和商人也相继而至。元朝首次出使南海的是蒲寿庚的亲人和亲信。此后，元朝政府几次重大的诏谕活动都从泉州港启航，且主要由泉州当局负责，并有蒲氏亲信参加。如至元十六年十月，孙胜夫陪同唆都出使占城；十七年，尤永贤奉命诏谕盖南毗，开创了泉州港海外交通贸易的新局面。宋《诸蕃志》所记述的来华国家计58个，元代《岛夷志略》所记述的国家和地区增至220多个，表明元代海外交通贸易比南宋进一步发展。通过诏谕活动，泉州港在重新开港后海外交通贸易迅速发展，跃居为世界大港，以"刺桐港"之称名扬四海。

泉州港在宋元鼎革之际得以平稳过渡，免遭战火毁灭，海外贸易空前繁荣，为泉州港在元代成为世界最大的商港之一奠定了基础，这与蒲寿庚弃宋降元的抉择及其在降元后努力向元政府争取大力支持，同时善于安抚宋朝故旧的策略是密不可分的。

蒲寿庚于宋元转变之际，显赫一时，其子孙在元朝，亦颇得志。（黄洁琼）

宋　慈

宋慈（1186-1249年），字惠父。南宋福建路建守府建阳县① 童游里人。生于南宋孝宗淳熙十三年，少年受业于朱熹的弟子吴稚，二十岁进太学。当时主持太学的真德秀是著名的理学家，为宋慈早年的师友，对于他学业的进步与后来的思想当有相当的影响。

宁宗嘉定十年登进士第，授浙江鄞县尉（因父丧而未赴任）。宋理宗宝广二年，任江西信丰县主簿。绍定元年，在郑性之幕下参与

① 建安县，东汉建安初年，划分侯官北乡土地，设置建安县（以年号为县名）。汉朝建安八年，贺齐进兵建安，十年转讨上饶，分上饶地及建安之桐乡置建平县；贺齐为削弱建安县地方势力，将桐乡划入建平县。建平立县后，属会稽南部都尉（治今福州）。建平县地域包括上饶部分地（即今铅山县）、建安县桐乡和崇安。建安十二年到二十五年间，分会稽南部都尉为建安郡，建平县改属建安郡。三国吴永安三年，邵武立县，铅山招善、鹅湖二乡划属邵武，而旌孝等乡仍属建平。晋朝太康元年分建安郡为建安、晋安二郡。同时，因建平县与荆州建平郡同名而改建平为建阳县。辖地仍有旌孝及福建之崇安、建阳。及至南朝，建阳仍属建安郡。南朝宋，建安郡属江州（治今江西九江），齐属江州，梁属东扬州，陈初属闽州（治今福州），后属丰州（治今福州）。隋朝文帝开皇九年废建安郡为县，建阳并入建安县，属泉州（治今福州）。唐朝高祖武德二年，改建安郡为建州；四年复置建阳县，建阳县属建州。八年，建州属泉州都督府，建阳县并入建安县。唐武则天垂拱四年复置建阳县。唐末，旌孝等乡划入弋阳县设铅山场（铅山场于南唐保大十一年升为县）。五代梁、唐，建阳皆属建州。晋天福六年，闽王以建州为镇安军（后改镇武军），建阳县属镇安军（后属镇武军）。南唐保大四年，建阳县属永安军（治今建瓯，不久改忠义军）。北宋端拱元年，建州改为建宁军，建阳县属建宁军。宋淳化五年，建阳县西北乡的崇安场升为崇安县；咸平元年，分建阳之上梅、下梅、会仙（赤石）、黄村、周村、将村（以上三里属今星村、黄村一带）等六里入崇安；治平三年，分建阳之东南（今童游乡东南面及宸前东面一带）并入瓯宁县；元丰五年，分建阳从政（非以后建阳境内之崇政里）、籍溪（此二里属今五夫乡田尾、古亭、茅厂等地）、丰阳（兴田）、节和（黎源、澄浒一带）、建平（黎源、澄浒）、五夫等里入崇安。宋元祐四年，瓯宁县将建阳东南一些乡村归还建阳。南宋绍兴二十二，建宁军升为建宁府，建阳县属建宁府。景定元年，建阳县之唐石里（今黄坑镇）产嘉禾，更名嘉禾县。元朝至元十五年，改建宁府为建宁路，嘉禾县属建宁路。至元二十六年，嘉禾县复名建阳县。明朝洪武元年建宁路复称建宁府，建阳县属建宁府。清代建阳县属延建邵道建宁府。1913年撤销建宁府，合并福建省建安、瓯宁2县，各取首字命名为建瓯县，属建安道管辖，道址设在南。

军事，招捕使陈韡、监军李华平定福建路连城七十二寨寇，宋慈参赞居多。绍定四年陈韡奏其功绩，举为福建长汀知县，嘉熙元年任邵武军通判，嘉熙二年调南剑州通判，嘉熙三年任提点广东刑狱，嘉熙四年移任江西提点刑狱兼赣州知县。淳祐元年知常州军事，淳祐七年任直秘阁提点湖南刑狱并兼大使行府参议官，次年进直宝谟阁奉使四路（宋分天下为各路，等于现在的省份），皆司皋事。淳祐九年，拔直焕阁知广州、广东经略安抚使（掌管一路之军事行政）。

为官20余年间，先后担任四次高级刑法官，后来进直宝谟阁奉使四路，也是"皆司皋事"，凡决狱理刑，积累了丰富的法医检验经验，平反冤案无数。宋慈，他认为"狱事莫重于大辟，大辟莫重于初情，初情莫重于检验"（出自《洗冤集录》序），坚持"审之又审"，重视现场勘验，还指出"凡验妇人，不可羞避"。

淳祐六年，宋慈卒于广州经略安抚使的任所，享年64岁。宋理宗亲自为其书写墓门，凭吊宋慈功绩卓著的一生。淳祐七年，宋慈灵柩归葬在建阳崇雏乡昌茂村西北。

南宋端平二年，宋慈开创了"法医鉴定学"，因而被后世誉为法医鼻祖。我国古代杰出的法医学家，被称为"法医学之父"。

淳祐四年宋慈撰成并刊刻《洗冤集录》，此书是其一生经验、思想的结晶，不仅是中国，也是世界第一部法医学专著，成为历代刑狱官案头必备的参考书。它比意大利人佛图纳图·菲得利写成于公元1602年的同类著作要早350多年。《洗冤集录》被译成韩、日、法、英、荷、德等各种文字版本流传世界各地。（刘传标）

宋 咸

宋咸（995—1063年），字贯之，北宋福建路建州建阳县童游里人。生于宋至道元年八月二日，咸幼好学，博通群书。北宋仁宗天圣二年考中进士，时年29岁。初授静江府桂州（今桂林）知州。仁宗景祐元年春，病休获准。

景祐二年，宋咸在建阳县雏田里昌茂村创建霄峰精舍，"欲于此积书充栋，图为讲道开来之计"，聚徒讲学，培育人才。

景祐四年，任福建尤溪县知县，决案判狱公平快速。时，尤溪文风未开，宋咸将县学搬迁到县城的东南面重新扩建，又亲自登台讲授经书（门生林积在庆历六年中进士，成为尤溪县历史上第一位进士），尤溪的学风大变。宋咸主持编修尤溪第一部县志《尤川志》。

宝元元年改任邵武军知军，关心教育，增建学舍，添置学田 500 亩充作教育经费，擢升韶州知州（今属广东）。

庆历元年，以太常博士知琼州。《宋史翼》云："琼僻在海外，旧未置学，咸奏请设学赐经史，以变夷风。"在琼州期间，他"集诸生读五经于先圣庙，建尊儒亭，暇日亲为讲授，置学田以资膏火，由是州人始知力学"。

皇祐元年，迁职方员外郎、知韶州。当时有一位骄悍不法的军士叫戎喜，宋咸"奏除悍卒，境内肃然"。

皇祐四年，韶州知州调任广西转运判官。宋咸任转运司官员，介入军队的粮饷转运，因为运送粮饷有功，又转任方员外郎。

嘉祐六年，屯交趾。甲峒蛮进犯邕州，经略使萧固率领各郡军队奔赴邕州战场。宋咸和提刑李师中掩护进击。擢田员外郎，后因"流言蜚语"被李师中弹劾，终官至都官郎中致仕，回建阳讲学著述。与欧阳修友善，欧阳修留下《答宋咸书》等。

嘉祐八年病逝，终年 69 岁，葬建阳县城南宝山庵后。

宋咸一生精力主要花费在为前人经典作注，经宋咸注释的《易训》《论语》《毛诗》等，通俗明白，使一般人能够读懂。除此，宋咸的著作还有《周易补注》《易明》《易辨》《毛诗正纪》《论语增注》《朝制要览》《剑池编》等，为图书学派重要学者。宋咸注释的《杨子法言广注》收入《四部丛书集成初编·哲学类》。

宋代名人对宋咸的著作评价较高，其中包括德高望重的欧阳修。《周易补注》十卷刊行后，欧阳修与宋咸书云："足下于经勤矣！凡其所失无不欲正之。"宋祁（字子京，翰林学士）为宋咸《剑池编》作序，曰："贯之才业甚锐，如风发泉涌，虽裾中仕途，未尝不在书研间。"南宋著名藏书家陈振孙，家藏书多达五万一千多卷，一生博览群书，他阅读宋咸《朝制要览》之后曰："是书作于嘉祐中，而传于陆放翁

诗，皆国初故实，读之使人有所感焉！"宋咸说《易》反对刘牧河洛之学，将齐牧、王弼易学对比，辨其是非，说明刘牧所创图书之学，同王弼派义理之学相对立。

宋咸分别为尤溪县和琼州府（海南）培养出两地历史上第一位进士，一位是林积，另一位是陈孚。

清朝王维文撰文称赞"宋贯之先生为闽中第一流人物"。

宋咸的六世孙是南宋著名法医学家、世界法医学鼻祖宋慈。（刘传标）

苏 颂

苏颂（1020—1101 年），字子容。北宋福建路泉州同安县（今属厦门市同安区）人，后徙居润州府（今江苏省镇江市）丹阳。北宋著名的政治家、天文学家、天文机械制造家、药物学家。

生于天禧四年十二月初十日，庆历二年，登进士第，被授为宿州观察推官，步入仕途。一生从政五十余年，历任州县郡守令、馆阁校勘、集贤校理、知制诰、刑部尚书、吏部尚书兼侍读、尚书右丞兼枢密院事、左光禄大夫，哲宗时拜尚书右仆射兼中书侍郎（即宰相）等职务，为官 50 多年，仁宗、英宗、神宗、哲宗、徽宗五朝，政绩颇丰。后罢为集禧观使，绍圣四年，以太子少师致仕。徽宗立，进太子太保，累封赵郡公。是一位爱国爱民、为官清廉、举贤任能的名臣良相。

宋徽宗建中靖国元年，苏颂病逝润州，终年 82 岁，追赠司空，后追封魏国公。宋理宗时追谥"正简"。

著有《图经本草》《新仪象法要》《苏魏公文集》等。苏颂于经史九流、百家之说，及算法、地志、山经、本草、训诂、律吕等学无所不通，一生建树颇丰，正简流芳，史为传颂。对科学技术，特别是医药学和天文学方面有突出贡献，被称为"中国古代和中世纪最伟大的博物学家和科学家之一"。《宋史·苏颂传》评价他："颂器局闳远，不与人校短长，以礼法自持。虽贵，奉养如寒士。"曾任同安主簿的南宋理学家朱熹赞他："赵郡苏公，道德博闻，号称贤相，立朝一节，终始不亏。"

苏颂在医药学和天文学方面具有突出贡献，嘉祐六年，苏颂奉旨在全国范围内进行药物普查，全面继承前人的医药成就，撰写《本草图经》21卷。《本草图经》是我国第一部版刻的药物、药用和药材图谱相结合的专著，也是世界上第一部雕刻版药物图谱，把本草学著作从单纯药物学性质提高到博物学的性质，使得我国本草学在世界科技史上占有重要地位，为本草学的发展开创了一个新的时代。明代伟大的本草学家李时珍在撰写巨著《本草纲目》时，以苏颂的《本草图经》为重要参考书之一，并在其《本草纲目》中直接注明出处采录《本草图经》的药物达74种。《本草图经》是本草学史上的一个里程碑。

元祐元年，哲宗诏命苏颂定夺新旧浑仪。苏颂遍寻人才，成立元祐浑天仪象所。元祐四年制造世界上最古老的天文钟"水运仪象台"，开启近代钟表擒纵器的先河。元祐七年六月十六日，铜质水运仪象台制成。水运仪象台，高三丈五尺六寸，宽二丈一尺，将天文观测、天象演示、计时报时集为一体，被誉为世界最早的天文时钟，堪称世界科技史上的壮举。水运仪象台创造了世界科技史上的三项第一：一是浑仪转动装置——现代天文台转移钟的雏形；二是"天衡"系统——现代机械钟表的先驱；三是活动屋板——现代天文台自动启闭圆顶的祖先。水运仪象台上层是观测天体星辰运动轨迹的浑仪，中层是演示天体星辰运动的浑象，下层是昼夜报时的齿轮传动机械系统。报时系统为五层塔形木阁，每层有门，到一定时刻门中有人出来报时，利用钟、鼓、铃、钲四种打击乐器，共162个身穿红、紫、绿不同颜色的木人来表达时刻的差异。水运仪象台以水力推动仪器运转，经过变速齿轮传动系统，是报时机构、浑仪、浑象与天体对应同步日夜运转一周，实现报时、观测和演示的多功能天文研究。英国科技史专家李约瑟说："苏颂把时钟机械和观测用浑仪结合起来，在原理上已经完全成功。他比欧洲人罗伯特·胡克先行了6个世纪，比方和斐先行了7个世纪"。在水运仪象台铸造竣工之后，苏颂又与韩公廉全撰《新仪象法要》，代表着11世纪我国天文学和机构制作水平，是我国现存的最详尽的天文仪象著作，分3卷，

卷上介绍浑仪的设计，附总图4种，分图13种；卷中介绍浑象的设计，附总图7种，分图4种；卷下介绍水运仪象的设计，附总图2种，分图21种，图中绘有机械零件150多种。书中还附有依据实测绘制的两套星图，绘星1460颗，比西欧在14世纪文艺复兴之前观测到的星数多483颗，早400年。李约瑟称其为"中国古代和中世纪最伟大的博物学家和科学家之一"。

苏颂两次出使辽国，撰成关于北宋与契丹两国交往的百科全书《华戎鲁卫信录》，内容涉及外交诏书、誓书、地理、岁币、仪式、赐予、交驰、诏录、书仪、例物、边防以及契丹世系、国俗、关口、道路、军马等，在外交史上占有重要地位，成为我国历史上民族交往的珍贵文献。（陈宇海）

王蘋

王蘋（1082—1153年），字信伯。南宋福建路福州福清县刹上（今福清市龙山街道）人。南宋思想家、学者。素行高洁，忧时爱国。少时随父迁居平江（今江苏吴县），父早卒后随伯父王伯起生活。程颐在洛阳讲学，其伯父遣其问学于程颐，后又以晚辈身份拜师于同门杨时，受到杨时高度赞扬成为洛学高弟。尤通《春秋》，因王安石废《春秋》，故绝意科举。宋建炎四年参与编纂神宗、哲宗两朝实录。绍兴四年，因平江知府孙佑向宋高宗荐其"素行高洁，有忧时爱君之心，开物成务之学"受高宗召对补右迪功郎，赐进士出身。王蘋"谋合众，则合天心"、用人"不蔽于好恶"的主张得到宋高宗赏识。高宗称其"学有师承亲闻道要既久，声实自彰，盖将使国人有所矜式勉行尔"。王蘋"有忧时爱君之心"，主张国家要兴旺，不能光治标，还要治本。治本有三：一正心诚意，二辨君子小人，三除朋党积习。参编《神宗实录》不久，改任左承议郎、秘书省正字兼史馆校勘、著作佐郎。随后到常州任通判，主管台州崇道观。后又改任左宣教郎，右朝散大夫。因其侄子王谊撰写《罢相对》作"可斩秦桧以谢天下"语为秦桧得知，秦桧以亲之故迁罪于王蘋夺官罢职，回龙江书院讲学，以"心学"观点为据解释二程道统，传播程学理论。对洛学在福建的传播起了十分重要的作用。

绍兴二十三年病卒，终年 72 岁。秦桧去世后，王蘋获平反。

王蘋延续程门不喜著作，专务涵养之门风，其著作主要有《论语集解》《论语直解著作集》，未成而卒，现只存有一篇《论语序》；《周易传》一卷；门人弟子所记《震泽集善录》及部分祭文、附录等。

王蘋以开心学端绪著称于史，然由于朱子为清理门户、重建道统之需要，对王蘋之异己思想大加挞伐，作《记疑》逐条批驳，致使其沉寂于哲学史，暗而不彰，且尤为当前哲人所遗忘。

王蘋认为圣贤所传非"道"，而是"一己之心"，而这"一己之心"就是道，在此王蘋其实已将"心"等同于"道"，等同于"理"。从内容上言这与心学的主张实已无二，所剩的只是形式上表述而已。他的这一思想为陆九渊所继承，陆氏更为直接地说："心只是一个心，某之心，吾友之心，上而千百载圣贤之心，下而千百载复有一圣贤，其心亦是如此，心之体甚大。""宇宙便是吾心，吾心便是宇宙。东海有圣人出焉，此心同也，此理同也，南海北海有圣人出焉，此心同也，此理同也。千百世之上至千百世之下，有圣人出焉，此心此理亦莫不同也。"

陆九渊之说有王蘋思想之痕迹，只是更加明确地表明心学主旨，即内心之道德法则与宇宙普遍之理是同一的，而王蘋之意与陆氏相差不二，他更为明确地点出心学宗旨。在王蘋的哲学中，"心即性、性即天、天即性、性即心"已将心学的主旨点破而这一说法，即使被冯友兰视为心学宗师的程颢、陆九渊、王阳明亦未有如此明确、直白地表述。

作为草创者，王蘋提出心学最为基础的观点。较之二程，相同处即在他们皆不重视心性概念的分疏，突破处即王蘋不再以宇宙论作为论述心性论的出发点，而是直接从心性论出发，这就是程颐虽也提出"心即性"，但与王蘋立意实不同。而与陆、王相较，他们则使其进一步细化，且对本体论予以彻底重建。王蘋在心性论之建构上已经偏离程颐，而走向心学，但这种走向是不彻底的，王蘋仍然是在理学的视域内构思心性问题，理学的痕迹处处可显。这也是其只能成为心学肇始者而非成就者之缘由。

王蘋为心学之肇始者不仅从义理上可以得到印证，且从其学派传衍上亦可彰显。王蘋收徒讲学，创立震泽学派。有名弟子如杨邦弼、章宪兄弟、周宪、范如圭、曾几父子、陆景瑞、施庭先、宋宜之、方翥等。在众弟子中唯陆景瑞之弟子林艾轩，与陆九渊互为讲友。交相问学，影响在所难免。

王蘋开出洛学新面向已无可疑，但因其尚处在洛学复振阶段，他必然遭到以接续伊洛道统为己任的朱子的清理和批驳，却受到心学家王阳明、黄宗羲的高赞。王蘋的毁誉参半皆在于其使洛学向心学发生实质性转向，开创出新的理论形态，但他仍然是在理学的视域下尝试的理论突破，其粗略处处可见。（刘传标）

吴 激

吴激（1090—1142 年），字彦高，自号"东山散人"。北宋福建路建州（今建瓯）人。金初词坛盟主、书画家。北宋宰相吴栻之子，书画家米芾之婿。吴激原为宋臣，在宋时由何种途径入官，史料无确载，曾以直秘阁任宋廷"经略安抚使"（但以《宋史》《金史》及《嘉靖建宁府志》《瓯宁县志》等均无其进士及第的记载，则吴激因其父祖辈而荫补为官的可能性比较大）。

北宋钦宗靖康二年，奉命使金，次年金人攻破东京（汴梁）。靖康之变，宋金南北对峙，金人慕其名，强留之，命为翰林待制。金天会十四年十月，高丽王生日，为金使臣，出使高丽。金皇统二年出知深州（今河北深县），到官三日卒。诏赐其子钱百万、粟三百斛、田三顷以周其家。

著有《东山集》《东山乐府》，已佚。存诗20 余首收入《中州集》，词收入《全金元词》。赵万里《校辑宋金元人词》辑为《东山乐府》一卷。《金史》卷一二五有传。

吴激善诗文书画，与蔡松年齐名，书法俊逸，时称"吴蔡体"。

绘画得其岳父米芾笔意。

吴激诗今存 20 余首，题材不广，但工于写景。吴激的诗《诉衷情》《满庭芳》等造语清婉，哀而不伤，，多家园故国之思，被元好问推为"国朝第一作手"。清人陈廷焯亦谓:"金代词人,自以吴彦高为冠,能于感慨中饶伊郁,不独组织之工也。同时尚吴蔡体,然伯坚非彦高匹。"又曰:"金词于彦高外,不得不推遗山。"(张慧)

文天祥

文天祥(1236—1283年),初名云孙,选中贡士后,以"天祥"为名,字履端(宝祐四年中状元后再改字"宋瑞"),道号浮休道人、文山。南宋江西路吉州庐陵县(今江西吉安市青原区富田镇)人。南宋末年政治家、文学家,与陆秀夫、张世杰并称为"宋末三杰"。

宋理宗宝祐四年,文天祥中进士第一(状元)。因其父去世回乡守制三年。开庆初年,补授承事郎、签书宁海军节度判官。时元军攻鄂州(今武汉武昌),宦官董宋臣主张迁都避元兵。文天祥上书宋廷,建议分地防守,从民兵中选精兵,破格选用将帅。并请除杀动摇民心的董宋臣。未被采纳,辞官回乡。后起任刑部郎官,外任瑞州(今江西高安)知州,后历任江南西路提刑、尚书左司郎官,官至军器监并兼代理直学士院、军器监兼权直学士院,因草拟诏书有讽权相贾似道语,被罢官。

咸淳九年,起用为荆湖南路提刑。咸淳十年,文天祥被委任为赣州(今江西赣州)知州。

德祐元年,元军南下攻宋,元军沿长江东下,宋守将多降。宋廷诏令天下兵马勤王,命令文天祥为江南西路提刑安抚使。文天祥罄家财为军资,招勤王兵至5万人,入卫临安(今杭州),上书力陈分全国为四镇,集中财力、军力抗元。旋为被任命为浙西、江东制置使兼平江府知府。德祐二年正月,任临安知府,以右丞相兼枢密使,与元军议和,因面斥元主帅伯颜被拘留,于解北上途中逃归。正月十八日,元军攻克临安(今浙江省杭州市)时,5岁的宋恭帝和太皇太后(谢道清)相继被俘。益王赵昰、广王赵昺在驸马都尉杨镇、国舅杨亮节护送下潜出城外,逃往婺州(今浙江省金华市),后又泛海至浙江温州。文天祥、陆秀夫决定效仿宋高宗故事,拥立赵昰为天下兵马都元帅,赵昺为副元帅。五月初一,文天祥、张世杰、陆秀夫等人拥益王赵昰在福州称帝(端宗)。加

封赵昺为卫王,文天祥以观文殿学士、侍读的官职召至福州,拜右丞相兼知枢密院事。上书建议"取海道北复江浙",为陈宜中所阻,遂赴南剑州(今福建南平)聚兵抗元。七月,以同都督职出任江南西路,汀州(今福建长汀)募集兵士。十一月,进军江西失败。

景炎二年正月,元军攻汀州,文天祥退守漳州。转战闽赣。

景炎三年六月,因元军追兵逼近,端宗赵昰浮海逃往碙洲(今湛江碙洲岛)。因屡受颠簸,又惊病交加,在碙洲荒岛(今广东湛江碙洲岛)上病死。群臣都打算散伙,陆秀夫拿出他代拟的《景炎皇帝遗诏》,宣布卫王赵昺继承皇位。八月,加封文天祥少保、信国公。十二月,陈懿暗中勾结元将张弘范逼攻潮阳。文天祥正在五坡岭(今广东海丰北)吃饭,遭到突袭,被元军千户王惟义所俘。次年,元蒙古、汉军都元帅张弘范将其押赴厓山(今新会南),令招降张世杰。文天祥拒之,书《过零丁洋》诗以明志,留下千古名句:"人生自古谁无死,留取丹心照汗青。"张弘范派人押送文天祥到元大都,被囚达三年之久,屡经威逼利诱,仍誓死不屈。元至元十九年十二月,文天祥从容就义,终年47岁。明代时追赐谥号"忠烈"。

文天祥多有忠愤慷慨之文,其诗风至德祐年间后一变,气势豪放,被称"诗史"。他的著作经后人整理,被辑为《文山先生全集》。(游佳丽)

萧德藻

萧德藻,字东夫,自号"千岩老人"。南宋诗人,杨万里将他与尤袤、范成大、陆游并举,称为"四诗翁""四诗将"[1]。南宋福建路福州府闽清县人。生年不详,绍兴二十一年进士。孝宗淳熙四年,任广东路龙川县丞。后擢为湖北路参议,再调两浙路湖州乌程县令。因爱当地山水之美,遂移家乌程县,住县中屏山,其地有千岩之胜,所以自号"千岩老人",表示归隐不仕。绍兴三十一年,他与杨万里在湖南零陵旅舍中认识(据叶渭清《杨诚斋年谱》),言论契合,遂定交为友。萧德藻淡于功名,无意

---

[1]《进退格寄张功父姜尧章》《谢张功父送近诗集》《诚斋集》卷四十一、卷三十九。

做官。光宗朝，广西提点刑狱缺员，杨万里曾推荐他担任，宰相王淮说："我深知萧东夫的性格，我曾请他作杭州太守，他称病不就，不必说更远的广西了。"绍熙二年，萧德藻既丧妻又失去儿子，既贫且病，但仍苦吟不辍，后来曾一度回到福州，任福建安抚司参议的闲职，卒年不详。

萧德藻著有《千岩择稿》七卷，死后由杨万里作序刊行（元代时诗版本在永州被毁）。清人郑方坤《全闽诗话》收录有《古梅》（二首）、《采莲曲》（二首）、《次韵傅唯肖》《登岳阳楼》《虞美人草》《詹公祠》《樵夫》等九首和一些零句。元人方回在《瀛奎律髓》中云："如果萧不早死，即杨万里犹出其下。"杨万里《淳熙荐士录》中说他："文学甚古，气节甚高，其志常欲有为，其进未尝苟合。老而不遇，士者屈之。"说"近世诗人若范石湖之清新，尤梁溪之平淡，陆放翁之敷腴，萧千岩之工致，余所畏也"（《千岩择稿》序）。元人方回评萧德藻诗时说："其诗苦硬顿挫，而极其工。"（《瀛奎律髓》卷六《次韵傅惟肖》诗末评语）近代诗人陈衍评云："梅花诗之工，至此可叹观止，非林和靖所能想到"（《宋诗精华录》）。萧德藻的诗，用字造句都立意新奇，诗风古硬顿挫而有深致，不落俗套，乐雷发《书萧千岩集》评其诗风为"古似洞庭张雅乐，严如即墨敛残兵"（《雪矶丛稿》）。大词家姜夔（字尧章，号白石道人，江西鄱阳人）是萧德藻的侄女婿，他对萧德藻怀有知己之感，他有好几首词，如《一萼红》《惜红衣》等，都是为纪念萧德藻而作的。

萧德藻还是一个诙谐的传奇寓言作家，他写的《吴五百传》（赵与时《宾退录》卷六）说：昔时有一个疯僧，本是淮右（今安徽西部）人，旅居吴郡（今苏州市），每天在街上醉酒打人，县官将他抓起来，派一个姓吴的"五百"（五百是古代差役的别称），押解他回原籍。吴五百每天凶狠地打骂他，天未明，即促他从旅舍动身上道。有一天行至奔牛埭地方，二人夜住旅馆，僧用酒灌醉了五百，把五百头发剃光，再将自己的刑械加在五百身上，互换了衣服，破墙而逃。次早，五百醒来，不见了疯僧，墙壁已破，惊觉和尚已经逃走了。低头却看自己身上的刑衣、刑具，又摸到了自己的光头，不禁大

呼道："咦！和尚却在这里，可是我到哪里去了呀？"萧德藻在传后评语说："世之失我者，岂独吴五百哉？"他这个寓言，寓深刻的哲理于讽刺之中，在中国笑林里开辟出一个新类型，后世人便转相摹仿，如耿天台全书《杂俎·彻蔀编》、蒲松龄《聊斋志异·成仙》以及民间传说的"张冠李戴"之类，都是由《吴五百传》演变而来。（刘传标）

谢　翱

谢翱（1249—1295年），字皋羽，一字皋父，号宋累，又号"晞发子"。南宋爱国诗人，原籍福建路福州长溪县治后街（今霞浦县松城镇万贤街）人，后徙建宁府浦城县（今属南平市浦城县）。生于淳祐九年十月十五日。其父谢钥是闽东经学名家，尤精于《春秋》之学，著有《春秋衍义》《左氏辨证》。少年时曾随父迁徙浦城生活。

咸淳元年，谢翱赴临安参加进士科考不中，作《宋祖铙歌鼓吹曲》12篇和《宋骑吹曲》10篇，被太常寺采作朝廷乐曲，元代文学家吴莱称赞其诗"文句炫煌，音韵雄壮"，可与柳宗元媲美。

宋恭宗德祐二年正月，元兵攻陷临安。五月，宋端宗在福州即位，改元景炎。七月，右丞相文天祥改任枢密使、同都督诸路兵马，传檄各州、郡，举兵勤王。谢翱献出全部家产，并招募乡兵数百人，到南剑州（今南平）投奔文天祥，被委为谘议参军。翌年，元兵由浙入闽，谢翱跟随文天祥抗击元军，转战于闽西龙岩、广东梅县（今梅州市梅县区）、江西会昌等地。文天祥兵败撤退，在赣州章水上与谢翱握别时，曾赠他一方端砚。不久，元军占领江西，谢翱离开赣州，潜回祖籍浦城务农。辗转于浙东永嘉、括苍、鄞、越、婺、睦州等地，与方凤、吴思齐、邓牧等结"月泉吟社"，成立"汐社"，主持"江源讲经社"。

至元二十七年，谢翱登严子陵钓台（在今浙江富春江畔），设灵牌祭奠哭拜，作招魂词曰："魂朝往兮何极，暮来归兮关水黑，化为朱鸟兮有味焉食。"为文天祥招魂，歌罢，竹石俱碎，听者为之悲伤。后在严子陵钓台南边唐诗人方干旧隐居处买了一块地，嘱咐生徒：死后必葬

我于此！还作《许剑录》，寓以身许宋、净土埋忠魂之意。同时，谢翱还写下著名的《登西台恸哭记》散文，同时期所作《哭所知》《西台哭所思》《哭广信谢公》等诗，都是哀悼故国和亡友的泣血吞声之作。

元贞元年十一月初十日丑时谢翱因肺疾复发，于桐庐西山刘氏妈宅离世，年仅47岁，临终前，嘱咐刘氏妈："吾去乡远，交游惟方凤、吴思齐等人最亲，可收吾文吾骨授之，葬吾必于许剑之地。"离世时好友和门生多人前来吊唁。由于浙江友人认为谢翱无后，门徒吴贵于月泉书院建祠祀之，祠曰"晞发处士"。其友方凤、吴思齐等人遵照谢翱生前的嘱托，于次年正月二十八日丁酉，将公移葬严子陵钓台的南面白云源（浙江省桐庐县城南15公里的富春山麓），以文稿殉葬，并在墓前修建"许剑亭"以作永久纪念。亭的左侧，立着一块青石碑，碑文写着"粤谢翱之墓"。同年吴谦作《谢君翱圹志》以示纪念。

谢翱诗、文、词俱工，而诗的成就尤为突出。其诗重苦思锤炼，既屈蟠沉郁又激越雄迈，善于曲折达意，时造新境。在宋元文坛上卓然自成一家，作品语言古朴，情感凝重，意境精深，形成悲凉沉郁的独特风格。其诗作深刻反映重大的政治时事，拓展了诗歌的表现领域；在艺术手法和章法格局上，博取李贺、贾岛、孟郊、张籍诸家之长，又能进行创新，使之独具一格。如打破绝句独立自守的藩篱，采用绝句组诗来曲折叙事和倾诉积愤哀思的手法，深得时人称颂。谢翱的诗影响深远，《四库全书总目提要》称"南宋之末，文体卑弱，独翱诗文桀骜有奇气"。明代文学家宋濂赞谢翱的诗文精致奇峭，有唐之遗风。明代杨慎评价道："其学李贺歌诗，入其室不蹈其语，比之杨铁崖（维桢）盖十倍矣（指学习李贺诗的成就）。其仿孟郊体……郊岛亦不能过也。"近代台湾诗人丘逢甲曾写道："月泉诗卷凭谁定？还待当时晞发人。遥忆参军谢皋羽，西台朱鸟独伤神"，勉励台湾进步诗人继承谢翱的爱国诗风。

著有《西台恸哭记》《天地间集》《晞发集》10卷和《晞发遗集》2卷，《晞发遗集补》1卷、《浦阳先民传》等。（张慧）

许　将

许将（1037—1111年），字冲元。北宋福建路福州闽清县文定村人，生于福州城东虎园（今晋安区鼓山镇），晚年居长乐县梅花镇。宋仁宗嘉祐八年考中进士第一名（状元），初授昭庆军判官，任期满后擢任试馆职，许将因"愿出为地方官，读所未见书"，改任两浙路明州通判。熙宁四年，王安石变法，大量重用年轻官员。许将被召回朝廷，任命为集贤院校理。后神宗破格擢升为太常寺右正言，第二天入值舍人院，第三天判流内铨。三天内连提数级，举朝荣之。许将上任后即行改革，使事权专归考功司，不久又进知制诰。

熙宁七年，契丹以20万大兵逼代州（今山西省雁门县，契丹与宋朝定期谈判地点），并派使者前来要求宋朝皇帝割让代州。契丹如同虎狼、势力强大，一时朝中无人敢出使辽邦。许将挺身而出，自荐愿去北上谈判。朝廷命许将北上为使，与契丹谈判。许将阅读大量资料，广博闻记，做好充分准备。谈判中，舌战对方，随问随答，对答如流，弄得对方瞠目结舌，终于谈判成功，免遭外患。

回到汴京，许将受到神宗皇帝的特别嘉奖，提拔为兵部尚书。元丰二年，许将进翰林学士、权知开封府。但在审太学生虞蕃告学官一案时，惹怒宰相蔡确，被贬为悻州知州。

哲宗即位，宣仁太后（安徽蒙城人）垂帘主政，引北方大士族代表韩缜（韩绛弟）为右相，并用韩缜两个侄子为列卿，与蔡确相抗衡。蔡确在担任神宗的山陵使时，灵车出发的前天晚上，他不在外住宿，在路上又不侍从。回来后，还不请罪。御史刘挚、王岩叟接连弹劾蔡确。接着，保守派陆续返朝廷，司马光、吕公著被任用后，要全面废除新法。蔡确不让，把责任都揽到自己身上，说那是自己建议实行的。终单拳难敌众手，元祐元年闰二月，被罢为观文殿学士、知陈州（今河南省周口市淮阳县）。元祐三年，许将奉召回京任翰林学士、充开封府知府。次年，官拜尚书右丞（副宰相）。不久，又贬为蕲州知州。

绍圣初年，许将又因政绩突出，回京做了吏部尚书。徽宗崇宁元年，许将进门下侍郎

（左副宰相）。同年，蔡京爬上宰相权位。第二年，许将被排挤出去。崇宁元年，鄯、廓州抚定。许将收复河、湟，因此加"特进"。

哲宗死后，徽宗即位，御史中丞朱谔找到许将过去章表中某些语句，诬为诽谤朝政。徽宗将其贬为保留资政殿大学士到颍昌府（今河南许昌）任知府。朱谔又进谗言，徽宗又免除资政殿大学士，又迁任大名知府。在大名六年，多次告老，被召为祐神观使。

政和元年，许将病逝于长乐梅花，享年75岁。赠开府仪同三司，谥"文定"。徽宗皇帝亲书墓表"两朝弼亮、翊赞良臣"，葬在长乐梅花。著有《许文定集》（今已佚）。

许将善填词，《全宋词》收录他的词作《惜黄花》《临江仙》两首。许将是一位书法家，他临摹《兰亭集序》，今宁波天一阁藏书楼名人厅中。

宋名臣李纲曾提起许将，景仰之情溢于言表："文定许公，当仁庙嘉祐中廷对，为天下第一。历事五朝，逾四十载，入位丞弼，出拥节旄，其勋业、行义、经术、文章皆兼备之，为当世之所瞻仰。"为纪念这位文武双全的宋代名臣，史载嘉祐八年在福州东街为立状元坊；城东门唐左通衢，宋改凤池坊，亦为许将故。今福州五一路状元境亦因许将而得名。（黄洁琼）

严　羽

严羽，字丹丘，一字仪卿，自号"沧浪逋客"，世称"严沧浪"。南宋著名文学评论家、诗论家、诗人。南宋福建路邵武军莒溪（今邵武市拿口镇严坊村）人，约生于1192—1197年间，约卒于1245年以后。早年就学于邵武邻县光泽县学教授包恢门下，嘉定六年，严羽离开家乡邵武，至江西南城包恢之父包扬（先后受学于陆九渊和朱熹）门下求学深造。三年后包扬去世，严羽辞别师门，开始了长达七年左右时间的客游经历。一生未曾出仕，大半隐居在家乡，与同宗严仁（字次山）、严参（字少鲁）齐名，称"三严"；又与严肃、严参等8人，合称"九严"。

嘉定十六年，严羽由江西临川返回家乡。绍定二年十二月，福建路汀州爆发晏梦彪率领的农民起义，严羽被迫离家避乱，漂泊于江西浔阳、南昌等地。绍定三年冬末，严羽第二次返乡。绍定五年，江湖派著名诗人戴复古任邵武府学教授，以严羽为代表的邵武青年才俊们的诗社活动因之更加活跃，严羽、李友山诸人也与戴复古结下了友情。

嘉熙二年春，严羽第三次离开家乡，在吴中（今江苏吴县）、临安（今杭州）、钱塘和桐庐（今杭州附近）、瓜步镇（在今江苏六合县）等地游历，约在嘉熙四年冬末返乡，先隐居在邵武城郊，后移居城外东潭山。淳祐五年秋，元军入侵、国势垂危，文天祥镇守南平，严羽以其年迈之躯离家投军，他坚守"丈夫儿富贵等浮云，看名节"的信条，诗歌中也不乏流露爱国思想，如《四方行》《有感六首》《北伐行》等。戴复古称其"飘零忧国杜陵老，感遇伤时陈子昂"。

抗元彻底失败后，他避隐民间，不知所终。

严羽为朱熹的二传弟子，深受朱熹理学思想影响，其诗论与朱熹的诗论，从思想观点到审美意趣，多有类似。二者同受径山宗杲派禅宗思想影响，严羽的"以禅喻诗"与朱熹的"援佛入儒"有异曲同工之妙。严羽反对苏轼、黄庭坚的诗风，同时批评"四灵派"和"江湖派"。严羽作为宋代美学思潮的一个维度，在审美评价方面独树一帜。

严羽最重要的成就在于诗歌理论，著有《沧浪诗话》，约写成于南宋理宗绍定、淳祐年间。全书由《诗辨》《诗体》《诗法》《诗评》《考证》五个部分组成。全书以《诗辨》为核心，是宋代最负盛名的诗歌理论著作，他将禅宗修行的宗教思维和诗歌创作的审美思维合二为一，立足于"吟咏性情"的基本性质，突出系统性与理论性，强调诗歌创作的形象思维和艺术性，以及由此对人心的感发，不涉及诗与儒学的关系及其在政治、教化方面的功能，这与理学家的文学观恰成对立。《福建文苑传》以"扫除美刺，独任性灵"总括严氏诗论。开创了新的诗学理论体系，是对后世影响最大的一部诗歌理论著作，因而严羽被誉为宋、元、明、清四朝诗话第一人。

严羽创作了大量的诗歌，其诗集《沧浪先生吟卷》（又名《沧浪吟》《沧浪集》）二卷，共收入古近体诗146首。他被誉为宋、元、明、清四朝诗话第一人。直接指导了一批文坛后进，从而形成了一个诗派。

严羽在诗歌理论方面贡献卓越，严羽启迪了元代诗人，影响覆盖了明代文艺理论界，影响了明代著名文学批评家高棅和明代中后期的前后七子。这是任何其他理论家都不曾有过的殊荣。《四库全书总目》说他的创作"志在天宝以前，而格实不能超大历之上"，"止能摹王孟之余响，不能追李杜之巨观也"。（黄艳平）

杨　时

杨时（1053—1135年），字行可，后改字"中立"，世居将乐县龟山，自号"龟山"。北宋哲学家、文学家、官吏。北宋福建路南剑州将乐县西镛州龙池团（今明溪县瀚仙镇龙湖村）。生于北宋仁宗皇祐五年十一月二十五日。幼颖异，能属文，稍长潜心经史，人称神童。15岁离家赴邵武读书。21岁在将乐含云寺讲学。常与张驾、陈瓘和杨希旦等研讨。北宋熙宁九年登徐铎榜进士，授福建路汀州司户参军，因疾病不能赴任。时理学家程颢任扶沟县知县，杨时与建州建阳县（今建阳麻沙镇长坪村）人游酢一起赴扶沟县拜程颢为师，研习理学（至元丰八年程颢去世）。

元丰四年，杨时任京东西路徐州司法，元丰六年，杨时转任虔州推官。后又投于洛阳学者程颢门下。元祐八年（1093年），杨时任湖南路浏阳知县，赴浏阳知县途中，与游酢结伴绕道洛阳到伊川书院，以师礼拜见程颐。因程颐午睡，为不惊动程颐，两人站在门廊外等候。待程颐醒来，见门外两人站立，且地面积雪一尺多厚，留下"程门立雪"的故事，成为尊师重道的千古佳话。

绍圣二年，浏阳适逢灾害深重，农业歉收。杨时一面上奏灾情，请求减免积欠，拨米赈饥；一面组织当地殷实户出米施粥，以救饥民。后因被朝廷派驻潭州（今长沙），漕师胡师文颠倒是非，以"不催积欠罪"免了官职。

崇宁五年，杨时在余杭县任知县。当朝太师蔡京听信风水先生的胡言，以"便民"为借口，要在余杭其母墓前开塘蓄水，民怨载道。杨时深入实地调查勘察，为民奏请，取消这一工程。

政和二年，杨时在萧山任知县，适逢旱灾。杨时亲自实地勘察，决定筑湖蓄水灌溉农田，根治旱害。湖建成后，可灌9个乡的农田，受益面积14万亩。今日萧山的"湘湖"，农田仍受其惠。

宣和六年十月，在理学界声望日重已72岁的杨时奉召入京任秘书郎，后历任著作郎、国子祭酒、给事中、直学士、工部侍郎等官职。

建炎二年，杨时已76岁，他以年老多病告老还乡。高宗授他龙图阁直学士，提举杭州洞霄宫，赐对衣、金带、紫金鱼袋、官绢200匹、白银300两以养余年。杨时坚辞不受，只恳求："乞惠于八闽山无米，地无租。"闽人十分感激他。

南宋绍兴五年四月二十四日，杨时逝世，享年82岁。十月二十二日葬于将乐县城水南。宋高宗赐"左太中大夫"，谥"文靖"，加封"太师"。绍兴十二年追封为"吴国公"。明朝弘治八年在龙湖建有"德星坊""杨龟山先生故里"石雕牌坊（石牌坊字刻，今珍藏将乐县博物馆）；孝宗赐为"将乐伯"，从祀孔子庙庭。

著有《杨龟山先生集》42卷、《龟山语录》《二程粹言》《春秋孟子义校正》《曾肇行述》等。

杨时是理学中客观唯心主义的主要中介人物。杨时的哲学思想源于程颢、程颐，以儒家的封建伦理道德为核心，吸取佛、道两家的部分主张，是儒、道、佛合流的产物。杨在自然哲学方面是唯物论者；在精神哲学方面却是唯心论者。他的哲学主张主要是："致知必先于格物。"他对程氏"理一分殊"也有所发挥。他说："天下万物，理一分殊，知其'理一'，所以为仁，知其'分殊'，所以为义，权其分之轻重无铢分之差则精矣。"

杨时曾在今镇江、常州、无锡、余杭等地著书讲学，各地学者慕名而至。杨时的闽学"其上接濂洛之传，下开罗（豫章）、李（延平）、朱（考亭）之绪"，使理学有较大的发展，并由中原传播到八闽和东南亚各地。因此，被后人尊称为"闽学鼻祖"。在当时的高丽国、日本及东南亚各国都享有一定的声誉。

杨时同游酢、吕大临、谢良佐并称程门四大弟子。杨时学成后回到南方继续潜心研究和传播程氏理学，将"二程"洛学传播至八闽各地及东南亚各国，为闽学及其思想体系的形成打下了坚实基础。杨时又与罗从彦、李侗并称为"南剑三先生"。

杨时的哲学思想以儒家的封建伦理道德为核心，融合佛、道思想，主张道德教化与刑政法治并施来管理国家。杨时在自然哲学方面是唯物论者，强调"格物致知"，向外求索；在精神哲学方面却是唯心论者，继承程颢的思维路向，将"格物致知"落实在"反身而诚"之上，通向内向的直觉体验，这是杨时为学之方的最大特色，影响着日后陆九渊、王阳明等人的心学阐发。

杨时终生致力于传道讲学，提倡理学振兴宋代教育。杨时在福建一传罗从彦，再传李延平，三传朱晦翁，"杨罗李朱"并称"延平四贤"。朱熹集儒学之大成，建立博大精深的考亭学派，使福建成为理学研究的中心。宋元时代素有"中原文献十有九在闽"，"朱子门人半天下"之说，而杨时则被尊成"道南第一人"。杨时把理学"天理人欲"问题延伸至教育领域，通过道德教育和修养，克服人性的弱点。

杨时将理学思想与书院教育紧密相连。宋徽宗政和四年起，杨时寓毗陵，创立"东林书院"，在此讲学达 18 年之久，宣扬洛学，弟子千余人，被称为"南渡洛学大宗"。杨时提倡德育与智育结合，强调"学者学圣贤之所为也，欲为圣贤之所为，须向圣贤所得之道"，"古之欲明德于天下必先致知"，"欲致知非学不能"。从宋代开始，东林书院是传播理学思想的重要讲所，到明代已成为"东林学派的发源地"。

他的哲学思想深刻地影响着罗从彦、李侗、朱熹等人，也对我国古代思辨哲学以及当时的高丽国和日本产生过深远的影响。

杨时一生作诗近千首，今存 247 首，主要收集在《杨龟山先生集》中。其文风既表现理学的道德主张和高尚品格："正乎礼义""所思无邪"；又体现了其美学追求，平淡纯真："山衔幽径碧如环，一壑风烟自往还。不似武陵流水出，残红那得到人间。"（黄艳平）

杨 亿

杨亿（974—1020 年），字大年。北宋福建路建州浦城县长乐里（今浦城县仙阳镇）人。年少时便立"愿秉清忠节，终身立圣朝"之志。太宗赏其才华，授秘书省正字。

北宋淳化三年，杨亿改任太常寺奉礼郎，仍令读书秘阁。献《二京赋》，命试翰林，赐进士及第，迁光禄寺丞。

至道三年三月，宋太宗赵光义驾崩，太子赵恒继位（宋真宗），杨亿任左正言，参与纂修《太宗实录》，书成，乞外放，任处州知州。真宗召其还都，拜左司谏、知制诰，赐金紫。

景德元年，以家贫，乞典郡江左，诏令知通进、银台司兼门下封驳事。

景德三年，任翰林学士兼史馆修撰判史馆，会修大型类书《册府元龟》。虽由王钦若领衔修纂，但总其成的是杨亿，序体例皆也为杨亿所定，每个"部"的"总序"和"小序"都经过杨亿的"润色改定"，被称为"振宋初文运"的杰作。

大中祥符元年，加兵部员外郎、户部郎中。祥符五年，杨亿因久疾，诏免朝直。祥符七年，任汝州知州。随即召还，任参详仪制副使，礼仪院同知，判秘阁、太常寺。

天禧二年冬，拜工部侍郎。明年，权同知贡举，坐考较差谬，降授秘书监。

天禧三年复起用，复任工部侍郎。天禧四年，复为翰林学士，受诏注释御集又兼史馆修撰、判馆事，权景灵宫副使。十二月十七日，病逝，终年 47 岁。谥号为"文"。

杨亿以骈文名世，著作多佚，今存《武夷新集》20 卷（诗五卷、杂文十五卷）、《浦城遗书》《摘藻堂四库全书萃要》《杨文公谈苑》15 卷，记述平生见闻、民情风俗、里巷琐事，有文学史料价值，但原书已佚。

杨亿在编修《册府元龟》时，与同僚刘筠、钱惟演等唱和，开创五言、七言律诗为主的"西昆体"（诗歌重雕琢用典，铺陈辞藻，讲究声律）。"西昆体"是以杨亿为代表一个诗歌流派，在北宋诗坛统治近半个世纪。（黄洁琼）

游 酢

游酢（1053—1123 年），字子通，改字定夫，号豸山，又称"广平先生"，学者称"廌山先生"。北宋福建路建州建安县（今建阳市麻沙镇长坪村）人。北宋书法家、理学家。师从大理学家程颢、程颐，尽得二程理学的真谛，成为程门四大弟子之"大弟子"。

元丰五年，登壬戌科进士第，历任越州萧山县（今属浙江）县尉、太学录、太学博士、河清县令、颍昌府府学教授、太常博士、齐州（今属山东）判官、泉州签判、监察御史、和州（今属安徽）知州、南京（商丘）鸿庆宫宫观、汉阳军知军、安徽舒州知州、濠州知州。宣和二年，因属官违法而受到牵连，被罢濠州知州，寓居和州含山县（今属安徽省）。宣和五年五月二十三日病逝于寓所，终年71年。葬含山县车辕岭，追封朝奉大夫、赠大中大夫，谥号"文肃"。

著有《明道先生语录》《中庸义》《易说》《诗二南义》《论语·孟子杂解》《文集》各一卷。

《明道先生语录》，将程颢平时的言行记录整理成书，并将二程理学传于福建，被尊称为"道南儒宗"，为闽学的创始人，誉为"闽学鼻祖"。游酢的学生中著名的有黄中、胡文定、胡宪、吕东莱等人。朱熹是黄中的学生，朱熹是游酢的三传弟子。朱熹深受游酢理学思想之影响，朱熹在其《四书集注》中引用了许多游酢语录。朱熹整理的《程氏遗书》《伊洛渊源》等书，都采用了游酢整理的史料。

游酢书法艺术造诣很高，与宋"苏、黄、米、蔡"四大名家齐名，其草书被尊称"游体"，清朝编入《草字汇》，称其"草圣"，部分书法拓片今存南平市博物馆。

游酢的诗论是我国古代儒学、理学家的文学观的一个缩影。

福州乌山建"九贤祠"奉祀游酢、杨时、胡安国、罗从彦、李侗、蔡元定、蔡沉、黄榦、真德秀等9位著名学者。（刘传标）

袁 枢

袁枢（1131—1205年），字机仲。南宋福建路延平府建安县（今建瓯市）人，生于绍兴元年，5岁入乡塾读书，8岁时曾在屏间题诗："泰山一叶轻，沧浪一滴水。我观天地间，何啻犹一指。"表现其童稚时的天赋和非凡抱负。绍兴十七年，到临安（今杭州）入太学。曾参加国子监考试，所写《修身为弓赋》，深得太学录周必大和刘珙的赏识。袁枢在太学共9年，业满后离开。

隆兴元年，袁枢参加礼部考试，获词赋第一，登进士第，授温州判官。不久，调任福建路兴化军教授。为人刚毅正直，忠君忧国。乾道七年，任礼部试官、太学录时，曾连上三疏："一论开言路以养忠孝之气；二论规恢复当图万全；三论士大夫多虚诞，侥荣利。"指出当时言路不开、偏安江南思想严重和结党营私成风的弊端，得到孝宗嘉纳。同年，孝宗任外戚、佞臣张说为签书枢密院事，朝议哗然，袁枢与杨万里等愤激诤谏，迫使孝宗改任张说为安庆节度使、提举万寿观。乾道九年，袁枢出任严州教授。

袁枢平素喜读司马光的《资治通鉴》，但"苦其浩博"，且编年记述，"年不一事，事不一人。一事而隔越数卷，首尾难稽"；纪传体史书彼此错陈。"一事而复见数篇，宾主莫辨"。袁枢自出新意，将纪传、编年贯通为一。开创纪事本末体裁。求得"一事之本末，原始而要终"。大大方便读者。淳熙元年，袁枢在严州教授任内。编纂完成中国第一部纪事本末体史学巨著——《通鉴纪事本末》。此书一经脱稿，便刊行于世。参知政事龚茂良认为此书"有补治道"，把它推荐给孝宗。孝宗读而嘉叹，将书分赐给皇太子和江上诸帅，沿江各将帅，而且命令他们熟读，说："治国的方法都在这里。"袁枢的史德也受时人称道。任国史院编修官时，负责分纂国史列传。章惇的家属以同乡关系请求袁枢为《章惇传》文饰，遭严词拒绝。当时宰相赵雄总管修史的事，见之叹曰："无愧古良史。"为此，袁枢调任宗正寺主簿、太府丞兼国史院编修官，负责国史传记。

在宋金对峙时，袁枢始终坚持抗金立场。淳熙五年，在太府丞任上，针对孝宗虚张北伐声势，上疏规劝。时曾觌、王抃、甘昇3人在朝结党擅专，恣意进退大臣，造成国事不振，袁枢曾疏劝孝宗，不要轻听左右毁誉，应广开言路。淳熙七年，袁枢代理工部郎官兼吏部郎官，奉命视察真、扬、庐、和四州灾情，发现前线军事部署失当，"徒知备江，不知保淮，置重兵于江南，委空城于淮上"，便积极建议应把军事重点放在两淮。指出："两淮坚固，则长江可守。"视察中，还发现"豪强之户，冒耕包占"情况严重，于是请求孝宗下诏："州县画疆立券，占田多而输课少者，随亩增多；其余闲田，给与佃人，庶几流民有可耕之地，而田莱不至多荒。"提出解决流民问题、稳定社会秩序的好办法。不久，袁枢迁任军器少监，提举江东常平茶盐。淳熙十三年，改知处州，曾上朝奏事，指出朝中朋党相附、大臣权重、言路壅塞等纲纪不正现象。淳熙十四年，升任吏部员外郎，调任大理少卿。时通州百姓高氏因为产业的事被关进大理狱，殿中侍御史冷世光接受巨额贿赂偏斜包庇高氏，袁枢原原本本地把事情报告皇帝。皇帝生气，立即罢免了冷世光。以朝臣弹劾御史，实自袁枢开始。不久，袁枢代理工部侍郎兼国子监祭酒。因监察御史陈贾以宿怨弹劾，袁枢被贬官两级。淳熙十六年，光宗继位后，袁枢恢复原官，提举太平兴国宫。

绍熙五年，任常德府知府。同年，宁宗即位，升任右文殿修撰。庆元二年，出知江陵府。江陵地处长江边上，年年遭受洪水灾害。为解救民众疾苦，袁枢将部分民众迁到楚国的旧城楚观，筑屋以居，并种树数万株，维护堤岸，深得当地民众的拥戴。但因韩侂胄当权，排斥朱熹理学，袁枢受牵连，被劾罢职，提举太平兴国宫。

袁枢晚年在家乡隐居，常邀朋友饮酒赋诗，与杨万里、朱熹等都有书札往来，研讨《易经》，探究哲理。最后10年中，写下《学易索隐》《易传解义》《周易辨异》《易童子问》等书。

开禧元年去世，享年75岁。

《通鉴纪事本末》是中国第一部以历史事件为纲的纪事本末体裁史书，具有以前史书所不及的长处：一是将重要史实按次序分别立目，独立成篇，起讫了然，材料集中，阅读方便，可补编年史记事中时间隔越和纪传史材料彼此错陈之不足；二是把浩繁的历史事件加以整理，弄清了历史事件的来龙去脉、前因后果；三是把治乱兴亡的政治现象系统化、故事化，增加

了人们读史的整体概念。对于军事、政治，如历代政权更迭、政争、国内外战争、农民起义、民族斗争等事记载较为详尽，历代都视之为重要的史书之一，在中国史学领域有重要影响。

这部著作的发凡起例，有独创性，从此，除以岁月为中心的编年体和以人物为中心的纪传体史书之外，又增添了一种以历史事件为中心的史书新体例。用清代史学大家章学诚的话说，是"文省于纪传，事豁于编年"，是一种很好的体裁，对后世的历史编纂颇有影响。（黄洁琼）

曾公亮

曾公亮（999—1078年），字明仲，号乐正。北宋福建路泉州晋江县人，北宋著名政治家、军事家、思想家，昭勋阁二十四功臣之一。

天圣二年，登进士第，历官参知政事、枢密使、同中书门下平章事、司空兼侍中等，封鲁国公。宋仁宗康定元年，承旨与丁度一同编撰《武经总要》。

《武经总要》43卷，分为前后两集：前集22卷，记载中国军事制度、军事组织、选将用兵、阵法、山川地理等军事理论和规则；后集21卷，前半部分介绍古今战例，后半部分介绍阴阳占卜等。该书是中国第一部规模宏大的官修综合性军事著作，为中国古代第一部官方编纂的军事科学百科全书，在科学技术史上有重要意义，对于研究宋代以前的军事思想有重要价值。

《武经总要》大篇幅介绍了武器的制造，特别是最早记录的火药配方，加入"猛火油"（石油）附产品沥青，能有效控制火药燃烧速度，证明了中国人使用火药和火器要比欧洲人早3个世纪以上。

《武经总要》的北宋庆历四年版本，靖康之难毁于战火，南宋绍定年间重刻，明弘治、正德年间据南宋本重刻；另有明弘治十七年（1504年）李赞刻本；明金陵书林唐福春刻本；《四库全书》抄本；今人所编《兵书集成》根据明唐福春刻本影印。（张慧）

张元干

张元干（1091—1161年），字仲宗，号芦

川居士，又号真隐山人，晚年自称芦川老隐、芦川老人。北宋福建路福州长乐县昌化乡（今古槐镇）福州里人[①]，为张睦九世孙。

北宋徽宗政和元年，张元干随父到汴京（今河南开封市）入太学。政和七年，张元干任砀郡陈留县（今河南省开封市祥符区陈留镇）县丞。

宋钦宗靖康元年，金军分东、西两路南下攻宋。东路由完颜宗望领军攻燕京。西路由完颜宗翰领军直扑太原。东路金兵破燕京，渡过黄河，南下汴京（今河南开封），并包围汴京，趁势要求宋朝割让中山（今河北定县）、太原、河间三镇，又要赔偿黄金五百万两、白银五千万两，另外、牛马各一万匹、绢一万匹。钦宗面对如此苛刻条件，无奈先行答允，待金兵退却后就密诏中山、太原、河间三镇守将不要让金人接收，又联络西夏抗金。金人见钦宗失信，遂命大军再度南侵，强攻汴京。钦宗誓与金兵决一死战，亲自披甲登城。李纲任亲征行营使，负责京都防务。张元干上《却敌书》，被召为行营属官，随李纲打退金兵多次进攻。

靖康元年五月，李纲遭到宋廷投降派的排斥和诬陷，被罢宰相之职，为此张元干也离京南下。

靖康二年五月五日，康王赵构（宋高宗）在南京应天府（今河南商丘）建立南宋，改号"建炎"，张元干被召回朝，先后被任朝议大夫、将作少监、充抚谕使。

绍兴元年春，高宗偏安临安，主战派遭排挤，张元干辞官回闽，居三山（今福州）。绍兴二十五年十月二十二日晚秦桧病死，张元干获得平反出狱。出狱后，张元干到苏州，绍兴二十六年到临安，羁寓西湖之上。南宋绍兴三十一年，张元干客死异乡，后归葬长乐猴屿螺山。

张元干是北宋末年和南宋初年承前启后的重要词人，继承了苏轼开创的豪放派的词风，将词的内容更紧密地与现实斗争结合起来，开拓了词的境界，赋予词以新的生命，其词的题材和风

格，对后来的辛弃疾词派产生了重要影响。

著有《芦川归来集》10卷，凡百六十篇；《芦川词》2卷，计180余首。（张慧）

章得象

章得象（978—1048年），字希言。北宋福建路建州浦城县人，北宋著名政治家、诗人，福建史上第一位宰相。咸平五年登进士及第，授大理寺评事，擢玉山县知县，迁大理寺丞。宋真宗东封泰山时，章得象办治劳剧，以殿中丞签书、兖州观察判官事，知台州。历南雄州，徙洪州。宋真宗命近臣推荐才德兼备者奏闻，翰林学士刘筠、龙图阁直学士吕夷简、知制诰张师德等，联牍推荐章得象。经召试，被授职方员外郎，直史馆，入三司度支部为判官，历祠部郎中，改刑部曹，纠察在京刑狱。京西路水灾，章得象受命前往安抚。回来报称：因麦种被淹，收成无望，请减京畿夏、秋税，并贷粮度荒。郓、濮两州遭水灾的贫困农户，照例处理。

章得象自入仕途，历任州、县地方官近20年，因其为官清廉，兴修水利，灌溉农田，深受百姓爱戴。

后以兵部郎中试中书，进知制诰，入为翰林学士。时，章献太后当政，宦官恃势骄横，众官趋炎附势，唯有他刚直不阿，受到宋仁宗赏识。

天圣四年，章得象迁翰林学士承旨。章得象勤政为民，以至在翰林院任上遇亲长去世，皇帝竟下诏"夺服"，不准请假回乡守丧。

景佑三年，升同知枢密院事、户部侍郎。

宝元元年，拜同中书门下平章事。在任八年"宗党亲戚一切抑而不进，时称简重之相"，其五子"皆以学自立"，获得官职。

庆历五年，以检校太傅、同平章事为镇安军节度使。

宋仁宗锐意天下事，进用韩琦、范仲淹、富弼，使同章得象经画当世急务。范仲淹提出明黜陟，抑侥幸，精贡举，择官长，均公田，厚农桑，修武备，减徭役，覃恩信，重命令。章得象无所建言，御史孙抗数言之，章得象居位自若。既而十次上疏请求罢免，宋仁宗不得已，允许。

---

① 《四库全书》集部辑要："周必大'跋其送胡铨词'称长乐张元干。淮阳王浚明'跋其幽岩尊祖录'，则称永福张仲宗。皆宋人之词，莫详孰是也'。"《辞海·张元干条》：张元干是长乐人。

朝廷欲加章得象中书侍郎兼工部尚书，章得象辞所加官。又与吕夷简共议，阅良家子补完虚籍，益市马充车骑，都被纳用。

西夏人散布谣言，制造摩擦，章得象暗地里派人潜往，弄清情况，挫败阴谋。不久，吕夷简因病免官，章得象兼任工部尚书。

庆历七年，进封郇国公。

庆历八年，判河南府，守司空致仕。同年病逝，真宗特地亲临祭奠，追赠太尉兼侍中，谥号"文宪"。皇祐年间，改谥"文简"。

著有《章文简公诗集》。章得象偏好选取寺庙庭院等意象入诗，"融禅入理"，抒发饱含禅意的人生体会，对后来宋诗的发展起到推进作用。（黄洁琼）

章　惇

章惇（1035—1105年），字子厚。北宋福建路建州浦城县（今南平市浦城县）人。北宋杰出的政治家、军事家、改革家、书法家、诗人。嘉祐二年登进士及第，因耻于居其侄章衡（该榜状元）之下，拒不受敕。嘉祐四年，章惇再次参加科举考试，进士及第，名列第一甲第五名，开封府试第一名。历商洛（陕西省商洛市）县令、雄武军（甘肃省天水市秦州区）节度推官。

治平三年，章惇受到参知政事欧阳修的赏识和推荐，召试馆职，考试合格，却遭到知制诰王陶攻击，未任馆职，知武进（江苏省常州市武进区）知县。

治平四年，章惇任著作佐郎，御史吕景、蒋之奇说章惇佻薄秽滥，向以擢第不高，辄丢敕诰于廷。所以不除馆职。

神宗即位，熙宁元年四月，宋神宗为摆脱宋王朝所面临的政治、经济危机以及辽、西夏不断侵扰的困境，召见王安石。王安石提出"治国之道，首先要确定革新方法"，勉励神宗效法尧舜，简明法制。神宗认同王安石的相关主张，熙宁二年王安石出任参知政事，开始实施变法，所行新法在财政方面有均输法、青苗法、市场法、免役法、方田均税法农田水利法；在军事方面有置将法、保甲法、保马法等。同时，改革科举制度，为推行新法培育人才。

王安石对章惇的才华十分赏识，让章惇进入集贤院，参与讨论、制订新法。二月，王安石设立制置三司条例司，任命章惇为编修三司条例官，加集贤殿校理、中书检正。监修国史，编撰实录。熙宁四年，章惇奉命分析渝州（重庆）夷事，并分析夔州路差役事务。

制置三司条例司撤销，章惇改任检正中书户房公事，兼详定编修三司令式，及诸司库务岁计条例，参与制定财政机构的法规。

章惇被派往邠州（今陕西彬县）调查处理案件，章惇沿途了解陕西推行雇役新法及其他情况。

章惇提出采取粮价低时，官府大量收购，以备时用；边境无事时，将军队移往丰收地区就粮，以解决军需，得到宋神宗的采纳。

熙宁五年，章惇拜两湖察访使，提点刑狱"经制南北江群蛮"，抚定峡州、夔州、辰州一带。

熙宁六年，章惇在荆湖北路建立屯田务，授泾原路经略安抚使、高阳关路经略安抚使。

熙宁七年，宋神宗命章惇就军械监置司，立专案，审查曾布所究市易事。九月，拜为三司使。

熙宁八年，王安石再次拜相。章惇出知湖州（浙江省湖州市）。

熙宁九年十月，硖州、辰州（湖南省沅陵县）、沅州（湖南省芷江侗族自治县）发生骚乱。朝廷任章惇为荆湖北路首府荆南（今湖北省荆州市）知府，兼提举本路兵马巡检，诏令亲自前往辰州和沅州，安抚叛蛮。率军平定了湖北、湖南等地之乱，统一西南。并加强军政建设，设置诚州（湖南省靖州苗族侗族自治县），改硖州为安江寨，富州为镇江寨。五月，朝廷改任章惇为杭州知州。没有到任，即被召回朝任翰林学士。因为母亲去世，辞官服丧。服除，历任判三馆秘阁、知审官院兼翰林学士。

元丰三年，章惇担任参知政事。

元丰五年，章惇被召任门下侍郎，为副相之首。

元丰八年，宋神宗病危时，有人企图策立神宗二弟雍王赵颢或四弟曹王赵頵。章惇与以宰相王珪为首的宰执们一起决议立宋神宗长子赵佣为皇太子，章惇写在纸上，王珪拿给已不能说话的宋神宗看，经神宗点头同意；请宋神宗母、皇太后高氏垂帘听政，宋神宗同意，太子赵佣（改名赵煦）即位。五月，章惇任知枢密院事。

元祐元年，章惇被监察御史王岩叟、朱光庭弹劾。

哲宗即位，高太后垂帘听政，以司马光为门下侍郎、宰相，企图全部罢废新法，举朝没有敢说话的人，他知枢密院事，与司马光力辩免役法不可废罢。章惇多次与司马光争论。

元祐元年，旧党辩论失败，利用台谏官，对章惇进行攻击，章惇被贬出朝任汝州（河南临汝）知州，改任杭州知州，重新担任汝州知州。十一月，章惇请求罢职，提举洞霄宫（浙江省杭州市余杭区道教宫观），不断受到攻击。因为父亲死亡，于是守丧，仍不断受到旧党攻击。

元祐八年，宋哲宗亲政。绍圣元年（1094年），章惇被启用为相。首先议论修复水利。乃诏即京、索、大源等河为之，以孙迥提举，重新命令兼提举汴河堤岸，改差役制为雇役制，章惇逐步恢复免役法、保甲法、青苗法等。在章惇主持下，以常平、免役、农田水利、保甲，类著其法，总为一书，定名为《常平、免役敕令》，颁行全国，熙宁新法基本恢复。

章惇追贬司马光、王珪，赠高遵裕为奉国军留后。再追贬吕公著、司马光，又责吕大防、刘挚、梁焘、范祖禹、刘安世等31人，或贬官夺恩，或居住安置，轻重有差。其彬州编管秦观，移送横州。

章惇主政，对西夏采取强硬政策，中止宋朝与西夏边界问题进行谈判的行动，断绝每年给西夏的岁赐。同时命陕西诸道数万宋军分兵五十余路进攻西夏。又在西夏东北边境集中了近七十万大军分兵三十路进攻西夏。这绝对是北宋对西夏作战的巅峰时刻，近百路大军同时进攻，三战三胜，一洗之前宋神宗五路伐夏的惨败。

经过此战后，西夏向北宋俯首称臣。

元符元年，边厮波结等以河州（今属甘肃省临夏回族自治州）、岷州（今属甘肃省岷县）、溪哥城（今属青海省贵德县）及吐蕃兵六千余人归顺宋朝，邈川诸酋相继亦求内附。章惇命王愍进攻吐蕃，吐蕃主陇拶出降。

元符三年，哲宗去世，向太后向章惇等宰相告知此讯后，认为应该早立储君。章惇起初想立简王赵似，但向太后坚持立端王赵佶，枢密使曾布、尚书左丞蔡卞、中书侍郎许将也都附议。章惇只得奉命召端王入宫。章惇见到端王后，说："端王轻佻，不可以君临天下。"但曾布厉声说："章惇，听皇太后安排。"储君之议才最终确定。端王赵佶继位，即宋徽宗，章惇请求向太后同权处分。

元符三年五月，徽宗以章惇为特进，封为申国公，拜山陵使。章惇请求去职，宋徽宗不允许。途中突遇大雨，宋哲宗灵车陷于泥沼。过了一宿，才走出来。言官弹劾章惇不恭。左正言陈瓘趁机请求罢免章惇，并进一步商议对他的刑罚。九月，章惇五次上表，请求免去政事，圣诏不允。章惇从小道出去，居于僧舍。第二天，再次上表，宋徽宗仍不允许，派中使跟随看管，章惇再次从小道出去。

建中靖国元年，谏官任伯雨八次上章弹劾章惇，宋徽宗不理。陈瓘、陈次升等人再次极言此事。任伯雨称章惇有谋反之心，轻视徽宗、想追废宣仁太后。于是，宋徽宗再贬章惇为雷州司户参军。其子章援上奏时，徽宗颇称其孝，略有哀怜之意。但经曾布请求，徽宗又下诏：章惇亲子孙，允许在外指定差遣，不得总是到京师及上章疏。

台谏丰稷、陈师锡、陈瓘多次弹劾章惇。于是，宋徽宗罢免章惇的特进，出授越州知州。陈瓘等人认为责罚太轻，再上章弹劾章惇，章惇贬为武昌军节度副使，于潭州安置。

崇宁元年，章惇调为舒州（今安徽省安庆市）团练副使，睦州（今浙江省杭州市淳安县）居住。

崇宁四年，移越州（今浙江省绍兴市）团练副使，迁湖州团练副使。同年十一月二十五日，章惇在贬所逝世，享年71岁，葬于浙江长兴九龙山（今浙江省长兴县）。

大观三年，恢复名誉特晋"申国公"。政和年间，重赠观文殿大学士、太师，追封魏国公。

绍兴五年，宋高宗纳任伯雨的谏章，下诏追贬章惇为昭化军节度副使，命其子孙永远不能在朝廷出仕。

章惇著有《章子厚内制集》等。

章惇博学多才，敢作敢为，性格豪迈而自负，同时又具有远见卓识，他无私无畏，忠于职守，率直敢于说真话。他廉洁自律，在相位多年"不肯以官爵私所亲"，他的四个儿子接连中第，可是除了三子章援曾在秘书省任过校书郎外，其余三个儿子都未任京官。（黄洁琼）

章有直

章有直（1006—1062年），字伯益。北宋福建路建宁军浦城县人，北宋著名音乐、绘画、篆刻、弈棋名家，时有"四章"之美誉。博通经史，精音乐，工篆书，能以篆笔作画，善绘龟蛇，不屑应举。族人章得象为相，欲以恩补官，辞之。皇祐三年召试，与杨南仲篆石经于国子监。仁宗嘉祐中，诏篆《石经》于太学，授将作监主簿，固辞不就。工玉箸篆，兼通相术，知音律，精弈棋，善画龟蛇，以篆笔作之。

王安石评章有直篆法"与李斯阳冰相上下"。他的字画名噪一时，世人争相购置珍藏。他的女儿章燕，继承家学，也工篆书，为时人所推崇。

嘉祐七年以疾卒于京师，终年57岁。

章友直善画，以篆笔为之，为当时一绝。米芾《画史》记载："章友直字伯益，善画龟蛇，以篆笔画，亦有意。又能以篆笔画棋盘，笔笔相似，其女并能之。"清代王毓贤《绘事备考》卷五称章友直的画："此种笔法从来未见讲求，而友直独能尽其盘珊屈伸之状。"

章友直是北宋篆书名家和画家，今传世遗迹有二：一为今藏北京故宫博物院的名画《步辇图》卷后他用篆书写的一则题记；其二为江西袁州"三绝碑"之题额"庆丰堂记"四字。跋阎立本《步辇图》，是迄今流传最早的篆书书法作品的墨迹，是章友直为唐《步辇图》写的跋语。他的篆书结构匀称，笔画匀圆婉转瘦劲，因为像筷子（箸），所以称玉箸篆。兼通相术，知音律，精弈棋，善画龟蛇，以篆笔作之。（张慧）

赵以夫

赵以夫（1189—1256年），原名"盖"、端明，字用甫，又书"用父"，号虚斋，自号云泉野客，晚年自号"芝山老人"。南宋著名词人。长乐县城关东隅芝山人。生于宋淳熙十六年闰五月癸亥辰时。宋室魏悼王赵廷美的第五子勋国公赵德钧七世孙，赵彦括第四子，十岁能文，博览经史和诸子百家。由门荫得官，嘉定二年任绍兴府诸暨县尉，嘉定四年任象州司户参军兼录事。嘉定十年考中吴潜榜进士，入淮东转运判官方罗致（字信孺）幕，嘉定十一年任湖北江陵府监利县令，嘉定十四年改任建昌军南丰县令，理宗宝庆元年升任西外睦宗院主管，绍定二年冬任福建路招捕司参议官，绍定四年任邵武军知军，绍定五年任漳州知州。端平元年升任江南西路常平茶盐公事提举，端平三年正月迁左曹郎官，十一月升任右曹郎官兼左司郎中，继以左司郎中兼中书门下省检正。嘉熙元年升左司郎中兼安边所提领，八月迁太府少卿兼左司郎中，十月升焕章阁枢密副都兼安边所提领，十一月以枢密副都兼右司郎中，十二月，以焕章阁枢密院副都兼国史院编修官、宝录院检讨官。嘉熙二年正月兼尚左郎官，二月迁宗正少卿兼安边所副提领，三月二十五日以朝奉大夫、宗正少卿兼枢密副都承旨、知庆元府，四月十九日擢集英殿修撰，七月充任右文殿修撰兼枢密院知事。嘉熙三年正月转朝散大夫，三月任庆元府知府兼沿海制置副使。嘉熙四年正月一日晋升太常少卿。淳祐元年三月任江州太平兴国宫提举。淳祐五年冬任建康府知府。时蒙古军围攻和州，赵以夫令三郡兵马协力支援，暗中劫敌人营寨，大获全胜，被封为东平郡开国侯，食邑一千四百户，赠送开府仪同三司。淳祐八年任刑部尚书兼侍读兼修玉牒。淳祐九年改任礼部尚书兼修玉牒。月余，改任吏部尚书、侍讲兼玉牒，理宗赐"用易堂虚斋东平艺文世家"十一大字。淳祐九年改任刑部尚书，淳祐十年再任吏部尚书，淳祐十一年十一月复任秘书省提举、光禄大夫，淳祐十二年任端明殿学士，宝祐二年（1254年）改知西外宗正事，宝祐三年秋因病辞职。宝祐四年丙辰二月甲申薨于里第，终年68岁。葬于县城善政乡城隍庙后山。

赵以夫居官四十余载，曾以御赐金帛颁将士，增筑寨屋，造多桨船，修缮器甲，为战守计，3次击败入侵的蒙古兵，颇有政声。且博学工书，善慢词，多为唱和咏物之作。词以工丽见长，婉转流美，含蓄蕴藉，多仿周邦彦、姜夔。如《扬州慢·琼花》《尾犯·重九和刘随如》《摸鱼儿·荷花归耕堂用时父韵》等，颇有姜夔意度。《贺新郎·次刘后村》《沁园春·自鄞归赋》等则受刘克庄影响，孤怀幽愤，情见乎辞。著有《诗传》《书传》《庄子解》、奏议、进故事、《易疏义》、杂著等，已佚。今存《易通》六卷，有《四库全书》本；《虚斋乐府》二卷，有清初钱氏述古堂影宋抄本。《全宋词》录存其词68首，《词综》录存其词八首。

赵以夫对慢词的偏好、对音律和语言的重视、对自度曲的推崇以及对词风含蓄蕴藉的追求，使得后人将其归之于时代比他稍早的姜夔门下。清汪森《词综序》曰："鄱阳姜夔出，句琢字炼，归于醇雅。于是史达祖、高观国羽翼之，张辑、吴文英师之于前，赵以夫、周密、陈允平、王沂孙、张炎、张效之于后。"陈廷焯《词坛丛话》亦云："白石词，如白云在空，随风变灭，独有千古。同时史达祖、高观国两家，直欲与白石并驱，然终让一步。他如张辑、吴文英、赵以夫、蒋捷、周密、陈允平、王沂孙诸家，各极其盛，然未有出白石之范围者。"

赵以夫的词字里行间，皆折射居庙堂之高却身处衰世的士大夫文人对个人身世的慨叹以及对时代的感怀。

赵以夫故居及其后花园"汴城"，位于长乐区东关太平桥芝山麓，今尚存。（李佳丽）

真德秀

真德秀（1178—1235年），本姓慎，因避孝宗讳改姓真。初字实夫，后更字景元，又更为希元，号"西山"。南宋福建路建宁府浦城县长乐里（今浦城县仙阳镇）人。南宋后期著名的理学家、大臣，学者称其为"西山先生""小朱子"。生于宋孝宗淳熙五年九月十五日。宋庆元五年，真德秀与岳父杨圭同登进士第，授南剑州（今南平）判官。开禧元年，真德秀又中博学宏词科，历任福州（今属福建）知府、福建路安抚使萧逵的幕僚，太学正、太学博士、礼部点检试卷官、秘书省正字兼任御试编排官兼玉牒所检讨官、校书郎、代理太常卿、直学士院、起居舍人、出使金国的国信使、江东路转运副使、隆兴府（今江西南昌）知府兼江西

安抚使、宝谟阁待制潭州（今湖南长沙）知州兼湖南安抚使、中书舍人兼侍读、礼部侍郎兼直学士院侍读、礼部侍郎、焕章阁待制、隆兴府玉隆万寿宫提举、庆寿恩官复宝谟阁待制、玉隆祠宫观祠禄、徽猷阁学士、监察御史、福州知府、福建安抚使、户部尚书、翰林学士兼侍读知制诰。

端平二年三月，真德秀奉命知贡举，选即升任参知政事（副宰相），"同编修敕令、《经武要略》"，但他时已患病，未及有所作为，即于四月罢政，以资政殿学士、提举万寿观兼侍读闲居养病，五月甲午日，真德秀病逝，享年58岁。理宗闻讯后震悼，为他辍朝，追赠银青光禄大夫，谥号"文忠"。

真德秀既推崇人治，又重视法的作用。认为"人治"优于"法治"。在社会治乱的原因分析中，他又认为官吏自身素质的好坏起决定作用；在国家法律起源问题上，认为"天命之性"是圣人取得统治天下之权的唯一资格。共同导致了他"重人"思想的结论。

真德秀从性善论出发，提出御民要以教化为主，以德服人，而不是用残酷的刑罚来镇压。

真德秀对朱熹极为推崇，学宗朱熹，尊之为"百代宗师"，为继朱熹之后的理学正宗传人，与魏了翁齐名，创"西山真氏学派"，是朱熹之后名望最高的理学家。在确立理学正统地位的过程中发挥了重大作用。真德秀用了大半生的时间，积极推广理学，关于理学方面的著述也很丰富，《宋史》称其著有《西山甲乙稿》《对越甲乙集》《经筵讲义》《端平庙议》《翰林词草四六》《献忠集》《江东救荒录》《清源杂志》《星沙集志》等书。今有《西山文集》（《西山先生真文忠公文集》）、《读书记》《四书集编》和《大学衍义》等作品传世。今有《真文忠公集》传世。（张慧）

郑 樵

郑樵（1104—1162年），字渔仲。南宋福建路兴化军莆田广业里下溪（今莆田白沙镇霞溪村）人，世称"夹漈先生"。中国宋代史学家、目录学家。生于北宋徽宗三年，一生力学，不应科举，读遍古今书。在求学时，不但学习书本上的学问，而且把眼光开放到自然界各种

动植物。经常深入山间田野，拜农夫为师，从而得到了许多实际学问。

郑樵毕生从事礼乐、文字、天文、地理、虫鱼、草木、方术等研究，在经学、礼乐之学、语言学、自然科学、文献学、史学等贡献巨大。

绍兴二十八年，郑樵完成200卷、600多万字的史学巨著《通志》初稿，经王纶、贺允中、汪应辰等人举荐，郑樵获得宋高宗的召对，留在朝廷担任管理文书档案的小官，后因得罪朝中大臣，遭到御史叶义弹劾，以监潭州南岳庙的祠官身份回到故里夹漈山，抄正《通志》。

绍兴三十一年夏，郑樵正式抄录完成的《通志》送到杭州，郑樵任枢密院编修官，但不久再次遭到叶义等弹劾。郑樵遭受如此不白之冤，愤恨而病倒。绍兴三十二年三月初七日而逝，终年59岁。

在史学上，郑樵推崇司马迁、刘知几。认为史学应该广博会通，故尊通史而抑断代，称司马迁而贬班固。

著述有80余种，今存《通志》《夹漈遗稿》《尔雅注》《诗辨妄》等。其中修纂的《通志》共200卷，分传、谱、略3部分，为世界上最早的一部百科全书。《通志》二十略最为学术界所推重，《校雠略》影响最大，是我国古典目录学理论著作之一。

《通志》与唐杜佑的《通典》、元初马端临的《文献通考》合称"三通"，是古代读书人的必读之书，曾有"士不读三通，是为不通"之说。郑樵也因此书及其在学术上的贡献而名垂千古。

梁启超充分肯定郑氏的贡献："然仅二十《略》，固自足以不朽。史界之有樵，若光芒竟天之一慧星焉。"（《中国历史研究法》）《通志》一书备受关注，英国科技史家李约瑟在他的《中国科学技术史》中对该书也极为推崇。（黄洁琼）

郑思肖

郑思肖（1241—1318年），原名之因，宋亡改名"思肖"，字忆翁，自称"菊山后人""景定诗人""三外（道教词语）野人""三外老夫"，宋末诗人、画家。南宋福建路福州连江县人。生于南宋理宗淳祐元年，父亲郑起（初名震），字叔起，号菊山，南宋时淮南左路（江苏今）苏州"平江书院"山长。

郑思肖年少时秉承父学，明忠孝廉义。以太学上舍生应博学鸿词试，授"和靖书院"山长。元军南侵时，郑思肖到临安（今杭州）叩宫门上疏皇帝，怒斥尸位素餐者之恃权误国，要求革除弊政，重振国威，抵抗元军。因言辞激烈，上书被扣压，未予上报。南宋灭亡后，客居吴下。学伯夷、叔齐不食周粟的精神，不臣服蒙元的统治，自称"孤臣"。因肖是宋朝国姓"赵"的组成部分，所以改名思肖，字忆翁，表示不忘故国；号所南，日常坐卧，要向南背北，都包含有怀念赵宋的意思。他把居室题额为"本穴世家"，如将"本"下的"十"字移入"穴"字中间，便成"大宋世家"，以示对宋的忠诚。

咸淳十年十二月，元兵大举入侵，苏州沦陷，郑思肖作《陷虏歌》（又名《断头歌》）既鞭挞了元统治者的野蛮残暴，更骂尽了古今天下许多无耻变节之人。宋端宗景炎二年郑思肖誓不降元（他的《心史》完成，仍冠以宋"德祐"年号），在自画像上题赞曰："不忠可诛，不孝可斩，可悬此头于洪洪荒荒之表，以为不忠不孝之榜样。"郑思肖与著名画家赵孟頫交往较多，后赵孟頫降元并任官。郑思肖即与之绝交。

元仁宗延祐五年，郑思肖病重期间，嘱其友唐东屿为画一牌位，曰"大宋不忠不孝郑思肖"，终年78岁。

著有《心史》[①]《郑所南先生文集》一卷、《所南翁一百二十图诗集》一卷《锦钱余笑》一卷等。

---

① 明崇祯十一年冬于苏州承天寺井中发现封于铁函内的《心史》，题"大宋孤臣郑思肖百拜书"（但纪事有与史不合的，有学者认为是后人假托）。《心史》内含《咸淳集》一卷、《大义集》一卷、《中兴集》一卷，共收诗250首，杂文4篇，前后自序5篇。所有文字都饱含血泪，讴歌了南宋的爱国志士，痛斥了奸臣佞徒，控诉了元军的暴行。近代学者梁启超穷日夜之力读《心史》，每尽一篇辄热血"腾跃一度"，梁氏深有感慨地说："此书一日在天壤，则先生之精神与中国永无尽也。"陈福康先生在《井中奇书考》详论《心史》于明崇祯十一年苏州承天寺眢井中被发现与刊刻经过、明刊本的序跋、《心史》与明清之际爱国文人的关系。

郑思肖擅画兰，疏花简叶，不求甚工。画成即毁之，绝不轻易随便给予他人。宋亡后，所画兰均无土和根，因土地已沦丧于异族。现存《墨兰图卷》藏于日本大阪市立美术馆，《墨兰图》藏于美国耶鲁大学艺术陈列馆。（刘传标）

郑文宝

郑文宝（953—1013年）字仲贤，一字伯玉。北宋福建路汀州（今三明市）宁化县人。生于周太祖广顺三年，系五代南唐左千牛卫大将军郑彦华之子。北宋开宝六年，郑文宝在20岁左右以其父荫授奉礼郎，后迁校书郎。

开宝八年，宋灭南唐后，郑文宝仍被宋朝廷录用，被任命为广文馆生。太平兴国八年，郑文宝参加北宋朝廷举办的科举，登进士第，被授修武县（今河南获嘉）主簿。迁大理评事、知梓州录事参军事。州将表荐，转光禄寺丞。献所著文，召试翰林，改著作佐郎、通判颖州。

淳化二年，召拜殿中丞，并奉命出使四川、陕西负责清理整顿税收。当时四川、陕西一带地方官为了增加税收，规定登口岸经商的商人要交纳"到岸税"，商人们苦不堪言。郑文宝奏请朝廷免除商人的"到岸钱"，促进了当地商贸的发展。

郑文宝在川、陕期间，正逢夔州广武驻军叛乱，叛军四处抢劫，惊扰百姓。郑文宝作为朝廷钦差大员果断担负起平叛重任。他当机立断，率军乘船顺流而下，一夜行程数百里，以迅雷不及掩耳之势，发起进攻，一举歼灭叛军。因此，他获得朝廷嘉奖，赏赐五品朝服，擢承奉郎守太常博士、陕府西诸州水陆计度转运副使、赐排鱼袋。

郑文宝在陕西任职期间，正值闹灾荒，庄稼歉收，灾民流离失所。他为灾民计，诱劝当地豪门富商捐出3万斛粮食赈灾，使8万多灾民暂时得救。文宝至贺兰山下，见唐室营田旧制，建议兴复，可得秔稻万余斛，减岁运之费。

北宋至道三年三月，宋太宗赵光义驾崩，皇三子赵恒继位（宋真宗），徙京山。咸平中召还，授殿中丞，掌京南榷货。时西部边境经常遭受以李继迁为首的党项族地方武装的侵扰。他们抢夺朝廷钱粮，掠夺百姓财物，使这一带老百姓陷入战乱之中，居无定所，民不聊生。朝廷委任郑文宝以工部员外郎兼随军转运使之职负责平乱。郑文宝受命后，冒雪率精兵轻装奔袭清远，一举击败李继迁，解除了灵武的危急。朝廷为了表彰郑文宝的政绩，赐予他黄金和紫袍。不久，郑文宝转任刑部员外郎。

景德三年郑文宝奉诏回京时在途中染上疾病，"表求藩郡散秩。诏听不除其籍，续奉养疾"，以其子郓州推官于陵为大理寺丞、知襄城县，以便其养。留居在他儿子任职的襄城县养病。大中祥符元年，朝廷任命郑文宝为兵部员外郎暨忠武军行军司马，因病未能到职。大中祥符六年，郑文宝逝世于襄城，终年61岁，后归葬宁化故里。

著有《郑文宝集》20卷、《江表志》3卷、《谈苑》20卷及《南唐近事》1卷、《历代帝王谱》《玉玺记》等。

郑文宝早年受业于当时能诗又善工小篆的著名诗文书法大家、南唐史部尚书徐铉，诗文出众，风格清丽柔婉，所作多警句，为欧阳修、司马光所称赏。

北宋淳化四年以其师徐铉（916—991年）摹本刻于长安（今陕西西安），世称"长安本"，又名"陕本"。因郑文宝不明形制，将其刻为"碑"形，即后世所称的《峄山碑》。此碑现存于陕西西安碑林第五室。（刘传标）

郑性之

郑性之（1172—1255年），初名自诚（登第后，因避理宗潜邸旧名讳，方改名性之），字信之，号毅斋。南宋福建路福州长乐县善政乡崇德里福湖（古槐镇北湖村，别称福湖村）人。生于宋孝宗乾道八年，初受学于建阳朱子。

宋宁宗嘉定元年戊辰科状元及第，授承事郎，任奉国军节度判官。嘉定六年三月召对时，郑性之以"一论'崇圣学教太子为先'；次论'立国根本在于人才，人才所以能立国，在于气节'；三论'钱法、边防、军政等事'"，受到宁宗的重视。

嘉定八年正月，郑性之任秘书省秘书郎。嘉定九年，郑性之以秘书郎兼尚书右郎官，请求外放，转任江西的袁州知州。

嘉定十二年，郑性之又奉召回朝，任左侍

郎官。

嘉定十三年，郑性之官任左侍郎官兼国史院编修官，不久又转任将作监。

嘉定十六年，任右文殿修撰，知赣州。时有军士谋反，而提刑官放任不捕，郑性之设计捕获，遂平定乱事。

嘉定十七年9月18日宁宗驾崩于临安宫中的福宁殿，权相史弥远废太子①，拥立皇侄沂王赵昀，是为理宗。郑性之任集英殿修撰，江西路隆兴府知府。

宝庆三年，郑性之升任宝章阁侍制、江西安抚使。后郑性之因病请求奉祠休养，乃提举玉隆万寿宫。

绍定六年，权相史弥远病逝，理宗亲政。亲政之初宋理宗颇为勤政，进行了大刀阔斧的政治改革，立志中兴，并且罢黜了史弥远的诸多党羽，一改宁宗朝宰相专权的局面，史称"端平更化"，由于此次改革重用贤才，革除了史弥远掌权时的弊政，使得吏政为之一新，史称"小元祐"。郑性之获得重用，出任敷文阁侍制，知建宁府。

端平元年拜吏部侍郎。他向理宗建议：广开言路，巩固边防，收拾人心，徐图恢复。理宗表示赞成，升他为左谏议大夫兼侍读。他又向理宗建议，要先宽法令，与民生息，培养国力，然后再出师收复中原。不久升任端明殿学士。

端平三年，郑性之官拜参知政事（相当于副丞相）。

时淮东总领吴渊入朝，御史唐璘认为不妥。理宗欲留吴渊，郑性之也密奏"不可"。但唐璘误认为郑性之庇护吴渊，遂劾郑性之"宽而无制，懦而多私"。唐璘是郑性之的学生，且受郑性之保举为御史，因此他的奏疏引起轰动。郑性之并不争辩，而且认为唐璘所言切中自己的弱点。后唐璘也对自己的鲁莽表示后悔，叹息说"郑公雅量，吾未尝不自愧轻发也"。

① 太子赵竑对史弥远专权非常不满，曾书"史弥远当决配八千里"，他还指着壁上地图中的琼崖说：我今后要是得志，就要把史弥远发配到这里。此都被史弥远送去监视赵竑的侍女报告给史弥远。史弥远听了以后非常害怕，心想今后要是赵竑当了皇帝，自己就没有好日子过了。于是决心废掉太子。

嘉熙元年，郑性之因明堂礼成时，雷雨大作，郑性之引咎辞相职，理宗御笔勉留，命兼同知枢密院事，郑性之力辞不允。改任资政殿大学士，知绍兴府、兼浙东安抚使。郑性之固辞，改提举临安府洞霄宫，后加观文殿学士，致仕回乡。

郑性之晚年寓居侯官（今福州）南后街十余年，府中清风堂有理宗御书"拱极楼"三字。宝祐三年卒，年84岁，赠少傅，谥"文定"。

著有《端平奏议》《宋编年备要》。

郑性之为朱熹理学"解禁"奔走呼号，后来还利用职权把朱熹理学上升到南宋官方哲学的高度，影响中国历史数百年之久（见《宋史卷四百一十九·列传第一百七十八》）。（刘传标）

郑昭先

郑昭先（1158—1225年），字景绍，号日湖。宋福建路福州闽县晋安东乡江左里②（今长乐区航城镇）洋屿村人。宋淳熙十年应漕试③中

② 宋分闽县为十二乡，统三十七里，曰：合浦南里，属晋安东乡；曰：光俗里，曰：至德里，属开化东乡；曰高详里，属开化西乡；曰绍惠里，曰钦仁里，曰归义里，属赞善乡。称为"外七里"。元朝循宋制。明朝将"合浦里"（闽江口南北两岸），析分为两里，江南岸称"江左里"，江之北岸称"江右里"，同时又并其他一里，定闽县为36里、126图。清随着明制。雍正十三年，以光俗、至德、江左等三里设置"营前县丞"，隶属管辖。嗣又并入高详、钦仁、绍惠，统六里。高详里，统图一，墩十；江左里，统图二，墩四；光俗里，统图三，墩十；至德里，统图四，墩八；钦仁里，统图二，墩六；绍惠里，统图一，墩三。民国成立，闽县设十一个区：东南一区曰"外七里"。区西至高详里，枕峰过山与"内七里"区接。西北至峡南，与"仁南"区之峡北两山对峙如门亦曰峡门者接。南至白田即玉田及蕉岭与罗田接。北至营前濑江，东至浮岐与长乐的泽里接。由营前江濑至赤屿十里，由赤屿至白田十五里，南北相距纵约二十五里。又由峡南至营前十五里，由营前至洋屿二十里，由洋屿至南岸二十里，由南岸至浮岐十五里。东西相距横约七十里。全区计三段，以黄石下洋为西段，"营前里"邑称"界里"为中段，洋屿以下至浮岐为东段。闽县的钦仁、高详、绍惠、光俗、江左、至德、归义"外七里"，民国初年去"归义里"，合为钦仁、高详、绍惠、光俗、江左、至德"六里"。1934年"六里"划归长乐县辖。

③ 宋贡举考试方式之一。景祐年间，命各路转运司

第六名，补入太学。

淳熙十七年中丙科登王容榜进士。知学不足，调补浦城主簿，拜理学大儒朱熹为师，终生侍奉门下。朱熹对他赞赏不已，"余习静考亭，日湖尝同余讲学，为同志最厚"。空余著书立说，手不释卷，遗稿《日湖集》五十卷，理学大师真德秀为《日湖集》作序，曰"公文章不事刻画，而敷腴丰衍，似其为人"，称赞他的人品、文品俱臻上乘。

浦城县主簿秩满入京，丞相葛邲对他礼遇有加，擢浙江湖州归安县县令。时值归安县灾荒饥馑，百姓卖儿弃女。郑昭先请求轻赋税、薄徭役，开仓赈民，离任时百姓载道乞留，呼为"郑青天"。

嘉定三年，郑昭先升任监察御史，因旱蝗成灾，进疏曰："陛下诏书徒为空文，有求言之名，而无求言之实；有兼听之美，而无兼听之效，臣以为不可取也！"

嘉定四年，郑昭先官拜右正言进左司谏侍御史，奏治国之道：一曰畏天命，二曰法祖宗，三曰结人心。愿陛下勤修国政，推广诚意，除授必公，赏罚必当，家法可守，遴选贤良，惩贪除暴，则根本必固。

嘉定七年除端明殿学士，签书枢密院事兼太子宾客。翌年，除参知政事。

嘉定十一年，郑昭先统领荆门平寇功在社稷，朝廷论功行赏，诏授"金紫光禄大夫兼摄中书右丞相"。

嘉定十二年，知枢密院兼参知政事。后以疾求释位，拜资政殿学士、江西西路安抚使；又请辞，升秩一等，提举杭州洞霄宫。陛辞再三，宁宗含泪诏拜观文殿学士、少师吴国公，终以"参知政事"（副相）职衔，年68岁归家长乐洋屿养老。敕令建安郡开国郡侯食邑一千三百户，实食封四百户，赐紫金鱼袋（正一品）。

南宋宝庆元年十月十日，病逝于洋屿旧居，享年69岁。谥"文靖"。病危时，嘱设"义

仓"，济贫困族人，聘宿儒课蒙童，延诗礼传家，立下家训与诫子书。

宦海生涯长达41年，位高权重，一身正气。死后理宗下诏赠太师，谥文靖，封魏国公，入祀福州乡贤祠。

著有《日湖遗稿》五十卷。（刘传标）

朱端章

朱端章，南宋福建路福州闽县光俗里泮阳（今长乐区航城镇厦朱村）人。中国古代产科医学家。宋淳熙间主管江西南康军。孝宗淳熙十年知南康军，置白鹿洞学田七百余亩，以赡四方来学者。朱端章待人宽容，对己严厉，平时多留心医药，遂通晓医药，尝谓民之疾疠乃疾苦之大者，敢不问乎。故常以医药救济民间疾苦，全活甚众。生平喜好方书，因见当时产科专书较少，将所藏医书中有关产科的内容，于淳熙十一年辑成《卫生家宝产科方》八卷。书中收集唐宋以来许多有关产科经验，其中也掺杂一些封建迷信的内容。《卫生家宝产科备要》于淳熙十一年十二月刻版刊行。该书集诸家产科验方之大成，帙首列入月产图，中有借地、禁草、禁水、逐月、安产法等。书中引用的原书大多失传，古代医学有关产科的宝贵遗产多赖此书传世。另辑有《卫生家宝方》6卷、《卫生家宝小儿方》2卷、《卫生家宝汤方》3卷及《集验方》等。

著有《南康记》8卷，《庐山拾遗》20卷等。（刘传标）

朱　熹

朱熹，字元晦、仲晦，号晦庵，晚称晦翁，又称紫阳先生、考亭先生、沧州病叟、云谷老人，谥文。南宋理学集大成者、诗人、哲学家、教育家，被尊称朱子。南宋江西路徽州婺源（今江西婺源）人，高宗建炎四年生于福建路南剑州尤溪县，后随母迁居建宁府崇安县。绍兴十八年登进士第。绍兴二十一年授左迪功郎、泉州同安主簿。绍兴二十七年自同安辞官回故里，拜理学家李侗为师，潜心理学研究，宣扬"太极"和"存天理，灭人欲"的理学思想体系，成为程颢、程颐之后儒学的重要人物。

类试现任官员亲戚。此后形成制度，由转运司类聚本路现任官所牒送随侍子弟和五服内亲戚，以及寓居本路士人、有官文武举人、宗女夫等，举行考试，试法同州、府解试。漕试合格，即赴省试。宋赵升《朝野类要·举业》有"漕试"条。

淳熙五年任南康（今江西星子县）知军。淳熙八年任江南西路茶盐常平提举。在任期间，他募集钱粮赈济灾民，百姓得以安生。宰相王淮以浙东大荒，改荐朱熹为浙东常平提举。宁宗即位后，任焕章阁侍制兼侍讲。常上书或面奏克己自新、遵守纲常，防止大臣窃权干政，遭专擅朝政的韩侂胄嫉恨。

绍熙四年任潭州知州，在长沙岳麓书院主持执事和讲学，因在壁上手书的"忠孝廉节"四字传入京城，韩侂胄指使亲信、监察御史沈继祖弹劾。庆元元年赵汝愚受韩侂胄排挤被罢相位，谪永州。韩侂胄发动抨击理学，罗列朱熹十大罪状，称斩朱以绝"朱学"。理学被斥为"伪学"，朱熹被斥为"伪师"，学生被斥为"伪徒"，被朝廷列为"伪学逆党"的官吏多达59人。朱熹被弹劾挂冠，得意门生蔡元定被逮捕。禁止传播道学，《六经》《语》《孟》《中庸》《大学》为世大禁。

朱熹多次到长乐游学、讲学。宋建炎二年其父朱松任长乐县尉。绍兴十二年随其父到长乐，结识长乐二刘的刘嘉誉等。绍兴二十三年刘嘉誉应朱熹之邀到剑浦县（今南平市延平区）崇仁里樟林乡投学于理学家李侗门下，从此开始长达10年同学情谊，直至李侗过世。淳熙二年，黄榦仲兄黄东官吉州，黄榦从行，得清江刘清之之荐，到崇安五夫里师从朱熹。庆元元年朱熹为避"伪学"禁应刘嘉誉之请到长乐，先寓居于六平山，随即寓居于二都龙门村（后人名其所寓之楼曰紫阳），因离县城近，非理想之地，又避居方安里龙峰岩的龙峰书院，刘嘉誉将其孙刘砥和刘砺两兄弟推荐给朱熹，求其收徒授学。朱熹寓居长乐，足迹几遍福湖、三溪、青山、沙京等地，创办"湖坡书院""朝元观""竹林精舍"及"紫阳阁""紫阳楼""三官堂""朝元观"等讲学场所。庆元年间，朱熹与刘砥、刘砺到连江潘渡、贵安、朱步、仁山等地讲学游说，已处穷途的理学星火，蔚然成风。在朱熹的精心教诲下，刘砥、刘砺考中童科进士。刘砥、刘砺从朱子学，终成理学名家。理学过化，长乐呈现"家诗书、户弦诵""彬彬向学、兴仁兴让"。

庆元六年三月初九，朱熹在建阳家里忧愤而终，享年71岁。九年之后平反昭雪，恢复名誉，追赠官衔。宋理宗颁诏追赠朱熹为太师、信国公，入孔庙从祀。端平初，赠直龙图阁。（周元侠）

邹应龙

邹应龙（1173—1245年），又作应隆，字景初。南宋福建路邵武军泰宁县城关水南街人。生于宋孝宗乾道八年，宁宗庆元二年丙辰科状元，初授秘书郎，出知南安军，擢迁校书郎、实录院检讨官，参与了修纂《孝宗实录》的工作。

开禧元年，邹应龙调任兼资善堂直讲，迁起居舍人及玉牒所检讨官。

开禧二年，以外戚身份为相的韩侂胄决定伐金。鉴于当时南宋的国力弱，邹应龙坚决反对轻易对金国用兵，遭韩侂胄忌恨而被排斥出京，以直龙图阁知赣州。第二年改任提点江西刑狱兼郡事。开禧三年十一月，韩侂胄伐金战败而受到惩处。

嘉定元年，邹应龙应召回京任中书舍人兼太子谕德、左庶子。同年六月，邹应龙以户部尚书衔出使金国。翌年，邹应龙被擢升为礼部侍郎、给事中仍兼太子詹事、左庶子，担负皇室子孙的教学。

嘉定二年，邹应龙因与为相的史弥远政见不合，受到排挤，被降为宝文阁待制，翌年外放任泉州知州。嘉定四年，镇官游绛应安海士民的要求，申报泉州知州邹应龙，请建石井书院。邹应龙拨官帑四十万缗，并指令漕、舶二司捐助，命泉州通判朱在（朱熹第三子）至镇"董其事"。邹应龙还在泉州南门外新修一座万民称颂的新桥。泉州士民十分感激，特为邹应龙立功德碑，建名宦祠。

嘉定八年，邹应龙以宝谟阁直学士出任安徽池州郡守。时值池州受灾，庄稼歉收，民生艰难。邹应龙不忍心看着大批灾民忍饥挨饿，可是州郡又无库存粮饷的情况下，决定裁减当地驻军兵饷，赈济灾民。此举引起驻地带兵军官的不满，遭到围攻与上告。嘉定九年，邹应龙以焕章阁直学士调任广西经略使。这年冬，黎州及邕蛮发生叛乱。邹应龙率军成功平定叛乱。他严惩首恶分子，胁从不问，并把此次军功归于将士，自己向朝廷自劾请罪。嘉定十三年，邹应龙以敷文阁直学士调任湖南安抚兼知潭州。翌年，邹应龙母亲去世，邹应龙依制回到泰宁为母亲守孝。

宝庆元年，邹应龙应召入京，被授予工部尚书、兼修国史及实录院修撰，继而授刑部尚书，知贡举。入京供职仅几个月，与史弥远发生激烈的冲突，邹应龙主动提出自己外放，以敷文阁学士再次出任赣州知府。史弥远又唆使言官以邹应龙在任地方官时擅自惩治宗室、裁减兵饷等事进行攻击。邹应龙因而辞官回乡，在家乡闲居。

绍定六年，史弥远卒。次年，理宗召邹应龙任徽猷阁学士知太平州。以敷文阁学士提举玉隆万寿宫奉祠一职闲居。瑞平二年，邹应龙为礼部尚书兼侍读学士。同年十一月，元灭金后，元兵大举南下围光州，理宗诏侍从、两省、台谏诸官各陈方略。邹应龙提出选用贤能，薄徭减赋，培养国力、精兵防北、和睦南夷等十策，理宗认为"甚切直而嘉纳行之"；并派邹应龙出使交南，修复南宋与安南两国的友好关系。

嘉熙元年二月，邹应龙拜端明殿大学士，签书枢密院事、参知政事；不久又诏授资政殿学士、知庆元府兼沿海制置使。邹应龙不就，辞职归隐故乡泰宁。他在县城南郊筑一小屋闲居，平静地过着清贫的生活。理宗亲书"南谷"两字送他，并封他为太子少保，开国公。淳祐五年四月，邹应龙在家乡泰宁去世，享年72岁，赠"太子少保"，谥"文靖"。（刘传标）

六、元朝

陈友定

陈友定（1329—1368年），一名有定，字永卿，一字安国。元末忠臣，与元人柏帖木儿、迭里弥实并称"闽三忠"。生于元泰定六年，元代福建行中书省①归化（今清流县）明溪镇大焦乡。年轻时，流落到闽西汀州府清流县，以务农为生。

元朝末年，战火四方烽起，元廷下诏"令郡县团结义民以自守"。

闽浙沿海发生动乱，波及汀州各县以及邵武、延平两府。汀州府判官蔡公安到清流招募民兵讨伐贼寇，陈友定应募前往，当了一名府兵。陈友定平日里练过武功，膂力过人，为人又机敏骁勇，被蔡州判看中，授黄土寨巡检职务，跟随蔡州判参加平定邵武、延平两府叛乱。陈友定分析敌人，或以智取，或以力克。不久，汀州及延、邵两地叛乱得以平息，陈友定也因战功被擢升清流县主簿，不久再升迁清流县令。

至正十九年，陈友谅派部下大将康泰进攻邵武、邓克明进逼汀州。陈友定以汀州总指挥身份与邓克明部在黄土寨附近展开大战，一举击败邓部，仅邓克明只身得脱。陈友定遂被破格提拔为福建行省参知政事。

至正二十年夏，陈友谅杀天完皇帝徐寿辉，自立称帝，国号汉，取年号大义。次年，他命大将邓克明再次率军攻打汀州等地。邓克明一路攻城略地，相继进犯永丰、宁都、石城、宁化等县，攻克宁昌、杉关、光泽等地，又经顺昌攻建宁。邓克明军于建宁城西北设立几十个兵寨，围城达半年之久。城中将弹尽粮绝之际，元朝守将、行省平章完者帖木儿急檄陈友定前来救援。同年八月，陈友定率军救援，一马当先，率数十骑突入敌阵，放火烧了邓克明的橄榄山寨，又攻克水南寨，使邓克明军溃败退守江西抚州。陈友定一鼓作气收复了建阳、崇安、浦城等县。因平贼有功，逐渐成为元朝将领。

至正二十二年五月，陈友定从延平出发，水陆并进，一举攻下汀州。陈友定升为福建行省参知政事。

元至正二十四年正月，朱元璋自立为吴王，

---

① 1278年，福建全境入元版图。元朝中央设置中书省，作为全国最高的行政机构；地方设行中书省作为地方政权机构，行中书省下设路、府、州、县。元朝福建设行中书省。至元十五年，置行省于泉州。至元十七年，改福建路为福建、泉州、隆兴三个行中书省。至元二十二年，福建三个行中书省并入江浙行省。至元

二十三年，复置。次年，改行尚书省。至元二十八年，再并入江西。至元二十九年，仍置行中书省。大德元年，设福建平海行中书省，徙治泉州。大德三年撤销。元至治元年，福建境内设福州、建宁、延平、邵武、兴化、泉州、漳州、汀州等八个路，均归江浙行中书省管辖。至正十六年撤福建路，成立福建省，此为福建设省的开始。

建百司官属，但仍奉小明王为皇帝。同年，元朝分省于延平，封陈友定为平章。此时，福建省各路及广东省潮州都被陈友定占有。

元至正二十四年，元朝廷在延平设置延平分省，封陈友定为平章。福建省各路八郡之地及广东省潮州都被陈友定占有。

陈友定占据八郡之后，多次招揽文学知名人士，如闽县郑定、庐州王翰之辈，留在幕下。陈友定粗涉文史书籍，学习写作五字小诗，诗中却都富有意境和道理。但陈友定独揽威权，专行赏罚，部属中凡有违令者全都要按例被杀或被贬。

这时张士诚占据浙西，方国珍占据浙东，名义上归附元朝，但每年运往大都的漕米，经常不见到达。而陈友定每年输送粟米数十万石，因海路遥远，能到达大都的经常只有十分之三四。元顺帝孛儿只斤·妥欢帖睦尔下诏对他予以褒奖。

至正二十五年，朱元璋平定婺州，与陈友定占据的领土相邻。陈友定派军侵犯处州。朱元璋部将胡深将其击退，乘势攻下浦城、松溪等地，俘获陈友定部将张子玉，又与朱亮祖一起进攻建宁，破其二栅。陈友定派遣阮德柔率军四万驻屯锦江，绕到胡深军后，断其归路，自率牙将赖政等以精锐之师从正面与其交战，阮德柔则从后夹击，将胡深擒斩。

在闽西与红巾军作战的陈友定的精锐部队接到福建行省燕只不花的命令，率部赴兴化。至正二十六年四月，陈友定派遣其子陈宗海率军连夜从宁真门潜入莆田城，并在次日从西门、南门出城对围城的亦思巴奚军发动进攻，击溃了亦思巴奚军。亦思巴奚军有数千名被灭，亦思巴奚军三名主将白牌、马合谋、金阿里全部被俘杀，剩余的士兵在逃亡途中不断受到对其恨之入骨的兴化民军的袭击，最终仅有4名骑兵回到泉州。五月，陈宗海调发水陆大军数万将泉州包围。几乎无兵可用的那兀纳强征乡民为士卒守城。那兀纳在泉州早已不得人心，千户金吉打开城门放入陈宗海部入城，那兀纳兵败被擒，押往大都，亦思巴奚兵乱平息。

元至正二十七年，朱元璋在东南一带击败方国珍后，分水陆三路向福建进攻，讨伐陈友定。陈友定亲率精锐前往延平（今南平）防御，

留下同金赖正孙、副枢密使谢英辅、院判邓益率2万人驻守福州。

明洪武元年，朱元璋平中原定江淮，登基南京，遣大将汤和率大军直取延平府。陈友定坚守孤城，誓与延平共存亡。手下刘守仁等密谋杀陈友定以降，并暗通明军相约以军器局火炮轰击陈友定大堂。

明军闻炮声，知有内应，大举攻城。陈友定知大势已去，服青自杀未遂，最后和他的儿子一同被斩杀于南京。（张慧）

杨 载

杨载（1271—1323年），字仲弘。福建行中书省浦城县琉田村（今大窑）人，晚年定居杭州。生于元世祖至元八年，元代中期著名诗人。早年博涉群书，年四十未仕，户部贾国英数荐于朝，以布衣召为国史院编修官，参与编修《武宗实录》，赵孟頫推崇之。当时杨载名噪京师，与虞集、揭奚斯、范梈并称"元代诗歌四大家"。后调管领系官海船万户府照磨，兼提控案牍。仁宗延祐二年复科举，登进士第，授承务郎，饶州路同知浮梁州事，迁儒林郎，官至宁国路总管府推官。

杨载一生著述颇多，其诗歌理论《诗法家数》强调学习与继承的关系，对继承与创新有独到认识，在当时产生很大影响。

英宗至治三年9月15日病逝，终年53岁。

著有《杨仲弘诗》8卷（文已散失）、《诗法家数》等。

杨载的诗作含蓄，老练而不陈腐，颇有新的意境。《题文丞相书梅堂》歌颂文天祥的高尚品德和节操，表达了由衷的景仰心情。他的《宗阳宫望月分韵得声字》诗，颇像唐诗，圆润而不枯涩，风格雄健。他把典故融化在诗句中，平易通顺，全诗意境空灵飘忽。他炼字造句，下过苦功夫。他自己说："诗当取材于汉魏，而音节则以唐为宗。"

杨载以律诗见长，诗语健劲，富有变化腾挪之势，雄浑横放，长于议论，其诗话著作《诗法家数》是一部诗论著作，侧重论述诗歌的创作。杨载的诗歌创作，被虞集称为"百战健儿"。（张慧）

七、明朝

边景昭

边景昭，字文进，明代画家。福建省[①]延平府沙县人，祖籍陇西（今甘肃陇西）。生卒年不详。永乐年间任武英殿待诏，至宣德时仍供奉内廷。后为翰林待诏，常陪宣宗朱瞻基作画。

边景昭精画禽鸟、花果。深入生活，体察细微，注重物象的形神特征，边景昭笔下的花鸟，花有姿态，鸟有神采。他画的翎毛与蒋子成的人物、赵廉的虎，曾被称为"禁中三绝"，是明代院体画家中影响较大的工笔花鸟名家。他延续着南宋院画风格和元代边武、张舜咨传至闽地的文人水墨花鸟画风，既承继了宫廷花鸟画的传统特色，又掺入了明代皇室平民化的贵族品位，在取材、立意、构图、笔墨、格调等方面都有所反映。其成熟的花鸟画法即粗细相兼，妍雅并重。花鸟主体勾勒设色，工细妍丽，树石北京水墨皴染，简劲清雅，在工致华美中透出雍容浑朴气象，遂自成一格，开创了明代"院体"花鸟新风。边景昭创立的花鸟画风，在当时已蔚成一派，边氏传人的作品今已罕见，大约也多被改款为宋元画。传世画约20件：

《三友百禽图轴》，绘于永乐十一年，现藏于台北故宫博物院。具有典型性，画面松竹梅岁寒三友并植，寓意君子之德，百鸟聚集，隐喻百官朝拜天子、顺承天意、熙宁祥和的立意，凸现吉祥瑞应的象征意义；同时，象形刻画也

① 朱元璋在东南一带击败方国珍后，分水陆三路向福建进攻：一路是胡廷美、何文辉率军由江西直趋杉关；二路是汤和和廖永忠率领舟师由明州（今宁波）浮海直取福州；三路是李文忠率军从浦城攻取建宁。汤和、廖永忠舟师乘东南风驶抵闽江口五虎门，向南台挺进，在南门打败平章曲出。城内元参政袁仁遣人送密书给汤和请降，开南门引明军入城，汤和取得福州，派人招谕兴化、漳州、泉州等地。福建各州县陆续归附。福建被纳入明帝国的版图。明朝洪武元年，福建全省八路改为福州、建宁、延平、邵武、兴化、泉州、漳州、汀州八府。洪武九年，明廷废除行中书省机构，各省分别设立承宣布政使司、提刑按察使司和都指挥使司，以掌行政、司法、军事大权，布政使司下领府、州、县。成化九年，恢复被废除为县的福宁州，直隶于布政司。终明一代，福建设八府一州。

生动活泼，尤其百禽的动姿，或跳踯、或鼓噪、或饮啄、或顾盼，悉尽其态，气氛热闹欢快，诸鸟细致入微的描绘，使品类意义可辨，布满全幅的构图，呈现"茂密"的特点，画风工细精微又富装饰性，此作堪称边氏最具宫廷花鸟特色的佳构。《百喜图轴》作于宣德二年丁未，现藏于台北故宫博物院，以百只喜鹊的"百雀"的谐音来比喻"百爵"。《三友百禽图轴》和《百喜图轴》中的花卉翎毛以北宋"院体"为本，山石则源自南宋马、夏，勾线粗劲方折，皴法运侧锋斧劈，粗细对照，刚柔相济，设色、水墨映衬，使作品于工妍中别具雄健韵致。

《栗喜图轴》，现藏于台北故宫博物院藏，也用谐音表示"立即报喜"，如乾隆帝题诗所曰"栗喜立报喜，寓意真可人。"吉祥之意明显。

《竹鹤图轴》，现藏于北京故宫博物院，《雪梅双鹤图轴》现藏于广东省博物馆，格调清雅，于精微中透出雍容浑朴的气象。

边景昭的花鸟画以工笔重彩法见长，传统渊源无疑来自宋代"院体"。对边景昭花鸟画风格的评析，画史多有论述，也指出了他承宋人又有所创新，工而苍、妍而雅的艺术特色。

边氏画风对明代宫廷绘画颇有影响，在明代宫廷绘画鼎盛时期，边景昭的花鸟深受赞赏，评价甚高。诗曰："边公花鸟冠当时，内苑皆称老画师。留得宣和遗迹在，令人披玩动哀思。"宣宗朱瞻基的诸多御笔花鸟即仿边氏，如《花下狸奴图》《猿戏图》《三羊开泰图》《壶中富贵图》《子母鸡图》（均台北故宫博物院藏）等，均属细腻而清雅、寓吉祥含意的工笔设色画，正德三年张世通跋《宣德宝绘册》（台北故宫博物院藏），中即指出："国初边景昭有八节长春之景，当时御笔亦多仿其意，于令节赐大臣。"（刘传标）

蔡复一

蔡复一，字符履，一字敬夫。明代军事家。福建省泉州府同安县金门乡（今金门县）人。生于明万历五年。万历二十三年，湖广永顺、保靖两土司的兵丁帮助蜀土司征讨红苗，得罪贵州总督，引疾而归。泰昌元年，光宗继位，授山西右布政使。天启元年，出任易州兵备道。天启二年，被任为右副都御史，并抚治郧阳。

天启四年四月，总督贵州云南湖广军务兼巡抚贵州。天启五年，贵州奢崇明、安邦彦起兵反叛，贵州巡抚战死。朝廷任蔡复一为兵部右侍郎，巡抚贵州；不久总督贵州、云南、湖广军务，兼巡抚贵州。蔡复一苦心运筹，经7次大战，歼叛军近万人，克地数十百里。后因事权不一，邻军临阵脱逃，以致大败于水西，被革职听勘。按旧例，解职候代的将军可以离营，但蔡复一不顾疾病缠身，以"一息尚存，岂可贻君父忧"为念，仍领军作战，两战连破189寨，毙叛军3000人，最后病死于军中。朝廷追赠其为兵部尚书，赐谥"清献"。

著有《筹边录》《论辽事》等军事书籍。万历四十二至四十三年间为边防军务所提之建议书，汇整为《筹边录》，旨在对长官提出的建议。内含六议，可归结为三个主题，前两篇《条议兵政详》《汇参失事条陈申饬并自劾详》，全面性地探讨，明廷在苗区防务的弱点与苗人得以嚣张之故。其中包括将领之渎职偷安、兵卒之疲弱、苗人之狡狯与擅于取利、汉民与苗方的勾结为恶，以及苗人土司，未尽担承之责等等层面，并提出对治之道；并认为要以强化明军自身战守的力量、并以去蠹除弊为第一要义。第三篇为《议添募兵筑边墙》，则是分析，以当时明军防卫能力，尚且不足，更遑论以征伐、或招抚之法，降服苗人之情形下，咸认须"复筑边墙"以巩固防线之必要性，蔡复一并连工程的耗费，与进行期间之保全兵力等等，都已筹划妥当。第四五六篇《酌议四卫兵饷详》《酌议四卫兵饷再详》《议四卫练兵募兵详》，则是分析贵州境内，平溪等四卫之兵力运用、劳逸与饷额不均等问题，以及"班军"之痛苦情状等，重点在裁减浪费滥用，以不增加负担、最少扰动的方式，将部队转弱为强。

《筹边录》中，筹边议将有三：重责成、严制驭、审机权。议兵有七，简精锐、除戒器、申策应、守要害、革冒粮、明赏罚、权剿抚。议粮有三，为创反制、杜滥增、禁侵削。议汉民有三，为防启衅、遍投注、绝勾引。议土司有二，为霡戍兵、责担承等，上疏为明廷，作为经略边事之对策；论战事，有治标和治本。蔡复一认为，明军"有标本二病，朝廷不知人而杂试：不选任良将，而多添文官；不精练实兵，调募繁兴，求祸有余。而多调多募，以疮痏天下；不力图自固，而专倚西虏"。

明天启年间，面对后金崛起，辽东战事吃紧，蔡复一为此提出辽东边防的军事理论和建议。蔡复一极力"主战"，并向朝廷献策：认为遇到战事，就要起武将，出来为国效力，要求要选良将，而不是以文官充任统兵督战；而兵要求精兵，而非多兵，兵要训练，才能上战场打仗，而非靠西虏兵，若没有好的将领统摄，极易造成军纪涣散，他们的性喜到处劫掠，造成战区百姓之祸害，而且上战场，也极易在战事途中就逃亡。至于战场上之战略战术方面的运用，应任凭战事因时地做决定，非有未战就先公布朝廷周知之理，这如何能战呢。战术之应用，不可言传，存乎一心。

蔡复一认为社稷安危，病根在"士大夫身家念重、人山我高、而为君父之念只在口头，若奴射天血人真有亡道。"认为，"军治应治标和治本，标本二治方为上"。但明军却有"标本二病，即朝廷不知人而杂试：不选任良将，而多添文官；不精练实兵，调募繁兴，求祸有余。而多调多募，以疮痏天下；不力图自固，而专倚西虏"。认为"朝鲜兵可守而不可进"和"西虏可结而不可恃"，辽东局事节节败退的原因"皆我自陷，非彼能也""师十余万，而不闻处一弃城之文臣、先遁之武臣；多设文官而不选良将；不求精兵惟求多兵，多则不练，而荆棘毒辽浮沉糜饷；远调西兵不精，其数行善掠、战善逃，又不统以骁将，而代以台省；五兵家之胜不可先传，而处处用重师，条陈方略，惟求在廷之共晓，不愿狡丑之先闻"。根本原因在于：一是朝廷把负责辽东军机的"东事局"裁撤，二是缺乏能解救辽东的策略、能应付辽东局势的良将，三是辽东经略和巡抚二人不合，四是朝廷对辽东的策略举棋不定。认为先从根本解决五个问题，这五个问题有战略、有战术，而且能由弱转强，足以应付辽东战局。"今莫如择智勇将而推诚善驭之"。（刘传标）

陈 第

陈第（1541—1617年），字季立，号一斋，晚年号"温麻山农"，别署"五岳游人"。明代音韵学家、著名藏书家。明代福建省福州府连江县凤城镇龙桥下人。嘉靖四十一年，戚继光追逐倭寇，倭寇踞于马鼻岛江心，潮退时四面淤泥，无计可施，陈第主动献策，仿乘橇作土版在淤泥上行走，挥以剑，无一脱者，民间流传佳句称赞"儒将衣冠今已杳，尚交渔子脚撑舟。"嘉靖四十四年，陈第拜潘碧梧先生为师。此后，开始讲学于漳州、福州，游学于如兰精舍。

万历二年，俞大猷召陈第入幕府，教之于其兵法。万历三年，福州任教官，善谈论兵家军事，结识都督俞大猷。经戚继光、俞大猷等抗倭名将的推荐，陈第被破格录用，出守古北口，后任蓟镇游击将军，坐镇蓟门10年。上京拜谒戚继光，上书谭大司马（谭纶），得到谭大司马的赏识，授官。

万历十年，因为人耿直，遭人弹劾，陈第辞官归乡。

万历三十年，福建都司沈有容正好准备率领21艘兵船前往征巢盘踞在岛上的倭寇。沈有容敬佩陈第的文韬武略，亲自到连江陈第家，邀请陈弟随兵船东渡台湾。陈第考察台湾高山族风土人情，写下《东番记》，成为我国研究台湾首篇珍贵历史文献。

明万历四十八年，陈第病逝，终年77岁，葬于连江官岭戈沃山中。今列为省级文物保护单位。

著有《毛诗古音考》《读诗拙言》《屈宋古音义》《一斋诗集》《两粤游草》《五岳游草》《寄心集》《读诗拙言》等，《毛诗古音考》《屈宋古音义》《伏羲图赞》《尚书疏衍》等均收入《四库全书总目》。

陈第生性嗜读书，边关辞官回乡后在连江城西建"倦游庐"为住所，筑"世善堂"藏书楼，先后收集地方志书、农医类书、野史杂书等1900余种，1万余册，藏书家赵昱考证其有300余种为珍稀善本。

陈第，游历天下名山大川，世有南方徐霞客之称。

陈第为明代音韵学的大家，考证古音，以《诗经》《楚辞》韵例作为本证，以周秦汉魏韵文、谐声、读若、直音、异文、又读等材料作为旁证，二者交相考辨，证实古音本读。认为《诗经》《楚辞》反映的是古音，不能以唐宋今音为标准随音改读来求韵脚的谐和。提出"时有古今，地有南北，字有更革，音有转移"的观点，对清代古音学家有巨大影响。（刘传标）

陈经纶

陈经纶（1573—1644年）。明代福建省福州府长乐县昌化乡弦歌里十五都（今鹤壁上镇青桥）人。生于明万历元年，弱冠之年考中秀才，为邑庠生。番薯种植的推广家。

万历二十一年五月二十一日其父陈振龙从吕宋（今菲律宾）躲过殖民者关卡带番薯种返回福州后，奉父命向时任福建巡抚金学曾上《献薯藤种法禀帖》，报告其父从吕宋带番薯种经过，及种植番薯之利"六益八利，功同五谷"，建议试种番薯以解因干旱而造成的粮荒。金学曾"诚恐土性不合，所献薯藤，是否可种、可传，尔父既为民食计，速即觅地试栽，俟收成之日，果有成效，将薯呈验，令行通饬"。陈经纶遵批饬，在达道铺纱帽池"舍傍隙地"，在其父指导下"依法栽植"。农历七月种下，到十一月"甫及四月，启土开掘，子母钩辕，小者如臂，大者如拳"，引种试种成功。陈经纶又拟了一份新的禀帖《献薯藤种法禀帖》和试薯成功的番薯呈给巡抚金学曾察验，并指出番薯"味全梨枣，食可充饥。且生熟煨煮，均随其便……""禀恳仁宪大老爷俯察献芹之虔。乞广生民之计，通饬各属，效法栽种，以裕民食，以志甘棠。俾得户习家传、颂德铭恩，与山海永垂不朽。切禀。"时闽南的漳州府严重干旱，"野草无青，禾无收，饿民遍野"，发生了动乱。陈经纶试种番薯成功，将番薯献给当时正忙于筹策备荒的金学曾，金学曾随即晓谕闽南各县栽植，并饬令陈经纶"教民种之，以当谷食"。万历二十三年各地如法栽种，短短几个月之后，番薯大获丰收，缓解粮食短缺，老百姓因之"赖以度荒"，饥民"足果其腹、灾不为荒"。

番薯种植"初种于漳郡，渐及泉州，渐及莆（田）"，到明万历三十四年福建全省各地"遍地皆种，物多价廉，三餐当饭而食，小民赖之"。明崇祯初年，陈经纶在江西南昌经商，将番薯种植推广到南昌等地。经陈经纶推广，番薯成为江西许多地方"民生赖以食""旱潦凶歉赖以生"的主要食物。万历末年，陈经纶在江浙经商和推广番薯种植，曾遇到蝗虫噬薯叶，危害番薯生长，后见"飞鸟数十下而啄之，视之则鹭鸟也"，而饲养几十只鸭以治蝗虫，首创"养鸭除蝗法"，但当时没有大规模推广。崇祯十四年，江浙地区尤其是嘉兴、湖州等地蝗虫为害严重，陈经纶编纂了《治蝗笔记》一书，将其"养鸭除蝗法"加以推广。在该书中云："蝗之为西北害久矣，历朝治法不同。予游学江湖，教育人种薯，时蝗复起，遍噬薯条叶。后见飞鸟数十下而啄之，视之则鹭鸟也……鹭性食鱼子，但去来无常，非可驯畜，因想鸭亦陆居而水游，性喜食鱼子与鹭鸟同，窝畜数雏，爰从鹭鸟所在放之，是年比（彼）方遂无蝗害"。书中还详细描述了用鸭子灭蝗的方法："侦蝗煞在何方，日则举烟，夜则放火为号，用夫数十人，挑鸭数十笼，八面环而噉之。两旬试飞，匝月高腾。一鸭较胜一夫，四十之夫。不惟治蝗，且可以牟利"。《四库全书存目丛书·史部第 275 册》（齐鲁书社 1997 年版，499 页）记述了这场灭蝗成效："崇祯辛巳，嘉湖皆旱蝗，乡民蓄鸭者放之田间，见其抢蝗食，因捕蝗饲之。其鸭极易肥大。"

陈经纶卒于明崇祯十七年终年 71 岁。陈经纶为人实诚低调，心系食不果腹之苦，放弃科举和商业，一生奔波于福建各地，推广番薯种植，不为名不为利，番薯在福建各地快速传播，居首功。

清道光十四年，福州人何则贤在乌石山灵石峰建"先薯祠"，陈经纶与其父陈振龙入祀。（刘传标）

陈 瑞

陈瑞（1515—1583 年），字孔麟，号文峰。明代福建省福州府长乐县善政乡十二都崇贤里二图（今古槐镇）高楼村人。生于正德十年八月二十日。

明嘉靖三十二年考中癸丑科第二百八十八名进士，初授行人之职，擢河南右参政、山东监察御史。

嘉靖四十三年，以山东道监察御史擢山西按察司提学副使，继前任督学周斯盛主持修撰《山西通志》三十卷（隆庆元年修成），升任山西提学使，宏才博学，兴学重教。十二月，蒙古的俺答汗大举入寇山西，游击梁平、守备祁谋战死，抚军、藩臬也相继出疆，陈瑞与驿传道郭斗下死力督率守城，城得以安。论者认为陈瑞以文臣而勇担守城之责，实属难能可贵，故与巡抚万恭、驿传道郭斗同入三功祠受祀。

嘉靖三十五年丙辰，陈瑞以御史巡按苏、松诸府，时吴中大水，与巡抚周如斗力请全免受灾田粮，凡已纳于仓者皆还于民，其请蠲灾赋疏辞恳恻，人多传诵。任职期满将调任，士民诣阙请留，遂再留任一年。以多善政，民在虎丘立祠祀之。（见《桐桥倚棹录·陈公祠》）。

隆庆三年，陈瑞任广东按察使。由于政绩卓著，深受时任首辅张居正器重。张居正两次向两广总督熊桴力荐陈瑞。因张居正对陈瑞的看重，隆庆六年陈瑞任湖广左布政。万历二年，湖广左布政陈瑞又与金事刘自存、巡抚赵贤，分檄江夏知县李有朋、蒲圻知县胡其高凿石筑城。武昌府城汉阳渡原为民渡，江阔水险，轻舟遇风涛多倾覆。陈瑞置巨舟八只，将江夏县岁编操船水手十二名改募渡夫，民便之。

万历三年秋，陈瑞升任湖广巡抚，时荆州地区连年遭受洪灾、溃决，百姓苦不堪言。陈瑞经深入调查，实地踏勘，带领民众治水，在三峡内择址建起二十座石坝，每座长十丈，宽五丈，高一丈五，减轻了荆州防洪的压力，在三峡建坝阻水以减缓洪水流速，使"下游宣泄得及的防洪之法"，有效地防治了洪水（见于《万历湖广总志·水利志·川江石坝志略》）。

万历六年七月，陈瑞条陈"钱法四事"，皆被朝廷采纳。万历十年春，陈瑞以兵部尚书兼署两广总督。

六月，大破倭寇于广东。《明史·外国列传·日本》云："其后，广东巨寇曾一本、黄朝太等无不引倭为助……（万历）十年犯温州，又犯广东……其犯广东者为薴贼梁本豪勾引，势尤猖獗，总督陈瑞集众军击之，斩首千六百余级，沉其舟百余艘，本豪亦授首。帝为告谢郊庙，宣捷受贺云。"陈瑞和广东总兵黄应甲共同大破倭寇的这场战斗和相关之战，在《明史·卷二百一十二·列传第一百》中有详尽的描述。

万历十年，张居正病逝，随后张居正所举荐的人都遭到削斥。万历十一年正月，御史张

应诏弹劾陈瑞，皇上遂命陈瑞致仕。三月，去职。同年，陈瑞奉诏入京觐见，卒于途，时年69岁。（刘传标）

陈 省

陈省（1529—1612年），字孔震，又字幼溪，初号约斋。明代福建省福州府长乐县善政乡十二都崇贤里二图（今古槐镇）高楼村人，后迁居县城东隅镇海门内（今司马里）。生于明嘉靖八年四月二十一日。

嘉靖三十八年考中己未科丁士美榜第三甲第十二名进士，初授浙江金华府推官。

嘉靖四十一年五月，任山西道监察御史。

明隆庆元年，陈省任监察御史，时第八代辽王朱宪㸅及楚王世子朱常冷横行枉法。陈省上疏弹劾辽王朱宪㸅，迫使明穆宗下旨辽王"削爵除国"。

明隆庆二年任京畿学政。明隆庆四年升任掌刑狱案件审理的大理寺少卿（正四品官），后升任南京都察院佥都御史、提督操江（治所在南京，领上下江防事），率舟师捕盗甚力。

明隆庆六年，任右佥都御史协理院事。时宦官把持内侍大权，为所欲为，无恶不作。陈省弹劾东厂太监王本。

万历元年十一月，张居正上疏实行"考成法"。陈省请求外放，以右副都御史巡抚陕西，提督军务。

万历六年，张居正推行"一条鞭法"，在守制于家的陈省支持改革，以福建为试点，清丈田地。

明万历九年，陈省守制期满后复任右副都御史，巡抚湖广，提督军务。以功升兵部右侍郎兼都察院右佥都御史，人称他为"少司马"。

万历十年六月，张居正病逝后，遭到御史雷士帧等七名言官弹劾而被抄家。万历十一年，政敌弹劾陈省为张居正之亲信，而被罢官。

陈省回乡途中游武夷山，踏着朱熹的足迹隐居武夷山，在接笋峰下筑室，名曰"云窝"等。同年，父殁，陈省回长乐奔丧，将六平山朱熹避伪学时的讲学处"角山书屋"重修，命名为"小有洞天"。与书院诸生讲学自乐。数年后，陈省又往武夷山隐居，在武夷山云窝"叔圭精舍"和"淮阳书院"的废址上筑"幼溪草

庐"。隐居九曲溪畔十三年，建亭台楼阁16处，为武夷山九曲溪开发的先驱。

陈省虽为兵家一将，但生平好读书，善书法，根据山水间题字鸠工刻石，或楷书，或行书，或草书，或金文。在武夷山和长乐六平山留下众多的摩崖石刻，诸如"逝者如斯""空谷传声""仰之弥高""壁立万仞"。在武夷山的五曲、六曲岩崖间留下"云窝""云窠""云路""云关""云台""留云""栖云阁""嘘云""卧云""白云深处""云石堂"等以"云"为主题的石刻20多幅。

明万历四十年八月二十一日卒于家，终年84岁。葬于罗田牛垅山之原。（刘传标）

陈真晟

陈真晟（1410—1474年），字晦德，一作晦夫，后改字剩夫，又自号"漳南布衣"。明代福建省泉州府人，后迁居漳州府海澄县镇海卫城（今漳州市龙海区隆教乡镇海村）。生于明永乐八年，早年入武安山，师从唐泰（福建侯官人，字亨仲。洪武二十七年登进士第。永乐中，累迁陕西按察副使。善诗，与林鸿等并称"闽中十才子"。著有《善鸣集》等）。17岁到福州应乡试，因有司防察过严，褫衣搜身，陈真晟耻于受辱，毅然弃考而出。遂回归漳州府镇海卫城，笃志于理学研究，主张"知为行之始"。

天顺三年，陈真晟仿效理学家程颐的做法，步行进京，献所撰《程朱正学纂要》，该书包含：程氏学制、朱子兼补之法、心学图说。申明"立明师，补正学，辅皇储，隆教本，振风教"五条。后又作《正教正考会通》，上疏乞召见，面陈其说。但时任侍郎邹幹置之不理。

陈真晟笃信所学，尝谓宋元两朝皆以不用程朱之学促祚，又题《玉堂赏花集》后，讥议执政，谓不赏其《程朱纂要》。

陈真晟在漳州镇海讲学，培养不少人才。陈真晟与莆人李文举等昌明程朱理学，讲行朱熹学约，以期端正风俗，学者相率仿效，誉为"昭代之明儒，天民之先觉。"

成化七年，陈真晟迁往龙岩讲学，晚定居于漳州之玉洲，成化十年卒，年64岁。葬于龙溪赵塘山。

陈真晟清贫淡泊，平生广交名流学者。张

太史元祯（字廷祥）曾评价陈真晟："斯道自程朱以来，惟先生得其真，如聘君者，不可见，亦不必见也。"

著有《程朱正学纂要》《陈剩夫集》四卷，《集》收入《四库全书》中。（游丽江）

曹学佺

曹学佺（1574—1646年），字能始，一字尊生，号雁泽，又号石仓居士、西峰居士。诗人、藏书家。明代福建省福州府侯官县洪塘乡人，生于明万历二年，父曹极渠，卖饼为生，母亲早逝，家庭贫寒。曹学佺自幼好学，曾在长乐上学，十八岁入府学，万历十九年中举人，万历二十年会试落第后，回乡与龚用卿之女结婚。当时龚用卿已辞官在家，借助龚用卿的关系，曹学佺得以结识乡绅名流。

万历二十三年乙未科会试中，曹学佺以二甲五十名考取进士。会试时，策问"车战"，答曰："臣南人也，不谙车战，请以舟战论。"因而详陈舟战之法。考官张位奇其才，初定第一，因不能破例，改为第十名，授户部主事。后张位被罢官，其门生故吏不敢前往看望，独有曹学佺带许多干粮赶往码头为之送行。事为执政所闻，遂摘取曹学佺会试卷中言论，斥为"险怪不经"，被调任南京大理寺左寺正的闲职，曹学佺在任闲职七年间，精心研究学问。后任南京户部郎中，万历三十七年，曹学佺任四川右参政。时，四川发生灾荒，曹学佺设厂煮粥，赈济饥民，又将饥荒情况绘图上报，获准发放300万两赈济款，"蜀人诧为三百年未有之殊恩"。四川有"行""坐"二税，"行税"取自商贾，"坐税"取自百姓。饥荒后百姓多逃亡，坐税无所出，曹学佺以历年"行税"盈余抵作本年"坐税"，使百姓免受追税之苦。蜀王府毁于火灾，蜀王要地方官筹资70万两修复，曹学佺援引"宗藩条例"予以拒绝。四川道路险绝，曹学佺集资修复不少道路、桥梁，受到行旅的好评。

万历三十九年，曹学佺升任四川按察使。万历四十一年考绩，因得罪蜀王"为其所谤，被罢职"，蜀人遮道相送。

曹学佺被罢职回籍，在故乡洪塘建石仓园，藏书万卷。时常邀请文友，赋诗会文，闽中文风因之昌盛，并创剧社"儒林班"，为闽剧之始。

天启二年，曹学佺又被起用，出任广西右参议。桂林宗室素来骄横，常有不法行为，曹学佺执法不阿，遇宗室犯法者，即命主管官吏究治；又亲自反复开导，使宗室肃然奉法。有人倚仗宗室势力，私铸钱币，曹学佺严逮问罪，不稍宽纵，私铸之风遂敛；钱局舞弊营私，两年中赢利仅千余金，经曹学佺订立制度，严加管束，一年获利5000金。广西少数民族众多，官吏、差役敲诈勒索，驻军责供给酒食，骚扰不已，经常激起民变。曹学佺对官吏、差役严加约束，改置营镇于他处，严禁驻军骚扰，局势很快恢复安定。

天启六年秋，曹学佺迁陕西副布政使，尚未赴任，突生变故。事因其在所著《野史纪略》中直书"梃击案"本末，魏忠贤党羽刘廷之挟嫌参劾曹学佺，声称曹学佺"私撰国史，淆乱是非"。为此，曹学佺被囚禁70天后，削职为民，《野史纪略》书版被毁。

崇祯初年，曹学佺又被起用为广西副使，但力辞不就。归于家居"石仓园"中，潜心著述。当时，福建沿海海盗猖獗，曹学佺建议当局在闽江口梅花、双龟一带屯兵并建碉堡、编居民，共同防守；又条陈"机宜九事"。当局采纳其建议，闽江口防重入强化，海寇从此远遁。

曹学佺热心故乡公益事业，曾筹资疏浚城内外河道与西湖，并建造洪山、万安、桐口3座桥梁。乡人感其德，在洪山桥头立祠塑像以祀。

崇祯十七年，李自成起义军攻入北京，崇祯帝自缢身亡。曹学佺闻讯，投池自杀，为家人所救。次年，唐王朱聿键在福州即帝位，改元隆武。曹学佺晋见，被授予太常寺卿，不久迁礼部侍郎兼侍讲学士。期间曹学佺纂修《崇祯实录》，擢为礼部尚书加太子太保。当时诸事草创，朝中大事由曹学佺和大学士黄道周参决。

黄道周在婺源被俘的时候，隆武帝已经离开了福州，并于顺治二年十二月二十六日抵达建宁。隆武帝认为，如果呆坐福建，只能活在郑芝龙兄弟的掌股之中，虽生犹死。于是，于十一月宣布亲征，以弟弟唐王朱聿锷、邓王朱器塎监国，协同大学士曾樱留守福京。十二月初六日，隆武帝戎服登舟，率领随营官员从福州出发，溯闽江而上，进发建宁（今福建建瓯）。曹学佺因年迈不能从行，便捐银万两助饷。隆武二年八月，隆武帝亲征失败。清军于当年进入福建，郑芝龙降清，隆武帝在逃亡汀州被俘杀。九月十七日，清军攻陷福州。次日，曹学佺在鼓山涌泉寺自缢殉国，死前留下绝命联："生前单管笔，死后一条绳。"曹学佺死后，其家被清兵所抄，家人也遭逮捕，藏书被清军抢光。鲁王朱以海（1645 年闰六月二十八日在浙江余姚、会稽、鄞县等地抗清义军及官吏缙绅的扶持下在绍兴监国）追谥曹学佺为"文忠"。

清乾隆十一年，即曹学佺逝世一百年之后，清政府追谥为"忠节"。

曹学佺因先后两次罢职，家居"石仓园"中，藏书万卷，储于"汗竹斋"（见《汗竹斋藏书目》），徐𤊹记道："予友邓原若、谢肇淛、曹学佺皆有书嗜，曹氏藏书则丹铅满卷，枕籍沈酣。"

曹学佺毕生好学，对文学、诗词、地理、天文、禅理、音律、诸子百家等都有研究，工于诗词，尤其擅长写景抒情诗。与徐𤊹、谢肇淛等人带动了自明朝中期以来沉寂的闽中文坛，被视为明末福建文苑的复兴者。

曹学佺精通音律，擅长度曲，曾谱写闽剧的主要腔调逗腔，被认为是闽剧始祖之一。曹学佺撰写的名联有"仗义每多屠狗辈，负心多是读书人"。

曹学佺认为"佛家有佛藏，道家有道藏，儒家岂可独无"。采撷四库书，分类编纂，历时 10 余年，编纂儒藏，但未完稿而明亡。

曹学佺一生著书多达 30 多种、千卷，辑有《周易可说》七卷，《书传会衷》十卷，《诗经质疑》六卷，《春秋阐义》十二卷，《春秋义略》三卷，《蜀中人物记》六卷，《一统名胜志》一百九十八卷，《蜀汉地理补》二卷，《蜀郡县古今通释》四卷，《蜀中风土记》四卷，《方物记》十二卷，《蜀画记》四卷，《蜀中神仙记》十卷，《蜀中高僧记》十卷，《石仓诗文集》一百卷（在清初被列为禁书而失传），《石仓十二代诗选》八百八十八卷，《蜀中诗话》四卷，另外还有《宋诗选》四十九卷，所有作品共计 1329 卷。福建师范大学藏有《曹大理诗文集》十二册（不全），日本东京藏有《曹能始先生石仓全集》一百卷。（刘传标）

董应举

董应举（1557—1639 年），字崇相，号见龙。明代福建省福州府闽县龙塘乡（今连江县琯头镇塘头村）人。生于明世宗嘉靖三十六年，万历二十六年登戊戌科进士第。

历任广州府教授、南京国子监博士、吏部文选郎中、南京大理寺丞、太常少卿、太仆卿、工部右侍郎。万历四十五年，被免官回乡。时正值日本幕府将军德川家康派长崎代官村山的儿子秋安率领着十一艘战船组成的"村山舰队"袭扰闽浙沿海和台湾北部，先洗劫金门的料罗卫所和霞浦的大金卫所。五月，又窜到闽江口一带烧杀抢掠，并盘踞于东涌岛（今连江马祖的东引岛）。福建巡抚黄承玄派董伯起前去侦察，董伯起化装成渔人，被明石道友所虏。董应举上书福建官员"闽海事，非参将沈有容不能了"！万历四十五年，福建巡抚黄承玄亲笔写信请沈有容到福建。请特设福建水师，授沈有容水标参军之职。万历四十六年四月，"村山舰队"明石道友奉村山等安之命，以"送回董伯起为名"，携带礼物及给明朝廷表章一道，从东涌岛到黄崎澳（现长乐文岭镇石壁村的猫山与北之碁山之间），要求恢复通商。黄承玄命沈有容出抚，明石道友呈上表文，沈有容因不合体制而却之，只带着董伯起与其他几个原被明石道友扣留的人质回福建。随后，"村山舰队"桃烟门所领的三艘战船、倭寇百余人进犯浙江，击伤浙江一艘兵船，杀了十几名浙兵后，也流窜到福建沿海，掳掠了二十余人后，窜到闽江口外的东沙白犬澳时，触礁搁浅而"搭寮楼住"，欲夺我船回日本。福建巡抚黄承玄令沈有容率领闽海水师征讨。沈有容率领水师三路围困东沙白犬澳，用大炮仰攻，焚毁了倭寇的房舍，倭寇"挥刃装铳，拼死突围"。福建水师把总何承亮想强攻，沈有容说："困兽难迫，且多礁石，易损舟。彼藏礁石间待我，必大损兵，不如诱而擒之便。"于是派遣精通日语的王居华前往晓谕：明石道友已经投降受抚。次日，有倭寇率大鸟船一只、渔船两只前来救援，沈有容"率官兵奋力冲攻，戈船飙集、火器雷震"，倭寇三船立沉。桃烟门见突围无望，说："有道友书来，即从明石道友受抚投降。"明石道友"亦丑其类"，写了书信交给沈有容，桃烟门等人见明石道友的书信，便投降，部分顽固分子选择自杀。沈有容擒获倭寇六十九人，斩了其中两名汉奸，而且救出浙、闽兵民，为之雪耻。董应举听闻后，叹息道："东沙之役，某生六十一矣，未见有此不伤一卒、不折半矢、不糜斗粮、不旷时日，去如振叶、归若系豚，捷速而完，功难而易；就使俞、戚再生，亦当首肯矣。"东沙大捷，董应举为沈有容撰纪功铭，勒石于东沙大埔。《东海擒倭海石铭》昭示了沈有容将军的威武、胆略和气魄，表达了维护和保卫东海海岛和中国海上疆域安全的信念。

连江马祖岛东莒岛董应举为沈有容书写的《海石铭》："万历强梧大荒落，地腊后挟日，宣州沈君有容获生倭六十九名于东沙之山，不伤一卒。"崇祯十二年，董应举病逝，终年83岁。著有《崇相集》等。

董应举的海防思想：一是主张"选用水将水兵"。二是主张"水兵将士必须有过硬的航海技能"。三是主张"上层官员也要懂海"。四是主张"出汛远探"要掌握敌情。五是主张"造船制器"强军抗敌。六是主张"筑城堡，置铳炮，乡民自卫"。(刘传标)

冯梦龙

冯梦龙（1574—1646年），字犹龙，亦字耳犹、子犹等，号"墨憨斋主人""姑苏词奴""茂苑野史"等，与其兄冯梦桂、其弟冯梦熊合称"吴下三冯"。南直隶苏州府长洲县（今江苏省苏州市）人，明代通俗文学家、戏曲家。生于明神宗万历二年，崇祯三年，冯梦龙入国子监为贡生，次年授丹徒训导。

崇祯七年，冯梦龙任福建省建宁府寿宁县知县。寿宁任职期间，秉持"以勤补拙，以慈补严，以廉代匮，作一分亦是一分功业，宽一分亦是一分恩惠"的执政理念，"明断讼案、革除弊习"，深受百姓爱戴，并撰写了长达五万字的《寿宁待志》。

崇祯十七年，明朝覆灭。冯梦龙编纂《甲申纪事》《中兴伟略》等著作揭露明末吏治腐

败，主张改革整顿，并为反清大业四处奔走，期望复兴故国。顺治三年怀着满腔悲愤，郁郁而终。

冯梦龙擅长戏曲创作、改编，整理修改了传奇剧本《女丈夫》《杀狗记》《邯郸记》等数种，创作《双雄记》，合称《墨憨斋定本传奇》。在通俗小说、戏曲、话本、小说、民歌搜集整理方面有突出贡献，辑集刊行有民谣《挂枝儿》《山歌》，短篇白话小说集"三言"（即《喻世明言》《警世通言》《醒世恒言》，与凌濛初的《初刻拍案惊奇》《二刻拍案惊奇》合称为"三言二拍"），长篇小说《新平妖传》《新三国志》，以及《古今谭概》《情史》等。(薛静)

黄道周

黄道周（1585—1646年），字幼玄，号石斋，世人尊称"黄圣人""石斋先生"。明代福建省漳州府漳浦县铜山（今东山县）人。明末大儒、民族英雄、理学家、经学家、书画家、文学家，被誉为"闽海才子"。

天启二年登进士第，历任翰林院编修、侍读学士、经筵展书官、右中允、詹事府少詹事、吏部尚书兼兵部尚书，武英殿大学士。因为官清正，忠言直谏，导致黄道周仕途坎坷，多次遭贬谪。

隆武元年，黄道周亲自招募士兵，北上抗清，但因寡不敌众，在江西婺源被捕，宁死不降。次年，黄道周在南京就义，临刑前留下"纲常万古，节义千秋；天地知我，家人无忧"的血书。南明隆武闻讣讯，下令停止临朝以示哀悼，特赐谥"忠烈"，赠文明伯，并下令在福州为黄道周立"闵忠"庙，另在漳浦立"报忠"庙，每年春秋祭祀。乾隆四十一年，乾隆帝称赞黄道周"不愧一代完人"，追谥"忠端"。

黄道周是明末大儒，先后讲学于浙江大涤、漳浦明诚堂、漳州紫阳、龙溪邺业等书院，培养了大批学识渊博且具有高风亮节的人。

黄道周书法自成一家，号称"黄漳浦体"，他的书法作品是我国书法宝库中的珍品，代表作品有《榕颂》《定本孝经》等。此外，黄道周在诗歌、绘画、史学、天文、历法、数学等领域都有很深的造诣，著作甚丰，现存诗有两千多首。

著有《儒行集传》《孝经集传》《石斋集》

《易象正义》等，后人辑成《黄漳浦先生全集》。黄道周有14种作品被收入《四库全书》，共92卷。明代徐霞客评价黄道周"字画为馆阁第一，文章为国朝第一，人品为海宇第一，其学问直接周孔，为古今第一"。（游丽江）

黄文炤

黄文炤（1556—1651年），字懋显，又字季韬，号"毓源"（《黄氏族谱》《同安县志》书"黄文照，字丽甫，号季韬"），学者称为"季弢先生"，又因终生不仕，时人称为"黄布衣""黄同安"。著名理学家，有"品高嵩岱，学溯关闽"之誉。福建省泉州府同安县北部新圩镇金柄村（今属厦门市翔安区）人。长期居住泉州郡治城西铁炉铺五塔巷（《四库全书总目提要》记为晋江人）。

生于明嘉靖三十五年，自幼卓志性学，潜心力行，24岁入府学，但试场不顺，举业不果。万历壬子年，年56岁，决然离开府学，携带五岳琴，结伴亲朋师友，游于闽浙名山古刹，足迹遍及西湖、山阴、会稽、普陀、宁海、定海、天台、雁荡、剡溪、吴兴、太姥等地，广交学者文人，进谒王阳明于会稽，拜会四梁先生于定海，在以其所学质于周海门后，写就了《问答约言》一书。

游学归来后，在泉州城北的清源别洞、南台石壁结茅隐居，闭门谢客，专注著作。

崇祯六年，黄文炤与老友林云龙之孙林孕昌开讲堂于泉州笋江"在兹堂"，集徒讲授理学。后迁至"一峰书院"。三年后，经东林党前辈黄道周和曾樱的倡导，正式成立"笋堤社"，集徒邀友，讲经论史，成为泉郡著名的民办书院。与黄道周在漳州创办的"邺山讲堂""南屏文社"齐名。笋堤社分"出云堂"和"正学堂"，每月两期集合，分文、行、忠、信四大课艺，由文照、曾樱、林孕昌各出讲章（讲义），次日由学生问录相质，分组互为答辩。这种教师出讲义、师生定期分组讨论答辩的教育方式，堪称古代教育方法之创新。面对明末之内忧外患，讲辩特别重视行与忠，即品德与民族气节教育。据记载，"笋堤社"之教育成果显著。自崇祯九年至十六年，社中学生连中两解元、十进士。蒋德景、黄景昉同年入阁。其指导下的

文社尚有"宗镜社""颖社"等。

黄文炤作为一个无缘于仕途的理学学者，忠君爱国的思想感情是浓烈而深沉的。他时刻挂念着多故的朝野，关注着国家的前程。在他给林孕昌的信中，就有"天下有人调玉烛，山中许我坐春台"；"四效多垒怀司马，一筹莫展愧仲达"的诗句，表达了个人命运和国家命运息息相关及其以国为本的爱国思想，也流露了国家多故，自己却无力回天的愧疚心情。

崇祯甲申年初，福建巡按御史李嗣京将黄文炤的学行推荐给朝廷。

清顺治乙酉年5月，清军攻陷南京，唐王朱聿键于同年6月由郑芝龙、黄道周拥立为帝，改元隆武。时任吏部尚书的张肯堂（松江华亭人）又疏荐黄文炤，称黄文炤"品高嵩岱，学溯关闽，著述直参作者，躬修无愧于后人，不但帮家之羽仪，实为圣明之蓍蔡，行年九十，称道不乱，忧国倍殷"，请求朝廷授予以国子监学正。隆武小朝廷旨称"黄文炤学行可师，特投国子监学正，行诸地方官至存"。地方官奉旨颁送"天恩存问"匾额（此匾额悬挂在金柄大宗祠堂），并按月给肉米匹帛。当年十月，黄文炤应召到京（当时南明朝首都福州），前相国蒋德景赠诗给他，其中两句"从此安车见天子，真儒应压汉公卿"。"真儒"之评高矣。但黄文炤具疏坚辞其职。朝廷下旨"不允"，但又"姑准回家，将本县无碍官银发三百两，以给刻书之费，刻完进览"。圣旨中备尽褒美之词："黄文炤以九十之年罕遇，且有德有学，忠君爱国，语语纯嘉硕画，皆可见施行，真有用之真儒也"。从此，他的"聘君峨山黄先生"名号也由此而来。明亡后，社中师生多有殉国、归隐者，显示了高尚的民族气节。

顺治八年，黄文炤卒于雪山岩，享年96岁。其棺椁按遗嘱用四根大山藤悬吊在雪山岩后进右房楼板梁上，以示"生不戴清朝天，死亦不履清朝地"的气节。咸丰年间因藤烂不支，移葬于同安县长兴里竹坝保黄坂美龙山（今址在竹坝农场坝崎山）。碑阴刻"明聘君理学布衣莪山黄先生墓，晋江后学庄葵书"（现仍保存完好）。

著有《道南一脉》《孝经》《仁诠》《太极图》《理学经纬》《易》，还有《约言问答》《琴

庄》等理学著作，以及《古今长者录》《九日山志》等。晚又以学著。（刘传标）

何朝宗

何朝宗（1522—1600年），又名何来。明代瓷塑家、德化窑瓷塑的代表人物。先祖何昆源，号德辉，先在江西临川军伍任职，明洪武七年，调泉州右卫所，旋升右营旗官。洪武十七年，奉命拨军到德化隆泰社厚苏村（即今后所）屯垦定居。何朝宗生于明代嘉靖，德化县浔中镇隆泰后所村人。自幼受环境熏陶，喜爱瓷塑工艺，拜当地艺人为师。明万历二十八年卒于家。

早年为宫庙泥塑各种神仙佛像，如德化碧象岩的观音、下尾宫的大使、程田寺的善才、东岳庙的小鬼，形象逼真。这些泥塑有的保留至清末和民国时代。他的瓷塑作品，吸收泥塑、木雕和石刻造像的各种技法，结合瓷土特性，博取各家之长，形成独具一格的"何派"艺术。他所塑造的各种古佛神仙，发挥传统雕塑"传神写意"的长处，微妙地表现人物的内心世界，富有神韵。在注意人物内在表现的同时，着意外表的衣纹刻划，线条清晰、简洁、潇洒、多变化，柔媚流畅，翻转自然，圆劲有力。塑造的形象既有共同特征，又有不同个性，形神兼备，富有艺术魅力。善瓷塑，长于佛教人物，现存带有他名款的观音、达摩瓷塑像以德化窑作品居多。其观音像有大小、坐立及旁有童男童女等多种形式，而达摩像仅有坐立两种形式。

何朝宗非常注重自己作品的艺术性，不是成熟的作品，决不轻易烧制，所以何朝宗的传世作品较少，作品以达摩、观音、罗汉等佛教人物居多。何朝宗的作品，非常强调对人物神情的刻画，他经常把人物放在特定的环境中以表现主题，例如他的《达摩渡海像》，达摩被置于一片汪洋大海之上，双手合抱在胸前，双眸深邃，凝视远方，东渡弘法的抱负和决心，被艺术家表现得恰如其分。同时，以何朝宗为代表的德化瓷塑艺人，吸收了历代雕塑的长处，特别是继承了唐代表现佛像艺术的绘画风格，使得塑造的观音、达摩等造像很有唐代的韵味，形象既端庄肃穆，又平易近人，富有人情味。

何朝宗的瓷塑，以单纯的雕塑美和胎釉材料的质地美取胜，美如脂玉，质感强，具有极高的欣赏价值。北京故宫博物院收藏其雕塑"盘膝观音""渡海达摩"，泉州市文管会收藏其"渡海观音"，均列为国家一级文物珍品。国外发现的"坐式观音"，和民国时代由莆田县流落日本的2尊瓷观音、1尊达摩，被美国掠走的伏虎祖师，以及保留在莆田县民间3尊瓷观音和文昌帝君像，均为上乘珍品。何朝宗除擅长瓷塑观音佛像外，还兼制精巧雅致的香壶、小瓶等可供玩赏的用品。何朝宗的瓷塑推动了佛教民族化、世俗化的进程，具有里程碑式的意义。他的高超技艺，一直流传于世。（张慧）

何乔远

何乔远（1558—1631年），字稚孝，或称穉孝，号匪莪，晚号"镜山"，人称"镜山先生"。我国古代杰出的方志史学家。明代福建省泉州府晋江县人，生于明嘉靖三十七年。幼颖异，8岁时，其父以"乍雨乍晴天未定"为上联，命属对，何乔远即以"有麟有凤国将兴"答之。万历十四年登进士第，选授刑部云南司主事，擢礼部精膳司员外郎，升仪制司郎中。其时，神宗欲封皇长子为王，何乔远上疏力争。同官陈泰来等因言事被谪，何乔远又抗疏救之。万历二十年，日本军队进攻朝鲜，陷其王京。次年，提督李如松率兵援朝，先胜后败，形势紧急。兵部尚书石星懦弱无能，反为日本请封贡，使日本侵略气焰更炽。何乔远据实上疏，指谪兵部失策；又疏陈历朝驭倭策略，主张出兵保护朝鲜，制止日本侵略。万历二十四年（1596年），何乔远属吏写册封文本，漏了衔名，何乔远因坐"奏牍不恭"罪，被贬为广西布政司。次年，其妻温氏病故，乃请假回籍治丧，从此绝意仕途，家居20多年，在镜山下购置农舍数间，创立"休山书院"。万历四十年起，致力于地方文献著述，开始纂《闽书》。万历四十八年书成，共154卷。

万历四十八年八月，光宗即位，起用何乔远，晋位光禄卿。天启元年七月，何乔远奉命典试江西。

天启二年何乔远进左通政，旋晋升为光禄寺卿。天启三年擢为通政使。由于政敌权奸流言攻击，便力求辞官，终以户部右侍郎致仕。

崇祯二年，朝廷又起用何乔远为南京工部右侍郎。上任后即上疏建议，开通镇江南湖，连接内河运输。思宗览表后，称赞何乔远"老成体国"，命其兼署户、工二部。何乔远又上疏，请求"清冗役，考仓期"，陈述经费致匮之由，并言"年输淮库20万金，非旧例"，思宗因而下旨按勘。但此举触怒一帮腐败官僚，逆纷纷上疏攻讦。何乔远见弊政无可救治，便主动引退。临行，又请开海禁，称"弭盗安民，莫先此举"。

他辞官归里后，晚年隐居于泉州北门外镜山，故学者又称之为镜山先生。家有"镜山书房""自誓斋""天听阁"，所藏四部图书满家，藏书数万卷。

崇祯四年，何乔远病卒，思宗赐祭葬，并赠工部尚书。

何乔远一生著述甚丰，著有《释大学》《释武城》《释大诰》《召诰》《洛诰》《闽书》《名山藏》《皇明文征》等，还编纂《安溪县志》，辑南安先贤诗文事略的《武荣全集》等。

在何乔远的十几部鸿著之中，最有创新和建树的是荟萃八闽郡邑各志并参考前代载记而成的《闽书》22门154卷，是福建现存最早、最完整之省志；他辑的明十三朝遗事的《名山藏》109卷，为著名之明代私人纂修之明史，所记为明洪武至隆庆间史事，多取材于笔记、野史旧闻，保存了不少诸史少载的史料。《皇明文征》74卷，则是明人诗文之汇集。

乔远卒后，其子何九云、何九说纂辑其生平诗文、奏议、书牍等辑为《何镜山先生全集》72卷。（刘传标）

柯尚迁

柯尚迁（1500—1583年），原名文迁，字时益，号乔可，又号"阳石山人"。明代福建省福州府长乐县昌化乡弦歌里十四都一图南阳下屿（今漳港镇百户村）人。明代的理学家、数学家、珠算学家、教育家。生于明弘治十三年五月初三。明嘉靖二十八年贡元，翌年入国子监；嘉靖三十八年，授直隶顺德府邢台县丞，为官清廉；嘉靖四十一年致仕，寓南京。隆庆五年回归故里，择岱屿山麓筑庐而居。

柯尚迁精于儒学，尤擅珠算学。明万历十

年去世，终年83岁。

著有《三礼全经释原》《周礼全经释原》12卷、附录2卷，《曲礼全经类释》14卷，《数学通轨》《曲礼外集》等多部著作。《曲礼外集》刊于万历六年（1578年），其中《补学礼六艺》附录之《数学通轨》是明代重要数学著作，也是中国历史上早期最适用的珠算书。《数学通轨》在中国流传不广，明代时传入日本，并流传广泛，对日本珠算的发展起到了重要作用，也是现存世上最古老的有关算盘珠算著作之一。柯尚迁被后人誉为珠算鼻祖。书中引有"九归总歌法语""撞归法语""还原法语"等，在珠算发展史上有重要地位。他首定十三位算盘。（刘传标）

李世熊

李世熊（1602-1686年），字元仲，号愧庵，自号"塞支道人"，明代福建省汀州府（今三明市）宁化县泉上里龙乡（今泉上镇）泉上村人。生于万历三十年九月二十日。自幼聪明，5岁入私塾，15岁入童子试第一，16岁入县学，笃交游，敢任难事。生平喜读异书，博闻强记，经史子集乃至医卜星纬释道的典籍无不贯通，尤爱钻研韩非、屈原、韩愈等人之作。20岁那年，李世熊参加乡试。同考官佘昌祚非常欣赏他的文章，要把他列为榜首，可是主考官不同意，二人争持不下，佘昌祚一怒之下："安知此生来科不第一耶？"赌气带走试卷。所以，李世熊落第。23岁以郡试第四成廪生。崇祯元年至崇祯十七年（1628-1644年），李世熊共9次乡试和选贡，都因"其为文，沉深峭刻，奥博离奇"，不合主考官的口味而落选。其文章为众多学子所推崇。

崇祯十七年，李世熊拜黄道周为师。次年，明弘光皇帝被清军杀后，郑鸿逵、黄道周等拥戴唐王朱聿键在福州监国；同年7月，朱聿键在福州称帝，改年号为隆武。黄道周因拥戴有功被封为武英殿大学士，入阁主政。李世熊认为以隆武小朝廷那一点兵力与清军作战，无疑是以卵击石，恳切上书，极力劝阻，希望老师不要作无谓牺牲。无奈，黄道周决心以身报国，坚持出兵。黄道周被清军杀害后，李世熊筑坛遥祭痛哭，并且奔赴福州，上《褒恤孤忠疏》，慰唁遗属。

顺治三年清兵入闽后，李世熊逃入阳迟山隐居。汀州镇将慑于李世熊的名望，也不好加害于他。

李世熊虽身在林泉，他的才气和操守却为时人所共知，成为一种道德的典范，对其所在的地域起到了规范约束作用。在兵荒马乱的年代，其他的乡村都不同程度地遭到破坏，只有李世熊的乡村独自完好。

李世熊虽满腹经纶，却壮志难酬，住泉上40多年，足迹不入州府，交结了一大批像曾异撰、董谦吉、陈燕翼、刘廷标、何楷、彭士望、魏禧、魏礼等这样的有识有节之士。曾与"宁都三魏"为友，和刘坊结为忘年交，与黎士弘、彭士望等的友谊也很深厚。他们相识相知，互通书信。共同的操守和共同的文学追求让他们走在了一起。李世熊的弟子黎士弘始终都很推崇业师的人格，对其无比的尊敬和爱戴。

康熙二十五年九月二十八日，李世熊在泉上檀河精舍逝世，终年85岁。原葬泉上白沙坳祖墓之旁，康熙三十六年改葬泉上茶头窠。

李世熊逝世后，黎士弘作《前征君泉上李先生墓表》，极力突出赞颂了李世熊的才学，以及决不偷生求活的气节。

著有《寒支集》(《寒支初集》《寒支二集》)八卷、《钱神志》二十卷、《宁化县志》七卷、《本行录》三卷、《经正录》三卷、《史感》一卷、《物感》一卷、《狗马史记》等。

李世熊对后世的影响，首先体现在他的气节上。他不慕虚名，不畏权势，屡次拒绝"出山"。他曾在《答汀州李太守书》说道："人趋炎而某守贱，人走利而某守贫，人逐市朝，而某卧穷壑，人附权势而某侣缁衲。"可见其忠贞耿介。（刘传标）

李　贽

李贽（1527—1602年），初姓林，名载贽，后改姓李，名贽，字宏甫，号卓吾，别号"温陵居士""百泉居士"等。明代中叶重要的思想家、文学家，泰州学派的一代宗师。福建省泉州府城南门外人，生于明嘉靖六年十月廿六。他的父亲李钟秀以教书为业，李贽七岁时便随父亲读书、学习礼仪。十二岁能作文章，写出

《老农老圃论》，把孔子视种田人为"小人"的言论大大挖苦了一番，轰动乡里。十四岁，读完《易》《礼》，改攻《尚书》。嘉靖三十一年考中举人，不应会试。授河南卫辉府共城（辉县旧称）教谕，由于"不得不假升斗之禄以为养"，只好放弃个人要求，服从委派。他虽受的是封建传统教育，但"自幼倔强难化"，强烈反对封建礼教。

嘉靖三十九年，李贽离开辉县，南下出任南京国子监博士，做了一个从八品小官。到任二月有余，丁父忧，东归奔丧，回家守制。时值倭寇大肆侵扰我国东南沿海地区，李贽的家乡也深受其害。为了击退倭寇的猖狂进攻，李贽率家人参加泉州城保卫战。通过抗倭斗争，他更加看清了明王朝的腐败无能。

嘉靖四十一年，丧服期满，而倭患未息。他"欲以免难"，尽携眷属，直接奔到北京。为养家糊口，当了十余月的教师。

嘉靖四十三年，补北京国子监博士，到任不多日，即与国子监祭酒秦鸣雷、陈以勤以及司业潘晟、吕调阳等人发生抵触。不久，家庭的不幸接踵而来，李贽的二儿子死于身旁，又闻祖父病逝，于是请假回籍，安葬先人。因为经济窘迫，李贽南归时把妻子和三个女儿送到河南辉县。在他回乡的前后三年中，完全依靠她们母女一边参加田间劳动，一边买花织布，自谋生路。其间，由于荒年歉收，"长女随艰难日久，食稗如食粟。二女、三女遂不能下咽，因病，相继夭死"。

李贽携家眷由辉县到北京，补北京礼部司务，官秩从九品，是一个比国子监博士待遇更低的穷差事。为了到北京求师访友，研讨学问，他把穷苦置之度外，而视"闻道"为最大的快乐。从这年开始，通过礼部李逢阳和王守仁弟子钱德洪的学生、礼部郎中徐用检的介绍，听泰州学派学者赵贞吉讲学，接触王守仁的学说。

隆庆四年，通过李逢阳的介绍，李贽又认识了王守仁的得意门生邹守益的学生、刑部主事李材，并与之共同探求学问。李贽思想中的主观唯心论因素，同这一时期受王守仁学说的影响是分不开的。"五载春官，潜心道妙"。一心研究王守仁一派的学问，这是他从任礼部司务五年以来最大的快乐。然而，他在官场中的

处境却依然如故，毫无改变，于是又不得不离开都门，另谋职位。

隆庆五年至万历四年止，就南京刑部员外郎。南京成为陪都，四方文人云集，聚会讲学的风气极盛。使李贽有机会在此结交一批名人学士，如南京著名学者焦竑、湖北黄安耿定理等人，并成为挚友，在学术和生活上深得他们的指点和帮助。同时见到他向慕已久的王守仁的弟子王畿和泰州学派创始人王艮的再传弟子罗汝芳，对他们推崇备至，谓王畿良知之说具有启发思想的作用；王艮一派有真实的本领，是王守仁门徒中"最英灵"的一个派别。"自后无岁不读二先生之书，无口不谈二先生之腹"。

万历二年，在南京拜王艮的次子王襞为师，进一步接受泰州学派的思想，最后成为泰州学派的代表人物之一。

万历五年，李贽出任云南省姚安府知府，官秩正四品。李贽的无为而治的思想，颇得府中僚属、胥隶的拥护。但是朝廷对他的做法并不欣赏，因为这样做也势必损害封建王朝的利益。

万历八年三月，他三年任满，即"谢簿书，封府库，携其家"，离开姚安，到楚雄。自动放弃加官晋级的名利，向巡按刘维提出舍官从民的辞呈。刘维不应允，他便逃到滇西大理府鸡足山阅《藏经》，执意不出。刘维无奈，请于朝廷，准其提前致仕。七月初，正式离任，由此退出官场。

万历九年，李贽从云南辞职，寄寓湖北黄安（今湖北省红安县），李贽反对封建伦理道德，要求个性解放，在黄安讲学时甚至破例招收女弟子。万历十年，李贽在黄安耿家刻印苏辙的《老子解》，并在进一步研究《老子》书的基础上，撰《解老》二卷。从书中对一些问题的解释，可以看出他对于事物相互对立和相互转化的辩证关系有了比较明确的认识。

万历十三年四月，李贽离开黄安，到湖北麻城寓居，到麻城之初，住于维摩庵。不久，令人将住在黄安的家眷护送回闽。万历十四年写了《答耿司寇》一文，对封建理学家耿定向等人的思想行为进行了揭露。李贽痛恨理学家的欺世盗名和虚伪行为，赞成劳动农民和商人言行一致的真实可爱，从一个侧面反映出他已

经脱离了封建阶级意识的束缚，站到新兴的市民阶层一边。在资本主义生产方式已经萌芽的十六世纪后半叶，李贽的这些言论实际上是反映了新兴商人阶级反对封建专制压迫、要求独立发展的"图利"思想。这在当时是具有进步作用的。但他对理学的态度显然有些偏激。

万历十六年初，李贽离开维摩庵，孤身入麻城龙潭（龙湖）芝佛院，与僧无念等同住院里，全心读书著述。同年夏天，因为天气闷热，头发秽不可闻，遂剃发以为常。

这年夏天，李贽编纂了第一部著作《初潭集》，计三十卷。因"初落发龙潭即纂此，故曰《初潭》也"。是书借评价历史人物与事件，给封建理学家以无情的讽刺和痛斥。李贽在不断被驱逐、被迫害的生活中所完成的最著名的三部大书《说书》《焚书》《藏书》，也均于这年开始编辑。其中，《说书》有一大部分是在这年完成的。

万历十八年初，李贽刻印他一生事迹所寄之诗文集《焚书》，计六卷。又因为书中有与耿定向的信七封，对其进行了严厉、尖锐的批判。六月，耿定向闻之，认为是对他的"诽谤"，急忙抛出《求儆书》，由他的门徒、河南光山县人蔡毅中作序刊行，"以告同志"，妄图使"恶声不至于耳"，同时竭力攻击诬蔑李贽。万历十九年，耿定向为了进一步迫害李贽，掩盖自己的面目，并避免"后学承风步影"，效李贽之所为，一方面鼓动蔡毅中作《焚书辨》，反诬李贽是"流毒百世"，竭力维护封建道德。另一方面，不惜采用卑劣手段，乘李贽游览武昌黄鹤楼之机，以"左道惑众"的罪名，雇用流氓对李贽进行詈骂、围攻和驱逐。结果正如李贽所说的，"本欲甚我之过，而不知反以彰我之名"。在武昌，湖广左布政使刘东星直接出面保护他，湖北著名的公安派袁宗道、宏道、中道三兄弟从此开始和他密切往来。他自己更没有因此而停止斗争，继续写了《读书乐》《豫约》等一批著作，回顾自己走入仕途后的种种遭遇，总结思想，抨击明朝的黑暗政治，强烈地表现出他"平生不愿属人管"的叛逆精神。同时应友人之邀，于二十四年至二十五年出游山西、北京等地，并在游途中完成《孙子参同》《净土诀》诸书。

万历二十四年秋天，李贽因丁父忧而家居，恰值倭寇骚扰泉州城，应吏部侍郎刘东星之邀，到山西上党沁水坪上村做客。期间撰写《孙子参同》上中下三卷（见《李卓吾先生遗书》）。

万历二十六年夏初，游南京，与焦竑等共同研读《周易》和最后修订《藏书》。《藏书》共六十八卷，二十七年秋由焦竑主持在南京正式刊行。它是李贽经过多年的努力，精心编撰的一部历史人物传记著作，也是他一生精神所寄。全书分《世纪》《列传》两部分，被传者计八百人，上起战国，下迄元末，按照自己的是非标准，评说古人，否认道统，把程、朱等理学家摒于"德业"之外，褒贬人物独立思考，不盲从儒家教条，体现了他运用朴素辩证法研究历史的进步史观。李贽关于男女平等的思想见解，在《藏书》中也有鲜明的表现。在南京，李贽还三次会见意大利传教士利玛窦，作诗赠之，称其为"我所见人，未有其比"。

万历二十八年春，曾任过湖广左布政使，后为工部尚书兼右副都御史、总督河漕的刘东星，亲自到南京接李贽北上，于三月底抵达山东济宁漕署。一到济宁，李贽便抓紧时间利用署中的有利环境，日夜著述，编成《阳明先生道学钞》八卷（第八卷为《阳明先生年谱》）。尔后回到湖北麻城，即遭到封建统治者的残酷迫害。

万历二十八年冬天，李贽在他的学生杨定见的帮忙下，逃入河南汝宁府商城黄蘖山。在山中避难期间，他仍然手不释卷，修改旧作。万历二十九年二月，在被"斥为民"的御史马经纶的陪同下，到达通州马家，抱病完成了研究《周易》的哲学著作《九正易因》。此时，李贽的病势不断恶化，经常卧床不起。

万历三十年，李贽七十六岁。他自知年老多病，且暮垂危，于二月初五日，特书《遗言》，交代后事，希望能平平安安了此一生。但是凶残的封建统治者并没有因为李贽之将死而停止对他的迫害。闰二月，礼科给事中张问达得悉李贽已经移居通州的消息，专门上特疏劾奏李贽。

李贽从病床上被拉出，一路昏迷，用门板抬入京城镇抚司狱。在狱多日，作诗读书自如，《系中八绝》，就是他留下的最后著作。当传说要勒他回原籍时，曰："我年七十有六，死耳，何以归为？"三月十五日，李贽以"七十老翁何所求"，视死如归，趁侍者为他剃发之时，夺刀自刎，气不绝者两日。三月十六日子时，遂气绝，用自己的生命控诉了封建统治阶级对他的无辜迫害。马经纶按照李贽的《遗言》，将其葬于通州北门外。

李贽一生所坚持的反对封建专制主义，提倡个性解放的思想，是明代中后期封建经济局部解体、资本主义生产方式稀疏萌芽的深刻反映。他所提出的疑经、非儒、反孔等各种观点，就其主要方面而言是进步的，也是合乎历史潮流的，对当时和后来都有一定的影响，无疑是明代历史上一位有代表性的人物。清代修《明史》不为其专门立传，是很不公正的，恰恰暴露了作者竭力维护封建"正统"的顽固立场。

李贽"生于闽，长于海，丐食于卫，就学于燕，访友于白下（南京），质正于四方"，对历代朝章典故，各地人情物产，各种学术流派，都有过接触和研究，阅识广泛，学问渊博，著作宏富，除《焚书》《藏书》外，尚有《续焚书》《续藏书》《史纲评要》《世说新语补》《孙子参同》等，以及一大批评论《水浒传》等文学艺术作品的论著。

李贽的思想深受"阳明学"支流"泰州学派"影响，且以孔孟传统儒学的"异端"自居，对被封建统治者奉为金科玉律的儒家经典和孔孟之学进行抨击，对封建社会的男尊女卑、重农抑商、假道学、社会腐败、贪官污吏，大加痛斥批判，主张"革故鼎新"，反对思想禁锢。李贽对儒家经典的《六经》《论语》《孟子》表示了极大的轻蔑，否定孔孟学说是"道冠古今"的"万世至论"，认为这些不都是圣人之言，是经过后人吹捧拔高形成的，不能将其当作教条而随便套用。李贽反对理学空谈，针对当时官学和知识阶层独奉儒家程朱理学为权威的情况，贬斥程朱理学为伪道学，揭露道学家的丑恶面目。李贽在社会价值导向方面，批判重农抑商，扬商贾功绩，倡导功利价值，针对朱熹"存天理，灭人欲"的说教，李贽提出了"穿衣吃饭，即是人伦物理，除却穿衣吃饭，无伦物矣"的进步思想。李贽提倡人类平等，尊重妇女，认为按照万物一体的原理，社会上根本不存在高下贵贱的区别，老百姓并不卑下，自有其值得尊贵的地方；王侯贵族并不高贵，也有其卑贱的地方；反对歧视妇女，对封建礼教压迫下的妇女，李贽给以深深的同情，他大声疾呼，为妇女鸣不平。针对明王朝的腐败政治，李贽提出了"至道无为、至治无声、至教无言"的政治理想，他认为人类社会之所以常常发生动乱，是统治者对社会生活干涉的结果。他理想的"至人之治"则是"因乎人者也"，顺乎自然，顺乎世俗民情，即"因其政不易其俗，顺其性不拂其能"，对人类的社会生活不干涉或少干涉。在文学方面，李贽提出"绝假纯真"的"童心说"，"童心"就是赤子之心，"一念之本心"，是表达个体的真实感受与真实愿望的"私心"，是真心与真人得以成立的依据。李贽将认知的是非标准归结为童心，他认为文学都必须真实坦率地表露作者内心的情感和人生的欲望；主张创作要"绝假还真"，抒发己见，头可断而身不可辱，毫不畏缩。在李贽看来，要使文学存真去假，就必须割断与道学的联系，将那些儒学经典大胆斥为与"童心之言"相对立的伪道学，这在当时道学僵化的环境中有它的进步性与深刻性。李贽在诗文写作风格方面，也主张"真心"，反对当时风行的"摹古"文风，他的这一倾向，对晚明文学产生了重要影响。（刘传标）

林　聪

林聪（1415—1482年），字季聪，号见庵。福建省福州府宁德县七都人。生于明永乐十三年。父林观，擅诗文。林聪幼承庭训，刻苦攻读。正统四年中进士，正统八年任刑科给事中。明朝成化年间，官拜刑部尚书。

正统九年，叶宗留领导矿工在闽、浙边区起义，与沙县邓茂七领导的农民起义军彼此呼应，声势很大。林聪再次上疏，极言福建银场课银之艰，乞速减免。矿工起义被镇压后，明朝廷终于接受林聪建议，罢宁德、建宁银税。

正统十四年，蒙古族瓦剌部首领也先率军侵边，宦官王振挟持英宗仓促北征，在土木堡大败，英宗被俘。"土木之变"后，林聪多次上疏，抨击宦官擅政的诸多弊端。

景泰元年，林聪迁都给事中。林聪慷慨论事，无所讳。时，代宗废英宗的皇太子，立己子为太子，众人唯唯，独林聪认为不可。后也先将英宗放还，代宗担心于己不利，欲薄接礼，独林聪请求备銮接回。景泰三年三月，林聪受命纠察刑狱，当时，湖广巡按使蔡锡因弹劾副使邢端"贪纵"，反遭邢端之攻讦，系狱经年。林聪查明邢端劣迹，上疏奏明，将邢端下狱，蔡锡获释。中官金英家人犯法，都御史陈镒、王文治之，不罪金英。林聪率同列劾陈镒、王文畏势从奸，并及御史宋瑮，谢琚，皆下狱。已而复职。林聪又言宋瑮、谢琚不任风纪，二人竟调外。

景泰四年初，迁林聪为春坊司直郎。大学士商辂上书，言六科不可无林聪，代宗乃复林聪为吏科给事中。

景泰五年三月，林聪目睹土地兼并日益严重，偕同官上疏弹劾权贵石亨等人倚势侵田，要求将擅占民田者治罪，并还田与民。林聪刚正不阿，仗义执言，不少佞臣因之下狱、贬官或外调。因声望日隆，也遭到一些人的嫉恨。是年冬，御史黄溥等弹劾林聪挟持吏部、徇私荐举福建参政许仁达为巡抚以及泄私怨弹劾兵部主事吴诚等事。林聪因此被判死罪。大学士高谷、礼部尚书胡濙皆为林聪抱不平，极力挽救。代宗遂诏释林聪，将其贬为国子学正。

天顺元年，英宗复位，升林聪为左佥都御史。受命前往山东赈饥。林聪开仓济民，救活饥民145万人。回朝复命后，升右副都御史，捕江、淮盐盗。以便宜，擒戮渠魁数人，余悉解散，而奏籍指挥之受盗赂者。母忧起复，再辞。不许。

天顺二年，林聪鉴于苛刑峻法下冤狱不断，上《乞缓重狱疏》，提出春判秋决的主张，使死刑犯得有时间上诉复审，减少冤狱。英宗纳其言，诏令："每岁霜降后，三法司会同廷臣审录重囚。"此制谓之朝审，遂成永制。

天顺四年，曹钦谋反，官府镇压时累及无辜，林聪急令制止，并为无辜者辩冤。

成化二年，江淮一带饥荒，朝廷命林聪前往赈灾。林聪奏请"贷江南粮及支运粮数十万给民，且与之种"。赈饥回京后，升任右都御史。成化七年，林聪巡抚大同，苦心筹划，整饬军务，加强边备。因积劳成病，于成化八年辞官。成化十年病愈后应召，掌南京都察院事。

成化十三年，升任刑部尚书加太子少保，虽已年过六旬，但仍"夙夜匪懈"，详核案件，为蒙冤的死囚平反，总数不下 600 人。由于秉公办事，声望益著。

成化十五年，与宦官汪直、定西侯蒋琬往辽东查办案件。汪直庇巡抚陈钺，林聪不能争，论者惜焉。成化十六年，上疏乞归未准。

成化十八年闰八月庚寅日，病逝于任上，享年 68 岁。朝廷诰授荣禄大夫、太子少保，谥"庄敏"。灵柩归葬于宁德八都铜境山。

著有《奏议》8 卷、《见庵文集》14 卷。（刘传标）

林之蕃

林之蕃（1611—1673 年），字孔硕，号涵斋，别号"积翠头陀"。明代福建省福州府长乐县二难乡二都一图崇丘里（今首占镇）塘屿村林氏东面房人。生于万历四十年。林之蕃年轻时与林垐（字子野）同拜名儒董应举（字崇相）门下受业。董氏历任南京大理寺丞、太常少卿、工部右侍郎兼户部侍郎并理盐政，因得罪魏忠贤阉党，罢归授徒。他"授以古文，勖以节义"，对林之蕃的人格操守的形成有深刻影响。

崇祯十六年秋中三甲进士，历任户部观政、浙江嘉兴知县。清军南下，隆武在福州称帝。朱继祚、黄道周赞赏林之蕃忠义清廉的品格，到唐屿林之蕃家邀其共事。黄道周推荐林之蕃任御史，继授考功郎中。后任太仆少卿、吏部郎中、都察院左都御史。因南明政权内部朝臣擅权争利，结党营私，勾心斗角，随即挂冠别去。退隐祖居地唐屿村，面对异族新朝，选择了逃避与不合作，隐居故里唐峰，寄情山水，潜心佛理，与方以智、金道隐、为霖和尚于鼓山白云洞精研禅理，隐居般若庵与永觉、为霖师徒谈道外，字署"积翠头陀"。

康熙十二年，林之蕃病逝于家中，享年62 岁。

著有《涵斋集》和《藏山唐遗稿》传世。

林之蕃工诗文，擅长山水画，落笔苍润，韵致萧疏，是明末清初福建画坛的一位有影响的画家。绘画作品以山水为主，旁及松石墨竹。林垐《居易堂集》及徐钟震《雪樵集》中都收录有林涵斋画作题诗。林之蕃的传世作品有 7 幅：故宫博物院收藏的 3 件册页扇面外，还有私人收藏的 4 幅。林之蕃的绘画作品，特别是山水题材作品，基本上都取材于积翠山及其周遭的背景。曾士甲《闽诗传》称之蕃为人博通今古，明兴废之道，且不以才学炫人。（陈宇海）

普 鲸

普鲸（1568—1650 年）字波臣。明代福建省兴化府莆田县人。明代著名的肖像画大师，承古代人物画大师顾恺之"以形写神"的手法，并大胆吸收西洋画法，熔中西于一炉，创造了中华民族特有的"凹凸法"，人称"波臣派"。

所画肖像，神情生动、逼真，如镜取影，前无古人。在明清两代画家中，享有很高声望。《中国绘画史》称其肖像画在朱明王朝三百年间，首屈一指。

著有《黄道周像》《黄宗羲像》《谢在杭像》《钱澄之像》《张岱像》等，皆属珍品。（张慧）

戚继光

戚继光（1528 年—1588 年），字符敬，号南塘，晚号孟诸。祖籍安徽定远，生于山东济宁微山县鲁桥镇。明朝抗倭名将，杰出的军事家、民族英雄。

戚继光出身将门，嘉靖二十三年袭祖职，任登州卫指挥金事。嘉靖二十五年戚继光负责管理登州卫所的屯田事务，当时山东沿海一带遭受到倭寇的烧杀抢掠，戚继光有心杀贼，写下了"封侯非我意，但愿海波平"的诗句。

嘉靖二十九年，奉旨带领山东民兵北上戍守蓟镇。

嘉靖三十二年，受张居正的推荐进署都指挥金事一职，管理登州、文登、即墨三营二十五个卫所，防御山东沿海的倭寇。

嘉靖三十四年，任浙江都司金书，负责防倭，并担任宁绍台参将一职，防守宁波、绍兴、台州三郡，开始了他在东南沿海抗倭的生涯，从浙江到福建，一路征战，几乎是百战百胜，被誉为常胜将军，扫平了多年为虐沿海的倭患。

隆庆元年十一月，戚继光被任命为神机营副将。隆庆二年镇守蓟镇，开始了在北方十余年的抗击蒙古部族的戍边，保卫了北部疆域的安全。

明嘉靖年间，倭寇侵犯浙江福建沿海，倭寇在浙江受到戚家军痛击后，福建形势更加危急。福建巡抚游震得上疏朝廷，请速派兵援救。嘉靖四十一年七月，胡宗宪命戚继光率本部正兵6000人。另以督府中军都司戴冲霄率部1600人协助，往援福建。戚继光率领戚家军赶到三都，弄清涨退潮变化规律和滩涂情况后，利用八月初八涨小潮的日子，收复了被占三年之久的横屿岛。八月十五中秋节，义乌兵凯旋，进驻宁德县城。

横屿收复后，中秋一过，戚继光就率军南下，经过罗源、连江，于八月二十九日抵达福清县城。福清龙田，古称"牛田"，在县城东南30里，是倭寇在福清的最大巢穴。戚家军开抵福清，决定先清除牛田的倭寇。

嘉靖四十一年九月十二日，牛田大捷后，倭寇败逃至兴化东的林墩，与附近散逃的倭寇合股，人数约有4000多人结寨据守。戚家军乘胜进军，急行军70里，进了烽头、江口一带。九月十三日，从山间小道进入兴化进抵莆田城。为迷惑敌人，造成暂不进兵的假象，命令将士们帮老百姓收割庄稼，整理田地。他闭口不谈军事，到各地做客喝酒。次日夜半子时，戚家军轻装直趋林墩。拂晓方到达林墩附近，被倭寇发现，倭寇迅速占领了唯一通路宁海桥。宁海桥虽小，却是通往林墩的咽喉，筑有坚固工事。戚继光把队伍分作3个梯队，发起进攻，夺占了宁海桥。倭寇阵势大乱，夺路逃跑。戚家军奋勇追杀，全部歼灭此股倭寇。此役救出了被掳男女2000余人。

林墩战斗结束后，戚家军班师，十月初兵抵福清。戚继光亲自督军攻打葛塘。福清葛塘之战，斩首150多，取得葛塘大捷。从此，戚继光在倭寇中得了个"戚老虎"的绰号。

戚家军这次援闽，转战千里，取得四次大捷，歼灭倭寇5000多人，数以万计的倭寇纷纷乘船逃走。

嘉靖四十二年二月，倭寇又纠集2万7000分乘百艘舰船进犯福建沿海的福宁三沙和间间澳、万安连盘澳、平海卫后潘澳等地，各水寨、各路把总奋力抗击，先后在连江马鼻岭和宁海肖石岭歼灭倭寇各一部。但未能从根本上阻止倭寇对福建的进犯。三月，倭寇6000多人，攻陷兴化后，泄愤屠城，数万军民惨遭杀害。举国震惊，嘉靖皇帝龙颜大怒，将福建巡抚游震得撤职查办，谭纶被提拔为右金都御史、福建巡抚，提督福建军务。俞大猷为福建总兵，戚继光为福建副总兵，诏令三人火速剿灭倭寇。嘉靖四十二年三月，戚继光新募12000戚家军再次入闽。四月上旬，得知戚家军重返福建后，倭寇放弃兴化，退往海滨，占据平海卫，构筑工事，凭险固守。四月十九日，戚继光、俞大猷、谭纶会师于兴化东亭，明军总兵力达三万余人。四月二十日，谭论召集各路将领商讨破敌之策。根据平海卫三面环海，戚继光提出分进合击策略，在各海道上环立栅栏阻断倭寇归路。谭纶自任总指挥，戚继光为先锋，率中路军直捣倭贼大本营平海卫；刘显率左路军由侧翼陆路迂回进攻；俞大猷为右军，率水师从海上进攻，断敌退路；谭纶自领中军，随后跟进。各路军分头进击，一举攻克平海卫，斩杀倭寇2200余人，解救被掳男女3000余人，缴获战利品无数，次日严密搜捕，又斩杀逃匿倭寇170余人，取得"平海卫大捷"。

明嘉靖四十二年冬，倭寇两万余人在莆田登陆，一路烧杀抢掠。戚继光将军奉命率领戚家军由浙江二度入闽，进剿倭寇。

明嘉靖四十二年十二月二十六日，戚继光在仙游大破倭寇，取得仙游大捷。倭寇残部万余人仓皇向闽南逃窜，于次年正月十四日逃至同安沈井（今翔安区马巷镇沈井村），紧接着又绕过同安县城逃至乌泥（今同安区新民镇乌涂村），随即于正月二十三日偷袭高浦城（今杏林街道高浦社区，古城墙所剩无几）。高浦城岌岌可危。戚家军赶到现在的集美境内，倭寇慑于戚家军威名，仅围城一天就仓皇撤围逃往坂尾（今海沧区东孚镇后柯村）。戚家军驻扎在离坂尾三十多里路的芸溪巡司至安民铺一带山麓休整待机。二月初三日天亮后，戚家军组成四路纵队，经仙店铺（今海沧区东孚镇山边村）大路向角尾方向追击。中午时分，戚家军赶到了同安县田里社王仓坪（今龙海市角尾镇田里村一带），追上了正准备吃午饭的倭寇。从中午一直杀到天黑，以少胜多，歼灭倭寇几千人，解救被倭寇劫持的老百姓三千多人，取得王仓坪大捷。

残倭数千人先逃往长泰，再逃往漳浦八都汤坑蔡陂岭，戚家军乘胜追击。先是倭寇设伏在前，戚家军追击中伏，退却，戚继光斩临阵退却者，亲自督战，实施反包围。二月十五日，取得最后胜利，再获大捷，将近万名倭寇彻底击溃，斩首 177 颗。

仙游、王仓坪、蔡陂岭三场大捷，共歼灭倭寇万余人，从此之后，再也没有大股倭寇敢到福建抢掠，福建沿海数十年的倭患得以基本解决。

隆庆元年，给事中吴时来向明穆宗上疏建议让戚继光、俞大猷等人训练蓟门一带的士兵。朝廷任戚继光为神机营副将。当时谭纶刚刚在辽、蓟一带募集了三万步兵又在浙江招募了三千士兵请求让戚继光对其训练得到了穆宗的许可。

隆庆二年，明穆宗让戚继光训练蓟州、昌平、保定等地的士兵总兵官以下的官员都受戚继光的节制。

戚继光镇守的蓟门固若金汤，北蛮子无法攻入，于是转而进犯辽东。戚继光率兵增援，协助辽东守将李成梁将其击退。朝廷封戚继光为太子太保又进封少保。

万历十年六月二十，阁首辅张居正病逝，戚继光被朝廷调往广东。

万历十三年，给事中张希皋弹劾戚继光，戚继光遭罢免。

同年十二月初八日，戚继光突然发病，与世长辞，谥"武毅"。

戚继光又是一位杰出的兵器专家和军事工程家，他改造、发明了各种火攻武器；他建造的大小战船、战车，使明军水路装备优于敌人；他富有创造性的在长城上修建空心敌台，进可攻退可守，是极具特色的军事工程。

戚继光的军事著作《纪效新书》和他的军事学说，是留给我国人民的宝贵文化遗产。（刘传标）

谭　纶

谭纶（1520—1577 年），字子理，号二华。明朝抗倭名将，杰出的军事家、戏曲家，与戚继光、俞大猷、李成梁齐名，又与戚继光并称"谭戚"。明代江西省抚州府宜黄县谭坊人。生于明武宗正德十五年，嘉靖二十三年登进士第，初授南京礼部主事。嘉靖二十六年，擢兵部职方郎中。

嘉靖二十九年，外放任台州知府，主导沿海防倭抗倭。谭纶在当地招募乡勇千人，练兵御倭。

嘉靖三十二年，从台州、宁波到淮北、山东数千里同时报警。当时台州是浙江倭寇为害最为剧烈的地方。谭纶被派到倭患最猖獗的台州任知府，担负起所辖的台州、临海、黄岩、天台、仙居、太平、宁海等六县的抗倭保民重任。谭纶刚到任，面对严峻的形势，军队腐败无能的形势，提出"训练乡兵以御敌"的主张。此时，戚继光也由山东调到浙江任参将，镇守台州、宁波、绍兴，也提出了另外招募士兵加以训练的主张。谭纶对戚继光提出的募兵训练计划予以热烈赞赏并给予实际支持。谭纶自己也亲自训练 1000 名士卒，立"束伍法"，用严密的形式把队伍层层组织起来，教号令，严赏罚。谭纶与继光共事齐名，称"谭戚"，督率"戚家军"，创造了浙东台州平倭"九战九捷"的战果，入侵温台二府之倭寇被全部荡平，谭纶也因功升为浙江海道副使、右参政。

嘉靖三十六年，倭寇侵犯栅浦，谭纶亲自带队迎击，三战三捷，大挫倭寇。次年，倭寇又从松门、澶湖劫掠附近的六个县，进而围攻台州，谭纶亲率死士大战，军威大振。倭寇转而侵犯仙居、临海，谭纶将他们全部擒拿、斩杀。他升任海道副使，招募更多浙东地区的良家子弟加以训练，而且戚继光所训练的兵马也已经到期，谭纶趁机收编了他们，罢除外地兵，不再调派他们。倭寇从象山冲击台州，谭纶在马岗、何家石览接连打败他们，又与戚继光一起在葛埠、南湾打败倭寇。他被加封为右参政，遇上父母的丧事而离职。

后来，谭纶因为兵部尚书杨博的推荐而复出，又统率浙江的部队，讨伐饶平的乱贼林朝曦。林朝曦是大强盗张琏的余党。张琏已被消灭，林朝曦占据巢穴不投降，并攻击程乡。知县徐甫宰严阵以待，并且派遣主簿梁维栋到叛贼中去，告谕乱党解散。林朝曦众叛亲离，弃巢逃走，谭纶与广东军追击并擒获了他。

浙东倭寇在谭纶、戚继光的打击下，基本被荡灭，福建倭患又日益严重，福宁至漳泉，"千里尽贼窟"。嘉靖四十一年，倭寇攻占兴化府城，杀摄府事奚世亮、训导卢尧佐，并屠府城，盘踞六十余日，并以平海卫为据点。这是倭寇第一次攻占府城，引起朝廷震惊和恐慌。在这危急时刻，朝廷再次起用谭纶为右佥都御史提督军务兼巡抚福建，负责福建平倭事宜，全面指挥福建总兵俞大猷、广东总兵刘显、浙江副总兵戚继光，抗击福建倭寇。谭纶指挥俞大猷、戚继光、刘显在平海卫重创倭寇，收复兴化府城，消除了福建的倭患。

嘉靖四十二年春天，谭纶升任右佥都御史，辖治福建。倭寇驻扎在崎头城，都指挥欧阳深在激战中牺牲，倭寇占据了平海卫，攻陷了政和、寿宁，各自扼守海道作为退路，谭纶用栅栏环绕使他们的退路被截断。倭寇不能逃走，就转移到了渚林。戚继光赶到了，谭纶亲自统率中军进逼，总兵官刘显、俞大猷统率左、右军。他命令戚继光率中军进攻敌阵，左右军紧随其后，大败倭寇，光复了一府二县。诏令加封他为右副都御史。谭纶认为延平、建宁、汀州、邵武地区残破不堪，请求缓期征收已经蠲免的赋税，又考察旧制，建立了五座水寨，扼守海口，推荐戚继光担任总兵官镇守该地。倭寇又围攻仙游，谭纶、戚继光在城下大败敌人。不久戚继光在王仓坪、蔡丕岭打败倭寇，其余的敌人逃跑了，广东境内全部安定了。

嘉靖四十三年春天，福建的倭寇被全部肃清。谭纶又上了著名的"倭寇暂宁条陈善后事宜以图治安疏"，着手在福建整顿海防，建立水寨，督造战船，扼守海口，并在沿海各县建立战守合一的地方武装，以防御倭寇的侵扰。

嘉靖四十四年冬天，谭纶回任陕西巡抚原职，还没上任，四川大足县爆发农民起义，攻陷了七座城镇。诏令谭纶改任四川，他到任时，农民军已经被镇压。谭纶改任兵部右侍郎兼任右佥都御史，统辖两广的军务兼理广西，谭纶调集军队讨伐并平定云南农民军的首领凤继祖部。

隆庆元年，给事中吴时来奏请征召谭纶、戚继光训练兵马。诏令谭纶回兵部，升任左侍郎兼任右佥都御史，总督蓟、辽、保定的军务，负责京畿防务。

隆庆二年，谭纶加强东北防务，自居庸关到山海关，修建防御台三千座，史称其"历兵间三十年，计首功二万一千五百有奇，亦一时干城矣"。在谭纶、戚继光的领导下，蓟昌的边防得到了巩固，消除了北方的边患。谭纶因功升为兵部尚书兼右都御史，协助处理原来的事务。同年冬，回乡休假。

隆庆六年，明神宗继位后，谭纶出任兵部尚书。

万历元年，被加封为太子少保。给事中雒遵弹劾谭纶不称职。谭纶多次上奏请求罢职，万历帝下优诏挽留他。

万历五年四月，谭纶病故，终年58岁。追赠太子少保，谥"襄敏"。

著有《说物寓武》二十篇。

谭纶领导抗倭，肃清倭患，保卫了海疆边防，维护了民族的利益，在中华民族反抗外来侵略的历史中，谭纶应该据其应有的地位，其英雄业绩，应永载史册。

谭纶喜爱戏曲，尤喜盛行南方的海盐腔。于军中设戏班，随军征战、演出。任浙江台州知府丁忧回籍时，自浙江带回海盐腔戏班，命艺人传授给本地艺人，还亲临排演现场。促成海盐腔与弋阳腔的融合，形成一支重要的戏剧力量"宜黄腔"。（刘传标）

唐 泰

唐泰（1393—1455年），字师廓，号东里。明代福建省漳州府长泰县彰信里唐山社（今长泰陈巷镇夫坊村）人。明永乐十二年秋，参加福建乡试，高中第四名举人；永乐十三年赴应天府参加礼部主持的会试，考中三甲第178名，赐进士出身，授祁州（今属河北省）知州。永乐十六年，迁陕西按察副使，任职期间"宽惠爱民，减省刑法，薄收赋税"，深得百姓爱戴。获得明成祖朱棣宣召，御试文渊阁，唐泰赋《麒麟颂》《明伦论》《野渡横舟歌》，欲授职重用。因塞北边情告急，明成祖御驾北征，擢用之事被搁置。

永乐二十年，唐泰乞归。回长泰后倾其所有，兴办学堂。初在夫坊社王氏祖祠办学，因求学者甚多，又择址长泰县陈巷镇夫坊村岩寨山，以钟馗仙庵为主体创办"钟馗书院"。后又在大夫坊（今陈巷镇）构筑学舍百余间，受业生数最多时达数百人。

唐泰至晚年，仍躬行"慎思为美""禁止自欺"的人生准则，曾撰《思诚斋铭》一文自励。他深居简出，讲经论道，倾心作育人才，被称为一代宗师。

明景泰六年，唐泰病逝，终年63岁。（张慧）

王 偁

王偁（1370—1415 年），字孟扬，又号密斋，一号虚舟。"闽中十子"之一。明代福建省福州府永福（今永泰县）塘前乡官烈村人，生于明朝洪武三年，父王翰①。洪武十一年二月，明太祖欲强聘之，王翰耻为二姓臣，自刎身亡，时年四十六岁。王偁时年九岁，靠母亲刘氏和王翰故交吴海教养，在吴海死后，他靠外祖父遗留下来的翰墨图书，闭门自学"赖外王父所遗图书、手泽多，杜门自研涠"。与名士董江、陈从范等交游，学识益进。洪武二十三年，王偁乡试中第。次年赴京参加会试落第，依例入国子监。不久，王偁即上表陈情，乞归终养。在家乡永福度过十余年的乡居生活。这个时期是王偁与闽中诗人交游较为频繁的时期。

永乐元年，王偁被引荐至京，授翰林检讨。同年七月，明成祖敕修《永乐大典》，召内外儒臣及四方儒生共数千人参与其事，姚广孝、解缙任总裁官，王偁等为副总裁。王偁和解缙交谊深厚，极为解缙所推重。永乐五年解缙被贬交趾参议，解缙私下见东宫。汉王朱高煦视解缙为东宫太子党人，向明成祖朱棣告密。解缙遭到明成祖朱棣的猜忌而遭贬，王偁也因与解缙而遭到排挤。永乐七年春，大将军英国公张辅为征虏将军，复征交趾（今越南），召王偁为随军幕府。永乐八年正月，朱棣命沐晟留讨余贼，召张辅回京。王偁随张辅回京供职。仍

守旧官，供职于翰林。永乐八年春后，解缙被下狱，王偁受株连被谪交州为官。永乐九年春，王偁告病请归，回永福重修南湖草堂。永乐十二年因解缙私觐东宫触怒朱棣，而被下狱。永乐十三年王偁病死狱中，终年46岁。

王偁工诗，诗学李白，是闽中十才子之一，为明初闽中诗派的重要诗人，与闽中林鸿、王恭等人开创"晋安诗派"（即闽派，与吴派、越派等明初诗坛重要诗派），对于明代诗学和诗歌创作影响尤深且巨。

王偁具有良好的家学渊源，对北宋的历史十分感兴趣，搜集北宋 9 朝的事迹，编辑成 130 卷的《东都事略》。

著有《虚舟集》五卷，《宿乌岩滩》《过皖城谒余忠宣祠》《送僧归越中》《送友还剑上》等都是集中佳作。

王偁的诗歌以酬唱赠答和纪游写景两类作品为最多，占去了他诗歌总数的一半。王偁的古体诗写得比近体诗好，特别是五言古诗，成就尤为突出。前人论及王偁的诗歌，似乎也比较看重他的古体。五言古诗在王偁诗歌中不仅数量特别多，而且成就也比较突出。尤其是《感寓》48 首，许多诗在艺术上达到较高的水平。（刘传标）

王景弘

王景弘（1354 年—约 1464 年），又书景宏，民间称"王三保""王三宝""王总兵""王三品"。明代福建省漳州府龙岩县集贤里香寮村（今漳平市赤水镇香寮村）许家山人。生于元至正十四年，至正二十七年汤和、廖水忠等率军攻灭台州（今属浙江）方国珍后，继出奇兵克福州，破延平（今南平），俘陈友定。明将胡廷瑞、李文忠率军入闽，连克州县，肃清陈友定余党，攻占福建漳州府龙岩县，明洪武元年，王景弘入宫为太监，侍奉燕王朱棣。

明洪武二十五年，太子朱标病死，朱允炆被朱元璋立为皇太孙；洪武三十一年五月即皇帝位，次年改元建文。朱允炆即位后，力行削藩政策，以罪相继废黜周王、代王、齐王、岷王，湘王自焚而死；建文元年七月，燕王朱棣借机起兵造反，史称"靖难之役"。王景弘随侍朱棣，得朱棣赏识。明永乐三年六月，奉明成

---

① 王翰，历官福州路治中、朝列大夫和江西、福建行省郎中。陈友定为福建平章事，王翰居幕府，授潮州路总管。元至正二十七年十月，朱元璋出兵福建，次年正月攻克延平，陈友定被执。陈友定败后，王翰自潮州弃官，欲浮海至交趾未果，乃道闽中，退居永福山中。

祖（朱棣）之命，以正使身份协助郑和，首次出使西洋，历时两年多，于明永乐五年九月回到南京。同年十一月，王景弘与郑和再次率船队出使西洋，船队经过锡兰山时，还专程到立佛寺进香布施，立碑纪念。永乐七年七月，船队回到南京。同年九月，王景弘与郑和受命第三次出使西洋。先后到达占城、爪哇、满剌加、苏门答腊、锡兰山、小葛兰（今印度南端）、古里，抵孟加拉湾后折回满剌加。在征得满剌加国王同意后，在那里修筑城墙和仓库后回国。

永乐十年，王景弘受命到闽、浙沿海招募大批水手和造船工匠，在太仓、长乐、福州、泉州等地督练水师、监造海船、修建天妃宫。永乐十一年，明成祖北上，到北京建新都。王景弘随太子朱高炽在南京监国，兼管招募舟师、监造海船等事务，为郑和第四、五次出使西洋做准备。

永乐十九年正月，王景弘和郑和受命第六次出使西洋，并护送第五次出使西洋时随船来中国访问的17个国家和地区的使节回国，同时将锦、绫、纱、罗、绮、绢等物分赐给各国国王。沿途苏门答腊、满剌加、榜葛剌（今孟加拉国）等16个国家又遣使1200余人，带各国贡物随船队到中国。

永乐末年，王景弘在激烈的皇位之争中，因拥立太子朱高炽有功，荫及嗣子王桢受赐世袭南京锦衣卫正千户。明洪熙元年，王景弘受任南京守备。同年八月，与郑和一起选用下西洋官兵1万余人，修造南京大报恩寺等宫庙。明宣德四年，王景弘受敕省视南京旧皇宫。同年四月，开始督造船只，操练水兵，准备再下西洋。

明宣德五年，王景弘与郑和受命率船队第七次出使西洋。宣德八年三月，郑和卒于古里。王景弘率船队扶柩返航，西洋十余国派遣使臣随船队到北京朝贡。

宣德九年六月，王景弘受命以正使身份独自统率船队出使南洋诸国。回国时，苏门答腊国王遣其弟哈尼者罕随船队到北京朝贡。明正统元年二月，英宗命王景弘停罢采买营造，不再使洋。

王景弘是明代伟大的航海家，也是明初在发展中国与海外诸国睦邻友好关系方面卓有建树的外交活动家之一。前后6次出使西洋，历

经30余国、60多个地区，历时近30年，遍及东南亚、南亚、中亚、东非。在今文莱王国首都斯里巴加湾市的中心地区，至今还保留一条为纪念王景弘而命名的"王总兵路"。

王景弘大约于明天顺八年逝世。

1945年，抗日战争胜利后，为纪念航海家王景弘，当时国民政府将接收原日本侵占的南沙群岛中的辛科威岛命名为"景宏岛"（即景弘岛）。

王景弘晚年潜心整理航海资料，撰有《赴西洋水程》等航海专著流传于世。（刘传标）

王慎中

王慎中（1509—1559年），字道思，号"遵岩居士"，后号"南江"。明代诗人、散文家，"嘉靖八才子"之首，为明朝反复古风的代表人物之一。福建省泉州府晋江县安平镇（今安海镇）人。生于明正德四年九月二十七日，幼聪颖，4岁能诵诗。11岁拜陈让为师，14岁时就学于理学家易时中。

明嘉靖四年乡试中举，嘉靖五年登进士第，次年授任户部主事，充通州监兑[①]。在任体察漕运士卒民夫的疾苦，"廉仁练达""革除宿弊，堵塞侵耗"。

嘉靖八年，王慎中改礼部祠祭司。嘉靖九年元月初六日，明世宗改天地合祀为天地分祀，提出日、月应于东、西郊"异坛而祭"，与南、北郊合称"四郊"，尤以南、北郊为主。五月，郊坛兴工，以武定侯郭勋等人领其事。十月，圜丘工成。十一月，世宗朱厚熜举行"四郊"郊祀[②]，亲祀圜丘于南郊。王慎中创作"大祀诗"

---

① 监兑是明代漕运制度。"监兑"即监督军民之间的漕粮交兑过程，一般由户部每年选差五名本部主事或员外郎充任，分派山东、河南、浙江、江西、湖广和南直隶等六大有漕省区。有明一代的监兑制时而归于户部外差时而归并地方粮道，屡遭裁、并，除收受贿赂、滥用职权等腐败现象外，当归因于晚明户部监兑官在监兑漕粮本职之外，增加了兼催地方钱粮逋赋的职能，以致同地方税粮征解体系间形成了一种难以调和的博弈关系。明清鼎革之后，清廷吸取明代经验教训，使监兑官完全规制于地方，而不再具有户部外差属性。

② 郊祀是中国古代君王举行祭祀的重要组成部分，是古代最为隆重和最为庄严的典礼。在一年中某些重要的时日，君王带领三公九卿等诸大臣依据礼法于国

八章，文声大振。

嘉靖十年，王慎中任广东主考官，在主持乡试中，他所做的卷面评语，准确精练，文辞雅丽，人争传诵。他亲自拔取的榜首解元林大钦，第二年会试高中头名状元，由此博得"慧眼识英才"的美誉。

嘉靖十二年转主客司员外，旋调吏部验封司、晋郎中。嘉靖十四年因事贬谪为常州通判。在常州通判任上，他仍然勤于职守，整饬吏治。江苏巡抚郭宗臬，对王慎中的才学非常赏识，刚好江阴县出缺，就委派他去署理江阴。

江阴任满，王慎中又先后迁升南京户部主事和礼部员外郎。他利用这些冷清闲散之职，钻研学问。在南京，他与王龙溪等文人学士研究著名理学家王阳明的学说。

嘉靖十五年，王慎中出任山东提学佥事，任内致力端正学风，革除陋习，制定新的规章条例。同时，重视人才的发掘、培养与提拔，如驰名文坛的"后七子"李攀龙、解元殷士詹，都是由他一手提拔出来的。

嘉靖十六年，升江西参政。江西是著名学者王阳明讲学的地方。地方父老还能记述王阳明讲学活动的旧事。王慎中追寻王氏的旧迹，经常往来于白鹿洞、鹅湖之间，与欧阳南野、邹守益、罗念庵、聂双江等学士交游讲学，阐发经学新义。

嘉靖十八年，迁河南布政司右参政。当时河南正闹饥荒，饿殍遍野。王慎中受命协助户部侍郎王杲赈灾，政绩卓著。他开仓发粟，动员富户平籴，广设粥棚，"施给有方"，拯救百姓无数。王慎中办事得力，这些都被侍郎王杲看在眼里。饥荒过后，王杲还朝述职时，便向朝廷如实汇报慎中功绩，并举荐他"可重用"。然而，由于王慎中平时处世清高，拒附权贵，早前在礼部时曾得罪当时的礼部尚书夏言，而此时夏言已入阁为相，位高权重。嘉靖二十年，厌恶慎中的阁相夏言，"怪其不能曲意奉承"，便嘱吏部在官员考核评定时，给了慎中一

个"不谨"的评价，即为"不合格"。此举导致慎中意外落职，闻知此事，朝野震动，"士论骇之"，不过因为夏言权势熏天，大家也是敢怒不敢言。

王慎中归隐之后，在文学上有了更多磨砺与觉悟。中年之后，尽弃旧作，改走平易朴实之路，终在明代文学史上占据一席之地。

嘉靖三十八年七月十七日，王慎中在安平家中病逝，年仅51岁。葬于南安三十四都竹洋乡。

王慎中在明代文坛，被誉为"以文章重海内，郡中称古文词自公始"的一代文豪。与唐顺之、陈束、李开先、赵时春、任瀚、熊过等八人文风相近，文有"嘉靖八才子"之称。与唐顺之、归有光并称"明代三大散文家"，李贽评论王慎中文章说："其为文也，恒以构意为难，每一篇，必先反复沉思。意定而辞立就。细观之，铺叙详明，部伍整密，语华赡而意深长。"散文代表作有《海上平寇记》《送程龙峰郡博致仕序》《金溪游记》《游清源山记》《朱碧潭诗序》等。诗体初宗艳丽，归田以后，颓然自放。清代沈德潜称赞他的五言古诗说："然五言古亦窥颜、谢堂庑，无一浅语、滑语。"诗歌代表作有《登金山口绝顶》《游白鹿洞》《游麻姑山》等。

诗文集有《遵岩集》二十五卷，清康熙间由县人张汝珊编纂成书，并为之作序，乾隆间刊行。还著有《玩芳堂摘稿》《遵岩子》《王参政集》《王遵岩先生集选》《王遵岩文选》等。

王慎中亦有不少诗作，尤擅五言诗体，诗风颇受颜延之、谢灵运的影响。《泉州府志》称王慎中的诗"诗格艳丽，虽寡天造，极良人工"。明末学者钱谦益评其诗为"诗体初宗艳丽，工力深厚"。朱彝尊《静志居诗话》认为："评明人诗者不及王道思，然道思五言，文理精密，足以嗣响颜（颜延之）、谢（谢灵运）。"清代另一位评诗人沈德潜，在《明诗别裁集》中也说："（王慎中）五言古诗亦窥颜、谢堂庑，无一浅语滑语。"（刘传标）

王在晋

王在晋（1567—1643年），字明初，号帖云。明朝军事理论家。明代南直隶（今江苏省）

都郊外祭祀上天，感恩上苍，为百姓和国家祈福的一种祭祀活动，帝王通过"绝地天通"，获得沟通神圣世界与世俗国家的独占权，以之作为王权合法性的基础和终极来源。"郊"简言之即南郊祀天，北郊祭地，"五郊"祀五帝，另外还有日月、山川、风雨雷电诸祭仪。

太仓州浚县人。生于明隆庆元年，万历二十年中第三甲第一百八十一名进士，初授中书舍人，后任工部署郎中事，累擢至福建副使兴泉兵备道。因平海寇有功，补湖广荆南道，在此任上，遭遇水灾，王在晋发放救济粮救济金，救人无数。后改副使湖广学道转杭严道，因政绩卓著，再升至副都御使，巡抚山东等地，并筹划海运接济辽左。

万历二十七年三月初四，升工部署郎中事。

万历二十八年四月初九，升为福建副使、兴泉兵备。

万历三十二年五月廿二，任金事，升职一级。

万历三十三年九月十四，王在晋任湖广参议。

万历三十五年闰六月初三，改任湖广提学参议。

万历三十八年三月初五，湖广副使王在改任晋浙江右参政兼金事。

万历四十年闰十一月十八日，升为浙江省按察使。

万历四十三年四月十二日，升浙江按察使王在晋为浙江右布政使。

万历四十四年二月二十六日，升任江西左布政。

万历四十七年三月十七日，升任都察院右副都御史。

万历四十七年十月二十日，任山东抚按，督理营田，提督军务。

万历四十八年，明神宗死，光宗、熹宗先后继位，王在晋迁兵部左侍郎。

天启二年三月十八日，王在晋代熊廷弼为兵部尚书兼右副都御史，经略辽东、蓟镇、天津、登、莱，帝特赐蟒玉、衣带和尚方宝剑。王在晋以"抚虏（蒙古）、堵隘"作为守山海关的方略，决定在八里浦筑新城，遭到宁前兵备金事袁崇焕等人坚决反对，向朝廷报告。六月十五日，孙承宗前往山海关，考察了实际地理，听取了各方意见，确定王在晋策略不可行，并同王在晋"推心告语，凡七昼夜"，但在晋坚持己见。孙承宗回京后，面奏王在晋不足任，"笔舌更自迅利，然沉雄博大之未能"。八月王在晋改任南京兵部尚书，寻请告归。

天启五年，王在晋任南京吏部尚书，不久改任兵部尚书。

崇祯元年，召为刑部尚书，未几，迁兵部。崇祯二年，后金皇太极（已称大清）绕过关锦宁防线，从大安口攻遵化，直逼北京。在魏阉逆案中因参与纂修《三朝要典》受到一定牵连，坐张庆臻改敕书事，削籍归。

崇祯十六年，王在晋病逝，终年80岁。

王在晋一生的为官履历，基本上都是国家边防之职，从北部边防到东南沿海海防，尽管在天启年间对辽事御边问题上有一些失误，但不能以偏概全，他在长期与倭寇、与后金作战中有丰富的实践经验，尤其在抵御倭寇方面注意总结经验教训，并将之理论化。

著有《岵云集》《三朝辽事实录》《越镌》《历代山陵考》二卷、《武备志》《海防纂要》十三卷、《总部疏稿》《经略抚齐中枢疏》《龙沙学录》六卷、《通漕类编》九卷、《岱史》《辽记附述》《辽评纪要》《评辽续记》《兰江集》《宝善堂集》《西坡漫稿》《西湖小草》等等。《海防纂要》13卷，成书于万历四十一年，该书为亲历抗倭和辽东与后金战事的总结，该书于乾隆四十四年被列为禁毁。《历代山陵考》两卷，卷上记载两京各省陵墓、国朝遣祭及葬义；卷下记载考订历代山陵纪事及杂记。《三朝辽事实录》为明清之际东北两大著名文献之一。（刘传标）

吴彬

吴彬（1550—1643年），字文中，又字文仲，别字"质先"，别称"文中父""文中子"，自号"壶谷山樵""遵道生""织履生""一枝栖""枝隐生""枝隐居士""朱湖太生洞天居士""枝隐庵主""枝庵发僧""枝隐头陀""枝隐庵头陀"和"金粟如来"等。明代福建省兴化府莆田县（今莆田市）黄石人，后流寓金陵（今江苏省南京市）。

万历年间，明神宗朱翊钧召见吴彬，试殿中第一，授中书舍人，供职于宫廷画院。后擢升为工部主事。

吴彬工山水，布置绝不摹古，佛像人物，形状奇怪，迥别前人，自立门户。

吴彬是中国国画大师，明代宫廷大画家，

晚明人物"变形主义画风"和"复兴北宋经典山水画风"的主要倡导者和领导者之一,享有"画仙"之誉。

吴彬的绘画艺术语言,夸张变形思想和复兴北宋经典的山水画风,直接或间接影响到"晚明变形主义"画家(崔子忠、蓝瑛、陈洪绶);"金陵画派"(领军人物龚贤);"闽西三杰"(上官周、华岩、黄慎);"海派三任"(任熊、任薰、任颐)和"仙游三杰"(李霞、李耕、黄羲),直至李耕高足周秀廷等中国著名的画派和其杰出的代表画家。

1988年11月,其名作《文杏双禽图》被收入《中国历代绘画》,列为中国上下五千年的28幅绘画杰作之一。2009年,北京保利秋拍吴彬名作《十八应真图卷》最终以1.6912亿元高价成交,创下当时中国画拍卖价格新的世界纪录。(张慧)

谢 杰

谢杰(1535—1604年),字汉甫。明代福建省福州府长乐县昌化乡十九都二图江田里(今江田镇)漳坂村人。"幼警敏,有大志,博学能古文词"。其父谢廷衮,字邦锡,嘉靖十八年贡生,就任临江县训导,琼山县教谕等教官职位。教官俸禄少,但能享受乡绅特权。因而谢氏族人都借其名减轻赋税、徭役等负担。事情暴露,招致处罚。据《长乐县志》记载:"初杰父教谕廷衮家居老矣,族众假其名逋赋。县令刘禹龙弗善也,直指为禹龙同乡,遂喋而捕廷衮。"因谢廷衮年事已高,"杰已身代,几死于杖"。受此打击,而发愤读书,明隆庆四年乡试中举,万历二年登进士第,位列第三甲八十八名,授行人司行人、正八品。

万历七年,大司农谢杰受明神宗朱翊钧之命,以掌天子诸侯之间的重大交际礼仪的"大行人"身份为副使,出使琉球国(正使为云南上元人、户科左给事中萧崇业)。谢杰受命后,在福州精心准备,于万历七年5月6日出发,6月5日抵达那霸入港。这次琉球之行凶险异常。谢肇淛在《五言俎》中曾讲述谢杰"封琉球之役,无不受风涛之险者"一事:途中飓风发作,雷电中夹着大雨和冰雹。到达中山国,册封使团受到极高的礼遇,国王以厚礼馈赠天朝使臣,

然而谢杰却断然拒绝接收。在琉球138天,于10月24日返航回福州。与萧崇业将此次出使徒过程撰写《使琉球录》,后谢杰又撰写《琉球录提要补遗》。回国后谢杰擢为光禄寺丞。后来琉球国为册封谢恩,派遣的使臣还坚持要赠送他金银礼物以示感谢。无奈之中,他将此事上奏朝廷,并坚决送还。琉球国深感其德,特地为他建造"却金亭",以表纪念。这在中琉交往中传为佳话。

擢两京太常寺少卿。南京岁祀懿文太子,以祠祭司官代,谢杰言:"祝版署御名,而遣贱者将事,于礼为亵。请如哀冲、庄敬二太子例,遣列侯。"帝是之,乃用南京五府金书。

万历十八年七月,任右通政。次年四月,转南京光禄寺卿。万历二十年七月累迁顺天府尹。在任顺天府尹时,平徭役,均捐税。

万历二十五年春,谢杰因皇上荒于政事,上疏条陈十项,婉言规谏,指出皇上要定时省视两宫太后,亲自参加喜丧世事、参与太庙祭祀,参与经筵讲学、每日早朝、每年岁旱郊坛,发生天灾时参与筹措赈灾帑金,要坚持节约、乐于听取不同意见、爱护宗亲、加强吏治,并大胆指出,皇上以上各点均远不如以前。但奏书被近臣扣压,不报。旋召任南京刑部左侍郎,不久升任户部尚书,专司督察管理全国粮仓。当时多处遭遇自然灾害,各地都请奏更改赋税折算办法。于是谢杰奏请必须作出规定,每年漕运在三百万以上者,才准许参与商议折算。皇帝从其议。

谢杰后以右副都御史巡抚南赣。在南赣兴利除弊,删除冒名的士兵,安定军心、民心。时官场贿赂盛行,谢杰愤怒地说:"贿而后荐,干戈之盗;荐而后贿,衣冠之盗。"贴在巡抚衙署上以戒此风。时人称名言。从此,请托或谢礼馈赠之类的行为大大收敛。《明史》称赞说:"谢杰却属吏馈,亦无愧杨震云。"谢杰果断地拒收下属官吏的馈赠,亦无愧为当年的廉臣杨震。进南京刑部右侍郎。

万历三十二年,因不堪工作繁重,谢杰暴卒,享年68岁。赠太子太保,赐祭葬。

著有《顺天府志》6卷、《使琉球录》2卷、《虔台倭纂》2卷、《白云集》2卷、《遗诗》1卷、《士谭民语》《北窗吟稿》等。此外,谢杰

还留有《顺天府志》《白云集》《遗诗》《棣萼北窗吟稿》《天灵山人摘录》《天灵山人诗摘稿》等文集传世。（刘传标）

谢肇淛

谢肇淛（1567—1624年），字在杭，号"武林""小草斋主人"，晚号"山水劳人"。明代博物学家、诗人。明代福建省福州府长乐县十九都江田里（今江田镇）漳坂村人，明隆庆元年七月二十九日生于钱塘（今浙江杭州）。父谢汝韶，举人出身，曾任钱塘教谕、安仁知县。谢肇淛自幼颖悟聪敏，稍长即博览群书，擅长诗文。青少年时随父往长沙。万历六年，谢肇淛随父居福州朱紫坊，与名士徐𤊺、徐熥、曹学佺等交游，组织"莲社"，切磋诗文，学识益进。

万历十六年谢肇淛中举，明万历二十年登壬辰科进士第，是年冬，受职为湖州推官。时湖州知府忌白衣，见穿白衣者均予逮捕治罪。谢肇淛作诗讽刺，知府大怒，万历二十六年调为东昌司理。

万历二十八年，入棘闱为同考试官。万历三十三年，升为南京刑部山西主事。

万历三十四年，转南京兵部职方司主事。未几，后升兵部郎中。因父谢汝韶辞世，丁父忧回故乡宁制三年，遂闭门著述。

万历三十七年，谢肇淛补北京工部屯田主事，转员外郎，管节慎库（工部下掌收发经费的款项）。

万历三十九年，转工部都水司郎中，督理北河，驻节张秋。

万历四十年大旱，宦官、污吏等仍向人民摊派苛捐杂税，谢肇淛上疏指责宦官搜刮民脂民膏，及诸多冗费的弊端，语甚恳切。神宗感其诚，传旨嘉奖。旋奉命巡视水道，治理河流。仅用一年时间完成了疏通河道的任务，并写成《北河纪》，详载河流原委及近代治河利弊。

万历四十一年春，神宗爱子福王就国，用船1200多只。谢肇淛操小艇为之前导，沿途疏浚，船队得以畅通，沿途百姓亦少受骚扰。其后出任云南参政。

天启元年擢广西按察使。到任后置官增兵驻守广西与安南（今越南）边境，以抵御安南侵扰，他整顿盐政，增加财政收入，并铸钱招徕商人与少数民族互市，发展经济，并抑制土司的权力，经他治理，广西境内政通人和，相安无事。

天启二年晋广西右布政使，不久升至左布政使。

天启四年，提调省试。同年十月二十三日，谢肇淛病卒于萍乡官邸，终年岁。葬于长乐县下洋村大象山麓。咸丰五年盐商魏杰在鼓山新建桃岩精舍，内祀五贤，五贤即"曹学佺、徐𤊺、徐熥、林弘衍与谢肇淛"，故名五贤祠。

谢肇淛是明朝闽人中杰出的文学家、科学家，是晚明闽中诗坛的领军人物，博学多识，"于学无所不窥"在诗歌、方志学、博物学等方面留下了不少优秀的作品。主要著述有《五杂组》16卷、《文海披沙》8卷、《小草斋集》30卷、《麈馀》4卷、《北河纪》《史觿》《滇略》《长溪琐语》《太姥山志》《鼓山志》《支提山志》《方广岩志》《百粤风土记》《吴兴支乘》《粤藩末议》《居东日篹》《八闽鳍政志》《晋安艺文志》《游燕集》《小草斋稿》《小草斋诗话》《红云续约》等。曾参与重刻淳熙《三山志》，参修《福州府志》和《万历永福县志》。

谢肇淛擅长诗文，其诗清朗圆润、雄迈苍凉，为明代闽派诗人的典范与代表。与徐𤊺、徐熥、曹学佺等并称为"闽诗坛后七子"，在明晚期闽中诗派"风雅复振"中起了重要作用。是明晚期福建文坛的代表人物之一。谢肇淛工书法，行书如王羲之，草书如张旭。"片楮只字，人争宝之"。谢肇淛酷嗜藏书，收集宋人文集颇富，秘本较多，贮于"小草斋"中，藏书名耀于东南。

他的小说反映了当时的社会世态。他的笔记类文献取材广泛，涉及面广，天文、地理、政治、经济、科技、文化诸方面，其中《五杂组》是一部博物学著作，记录了当时社会的政治、经济、军事、科技、交通、外交、文化以及当时的社会生活等情况，不仅是谢肇淛学术灵魂的一个结晶，也是晚明经世致用思潮的一个缩影。（刘传标）

徐霞客

徐霞客（1586—1641年），名弘祖，字振之，号霞客。明朝杰出的探险家、地理学家。明代南直隶江阴县（今江苏江阴）人。少好学，博览古今史籍地志、山海图经。自二十二岁始，外出远游。前后三十余年，足迹所至遍及今江苏、浙江、安徽、江西、河北、河南、山东、山西、陕西、湖南、湖北、福建、广东、广西、云南、贵州等近 20 个省市。

徐霞客曾先后五次来福建游览考察。到过武夷山、九鲤湖、浮盖山、桃源洞、玉华洞等，考察过建溪、宁洋溪。这些地方既有丹霞地貌，也有石灰岩岩溶地貌，还有独特的河流地貌景观，为他的地学研究积累了丰富的观察资料与研究经验。51 岁后，开始系统地考察研究自然规律，对所到之处的地质、地貌、水文、植物、人文地理等做深入研究，把所见所闻以日记形式据实记录下来。

崇祯十三年，徐霞客两足俱废，云南地方官用车船送回到江阴。次年正月，卒于家。

著有《徐霞客游记》《鸡足山志》《江源考》《盘江考》。《徐霞客游记》被称为千古奇书，《江源考》《盘江考》，纠正过往谬误，成为中国水利科学史的重要文献。（薛静）

姚广孝

姚广孝（1335—1418 年），幼名天僖，法名道衍，字斯道，又字独暗，号独庵老人、逃虚子。明初重要的政治家、佛学家、文学家。明代福建省福州府长乐县方安里二十三都（今文岭镇）姚坑人，元朝至元元年生于苏州府长洲县（今江苏省苏州市）。

元至正八年，年仅 14 岁姚广孝剃度出家。洪武八年，朱元璋诏令精通儒书的僧人到礼部应试，姚广孝以通儒僧人的身份被明太祖召入京师，但却没被授为僧官，只获赐僧衣。洪武十三年，经僧录司右觉义来复、右善世宗泐推荐，入天界寺，谋一僧职。明洪武十五年，马皇后病逝，被明太祖挑选高僧随侍诸王，诵经祈福。后随朱棣前往北平，任庆寿寺住持，时常出入燕王府。

洪武三十一年，明太祖驾崩，建文帝继位，并实行削藩之策。周王朱橚、湘王朱柏、代王朱桂、齐王朱榑、岷王朱楩相继获罪，被废除藩国。姚广孝参与了"靖难之役"决策，辅佐

朱棣登上帝位，从而改变了明朝的政治格局和中国历史走向，是中国历史上最著名的黑衣宰相。

姚广孝在"靖难之役"中辅佐为世子的朱高炽坚守北平，后来又实任太子少师之职，辅佐太子朱高炽留守南京监国。此后，明成祖几次征伐蒙古，姚广孝都留在南京，辅佐太子朱高炽监国。

永乐五年，姚广孝又奉命教导皇长孙朱瞻基。

永乐十六年，姚广孝病重，不能上朝，居住在庆寿寺中。成祖数次前去探视，赐金唾壶。姚广孝病逝于庆寿寺，终年 84 岁。成祖废朝二日，以僧人的礼制安葬姚广孝于北京房山区常乐寺村北，追赠他为推诚辅国协谋宣力文臣、特进荣禄大夫、上柱国、荣国公，赐谥恭靖，赐葬于房山县东北，还亲自为他撰写神道碑铭，并授给其养子姚继尚宝少卿的官职。

永乐二十二年，朱棣在北征途中死于榆木川，太子朱高炽继位（仁宗）。洪熙元年三月二十日为姚广孝去世七周年纪念日，朱高炽亲自撰写祭文，遣其嗣子姚继致祭，盛赞姚广孝有功于朝，并特命将姚广孝配享明太宗庙庭。

著作主要有《逃虚子诗集》十卷，续集及补遗各一卷，《逃虚类稿》五卷、《道余录》《净土简要录》《佛法不可灭论》及《诸上善人咏》各一卷。

主持监修《明太祖实录》《永乐大典》。《永乐大典》是我国古代官修典籍中规模最大的类书。其内容无所不包，征引浩博，具有世界百科全书的性质，在保存传统又化方面具有极为重要、不可比拟的作用，可谓是保存中华五千年又明的集大成之作。

2013 年 3 月，姚广孝墓塔被国务院列为第七批全国重点文物保护单位。（刘传标）

杨 荣

杨荣（1372—1440 年），原名道应、子荣，字勉仁。明朝初年政治家、文学家，与杨士奇、杨溥并称"三杨"，因居地所处，时人称为"东杨"。明代福建省建宁府建安县（今建瓯市）人。生于明太祖洪武四年十二月九日。建文元年参与福建乡试，考第一（解元）。建文二年，

参加礼部会试中第三，殿试中二甲第二，赐进士出身，授翰林编修。建文四年，燕王朱棣（即明成祖）取得"靖难之役"胜利，进入南京时，杨荣迎谒。朱棣即位，杨荣被选入文渊阁，赐名"荣"。评议各部门事宜，都能符合朱棣的意旨，随即升为翰林侍讲。永乐二年，朱高炽被立为太子，杨荣任太子右谕德，仍兼翰林侍讲，赐给二品官服。永乐五年，杨荣受命前往甘肃经营筹划军务。他观察了所过之处的山川形势，了解军民情况，检查城堡。回朝后，在武英殿向朱棣汇报，朱棣非常高兴。杨荣升任太子右庶子，仍兼前职。

永乐七年，奉旨前往甘肃，与何福一起主持蒙古脱脱不花等人的受降仪式，并持节在军中封何福为宁远侯。杨荣顺便到宁夏，与宁阳侯陈懋规划边防事务。回京后他上奏十项建议，朱棣予以赞许，并予以采纳。

永乐九年奉旨侍候诸皇孙在文华殿读书。永乐十二年，朱棣带着皇太孙朱瞻基，率领五十万大军开始了第二次北征，杨荣再次随行。杨荣承担了两项基本任务，其一，向朱瞻基讲说经史。其二，掌管皇帝的玉玺，充当朱棣的机要秘书。向朱棣建议"择将屯田，训练有方，耕耨有时，即兵食足矣。"提出一套实行军屯以解决粮草问题的计划，得到的首肯。

永乐十四年，杨荣升为翰林学士兼庶子。永乐十六年，掌管翰林院事务。永乐十八年升文渊阁大学士兼翰林学士。永乐二十二年七月十八日，朱棣第五次北征回师途中病逝于榆木川，为防止军心涣散，杨荣等采取秘不发丧，帮助太子朱高炽顺利地即位。朱高炽即位后，杨荣因功升任太常寺卿，授职嘉议大夫，仍兼两职学士。一月后，晋升为太子少傅、资善大夫、谨身殿大学士兼工部尚书，并食三禄。洪熙元年，汉王朱高煦发动叛乱，朱瞻基接受了杨荣的建议，亲率军队亲征，平定叛乱。回师后，杨荣被赐给五枚银章和优厚的奖赏。

宣德五年，杨荣升为少傅，又升任荣禄大夫，仍兼工部尚书、大学士之职，因并食三禄，杨荣遂辞去大学士的俸禄。

宣德十年正月，宣宗驾崩，太子朱祁镇即位（即明英宗）。英宗即位时年方九岁，迁翰林侍读、首辅。

正统三年，《明宣宗实录》书成，杨荣晋升为光禄大夫、柱国、少师，仍兼任尚书、大学士之职，并获赐玉带。

明英宗即位后，太皇太后张氏（诚孝张皇后）委任杨荣等五大臣当政，杨荣与杨士奇等同心辅佐，虽年老而忧国之心不衰。任内阁辅臣期间，安定边防，整顿吏治，发展经济，使得明朝国力鼎盛。

正统五年，杨荣请准回乡扫墓，于二月十八日起程。途经杭州武林驿时，病重不起，于同年七月二日病逝，终年70岁。英宗闻讣讯恸悼，为他辍朝一日，追赠杨荣为光禄大夫、左柱国、太师，赐谥号"文敏"，遣使赐祭葬。杨荣墓在建瓯丰乐馆前山，杨士奇撰墓志铭，杨溥撰神道碑。

康熙六十一年，杨荣与历代功臣常遇春、李文忠、杨士奇、于谦、李贤、刘大夏等40人从祀历代帝王庙。

杨荣在文渊阁治事38年，谋而能断，老成持重，尤其擅长谋划边防事务，曾五次扈从出塞。史称其"挥斥游刃，遇事立断"，被比作唐代的姚崇。杨荣被明成祖誉为岁寒松柏，至宣宗时五次获赐银印（分别名为"方直刚正""忠孝流芳""关西后裔""建安杨荣""杨氏勉仁"），仁宗曾赐一银印，文称"绳愆纠缪"，朝政得失准盖此印密疏。并亲写"勿谓崇高而勿入，勿以有所从违而忽怠"一文与杨荣共勉。

杨荣论事常情绪激昂，不能容人之过。但遇有别人触怒朱棣获罪时，他往往以微言劝导朱棣，从而使他们得以免祸。包括夏原吉、李时勉、刘观等人，都曾受其救护。

杨荣曾对人说："事君有体，进谏有方，是我的原则。感情用事，怀着怒火进言，从而得到祸害，是我所不为的。"所以他所受的恩宠始终没有隔阂。杨荣性喜宾客，虽然显贵也仍旧非常随和，所以士人多归向他。有人认为杨荣处理国家大事，不愧唐代的姚崇，而他不拘小节的个性，也颇像姚崇。由于其恃才自傲，难容他人之过，与同事常有过节，并且还经常接受边将的馈赠，因此往往遭人议论。

著有《默庵集》《云山小稿》《静轩稿》《退思集》《训子编》1卷、《北征记》1卷、《后北征记》1卷、《两京类稿》30卷、《玉堂遗稿》

12卷，其大部分作品集为《杨文敏集》。《皇明经世文编》辑有《杨文敏公文集》1卷。

主编有《五经四书性理大全》，并参与重修《明太祖实录》，任《明太宗实录》《明仁宗实录》《明宣宗实录》总裁官。

杨荣文为"台阁体"文学代表人物之一。台阁体雍容的风格，到杨荣主持文坛时才正式确立。自他开始，欧阳修文风蔚为大宗。《四库全书总目提要》评论其创作风格："故发为文章，具有富贵福泽之气。应制诸作，泱泱雅音，其他诗文，亦皆雍容平易，肖其为人，虽无深湛幽渺之思，纵横驰骤之才，足以震耀一世，而逶迤有度，醇实无疵，台阁之文，所由与山林枯槁者异也。"钱基博称其"文章雍容平易，体格与（杨）士奇略同"，指出了他们诗文平正典雅的特征。

杨荣的诗作品中富贵福泽态明显，无论应制还是绘景，都场面宏丽，抒情也高姿态。他身为台阁重臣，引领了一个时代的风气，其诗风直接影响了从永乐到万历年间的诗歌创作。（刘传标）

叶向高

叶向高（1559—1627年），字进卿，号台山，晚号"福庐山人"。明朝政治家、藏书家和书法家。经明神宗、光宗、熹宗三朝，两度出任内阁辅臣。明代福建省福州府福清县孝义乡化南里云山境（今福清市港头镇后叶村）人。生于明世宗嘉靖三十八年七月三十日，万历十一年，考取二甲十二名进士。授庶吉士第六名，入翰林馆实习。实习期满，授翰林院编修。万历十三年起历任翰林院和国子监担任各种职务。

万历二十二年补官，迁南京国子监司业、太子左中允。

万历二十六年，征召为左庶子，充皇长子的侍班官。当时盛行征收矿税，叶向高上疏，援引东汉西邸聚积钱财的事例为借鉴，请求取消矿税、撤矿税监。

万历二十八年，擢为南京礼部右侍郎，后改任吏部右侍郎。叶向高再次陈述矿税的危害，又请求罢免辽东税监高淮。

万历三十五年五月，叶向高升任礼部尚书

兼东阁大学士。十一月，叶向高进入内阁。万历三十六年内阁首辅朱赓去世，次辅李廷机长期闭门不出，叶向高成为唯一的辅臣，一人主持阁务达七年之久，人称"独相"。

叶向高善于决断大事，被提升为太子太保、文渊阁大学士；记录延绥的战功，加封少保兼太子太保，改任户部尚书，晋武英殿大学士；一品官三年期满，加封少傅兼太子太傅，改任吏部尚书，晋建极殿大学士。

因为明神宗懒于朝政，君臣之间隔阂严重。廷臣们逐渐形成各种帮派。

万历四十年春，叶向高规劝神宗大力推行新政。又请求选用人才，神宗也不答复。叶向高的意图得不到实行，每个月都要求辞职。神宗每次都降旨勉励挽留他。

万历四十二年二月，皇太后驾崩。三月，福王回到封国。叶向高乞求辞职更加频繁，奏章写了十几道，请求致仕。到了八月，神宗准许他辞职。神宗下令加封少师兼太子太师，赏赐白金百两，彩帛四件，表里大红坐蟒一件，派遣行人护送他回乡。

万历四十八年七月，明神宗崩，光宗即位。光宗念叶向高"匡时伟器，经略宏才"，特召其进京，叶以病辞。不久光宗又崩，熹宗登位，又下诏催促叶向高回京。叶向高依然上疏请辞，但没有获准。

天启元年正月，熹宗命其为首辅。十月，叶向高回到朝廷，授中极殿大学士。叶向高再任首辅，侍奉未成年的皇帝。当时，魏忠贤想独揽大权。叶向高在遏制魏忠贤的势力中起到了不可替代的作用。由于魏忠贤阉党势力过于强大，眼看"大厦将倾，一木难支"，叶向高不甘受误国之骂名，乞求离职多达二十多次。

天启四年七月，熹宗下诏加封叶向高为太子太傅致仕，派行人护送他返乡，赏赐给他的财物比按常法赐予的还要多，不久又听任他辞去太傅，每月赐给他五石米，八个轿夫。

天启七年八月二十九日，叶向高病逝，终年69岁。崇祯元年追赠为太师，谥"文忠"。（刘传标）

余立丰

余立丰（1521—1574年），字仲宇。明代福建省兴化府仙游县大济镇奎山（坑北村池面山）人。生于明正德十六年，明嘉靖十九年登进士第，初授广东推官，后擢升广东省琼山县（今海南省琼山县）知县。当时倭寇掠劫我国沿海，海南岛是被掠的重灾区，加上岛上有许多少数民族聚居，民族之间经常发生矛盾冲突。农渔业生产都受到影响，因而地荒人寡，民不聊生。余立丰任职后，深入了解百姓疾苦制定治琼十策："一是向少数民族宣传互不干扰，各民族间增强团结。二是组织民众武装保岛自卫。三是倡导廉政严征。四是恢复渔业生产，鼓励垦荒造田。五是减少赋税。六是开辟商贸市场，抑制物价。七是开发'三亚通杂'诸市港，繁荣经济。八是兴学育才。九是发展渔业生产。十是提倡官员亲民。"余立丰在任十二年言传身教始终贯彻这十条纲领，使内部各民族团结一致，社会安定团结，倭寇不敢来岛劫掠，人民安居乐业，生产发展迅速市场恢复，教育兴起。余立丰深受人民爱戴，人民称他为"卫国忠贤"。

嘉靖四十三年，余立丰劳累致疾，卒于任上，人民悲痛不已，清官海瑞往故里吊悼，并特制联板、亲书拜挽。灵柩从海路送返仙游。在故里池面山建立纪念堂，称"有序堂"，并在附近植水松19株，象征任琼七品官和他治琼十二年，传为佳话。

余立丰居官公正不阿，正直声振天下。海瑞亲书挽联宝墨保存仙游博物馆。纪念堂于1967年为县文物保护单位。（游丽江）

俞大猷

俞大猷（1503—1580年），字志辅，号虚江，江湖人称"俞大侠"。明朝著名武术家、抗倭将领、民族英雄。明代福建省泉州府晋江县河市濠格头村（今泉州市洛江区河市镇）人。生于明朝弘治十六年，其父病逝，俞大猷投笔从戎，袭百户世职。嘉靖十四年，参加会试，一举登科，列武进士第五名。由世袭的百户升泉州卫正千户，派往海岛金门，担起独当一面的守御之责。后被夺官，赋闲在家。

嘉靖二十二年，俞大猷赴福建武平，任汀漳守备。嘉靖二十八年，迁广东都指挥金事。倭寇在浙江、福建、广东一带猖獗横行，烧杀掳抢，无恶不作。嘉靖三十一年，俞大猷迁浙江参将，开始了其十余年的东南抗倭历程。

嘉靖三十一年四月，万余倭寇驾船一千多艘，大举进犯浙东，朝廷震惊。七月，俞大猷被任命为温、台、宁、绍等处参将。十一月，他从海南琼州赶赴浙江。

嘉靖三十四年，倭从浙江来，蹂躏福宁州。此后，无岁不犯州境。沿海民居，焚毁一空。嘉靖三十八年三月廿六日，倭数千攻福宁州城，兼旬不克，乃西向攻福安。福安升平日久，家无戎器，库无硝磺，败铳朽弩。贼兵多至万余人，四月初五城陷，初九日倭去，男妇死者三千余，驱而去者七百余，溺水坠崖死者无算。

嘉靖三十七年，倭寇进犯江浙，战况失利，俞大猷受累再次被夺官。嘉靖三十九年后，倭寇由于在浙江受到沉重的打击，在福建的活动更加猖獗，一支筑巢于宁德城外海中的横屿（时人称夺命岛），另一支筑巢于福清的牛田。

嘉靖四十年，因广东张琏叛乱，俞大猷复起为南赣参将。同年七月廿二日，倭寇攻陷宁德县城，男妇被害和投水自尽者不可胜数。贼据城九天，官舍民房，库藏卷档，故家书籍，都化为灰烬。十二月又来，烧毁余屋，全城夷为平地。嘉靖四十一年，明世宗任命俞大猷为福建总兵，戚继光为副总兵。戚继光率7600人攻下横屿，斩首2600余级。又乘胜攻下牛田，捣毁倭寇巢穴，斩首680余人。后乘胜进军兴化（今莆田市），连夜作战，连克60营，斩敌2000余级。戚继光受命入闽剿倭，戚家军在福建与倭寇进行了多次战斗，先后荡平横屿、牛田、林墩、莆田平海、仙游、漳浦蔡丕岭倭巢。

嘉靖四十二年四月，俞大猷和副总兵戚继光由闽北至福州，并肩作战，在连江取得马鼻之捷后，转战闽东，平海卫之战歼敌2200余人，救出被俘房百姓3000余人，收复兴华府。

俞大猷追击海上武装集团头目林道乾至澎湖，俞大猷复设澎湖巡检司，"留偏师驻澎瑚"并将澎湖巡检司的辖区，扩大到台湾本岛，派兵到鹿耳门巡哨。

嘉靖四十三年，戚继光升任福建总兵，与俞大猷分管水陆两军，相继大败倭寇于仙游城下、同安王仓坪和漳浦蔡不岭，又在福宁大败倭寇。参加抗倭战争时所带领的"俞家军"令倭寇闻风丧胆，与戚继光并称为"俞龙戚虎"。

嘉靖四十四年，海盗吴平进犯南澳，因闽粤二省协调不灵，俞大猷追剿失利，再次被罢官。后又复起，平定两广瑶乱。最后，俞大猷年岁已高，加之官场复杂，他请辞归乡。

万历七年，俞大猷卒于乡，终年77岁，追赠左都督，谥"武襄"。葬于晋江磁灶苏垵村北。

著有《剑经》《续武经总要》。

俞大猷率领"俞家军"抗击倭寇的地方，当地百姓或建生祠感念他的再生之恩，或以他的名字命名以作纪念。（刘传标）

张 经

张经（1492—1555年），字廷彝，号半洲。抗倭将领、民族英雄、"抗倭第一人"。明代福建省福州府侯官县（今福州市）洪塘乡蔡厝坊人。生于明弘治五年，幼袭蔡姓，正德十二年登进士第，复原姓张。正德十六年任嘉兴知县。嘉靖四年擢吏科给事中等，嘉靖十六年升都察院右副都御史，平定思恩九土司叛乱。不久升任兵部右侍郎兼左佥都御史，提督两广军务兼巡抚，镇守南疆。广西断藤峡侯公丁占据弩滩聚众叛乱，张经以他的军事才能，平定了广西动乱的局面，朝廷升张经为左侍郎，加一级。因丁忧回福州守孝三年。

嘉靖二十一年，升任兵部尚书。嘉靖三十二年，任南京兵部尚书，开始了张经沿海抗倭的生涯。

嘉靖三十三年，朝廷面对猖獗的倭寇，设总督大臣治理。任命张经为七省经略，总督江南、江北、浙江、山东、福建、两广七省军队，抗击倭寇。张经整肃军务，选将练兵，并奏请由广西增派狼兵，合力剿倭。取得王江泾大捷，斩倭首1900百余级，史称"东南战功第一"。

张经是抗倭斗争的一位统帅。临危受命，领导抗倭，统筹全局，提出渐剿，任职仅一年多，便取得王江泾大捷。但却遭到严嵩、赵文华谗言构陷，明世宗嘉靖帝以"养寇糜财"的罪名将张经、李天宠押解入京。张经被押解进京后，详细介绍任总督半年来，前后俘获和斩首倭寇有5000人等情。在捷报频传之时，时刑部郎中何鳌上书，要求杀张经。嘉靖三十四年十月，张经与巡抚李天宠蒙冤被斩首于北京。

明朝隆庆初，张经孙张懋爵上疏诉冤。张经获得平反，官复原职，赐葬，并谥号"襄愍"。葬于侯官洪山桥附近黄店山腹山麓（今福州市福建工贸学校的山地公园里），1961年被定为福建省文物保护单位，几次重修。明人缅怀这位杰出的民族英雄，在洪塘建造张经祠，保存至今。

传说，张经下葬时，明朝皇帝念其忠义，怜其被斩无头，特请能工巧匠铸造了一个金头随其下葬。著名闽剧《金头御葬》演绎了这一大冤案。

著有《半洲诗集》等。（刘传标）

张瑞图

张瑞图（1570—1644年），字长公、无画，号二水、果亭山人、芥子、白毫庵主、白毫庵主道人、平等居士等。明代书画家。明代福建省泉州府晋江县二十七都下行乡（今晋江市青阳下行乡）人。自小习儒，家贫，供不起夜读灯火，每天夜晚都到村边的白毫庵（参见《泉州寺庙·白毫庵》）中，就着佛前的长明灯苦读。

万历三十一年，张瑞图举于乡。万历三十五年考中进士，殿试第三名（探花）。初授翰林院编修，历官詹事府少詹事。

天启六年，张瑞图迁礼部侍郎。同年秋，以礼部尚书入阁，升建极殿大学士加少师。时值宦官魏忠贤专擅朝政，势焰熏天，张瑞图成为魏忠贤私党，时称"魏家阁老"。

天启七年八月，熹宗驾崩，崇祯即位。十一月崇祯帝勒令魏忠贤出京到凤阳去看管皇陵（朱元璋父母的陵墓），掀开清算魏忠贤"阉党"的序幕。

崇祯元年正月，大学士张瑞图两次求退，不允。崇祯元年二月会试，张瑞图任考官，所取考生几乎都是中官、勋贵的姻戚门人，终于激怒了崇祯帝。崇祯二年三月十九日，朱由检以谕旨的形式公布"钦定逆案"名单，张瑞图因魏忠贤生祠碑文多其手书，列入"交结近侍又次等论徒三年输赎为民者"获罪被罢免。

崇祯三年，张瑞图被遣归，隐居晋江青阳下行故里，经常往白毫庵中与僧人谈论禅理，以诗文翰墨自娱，留下大量书法及诗歌作品。所作《村居》《庵居》六言诗300首为世人传诵。

崇祯十七年，张瑞图卒于家，终年74岁。张瑞图墓在晋江市青阳镇下行村东北，俗称"探花墓"。1956年迁青阳西南塔仔山顶。现如今在晋江八仙山。晋江市建有张瑞图纪念馆。

著有《白毫庵内篇》《白毫庵外篇》等。

南明隆武二年，唐王朱聿键为张瑞图被列入"阉党"一案平反，赐谥"文隐"，重新祭葬。

张瑞图是晚明时期最有创造性的书法家之一，年轻时即以擅书名世。书法奇逸，峻峭劲利，笔势生动，奇姿横生。钟繇、王羲之之外另辟蹊径，明代四大书法家之一，与董其昌、邢侗、米万钟齐名，并称为晚明"善书四大家"，有"南张北董"之号。与黄道周、王铎、倪元璐、傅山并称"晚明五大家"。张瑞图擅长的楷、行、草书，笔法硬峭纵放，结体拙野狂怪，布局犬齿交错，气势纵横凌厉，构成强烈的力感、动荡的气势，确属奇而逸，时人赞为"奇恣如生龙动蛇，无点尘气"。张瑞图也从帖学入手，只不过崇尚的是"狂草"派书风和讲求厚重力度的"苏体"笔法。

张瑞图擅山水画，效法元代黄公望，苍劲有力，作品传世极希。

清代梁巘《评书帖》曰："张瑞图得执笔法，用力劲健，然一意横撑，少含蓄静穆之意，其品不贵。瑞图行书初学孙过庭《书谱》，后学东坡草书《醉翁亭》，明季书学竞尚柔媚，王（王铎）、张（张瑞图）二家力矫积习，独标气骨，虽未入神，自是不朽。"

日本书坛亦极力推崇张瑞图的书法。从江户时代起倭人就因黄檗的隐元禅师东渡日本时带去张瑞图的书迹而熟知其人，对日本书坛影响甚大，张瑞图被称为"水星"。日人称其书法"气脉一贯，独自风格"。（刘传标）

赵本学

赵本学（1478—1544年），名建郁，又名世郁、存郁，字本学，号虚舟。明代军事理论家、易学家，抗倭民族英雄俞大猷的老师。明代福建省泉州府晋江县人。生于明成化十四年，曾师从著名理学家蔡清（虚斋），潜心研究《易》，"博极群书，宗匠儒林"。

赵本学隐居不仕，终生从事于著述和杜门授徒生活，为不使孙武以来的兵学思想失传，他选择了钻研军事治学的道路。

明嘉靖二十三年，赵本学病逝，终年67岁。

著有《赵注孙子兵法》《韬钤内外篇》《孙子书》三卷等。

赵本学潜心研究《易》，以《孙子兵法》为蓝本"以《易》演兵"。俞大猷说："吾读先师所授《韬钤内外篇》有年，领其大者，知其一无不根基于《易》者。"赵本学将《赵注孙子兵法》五卷十三篇传授给学生俞大猷，俞大猷将赵本学著的《韬钤内外篇》《孙子兵法十三篇注释》，连同自己著的《剑经》，合编为《续武经总要》刊刻行世。

《赵注孙子兵法》列举战例达180个，"字句有解，解之使意显，引之使事核"。它的解义简明，引类准确。是一部理论完备、史例典型，见解独特的兵书，在海外流传较广，是明代研究《孙子兵法》的代表作，广泛流传于琉球、日本、美国及其他国家。（刘传标）

郑和

郑和（1371—1433年），本姓马，小字三保。明代云南省云南府昆阳县（今昆明市晋宁县）城人。明朝宦官、著名的航海家、外交家。明朝洪武四年，郑和出生于元末显赫的马氏家族，父马哈只。洪武十三年，郑和在大明王朝军队攻打云南时被明军掠走，后随军至南京，阉割后调入燕王府服役。此后跟随朱棣进行征战，并受到重用。《明史》云："初事燕王于藩邸，从起兵有功。累擢太监。"《马哈只墓志铭》："事今天子，赐姓郑，为内官监太监。"

明建文元年，燕王朱棣发动"靖难之役"，马三保帮助朱棣的军队打败朱允炆的军队。

永乐二年，郑和因在郑村立下赫赫战功，被明成祖朱棣赐"郑"姓，并升任为内官监太监，官至四品。

永乐三年至宣德八年，郑和先后七次受命下西洋。郑和带领200多支船队，自苏州刘家港出发，途经福州，驻泊福州长乐县太平港，补充补给，屯兵造船，招募水手，伺风开洋，然后从闽江口五虎门出海，经东南亚、印度洋、亚洲、非洲等地区，最远到达红海和非洲东海岸，航海足迹遍及亚、非30多个国家和地区，航程10万余里。

宣德八年，郑和在返航过程中死于古里国（今印度卡利卡特）。

郑和下西洋是中国古代航海外交的巅峰，在世界航海史上具有划时代的意义。它比西方的地理大发现早了80多年，时间之长，规模之大，航程之远，范围之广，线路之繁复，是哥伦布、迪亚士、麦哲伦的航行所无法比拟的。郑和船队根据郑和航海经历和搜集到的海洋科学数据，绘制出《郑和航海图》，成为世界上存在最早的航海图集。

郑和奉行与海外诸国"共享太平之福"的和平外交方针，与其他国家建立和平关系，树立中国和平大国和海洋大国形象，促进中外文化和海上丝绸之路的发展，为对世界文明的发展作出了重大的贡献。（游丽江）

郑善夫

郑善夫（1485—1523年），字继之，号少谷，又号"少谷子""少谷山人"等。明代官员、儒学家（阳明学）。福建省福州府闽县高湖乡（今福州郊区盖山镇高湖村）人，生于明成化二十一年，少有才名，精于易经、数学、历法。明弘治十七年中举人，弘治十八年登进士第，正德元年，在京候补，纂修《苏松常镇实录》，于当年完稿。在京期间，与何景明在文学复古问题上看法一致，相处甚好；常与薛惠、王廷陈、顾璘、方豪、殷云霄等名士诗酒唱和。旋因父母去世，返乡守孝。正德六年，任户部广西司主事，榷税浒墅关"以清操闻"。

正德十三年，任礼部主事。正德十四年升任员外郎，武宗将南巡，郑善夫等上疏痛斥江彬等宦官怂恿皇帝南巡，劳民伤财。江彬为此恨之入骨，假传圣旨，杖打谏者，有人竟被活活打死。郑善夫不胜愤慨，又同舒芬、张衍庆上疏再谏，因而被打30杖，并罚跪午门5日。为此，郑善夫对仕途倍感失望，上疏辞官，但未获准。

正德十五年，郑善夫通过对天文历法的考察和对日食、月食的研究，认为现行历法已不准确，上疏请改历元，并提出：用测量南北两地日食时间差的办法来推算岁差的准确时间，但其意见未得到采纳。同年，郑善夫又上疏辞官，获准。回家乡，在金鳌峰下筑少谷草堂，建迟清亭，读书其中。

嘉靖元年，郑善夫任吏部验封司。

嘉靖二年，郑善夫赴任途经建宁府，便道游武夷山九曲，遇风雪，受寒得病，返家后病逝，终年39岁，葬之省城福州西郊梅亭山。

著有《郑少谷集》25卷、《经世要谈》《奏改历元疏》《日宿例》《时宿例》《序数》《田制论》《九章乘除法》《九归法》等。

郑善夫善书画，对数学、历法有较深的研究。郑善夫在文学上提倡复古，主张"文必秦汉""诗必盛唐"，与李梦阳、何景明等人并着力模仿杜甫的诗作，其诗大多是忧时感事之作，如《贫女吟》《送周方伯入楚》《寇至》等，都反映了当时黑暗的社会现实。《明史·文苑传》称："闽中诗文，自林鸿、高棅后，阅百余年，郑善夫继之。迨万历中年，曹学佺、徐㷼等继起。"郑善夫在明代福建文坛起承上启下的作用。（刘传标）

八、清朝

卞宝第

卞宝第（1824—1897年），字颂臣，号娱园。清代江苏省扬州府仪征县人，世居扬州。生于道光四年十一月初九。咸丰元年，卞宝第考中举人后，通过捐纳制度入仕。初任刑部主事，咸丰五年调任河南司主事，负责实录馆校对。因校对《清宣宗实录》严谨尽职，升任郎中。咸丰九年，卞宝第通过御史人选考试。咸丰十一年，升浙江道监察御史。

卞宝第敢于直谏，而且倔强，"知无不言，直声震天下"，为人"强毅，官台谏日，弹击不避贵要。"人称"卞牛"，但他的许多主张被朝廷采纳。

太平天国运动爆发以来，各省官吏多贪生怕死，消极抵抗，上报军情多为自己开脱责任，甚至冒功请赏的情况。他上书奏请朝廷要求核实太平军活动的有关状况，严令各省如实禀报与太平军作战的官兵人数、军粮总量、战略要地失陷及收复的时间、作战官员功过等；并要求清廷对太平军所经过之处弃城而逃者的地方官吏。并提出剿灭太平军的策略及补充兵力、筹集军饷的办法。此建议都被咸丰帝采纳。

同治元年，卞宝第升迁为礼科给事中，"劾江北水师总统黄彬侵厘通贼，督办军务侍郎胜保贪蹇，提督成明拥兵同州畏葸无战志"，以"敢言"而闻名。

同治二年，卞宝第升任顺天府丞，迁府尹。到任后，亲自考核属下，将不合格的南路同知费涛等人降职查办。同时下令捕杀"巨盗"王景濂、李景周、张雪子等人。

卞宝第胆识过人，处事果断，"有威重，不为小谨，骑从甚盛，所至诛锄奸猾，扶植良愿。"在卞宝第治理下，顺天府的治安有所改善。

同治五年，卞宝第上书朝廷，恳请去职还乡。慈禧太后"温旨慰留"。八月，被任命为河南布政使。但卞宝第又以不胜重任为由请辞。

同治六年，调任福建巡抚。时粤寇初平，游勇土匪肆掠，疏请就地正法，报可。在福建巡抚3年任内主要处理往年遗留的积案及清剿太平军余部，处死跟随太平军起事的南安人谢嵋，对当时台湾绿营俸饷暂由税厘项下接济持保留态度。

同治七年十二月，英国传教士胡约翰通过教民诱租闽江口川石岛陈姓公产。川石岛民众反对胡约翰动工盖房，英国驻福州领事派兵干预，英国兵开枪击毙乡民王先天，后又派兵闯入乡民王有树住宅，逼写赔款字据。时任福建巡抚卞宝弟认为"不能对英兵姑息，应予惩办"。他流血事件发生后，卞宝弟"强硬交涉"，主张从严惩办，驱逐教士出境，并责令赔偿损失。他一面派员向英国驻福州领事交涉，一面咨请北京总理各国事务衙门处理。同时支持乡绅组织团练，武装保卫乡土。由于时任闽浙总督英桂向英方妥协，使枪杀岛民的英兵逍遥法外。

川石岛教案后，卞宝弟深感"愧对"八闽人民，同治九年上书清廷以"双亲终养"再次请求告老还乡。清廷以其"简任福建以来，办理一切俱臻妥协，未便遽易"为由，未准其辞职，仅赏给卞宝弟三个月假期回扬州。

光绪八年，卞宝弟被任命为湖南巡抚。当时平江方雪璈，龙阳曹小湖，安乡周万益、张景来密切集成"哥老会"。卞宝第到任后，全力清剿哥老会势力，捕杀哥老会首领方雪敖、曹小湖、周万益、张星等人。因清剿哥老会有功，一度升署湖广总督之职。

光绪九年十二月，中法战争爆发，卞宝第奉命与湖广巡抚彭祖贤整饬长江防务，筑炮台田家镇南北岸各三座，绘具图说上之。时筹议建设樊口石闸。卞宝第认为："樊口内有梁子诸湖，衺延八百里，水皆无源，江入其中，潴为巨浸。以民情论，重在堵江水之入，不在泄内水之出。以地势论，江水骤失此渟潴八百里地，则下游堤防必致冲决。请缓建石闸，而渐除樊口内洼田额赋。"得旨允行。

光绪十年三月，清军从越南北宁大溃，中法战争日趋扩大。卞宝第审时度势，上书清廷，建议由左宗棠驻军天津，保卫京师；由兵部尚书彭玉麟回江南统率水师旧部；起用前陕西总督杨岳斌等。并在战略要地田家镇南北两岸分设3座炮台，分兵把守，购买西式枪炮，制造木排，储存石块，以备需要。同时购买西式枪炮，制造木排，储存石块，以备需要。

当听说刘永福部队驻扎越南兴化时，曾挖掘地道以抵御法军火炮攻击效果很好时，立即派人向刘永福求教，并绘制地道图样，呈报朝廷。十月，卞宝第因"筹解新疆协饷"有功，得赐头品顶戴。

中法战争结束后，清廷命各省裁撤兵勇，卞宝第模仿湘军的办法，奏准改革湖南绿营兵营制，裁兵节饷，计日操练。

光绪十一年，卞宝第回任湖南巡抚。

光绪十四年，卞宝弟被清廷擢升为闽浙总督，兼管福建船政，这是卞宝第离闽二十年后重临旧治。同年在福建创办织布局，招募人员学习纺织，并规定3个月学会者赠予织机，福建纺织业因此迅速发展。卞宝第又奏准朝廷对福建布匹销售减税，民间受益很大。在闽浙总督任内，为加强海防，创设了水雷营，并在马江出海口建立炮台等防卫措施。并向清廷上书替被参劾的前署台湾总兵杨在元申辩，指出原参人翰林院侍讲会办福建海疆事宜张佩纶所指控的"吃空、卖缺"与实情不符，恩恩清廷开复杨在元台湾总兵的原职。后又奏请改委杨在元充任澎湖镇总兵巡洋会哨。

光绪十六年三月初三日，卞宝弟以闽浙总督的身份兼理福建船政督办大臣事务。卞宝弟在兼任福建船政期间对船政实施"整顿"，严惩贪官，查处中饱私囊之徒，解雇寄生船员600多冗员。为船政局节约大量经费，船政局重现生机。

卞宝第清正廉洁，"在官廉俸外一无所受，人莫敢干以私。"一度一身兼闽浙总督兼摄福建巡抚、船政大臣、福州将军、陆路提督、福建盐政、福建学政等七职，人称"七印总督"。

光绪十八年正月二十二日，卞宝弟因病请假回老家治病，五月二十八日卞宝第辞职获准。光绪二十年十月二十二日，卞宝弟再度兼任福建船政督办大臣，光绪二十二年六月十八日因旧病复发回老家。

光绪二十三年，卞宝弟病逝于家，终年73岁。

卞宝第有威重，不为小谨，驺从甚盛，所至诛锄奸猾，扶植良懦，民尤感之。

卞宝第的遗著有《闽峤輶轩录》《卞制军政书》等，后人辑有《卞制军奏议》传世。（刘传标）

蔡 新

蔡新（1707—1799年），字次明，号葛山，别号"缉斋"。清代福建省漳州府漳浦县下布（今大南坂下楼村林西墘）人。乾隆元年登进士第，授庶吉士、翰林院编修、直上书房、翰林院侍讲。累官内廷总师傅、兼理兵部尚书兼管国子监事务、礼部尚书兼理兵部尚书、吏部尚书兼国子监事务、文华殿大学士兼吏部尚书、加授太子太师。

乾隆五年，噶喇吧（今属印度尼西亚）发生荷兰殖民者屠杀华侨的惨案，史称"红溪惨案"。翌年，福建巡抚奏闻于朝，并请"禁止南洋商贩"以困之，朝臣意见不一。内阁学士方苞知道蔡新生长于闽南，且有经济策略，就写信征求蔡新的意见。蔡新在回信中认为，禁止通商有弊无利，只能引起沿海民众财物损失和闽粤两省财源困乏。因而主张"静加查察"，若噶喇吧继续迫害中国商人，那也只禁止与噶喇吧通贩，其余南洋诸国"听从民便"。方苞接受蔡新的意见，并向朝廷建议，遂得以实施。

乾隆十年，蔡新奉命入直上书房，侍诸皇子讲读，并授翰林院侍讲。不久，奉命督学河南。督学期满后回京，仍直尚书房。皇帝知道他精通数学，懂得应用勾股弦原理进行开方的方法，命皇子于课余时间向蔡新学习数学。

乾隆十一年督学河南，任满，仍值上书房。

乾隆十七年，典江西乡试，任侍讲学士，日讲起居注官。未几，迁内阁学士，再晋工部右侍郎，调刑部。

乾隆二十二年秋，蔡新以母老，乞请归养。归家后，接奉圣谕，命为内廷总师傅。蔡新上疏辞谢，请求留家奉母。又接乾隆皇帝亲笔谕示："非命汝即来供职，待日后耳。"

乾隆三十四年，兼理兵部尚书兼管国子监事务。不久，调任礼部尚书。赐紫禁城骑马，并照顾在澄怀园办事。

乾隆四十一年，再兼理兵部尚书。时蔡新已69岁，乾隆手书"武库耆英"及红绒结顶冠服赐给他。

乾隆四十五年，转为吏部尚书兼国子监事务，授协办大学士。

乾隆四十六年十月，充《四库全书》馆正总裁之一。

乾隆四十七年五月，《四库全书》纂修基本完成，请假回乡修墓，奉旨给假一年，不必开缺。乾隆四十八年六月，蔡新假满抵京。七月，授文华殿大学士，兼吏部尚书，赐"黄扉宿彦"匾额。

乾隆五十年正月，蔡新已78岁，出席千叟宴，朝廷大臣中以蔡新年龄最高。二月，皇帝按例亲到辟雍（太学）讲学，蔡新以大学士统领国子监，坐讲《易经》中"天行健，君子以自强不息"。众讲官依次讲授。乾隆御制《辟雍诗》，中有句"蔡新或备伯兄行"，并自注"若今之群臣，孰可当三老五更之席者，独大学士蔡新长予4岁，或可居兄事之列"。蔡新悚惶局促，礼毕后，面恳乞休。皇帝允许以原官致仕，加授太子太师，令驿站车马送回漳浦，沿途所经地方官在20里以内照料护行，御制诗章以宠其行，诗中有"不忍言留合令归，及归临别又依依"之句。在朝同僚、门生及部属也都赋诗，为他送行。

嘉庆元年，蔡新已 89 岁。嘉庆皇帝御书"绿野恒春"匾额赐给蔡新，并赐蔡新子本俊官内阁中书。

嘉庆四年十二月，蔡新卒于家（位于漳浦县大南坂），享寿 92 岁。赠太傅，赐祭葬，谥"文恭"。

著有《缉斋诗文集》刊行于世。（刘传标）

陈宝琛

陈宝琛（1848—1935 年），字伯潜，号弢庵、陶庵、听水老人。晚清大臣、末代帝师。清代福建省福州府闽县螺洲（今福州市仓山区螺洲镇）人，刑部尚书陈若霖曾孙。生于道光二十八年八月二十二日，同治七年登进士第[①]，初授翰林院庶吉士，授编修。

光绪元年，陈宝琛被提拔为翰林侍读，以"直言敢谏"而闻名，与学士张佩纶、通政使黄体芳、侍郎宝廷等四人好论时政，合称"清流四谏""枢廷四谏官"。

光绪四年，崇厚出使俄国，擅自签订不平等条约。陈宝琛失声痛哭，指出国家不能失去主权，坚决主张"诛崇厚，毁俄约"。他在此后提出的东三省官员应该满汉兼用等建议无疑都是很有远见的。光绪五年，沙俄侵占新疆伊犁九城，陈宝琛力主收复。

光绪六年，任武英殿提调官。慈禧身边的太监与清宫午门护军争殴，慈禧偏袒肇事的太监，下旨严惩守职的护军，陈宝琛上奏力谏，终于使慈禧收回成命，这件"庚辰午门案"一时轰动朝野。翌年，授翰林院侍讲学士，纂修《穆宗本纪》。

光绪八年，任江西学政，重修白鹿洞书院。是年春，一支近 600 人的法国部队不宣而战，在 3 艘战舰的支援下攻占了越南河内。四月初十日，陈宝琛上书的《陈越南兵事折》中首次公开表述他对"越南问题"的看法。他说，"越南之于滇粤，谚所谓辅车相依、唇亡齿寒者也。"越南一旦沦为法国的殖民地，那么中

国西南边疆"滇粤水陆处处逼于他族"。他还认为，法国控制了越南以后，紧接着就会与中国"争隙地、责逃人、廓商岸"。且法国"志在蚕食""求取无厌"。陈宝琛已预见到了法国迟早要对中国挑起战事，中法间的战争必然会爆发。

光绪九年，陈宝琛再次提醒清政府：主张在越南问题上必须以强硬的态度坚决抵制法国的扩张野心。正是因为"越南沦"，中国西南边疆将无安全可言，所以陈宝琛认为，"与其俟剥肤切近，筹边防海左绌右支，何如乘黑旗之士气犹张，阮氏之人心未去，举义师以平其难，执条约以定其盟"。所谓"举义师"，很明显是包含着针锋相对、寸土必争的主战观。针对"和"与"战"的激烈论争，陈宝琛认为，越南的存亡是决定和战问题的关键，"越南未失，则战易而和亦易，越南若失，则和难而战更难"，颇有见地。中法战争迫在眉睫，陈宝琛认为，法国畏惧久战，需要靠速决战求胜，却无力维持对峙战的长期消耗。显然，陈宝琛的分析是比较客观的。

中法越南交涉时期和中法战争中，陈宝琛对解决冲突问题的主导思想是主战，《陈越南兵事折》里所提出的"谋粤督""集水师""重陆路"三策，可以说是构成他日后军事方面整体谋略的基调。

光绪九年，因为奉旨校对《穆宗毅皇帝圣训》议叙奖励，被授为内阁学士兼礼部侍郎。当时，法国侵犯中国属国越南，陈宝琛与清流派领袖张佩纶力荐唐炯、徐廷旭担任军职。

光绪十年，陈宝琛上书光绪帝想要招募兵勇并参考西方的练兵方法训练，条陈"筹饷、选将、练兵、简器"四件大事，主张通过变化练兵的办法达到强兵的目的，要根据实际情况任用人才，通过筹饷的方式让练兵的事变得持久长远。

陈宝琛针对清政府的外交明确提出了"联与国"主张。他认为："德、法、仇也，法岂须臾忘德哉？俄有衅，德无援，法始敢称兵于越耳。法得越且复强，恐亦非德之利也。故中国欲拒法，则必联德。"于是建议："应密令使德大臣乘间说诸德之君相，曲与联络。一面促造德厂铁船，多购毛瑟枪炮。时与德之官商往来款洽，以动法疑。德诚忌法而与我交固，足阴

---

① 陈宝琛兄弟六人，他的胞弟陈宝瑨和陈宝璐中进士，陈宝琛的三个胞弟陈宝琦、陈宝瑨、陈宝璜等也皆举人出身，时称"六子科甲"，显耀榕垣。

为我助，即不能得其要领，但令法军心存顾忌，亦足分其势而扰其谋。"

陈宝琛的所谓"联与国"，指出了两点：一是应当充分注意到德国与法国之间的矛盾，如果法国因占据越南强大起来，这是德国所最担心的，因此德国势必同中国联合，暗中援助中国以遏制法国；二是在外交上广泛造成中国与德国关系密切的舆论，即使中国与德国实际上未能联合，也使法国产生很大的疑虑，不能集中精力对付中国。陈宝琛对"中国欲拒法，则必联德"的分析及其主张，说明他已经注意到在外交中要利用矛盾。

尽管陈宝琛"联德拒法"的以夷制夷外交手段并未在实际中得以实施，但它毕竟反映出陈宝琛的这一灵活外交策略，是存在着可行性，以及有其现实意义的。

后来因为他推荐的唐炯、徐廷旭兵败受到牵连，吏部商议将他降五级处分。

光绪十一年，陈宝琛应台湾巡抚刘铭传之邀赴台。陈宝琛返回福建后，修葺先祖的赐书楼，并且修建沧趣楼。自此，他闭门读书、赋诗、写字。

光绪二十一年，福州永泰乡贤力钧利用开办银元局的赢利，创办"苍霞精舍"，光绪二十三年增加日文科，称"东文学堂"，聘请陈宝琛任董事兼总理。

光绪二十四年四月二十三日光绪帝颁诏"明定国是"，宣布变法。其主要内容有：改革政府机构，裁撤冗官，任用维新人士；鼓励私人兴办工矿企业；开办新式学堂吸引人才，翻译西方书籍，传播新思想；创办报刊，开放言论；训练新式陆军海军；科举考试废除八股文，取消多余的衙门和无用的官职。戊戌变法后，福建各地纷纷提出兴办中、小学堂，可新式教育的教员特别缺乏。当时的闽浙总督同陈宝琛协商，欲将"东文学堂"扩充为官立全闽师范学堂，全力培养新式教育的师资力量，以解燃眉之急。陈宝琛慨然应允，并出任学堂监督（校长）。此学堂也是全国最早创办的师范学校之一。陈宝琛为学堂亲自题写校训："化民成俗其必由学，温故知新可以为师"。并且，还撰写了一篇语重心长的《开学告诫文》，颇像以后的《师范生守则》，成为全闽师范学堂培养学生

的准绳。①

光绪二十五年，陈宝琛任鳌峰书院山长，以大量培养人才，推广教育为目标，曾倡导设立东文学堂、师范学堂、政法学堂、商业学堂。主持高等学堂的时候，陈宝琛派遣法、政、商、工、农等科的学生前去日本留学。

光绪三十一年，陈宝琛任福建铁路总办，主持修筑漳厦铁路，出任福建高等学堂监督。期间他邀集省城士绅座谈，倡议成立全闽教育商榷机构。当年十一月，闽省学会（此乃福建教育总会的前身）宣告成立，陈宝琛被公推为会长。学会成立后，群策群力，八闽大地掀起了兴办小学堂的小高潮。

光绪三十三年，福建各地纷纷提出兴办中、小学堂，可新式教育的教员特别缺乏，陈宝琛应闽浙总督之邀请，将"东文学堂"扩充为官立全闽师范学堂（今福建师范大学），全力培养新式教育的师资力量，并出任学堂监督（校长）。陈宝琛为学堂亲自题写校训："化民成俗其必由学，温故知新可以为师"，并《开学告诫文》，成为全闽师范学堂培养学生的准绳。

光绪三十四年，溥仪登基后，陈宝琛首发为"戊戌六君子"昭雪之议，奏请降旨褒扬。他为溥仪皇帝授读三年，备受恩宠。

宣统元年，陈宝琛官复原职（再任内阁学士兼礼部侍郎），充任礼学馆总纂，监修《德宗实录》。

宣统三年，陈宝琛任毓庆宫行走，任宣统帝溥仪的老师，赐紫禁城骑马。继任汉军副都统、弼德院顾问大臣。

1912年1月1日，南京临时政府成立。2月12日，清廷发出诏书宣布清帝接受优待条例，退位。陈宝琛深受传统忠君报恩思想的影响仍忠于故宫里的逊清小朝廷，追随溥仪。

---

① 全闽师范学堂在1903年至1909年，共培养毕业生700人，其中大部分成了福建中小学教师的骨干，1936年7月，合并福州、建瓯等师范学校为福建省立师范学校。1938年3月，省立师范学校内迁至永安，1942年改称为省立永安师范。新中国成立后由人民政府接管。1966年"文化大革命"开始后，永安师范学校一度停止招生。1971年11月，福建省革命委员会决定在原永安师范学校的基础上复办三明地区师范学校，2004年5月18日，教育部批复福建省人民政府同意三明高等专科学校升格为三明学院。

1913 年奉命修《德宗实录》。1921 年修成《德宗本纪》，授太傅。1923 年，引荐郑孝胥入宫。1924 年，当时控制北京的民国将领冯玉祥十分痛恨封建帝制，决定将溥仪赶出紫禁城。11 月 5 日，冯派鹿钟麟等人前去逼宫。然而溥仪等人，并不情愿离开，特别是敬懿、荣惠二太妃表示死也不愿意离开。鹿钟麟见此，心生一计，对随从们说："先不要开炮，事情还可以商量，再延长二十分钟"。溥仪一听慌了，急忙让下人收拾行李。溥仪被逐出故宫时，溥仪见到陈宝琛，放声大哭说："我无颜见祖宗啊！"陈宝琛忙劝慰道："皇上切莫悲伤，自古以来哪有不灭亡的朝代呢？而我大清到了今日地步，并非是因为失德而被篡位，皇上也不是亡国之君。皇上年纪尚轻，且博学多识，将来理应成为民国之总统。那时，不是可以告慰列祖列宗了。"

1925 年 2 月 24 日，在天津日本总领事馆、警察署长和便衣特务的护送下，溥仪从北京前门车站化装逃到天津。陈宝琛随即移居天津随侍溥仪。

1931 年 11 月 8 日，日本侵略者特务头子土肥原贤二制造"天津事件"，将溥仪从日租界的住所秘密带出，诱至东北充当伪满傀儡。次年陈宝琛跟踪而去，竭力主张复辟大清帝国，反对溥仪出任日本操纵的伪满蒙共和国总统，与溥仪、郑孝胥意见不一，冒死赴东北劝谏，差点被日本关东军囚禁，郁郁返回天津。

1935 年 3 月 5 日，陈宝琛病逝于天津，享年 87 岁，追赠太师，谥号"文忠"，归葬福州马尾区君竹村登龙岭。（刘传标）

陈宝璐

陈宝璐（1858—1913 年）字敬果，号铁珊，又号韧庵。清末学者、画家。清代福建省福州府闽县螺洲（今福州市仓山区螺洲镇）人，刑部尚书陈若霖曾孙，陈宝琛三弟，著名经济学家、教育家陈岱孙祖父。

陈宝璐生于咸丰八年，初从学于大学问家谢章铤。光绪十六年登庚寅科进士第，选庶吉士，供职于翰林院。光绪十八年散馆改刑部主事。后任江西学政，聘请谢章铤为白鹿书院山长，讲授程朱理学。因对做官兴趣不大，不久

后去职，回到故里，专门致力于研究学问。时谢章铤为福州"致用书院"山长，谢章铤去世后，陈宝璐为"致用书院"代理山长，以束脩费赡其家，又为谢章铤校刊遗集，又收养其子女。

陈宝璐一生致力经学，对古今中外的典籍都研究，渴望能成为"守先待后之巨儒，维持斡运，使不论一世于禽兽，特难其人耳"。他喜好藏书，收藏了不少的好书用之于晚清福州著名藏书家，与龚易图合称"北龚南陈"。

虽然陈宝璐致力经学，藏书丰富，但是他的著作却不是很多。他传世的有许多花鸟画，如《花鸟对屏》。在书画作品中，他多署名"铁珊"或者"珊"。

著有《陈刑部杂文》《艺兰室文存》。（游丽江）

陈　璧

陈璧（1852—1928 年），字玉苍、佩苍、雨苍，晚号苏斋。清代福建省福州府侯官县仙坂村（今闽侯县南通镇苏坂村）人。生于清咸丰二年六月十九日，光绪三年进士及第。历任内阁中书、湖北主考官、宗人府主事、礼部铸印司员外郎、湖广道监察御史、代理陕西道监察御史、刑科给事中、吏部给事中。光绪二十二年六月回闽奔丧，对福建船政和福建省工矿等进行全面考察。接连上《奏为海防善后亟宜变通闽厂章程添设各项机器以开利源而备御侮恭折》《请派大员查明福建船政实在情形速规推广以振防务折》《船政整顿伊始敬陈管见以备采择恭折》，奏请整顿船政，提出"开自然之利"的改革方案，力主开采侯官县穆源铁矿，利用船政局现有的机械设备进行冶炼，产品供船政局使用，并由船政局铸造洋钱流通市场，以增加财政收入。他还建议利用现有船政局闲置船只，发展客、货运输；利用船厂机器设备优势，兼营民用产品，并奏请朝廷委派大臣整顿厂风。他的主张先后被采纳施行，对促进福建船政局资本主义经营方式的发展起重要作用。

光绪二十三年，他重视教育和实业的发展，主讲凤池书院，增设"时务""论策"等讲习新内容，使"闽中学风为之一变"；创建苍霞精舍，授以英文、算学新课程。

光绪二十五年，调任山西道监察御史。光

绪二十六年，奉旨在京办理团练，参与镇压义和团运动。七月二十日，慈禧太后出逃西安，京城大乱，陈璧留守北京。

光绪二十七年七月，陈璧升任太仆寺少卿兼顺天府尹，受命会办五城事宜，主持修建东西陵工程。先后创办京师工艺局（所半工半读的新型学校，招收少年游民编织景泰蓝、刻字、制作木器、织布等，并教以物理、化学、算学、机械学、绘图学等专业知识，还设有专利权，鼓励学员的创造性和积极性）、顺天中学堂（开设英文、日文、法文等新学科）、金台校士馆及五城中学。

同年六月，在工艺局中腾出地方创办农务学堂，聘用日本农业专家教授农、桑、水利、饲养的新方法，另在南苑建立农业科学试验场，还计划在迁安县（今属河北省）试验科学养蚕。

光绪二十九年八月，清政府新设商部，陈璧任右侍郎，参与定官制、订商律、兴商会、保侨民以及制订土货等章程。十月，卸顺天府尹任，十二月转商部左侍郎。

光绪三十一年九月，陈璧补授户部右侍郎，参与开办天津造币厂及大清银行。十一月，以"钦差考查铜币大臣"身份到南方各省考察造币厂，先后到开封、武昌、南京、清江浦、广州、福州、安庆等地的铸币厂考察，认为各厂贪污风行，厂务废弛，急需整顿。

光绪三十二年，清政府成立邮传部，作为管理全国邮电、轮船、铁路的重要行政权力机构。

光绪三十三年四月，陈璧升任邮传部尚书兼参预政务大臣。他力行改革，严禁官吏挪用公款，贪污腐败等行为，废除官吏乘火车、运货免价特权，实行存款保密等一系列措施。五月间，他在《整顿币制以维圜法》的奏折里，提出金融改革计划，颁布《币制则例》，规定以银元为本位制。

光绪三十三年二月二十二日，陈璧自广东抵福州考察铸币情况。当时福州共有3所铜币铸造厂（局），即福建官办银元局（南局）、福建机器局附设铜币西厂（西局）、福建船政局附设闽海关铜币局（东局）。陈璧向清廷上奏《整顿币制以维圜法折》，提出了币制改革建议，主张仿效西方币制，确定以银元为主币、铜币为

辅币。他建议将纸币发行权集中于中央，由国家统一发行流通纸币。陈璧亲赴马尾福建船政局实地考察，并针对弊端，提出一系列改革方案。

光绪三十三年十一月，陈璧上《拟设交通银行折》，建议创办交通银行。陈璧认为银行越多，交通越发达，国事民事均受其益，而中国自办的银行仅有少数几家，而外商银行却有许多。陈璧仿照西方各国普通商业银行章程，并参照国内已设立的中国通商银行等银行经营规则，亲自草拟了交通银行章程三十八条。

宣统元年遭弹劾罢官，寓居苏州。宣统三年，移居天津。1912年，由津迁沪，翌年移居北京，于西城筑"苏园"寓居。1915年，任袁世凯政府参政院参政。1922年陈璧由北京迁天津，1928年3月26日病逝，终年77岁。乡人为纪念他而将仙坂村改名为苏坂村。

著有《望岩堂奏稿》。（林洪婧）

陈化成

陈化成（1776—1842年），字业年，号莲峰。清代福建省泉州府同安县民安里丙洲（今厦门市同安区西柯镇丙洲村）人。家道中落，以捕鱼为业。清嘉庆二年入伍闽浙水师，因其作战勇敢，屡立军功，遂由外委逐一提拔为把总、千总、守备、游击、参将、副将，一路擢升至金门总兵。

道光十年升任福建水师提督，驻守厦门。陈化成到任后，督率水师，认真巡逻，严行堵截。在闽浙总督邓廷桢的支持下多次击退来犯的英国舰队。道光十二年，英国东印度公司派遣"阿美士德"号到厦门进行间谍活动，陈化成召见该舰胡夏米等人，并命令水师严加监视，驱逐出港。后来，英舰闯入闽、浙各洋，侵扰我国东南沿海，陈化成督率水师，认真巡逻，严行堵截。道光十三年，陈化成率领水师搜查金门、厦门一带的鸦片走私巢穴，四面兜擒，人船俱获，并对附近陈头等八乡，按户清查，窝巢尽毁。道光十五年英国军舰到闽挑衅，被陈化成驱逐。道光十七年，英国军舰进窥闽安五虎洋面，闽安副将周廷祥出面制止，英领事借口接回居漳浦的英国"难民"，换坐小船，入口投书，陈化成不予接见，并派人转谕海面

"难民"，应照例翻译说明情况，由中国护送到广州回国，现"难民"未供系英国人，而且，英领事禀文亦未将"难民"姓名指出，难于凭信。即令水师将小船押至大船，驱出领海，维护了外交尊严。

道光二十年。鸦片战争爆发后，为加强长江门防务，陈化成改任江南水师提督，驻吴淞海口，亲自察看防务，着手整顿备战。在两江总督裕谦支持下，完善了位于长江和黄浦江江口吴淞炮台的防务。他爱护部下与百姓，深受其辖下官兵及百姓的爱戴，被尊称为"陈佛""陈老佛"。

道光二十二年四月初六日，吴淞战役爆发，他驰塘督战，炮兵缺处，则亲点火药，连开数十门。还坚持指挥抬枪队、鸟枪队，向登岸侵略军射击。登陆英军大队拥至，陈化成身中7处受伤，壮然殉国，时年67岁，同时牺牲的，有提标中营守备韦印福等官兵80余人。次年，当陈化成的灵柩运回厦门安葬时，"江南市民排巷祭，为泣哭者数十百万人"，被誉为"民族英雄"。（林洪婧）

陈季同

陈季同（1852—1907年），字敬如，又作镜如，号"三乘槎客"。清代福建省福州府侯官县（今福州市鼓楼区）人，清末外交官、翻译家、文学家，近代"中学西渐"第一人，与辜鸿铭、林语堂一起被称为"中学西传"的"福建三杰"。生于清咸丰二年冬，"少孤露，读书目数行下"。同治六年正月考入福建船政创办附设学堂求是堂艺局，学法文、制造专业。"历经甄别、皆冠其曹"，以优异成绩毕业。

光绪元年正月三十日，船政大臣沈葆桢利用监督日意格归国采购挖土机船、钢材及新式轮机之机，派魏瀚、陈兆翱、陈季同、刘步蟾、林泰曾等5人赴英、法游历。陈季同以舌人（翻译）身份跟随洋员日意格游历英、法、德、奥四国。光绪二年归国，充任船政学堂前学堂法文教习。并将游历四国写成《西行日记》四卷。光绪二年九月，福建船政选派第一批出洋学生，陈季同获选派，以都司衔兼任出洋肄业局舌人（翻译、文案）身份赴欧，为了"学习交涉切用之律"，他和随员马建忠一同进入巴黎政治学校，"专习交涉律例等事"，所习功课包括交涉、公法、律例、格致、政治、文辞等，此外"兼习英、德、罗马、拉丁各种文字"。在法期间，陈叔同凭借着熟练的法语和良好的西学知识，与法国社会建立了一些实质性的关系，特别是与法国学术界建立起的联系为其日后在巴黎上流社会，尤其是外交界和文艺界的交往开辟了通道。入巴黎政治学堂，专习交涉律例等事。

光绪四年十月初九日，清政府加派曾纪泽为驻法公使，原出洋肄业监督李凤苞署理驻德国公使。李凤苞认为陈季同"泛应世务，再能历练官常，中外贯通，可胜大任矣"，遂调陈季同驻德法公使馆二等翻译官。到德国两个月后，陈季同加入了柏林著名的"葛西努俱乐部"，该俱乐部为各国驻德外交人员和德国官绅"会讲学业访问时事之地"，陈叔同在此为清廷收集到很多欧洲政情军机和商况民意。之后，陈叔同被授予副将加总兵衔。后又升任驻德、法参赞，代理驻法公使兼比利时、奥地利、丹麦和荷兰四国参赞。在法国使馆供职期间，陈季同利用他的社会关系，曾协助驻法使节曾纪泽在法国大造舆论，反对法国并吞越南的政策。

在欧期间，陈季同自学拉丁语、英语、德语、意大利语，并利用工作之余把中国古典文学《红楼梦》《聊斋志异》及礼教书籍等翻译成法文，在法国巴黎刊行，引起欧洲各界人士广泛注目，对中西文化交流起了先驱作用，是中国人第一次将东方文化向西方直接传播，增加了西方人士对中国的了解。

光绪十一年初经李鸿章等照案奏奖，以游击仍留原省补用，并赏加副将衔。

光绪十五年四月，原湖南按察使薛福成奉命出使英、法、比、意诸国，陈季同随同薛福成出国任职。光绪十七年因官场倾轧，陈季同被诬告，被解职回国。经其胞弟陈寿彭等奔波营救而幸免牢狱之灾。之后他积极参加各种洋务和维新运动。

光绪二十年一月，陈季同因"精于交涉"，奉命赴朝协同处理外交事务。陈季同"进高丽地图，请守平壤险要之地"。七月初一日清廷正式对日宣战，陈季同奉命督率粮草到辽东。十月初三日，台湾布政使唐景崧署理台湾巡抚职。

时日军攻台风声日紧，唐景崧奏请朝廷派陈季同赴台协助筹划防台事务。光绪二十年初，陈季同时为台湾布政使，以副将身份到台湾为唐景崧筹划防务。4月17日，清廷被迫与日本政府签订丧权辱国的《马关条约》，割让台湾、澎湖给日本。深受西方资产阶级民主思想洗礼的陈季同认为，在清廷与日本签订和约之后，只有台湾人民坚持不屈的牺牲精神，才能博得英法诸国的同情与干涉，才能遏制日本人的野心。为了保住台湾，他主张仿效法国。他协同台湾绅士丘逢甲等，决定采用民主体制"自主立国"，发起建立"台湾民主国"的倡议。在筹建"台湾民主国"过程中，陈季同以其对法国革命的深刻了解，起了重要作用。他主持起草了台湾民主国的"建国方略"和"临时宪法草案"，提出"民主国年号和旗帜"。5月16日，推举台湾巡托唐景崧为总统，军务帮办刘永福为大将军。丘逢甲为义军统领，原刑部候补主事俞明震为内务大臣，原礼部主事李秉瑞为军务大臣、陈季同为外务大臣。5月23日宣布"自主立国"，拒绝接受《马关条约》有关割让台湾、澎湖外条款。在陈季同凭借其精通国际法，起草的全台湾绅民致各国的"文告"中说：根据国际公法，割地须先得当地绅民的同意，否则无效，"有案可援"。

陈季同的保台计划失败后内渡回大陆，在上海闲居期间，曾游历广西、四川、山东等地。到山东时，正值李鸿章在山东主持治理黄河事宜，李鸿章邀请陈季同入幕，陈季同曾就治河事宜向李鸿章提出"改造水堤，以防水流冲刷沙土"的治河方案，认为"治水须从源起"。

光绪二十三年秋，陈季同举家迁上海参与变法运动，与其弟陈寿彭创办在上海合办维新刊物《求是报》，致力于译介西方历史、文化、科技、法律等方面的著作。以"三乘槎客"为笔名，在《求是报》上连续译载过法国作家贾雨的《卓舒及马格利小说》，《求是报》成为当时较有影响的倾向维新的报刊之一。次年秋，他还热心支持创办了近代中国第一所女学堂"上海中国女学堂"。其妻法国人赖妈懿出任该学堂的洋提调。该学堂以效法西方新式教育为趋向，以"中西合璧"为宗旨，成为中国近代女子教育社会化兴起的标志。这一时期，陈季同还参与发起成立了当时有影响的新兴社会组织"戒烟公会"，旨在移风易俗，曾吸引许多维新派人士和开明官员参加。庚子事变后，曾主持过官报局和翻译局。

光绪二十六年，义和团运动爆发，八国联军侵略中国，京津地区战火肆虐，上海民众募款救济京津难民，然八国联军封锁，救济物品无法送抵京津。陈季同闻讯主动承担交涉任务，电告驻京各公使和侵略军头目，迫使侵略者不得不遵守国际公约，使得救济物品顺利运抵京津。

陈季同身后萧条，临终之际，与他感情最深的弟弟陈寿彭又远在广州。其丧事由他在沪宁两地的故交亲友帮助善后。

光绪三十三年，陈季同在金陵（南京）寓所因患脑溢血猝然离世，终年58年。同乡好友陈宝琛、郑孝胥等为他主办丧事，家人将他的灵柩运回福州，安葬于福州洪山镇原厝村大腹山（又作"大富山"）长兄陈友如墓旁。2007年列为福州市鼓楼区级文物保护单位。

鸦片战争后，西方世界弥漫着对华人的歧视。陈季同自觉、主动地向欧洲介绍和传播中国文化、中华民族的文明。在1884年7月用法文在巴黎出版了《中国人自画像》，时值中法战争，法国公众对于中国因缺乏了解而充满敌意。该书较为全面性地向欧洲人介绍中国人的家庭、宗教与哲学、婚姻、妇女、祖先崇拜、社会阶层、育婴堂、教育、诗经、古典诗歌等生活各方面，将一个文化悠久、风景如画、飘溢着清茶芬芳的东方古国直接展现给法国读者，在很大程度上改变了他们对现实中国的偏见。书出版后引起轰动，年内再版五次，两年内已印至第11版。法兰西第三共和国政府因此授予陈季同"一级国民教育勋章"，表彰他所做出的文化贡献。

陈季同以欧洲人的精神和风格以及欧洲读者所熟悉的理论和方法写就《中国人自画像》和《中国人的快乐》，有力地消除了西方人对中国社会的偏见。值得一提的是，在《中国人自画像》和《中国人的快乐》这两本书中，陈叔同用法文大量译介了中国古典诗歌，总计60首，包括了《诗经》中的《出其东门》《柏舟》等名篇，李白的《静夜思》《戏赠杜甫》《春思》

《下终南山过斛山人宿置酒》等篇，杜甫的《成都府》《玉华宫》《旅夜抒怀》《赠卫八处士》《韦讽录事宅观曹将军画马图》《丹青引赠曹将军霸》等篇，以及孟浩然、常建、王翰、白居易等人的诗作，是以西文较多翻译中国诗歌的最早的中国人之一。

1886年出版了《中国人的戏剧》向欧洲人介绍中国戏园的结构、中国戏剧的种类、角色的安排、表演的方法、开幕、闭幕及至虚与实等方面，中国人直接以西方文字较系统地评介中国戏剧的开山之作。1889年出版了《中国故事集》，将《聊斋》中的《王桂庵》《白秋练》《香玉》《辛十四娘》等26篇作品，向欧洲人介绍。随着后还出版有《中国的娱乐》（1890年）、《黄衫客传奇》（1890年）、《巴黎人》（1891年）、《吾国》（1892年）、《英勇的爱》（1904年）等8种，并著有《三乘槎客诗文集》（十卷）、《庐沟吟》（一卷）、《黔游集》（一卷）等。

在陈季同所有的著作中，《黄衫客传奇》是目前所知第一部中国人以西文创作的中篇小说。《孽海花》作者曾朴在给胡适的信中曾坦承自己译介外国文学的活动，乃至"发文学狂"的主因，"大半还是被陈季同先生的几句话挑激起来"。他尊称陈季同为其"法国文学的导师"，推崇他为"我国研究法国文学的第一人"。

他积极译介律法和西学，最早独立翻译了《拿破仑法典》，将西方的法律观念引入中国，成为中国法治理念的启蒙者。

他翻译出版了雨果的小说《九十三年》及剧本《吕伯兰》《欧那尼》《银瓶怨》及莫里哀的《夫人学堂》及左拉的《南丹与奈侬夫人》等著名作品，成为近代中国"译介法国文学的一位卓有成就的先驱者"，是我国研究法国文学的第一人。陈季同可谓是"双向的文化使者"，不仅为晚清中西关系发展作出卓越贡献，更为后来者如辜鸿铭、林语堂等人确立了进行双向文化交流的典范。

在弱国无外交的晚清时期，陈季同始终以国家利益为优先，通过个人独特的外交魅力和扎实的文学功底，努力用自己的声音向西方介绍着中国，并以"矫枉"为重要方式，寻求着与西方的良性沟通，为中晚清西文化交流作出重大贡献，更为后来者如辜鸿铭、林语堂等人确立了进行双向文化交流的典范。（刘传标）

陈梦雷

陈梦雷（1650—1741年），字则震、省斋，号"天一道人"，晚年又号"松鹤老人"。著名学者、文献学家。清代福建省福州府侯官县（今福州）人。生于顺治七年，"资质聪敏，少有才名"。康熙九年登进士第，选庶吉士，散馆后授翰林院编修。康熙十二年，回乡省亲。

康熙十三年三月，靖南王耿精忠在福州举兵反清，参与"三潘之乱"。在福建遍罗名士，强授官职，胁迫士人同反。陈梦雷遁入僧寺，因老父为耿精忠所拘，被迫接受耿精忠授予的官职，入耿幕"学士"，但仍托病拒受印札。

当时，与陈梦雷同年进士、同官编修的安溪人李光地，也被迫来福州，迅即以"父疾"请假回家。据陈梦雷称，二人曾在福州密约：由陈梦雷从中"离散逆党，探听消息"；"藉光地在外，从山路通信军前"，共请清兵入剿；并由陈梦雷主拟请兵疏稿。陈梦雷还称，李光地"挨延半载，始肯遣人。则尽易臣疏，削去臣名"，单独向朝廷上疏请兵。李光地因此大受赏识，青云直上。而陈梦雷不但功被埋没，还因京师传陈梦雷任耿精忠"学士"，又受到耿党徐鸿弼诬告，致以"附逆"罪被捕，入狱论斩。陈梦雷入狱前后，曾多次要求李光地为自己作证辨诬。李光地于康熙十九年返京后，也曾为陈梦雷"代具一疏"，但对陈梦雷在福州"离散逆党，密图内应及同谋请兵之事，一语不及"。陈梦雷因此大恨李光地，责其"欺君负友"，还写了《绝交书》。李光地断然拒绝陈梦雷的指责，向康熙奏云：陈梦雷所谓"臣上蜡丸书是他定的稿，实无此事"。还指出：康熙十四年五月，自己将上密本之时，曾派人持书到福州找陈梦雷，陈梦雷"一字不见答"，因此只得"与家叔谋之"，陈梦雷对自己的攻击，是受忌妒自己的大臣指使所致。陈、李二人的是非争论，遂成历史公案。

陈梦雷因"附逆"被捕入狱论斩。康熙二十一年，经刑部尚书徐乾学斡旋救援，陈梦雷免死，改发往奉天（今辽宁省）尚阳堡给披甲人为奴。在奉天17年，一面教书，一面著述，先后编撰《周易浅述》《盛京通志》《承德县志》《海城县志》《盖平县志》等。

康熙三十七年九月，康熙巡视盛京（今沈阳），陈梦雷献诗称旨，被召回京师。次年，入内苑，侍奉诚亲王胤祉（康熙第三子）读书。

在奉天十余年间，陈梦雷在"四壁图书列，烟光一径深"的生涯中坚持一面教书一面著述，除培养了不少当地人才。期间著有《周易浅述》，还编撰《盛京通志》《承德县志》《海城县志》《盖平县志》等志书。

康熙四十年十月起，陈梦雷根据"协一堂"的藏书和自己家藏的图书共15000余卷开始分类编辑，经过"五载之内，目营手检，无间晨夕"的辛勤劳动，至康熙四十四年五月编撰完成《古今图书集成》大型类书，全书分历象、方舆、明伦、博物、理学、经济等六编，每编分若干典，全书共32典，每典又分若干部，全书共6117部，一部之内又分为汇考、总论、图、表、列传、艺文、选句、纪事、杂录、外编等十个项目，"无者阙之"，每部叙事依时间顺序分述，每条先书资料出处，次书摘录的文字，叙事起于上古，止于康熙。为便于查阅，还另编目录40卷。字数多达1.6亿字，共10000卷。康熙皇帝对书稿非常满意，赐名《古今图书集成》，并亲为其书联一副："松高枝叶茂，鹤老羽毛新。"陈梦雷遂以"松鹤山房"名其书斋，自号"松鹤老人"。《古今图书集成》收录了《四库全书》未曾收录或不收的典籍，甚至包括康熙晚年所作的律令、方志等，使之成为查找清康熙以前各类资料或典故出处等最有用的工具书。

康熙六十一年十一月十三日，康熙帝在北郊畅春园病逝，雍正皇帝即位，胤祉获罪下狱，陈梦雷受株连，再次被发遣黑龙江。

乾隆六年，陈梦雷病逝于戍所。

著有《周易浅述》《松鹤山房文集》16卷、《天一道人集》100卷、《闲止堂集》2卷等，编撰《盛京通志》《承德县志》《海城县志》《盖平县志》。

陈梦雷编纂大型类书《古今图书集成》。
（潘健）

陈寿彭

陈寿彭（1855—1930年），字逸如，又作逸儒、绎如、绎北。清代福建省福州府侯官县（今福州市鼓楼区）人，生于清咸丰五年，近代史上著名外交家、翻译家陈季同的胞弟。

光绪五年，毕业于船政学堂第三届驾驶班。光绪十二年，船政选派为第三届出洋生，陈寿彭充出洋舌人（翻译、文案）赴欧洲，入格林威治皇家海军学院学习两年并在英公司遇尼外耳及金士哥利书士院学习一年，专攻海军法和处理海上抢劫法。

光绪十五年，回国后成为两江总督周馥的幕僚，在宁波办"储才学堂"，主讲中西学。

光绪二十三年九月初五，陈寿彭与其兄陈季同在上海创办维新刊物《求是报》。并任梁启超夫人李慈仙等在上海创办中国第一份妇女刊物《女学报》主笔，大力宣传女子爱国、婚姻自由、提倡女子参政的思想。

光绪二十八年，陈寿彭任南洋官报局总纂。

光绪三十二年正月，在英国海军绘制的海图基础上，完成"中国海洋总图"二幅、"沿海七省份图"七副，不仅附有经纬线，并以中、英文作详细注释。七月，又完成"海图"三幅。

光绪三十四年正月，陈寿彭任清廷邮传部主事，主持绘制"江海渔界全图"。

宣统元年，陈寿彭任清廷邮传部科长。1912年后历任交通部视察浙闽粤电局委员、海军部军衡司赏赉科科长、海军部军法司典狱科科长、代理海军部军法司司长总执法官、高等捕获审检厅评事、海军部上校视察兼署直隶省高等检察厅检察长之职、海军部秘书。

陈寿彭多数著述是译自法文，现可考的有《中国江海险要图志》《格致正轨》《英国十大学校说》《八十日环游记》《外国列女传》《格土星》等。《中国江海图志》是陈寿彭最重要的译著，该书系英国海军海图官局于1894年所辑，书中翔实记录我国沿江沿海的港湾、岛屿、航道及险要处，及岛屿与沿海气候、风向、潮汐的变化规律等。这译著至今在海防、航运、地理学方面仍具有重要参考价值。《格土星》是英国学者登林所著的天文学著作，该书汇集了当时欧洲最新的天文推测的成果。它的译成出版，推动了近代中国天文学的发展。陈寿彭在介绍西方科学文化方面表现突出，他经常将当时西方比较先进的科技文化知识译为中文，发表在

国内刊物上，对启迪民智起到了积极作用。（刘传标）

陈寿祺

陈寿祺（1771—1834年），字恭甫、介祥、苇仁，号左海、梅修，晚号"隐屏山人"。晚清经学家。清代福建省福州府侯官县（今福州市）南后街黄巷人。清代儒学家。生于清高宗乾隆三十六年，年18岁上福康安百韵诗并序，沈博绝丽，时称才子。

乾隆五十四年，考中举人，嘉庆四年登进士第，选翰林院庶吉士，散馆授编修，充文渊阁校理。不久，告假回闽省亲，途经杭州，座师阮元时任浙江巡抚，留他任杭州"敷文书院"兼"诂经精舍"教习。阮元组织人编纂群经古义为《经郛》，陈寿祺拟定义，还撰《五经异义疏证》。

嘉庆九年，任广东乡试副考官。嘉庆十二年，任河南乡试副考官。嘉庆十四年，充会试同考官、记名御史。嘉庆十五年，父亲病逝，辞官归乡。从此决定不再出仕。

嘉庆十七年，接受福建巡抚张师诚聘请，负责《全史诗》编定，张师诚请陈寿祺主持。孝服满后，陈寿祺到泉州主讲"清源书院"，历10年。

道光二年，陈寿祺丁母忧回里，服满，主讲福州"鳌峰书院"达10年。并订立规章，整肃课程，历行儒家的传统思想教育，作《义利辨》《知耻说》《科举论》3文，传示诸生。10年中造就不少人才，其中著名者有诗人张际亮、史学家王捷南、理学家梁文等。

陈寿祺关心修志工作，自建议地方当局，把修缮贡院的余款2万余缗作为修纂新志的费用。当局接受其建议，陈寿祺任《福建通志》总纂。陈寿祺为重纂道光《福建通志》创立义例，陈寿祺抱病修撰《形势志》《山川志》二门和《儒林》《文苑》后传等，都广征博采，丰赡翔实，堪称力作。

道光十四年二月二十日，病逝福州黄巷家中，终年64岁。

著有《左海文集》10卷、《左海诗集》6卷、《东越文苑儒林后传》2卷、《左海全集》《五经异义疏证》3卷、《尚书大传定本》3卷、《左海经辨》4卷、《洪范五行传辑本》3卷、《欧阳夏侯经说考》1卷、《鲁齐韩诗说考》3卷、《礼记郑读考》4卷、《说文经诂》2卷。

陈寿祺初从孟超然学习，颇受宋儒影响，后来师事阮元，又接触钱大昕、段玉裁等朴学大师，便专学汉儒治经，改以汉学解释经义，为有清一代经学名家。

陈寿祺通过寓"经世致用"思想于教学实践和改革书院的活动中，为沉溺于理学窠臼的福建学坛注入了一股新风，使福建学坛摆脱了理学的束缚，形成了汉学、经世致用之学、今文经学与理学等诸学并存的新局面，为处在社会大变革前夜的福建做了必要的精神准备，也为孕育以林则徐为代表的先进人物培育了沃壤。（刘传标）

陈世元

陈世元（1704—1785年），字捷先，号觉斋。番薯种植推广家。清代福建省福州府长乐县昌化乡弦歌里十五都（今鹤壁上镇青桥）人。生于清康熙四十三年，县监生。乾隆元年，陈世元弃儒从商。乾隆十二年至乾隆十四年在山东胶州（今青岛）古镇口经商，遇"旱涝蝗蝻，三年为灾"粮食绝收，民不聊生。邀故乡友人余瑞元、刘友曦等人，从福州招募几名番薯经验的农民，到胶州古镇口试种番薯，因倒春寒成活率"十仅二三"。翌年再试种"物土相得"，"秋间挖掘，子母勾连，如拳如臂"。试种成功，古镇口人家家户户"咸乐受种"，缓解了饥荒。陈世元向时任胶州知州周于智上《备灾荒》禀帖："……十四年偕伴余瑞元等由闽捐资运种及诸农器，遥诣辖下古镇地方寓所余地，掘町试栽，历运两栽，叶茂实累，物土相得，业有成效……老父台俯念事关民食恩准申详……依法授种，俾凶荒有备，乐利永垂……"周于智批饬："今该生等远来试栽，导民以法事，属义举，情有可嘉。"周于智的饬准在胶州推广番薯种植。陈世元命其长子陈雩携带薯种来到胶州治所，四处自费张贴《胶州古镇地方种薯招贴》，赠送薯种和传授技法。胶州等地试种与推广成功后，陈世元把目光投向山东全省乃至整个黄河流域。乾隆三十三年，年迈的陈世元从山东回到老家，把种薯经验加以整理和总结，编写成《金薯传习录》。

乾隆三十五年九月，四川黔江因干旱，粮食歉收，百姓食不果腹，黔江知县翁若梅向同乡好友陈世元救助，陈世元寄《金薯传习录》一书。翁若梅读后，了解番薯"不择地而生，不择时而长"的特性，决心引种番薯，召集黔江县各乡里长到县署，传阅《金薯传习录》申明番薯种植的方法和好处，并请陈世元派人从福建运送番薯种苗到黔江，下令全县大面积种植。第二年，黔江的番薯获得丰收，饱受饥饿之苦黔江人"食薯活者十之七八"。番薯种植技法随即传到邻近的彭水、忠州、酉阳、武隆等州县，渐次向四川盆地、云贵高原及武陵山区传播。

乾隆五十年春夏，河南大旱。乾隆帝六月十三日谕示："闽省地方，向产番薯一种，可充粮食，民间种者甚多……番薯既可充食，又能耐旱。若以之播种豫省，接济民食，亦属备荒之一法……着传谕富勒浑（闽浙总督），即将番薯藤种多行采取，并开明如何浇灌栽种之法，一并由驿迅速寄交毕沅（河南巡抚），转有被旱各属，晓谕民人依法栽种，于民食自属有裨。"七月十四日又谕示："……此物既可充食，又能耐旱。河南、山东二省频岁不登，小民艰食。毕沅、明兴（山东巡抚）当即转饬各属，劝谕民人……"七月十七日谕示：据富勒浑奏《采备小薯藤薯，先后送往豫省播种》一折，内称："有闽县监生陈世元，从前游历河南，曾经运种试栽有效。该生情愿挈同孙、仆，前往教种，已令委员伴送起程赴豫，等语，所办甚好。番薯既可充食，兼能耐旱。今经富勒浑多为采备，并开明种法寄豫，又有陈世元前往面为讲求，试种自必有验。着传谕毕沅，即饬各属广为如法栽种，以期接济民食。至陈世元年逾八十，自愿携带薯子，挈同孙、仆，前往教种，甚属急公。并著该抚俟陈世元抵豫后，如果教种有效，即据实奏闻，酌量赏给举人职衔，用示奖励。"乾隆皇帝推广番薯于河南，总督富勒浑接奉前谕，即"多为采备"，"先后送住豫省"，且委派人员伴送陈世元往河南教种。乾隆曾谕旨示军机处"著该（河南）抚俟陈世元抵豫后，如果教种有效，即据实奏闻，酌量赏给举人职衔，用示奖励。"

十月初一日，年逾八十的陈世元，带其孙和老农十八人在开封教种番薯，拯救灾民，积劳成疾，病逝于开封。

陈世元在河南开封积劳成疾，临终之际，为鼓励子孙推动番薯教种，立遗训曰："立世存善福报深，行善积德，唯义当先。分财济贫，慎始慎终。黄白之物，贵在致用，多不足富，能用为富；用其当用，省其当省，拯民灾难，以义济世，得失勿议。"

并告诫其子孙："祸福有门，招实由己。吾家清白门第，累世业儒业商，澡身浴德，以德正身，以礼修身，齐家守业，克勤克俭，崇廉尚洁，惜誉远耻。为人处事，见贤思齐，循规蹈矩，邪径不履。尔等言孝，当永怀先德，承先人之志，解民忧纾民困。俭者廉本，廉者先行，勿谓害小而为之，勿以益小而不为。尔等若有幸登途入仕，当清正廉洁，勤勉奉公，秉公剔弊，正派公道，不宜有偏。"

因推广番薯有功，陈世元病逝后乾隆皇帝对其报国精神极为赞赏，恩赏"国子监学正"（正八品官），较乾隆皇帝原拟试种有效而赏予举人（仅为出身，非官）尤高。且令其子于丧满后可来京引见，据情授官。

陈世元在推广番薯种植过程中，面对蝗虫噬薯叶，危害番薯生长问题。乾隆四十一年将其先世陈经纶记录与推广养鸭除蝗的《灭蝗法》合刊为《乾隆丙申删补兴薯利除蝗害》行世。
（刘传标）

陈修园

陈修园（1753—1823年），名念祖，字修园，又字良有，号慎修。清代医学家，医学理论家、临证医学家和医学教育家，中医学普及功臣。清代福建省福州府长乐县二难乡五都泉元里二图溪湄（今江田镇溪湄村）人。生于清乾隆十八年。乾隆五十二年，考入福州鳌峰书院，苦攻经史之余，钻研医学，博学通医，后曾随泉州名医蔡茗庄（宗玉）学。乾隆五十三年参加乡试落第，乾隆五十七年乡试中举。次年参加会试，名落孙山，留寓京师。曾因治愈光禄寺卿伊云标、大学士和之疾而名震一时。乾隆五十八年托病回到福建，在福州嵩山井上草堂讲学、著书。

乾隆五十九年，在吴航书院掌教。嘉庆三年主讲泉州清源书院。嘉庆五年又赴京应试，又未中。嘉庆六年参加大挑，成绩甲等，以知县分发直隶保阳（今河北省保定）候补。时值盛夏，瘟疫流行，念祖用浅显韵语编成《时方歌括》，教医生按法施治，救活甚众。历任河北省磁县、枣强县、威县知县、直隶州知州、正定府知府。公务繁剧，仍撰写医书，为人治病。嘉庆二十四年，以病告归。在福州石井巷井上草堂讲学，培养医学人才；并曾治愈琉球国王之风症。道光三年卒于福建榕城（福建福州），葬于江田镇溪湄村东南山坡上，1981年6月被列入省文物保护单位。

陈吸收古代医学精华，结合自己临床经验加以应用、补充，对医学通俗化、大众化作出重要贡献。

著有《伤寒论浅注》《长沙方歌括》《金匮要略浅注》《金匮方歌括》《灵素节要浅注》《伤寒医诀篡解》《神农本草经读》《医学三字经》《医学实在易》《医学从众录》《女科要旨》《时方妙用》《时方歌括》《景岳新方砭》《伤寒真浅注》《伤寒真方歌括》《伤寒医诀串解》《十药神书注解》等。（林洪婧）

陈　衍

陈衍（1856—1937年），字叔伊，号石遗，小名尹昌，晚署"石遗老人"。近代著名文学家，通经史训诂之学。与郑孝胥同为"同光体"闽派诗的首领人物。清代福建省福州府侯官县（今福州）城内龙山巷人。生于清咸丰六年，同治十三年考入福州致用书院。光绪八年举于乡。曾入台湾巡抚刘铭传幕。光绪十五年应湖南学使张亨嘉（铁君）之招入湘，任该省府试总襄校，总览阖郡生童卷1.8万份，录有熊希龄（1913年任国务总理）等人。光绪十六年夏任上海方言馆汉文教习。光绪二十一年春与林纾、卓孝复、高凤岐等上书，抗争日本侵占辽阳、台湾、澎湖诸岛。光绪二十三年八月鼓吹变法维新的《求是报》创办，陈衍任主编。陈季同与弟寿彭创办维新刊物《求是报》，陈衍任《求是报》主笔，致力于译介西方历史、文化、科技、法律等方面的著作。因此读者日多，

风行一时。三月离鄂入京，在戊戌变法思潮影响下，著《戊戌变法权议》十条，提倡维新。光绪二十四年初，应湖广总督张之洞之招，在湖北办理一切新政笔墨，并任《官报》局总编纂。《官报》停办，陈衍筹办《商务报》，倡导经世致用，将传统的学问与当时传入中国的先进西学相结合，并译有《货币制度论》《商业经济学》《商业开化史》《银行论》《商业地理银行论》《日本商律》《欧美商业实势》等。

光绪二十八年被张之洞保荐为经济特科人才。次年被两湖书院聘为国文兼伦理学教习，并兼湖北方言学堂国文教习。同年夏再次离鄂入京，以保荐人员资格应经济特科试，但因文章"违式"而未中。十一月任武昌府立师范学堂国文教习。光绪三十年三月张之洞改《商务报》为官报局，陈衍任官报局总理。光绪三十三年三月辞职入京，派在学部总务司审定科兼参事厅行走，又兼京师大学堂经学教习，秋兼礼部礼学馆纂修。宣统元年秋任京师大学堂史学教习。1911年清朝灭亡后，到南北各大学讲学。

1915年兼主法政学校文字学讲席。1916年任《福建通志》总纂，5年后《通志》全稿完成，凡600余卷约1000万字，除盐政、水利等数志外，皆由陈衍一人经营编纂。1938年出版，迄今仍是省志中最为完备的一部。

1920年春结"说诗社"。1923年至1931年期间，曾在厦门大学、上海暨南大学、无锡国学专修学校教学。1932年春因时局不靖，避居无锡唐文治宅，终日与之谈经论史。1933年初在苏州参与组织"国学会"，"以讨论儒术为主，时有所见，录为会刊"，任会刊《国学商兑》总编辑。1937年农历七月初七病逝，终年82岁，葬于西门外文笔山。

著有《晚翠轩集》《石遗室诗集》及续集、《石遗室文集》《石遗室诗话》《石遗室诗集》《石遗室论文》《石遗先生集》《伦理精义》《诗学概要》《音韵表微》《要籍解题》《台湾通纪》《周礼释义辨证》《史汉文学研究法》《陈石遗先生谈艺录》（陈衍讲，黄曾樾记）等，纂有《闽侯县志》，辑有《近代诗钞》《辽诗纪事》《金诗纪事》《诗评汇编》《元文汇补续》《石遗室师友诗录》《渔洋山人感旧集小传》等，评选有《宋

诗精华录》。

陈衍是近代同光派闽派的领军人物。"同光派"是中国近代诗坛上以拟宋为特征的诗歌流派，活跃于清光绪、宣统至民国时期，其形成的诗体称为"同光体"。最早使用"同光体"一词的是陈衍和郑孝胥。1901年陈衍在所作的《沈乙庵诗序》中写道："'同光体'者，苏戡（郑孝胥）与余戏称同、光以来诗人不墨守盛唐者。"从宋代开始，学界认为古代诗歌成就最高的当属唐诗，所以学诗应"专宗盛唐"。但同光派不同意这一观点，认为若"专宗盛唐"会极大地局限诗歌的发展，应兼收并蓄。因此同光派以杜甫、韩愈、苏轼、黄庭坚为宗，其诗风格分为清苍幽峭、生涩奥衍、清新圆润三派，若按地域分，则有陈三立为代表的江西派、沈曾植为代表的浙派和陈衍为代表的闽派。不过，同光派过分追求奇崛，主张学问即诗料，因而出现脱离现实和刻意求工的形式主义倾向，加上有的成员政治倾向落后保守，缺乏为革命服务的宏伟气概，因此在文学史研究上多被否定。但同光派中的闽派不仅创作实践上对旧体诗的传承延续起到了它应有的历史作用，且在诗学理论方面有较高的造诣，尤以陈衍为代表。

陈衍一生共留下1380余首诗词。他以学问为诗，以文字为诗，以议论为诗，抒发的多是个人性情，追求一条"纯"艺术的道路。陈衍的诗作不乏关心时政与民瘼、表达爱国情怀的内容，但大多数还是山水、交游、咏史等抒写生活和个人感受的作品，以平凡的题材切入抒发生活哲理。同时，陈衍还是重要的诗评家，为后人留下了150多万字的诗论，对清末民初的诗歌理论产生了重要影响。陈衍比较全面地阐述了同光体的诗学主张，提出了"诗莫盛于'三元'"之说，即唐代的开元、元和与宋代的元祐（实指杜甫、韩愈、黄庭坚）是中国诗歌最为繁盛的时代，推崇唐诗的同时也力主学宋诗。陈衍就自谓"最崇东坡，间近昌黎（韩愈），晚年多近香山（白居易）"。除了提出"三元"说外，还针对严羽的"诗有别才，非关学也"（写诗需要别样的才能，和学问的多少没有关系），提出了自己的看法，即诗"有别才而又关学者也"，写诗必须以学问为基础。陈衍还研究了诗歌中"性情""至""通变"等理论问题，强调学问与性情相结合才能写出好诗。

陈衍集传统文化研究之大成于一身，但思想上并不保守落后，而是倡导经世致用，将传统的学问与当时传入中国的先进西学相结合。在主笔《求是报》期间，致力于翻译格致实学以及法律规则之书，并在刊物上发表文章，如《论中国宜设洋文报馆》一文，主张"延访中国通人，贯通中外时务者数人，为中文主笔，举所谓务材、训农、通商、兴工、敬教、劝学、使贤、任能各要务，备筹所以整顿之法，皆实在可言可行者，实为论说"，"痛言中西交涉以来，种种受亏，率坐暗于外情，历抉其痛痒所在"。在张之洞幕府期间，为其理财并翻译和撰写了大量经济、金融、法律著作。在《戊戌变法权议》中，提出改善和加强政府决策机构、加强国防、开辟税源、振兴农业、兴办西学、广开言路等主张。在大学任教时教育学生要"经国济世"。正是这种经世致用的忧国忧民思想，使陈衍主张清帝应退位，自己不当清廷遗老，拒绝列名劝进袁世凯称帝名单，与沦为汉奸的郑孝胥等断绝关系，在与官场和政治保持距离的同时，却能作为一位旗帜鲜明的爱国者和紧跟时代进步的开明人士而彪炳历史。（潘健）

陈兆翱

陈兆翱（1850—1898年），字敬鸿，号鹤亭。清末福建省福州府闽县螺江（今福州市仓山区螺洲）人。生于清道光三十年三月二十二日。同治十一年十二月，陈兆翱以第二名成绩毕业于福建船政前学堂第一届制造班。毕业后留船政从事技术工作。

光绪元年春，奉派到台湾，测量台东旗后各海口地形和海面形势。同年秋，随船政洋监督日意格赴欧洲采办挖土机船、轮船铁胁、新式轮机等件。

光绪三年二月十七日，福建船政选派第一届留学生，先期赴欧的陈兆翱也列入，入法国削浦官学学习轮机制造。在法国留学期间潜心研究，创制新式锅炉与抽水机，抽水机项目填补当时世界技术空白，获得以"兆翱"名字命名的殊荣，随后，他又改进轮船车叶，化侧为平，国外竞相仿效。

光绪五年十月，陈兆翱学成自法国回国，十一月初八日直隶总督李鸿章等奏请奖励优异留学生陈兆翱等"陈兆翱思力精锐，制船窾窍"。提议朝廷破格，以游击留于闽省尽先补用。十一月十三日陈兆翱充任船政工程处总司制机（即轮机制造总工程师），专门负责船舰轮机设计与监造，指导工艺流程，不久升游击，赏戴花翎。

光绪六年十二月初九日，直隶总督李鸿章通过中国驻德国公使李凤苞向德国伏尔铿船厂订造第一号铁甲舰"定远""镇远"两艘铁甲舰及一艘铁甲巡洋舰"济远"，为保证造舰的质量。陈兆翱与刘步蟾、魏瀚、郑清濂、陆麟清奉派带匠首黄带、林祥光、陈和庆等7人奉命赴德国伏尔铿船厂监造"定远"号铁甲舰。光绪九年起，陈兆翱先后参加"开济""广甲""平远""广庚""广乙""广丙""福靖""通济"（原名"建靖"）、"福安""建靖"等十余艘舰船的设计制造，还参与监造与验收向国外订购的新式舰船。光绪十三年四月初九日，陈兆翱以副将尽先补用。

陈兆翱为发展中国造船工业，建设近代海军，贡献突出，多次受到嘉奖，晋升至总兵（二品）。光绪二十一年十二月十七日，陈兆翱因长期劳累，积劳成疾，病逝于福州，终年46岁。清廷诰授（封赠）陈兆翱为"振威将军"（从一品衔）。葬于福州郊区北峰寿山乡岭头村猪蹄亭山（即"猪蹄峰"）西侧。（刘传标）

邓乐天

邓乐天（1774—1842年），又名邓旒。邵武书坛村（今南平市邵武市下沙镇胡书村）人。自幼好学，后弃儒业从医。精心研究医疗技术，广泛收集民间有效单方验方。嘉庆年间，他曾游历于广东南海一带。中国人早已发明人痘法，这项技术经俄罗斯传到土耳其，辗转传到英国，经琴纳改进后，成为安全有效的牛痘技术，在法国受到拿破仑重视，迅速传到美洲，并通过殖民者传到从菲律宾，嘉庆十年回传到中国澳门。邓乐天"其时正在广东，闻之如获至宝"。邓乐天在广东学习掌握种痘术，后在闽省推广应用。邓乐天是福建最早掌握应用牛痘法的医生之一，是我省种牛痘预防天花的推广者，擅长儿科"尤精麻痘之科"，故而"延请者踵门"，成为当地著名儿科医生，为这种科学免疫法的推广普及作出贡献。

道光二十二年，邓乐天享年69岁，葬于邵武书坛村前松树坪。

邓乐天收集的民间单方验方，有草药方、针灸法、灯火疗法以及外治法和内服药方，经长期验证，整理成《保赤指南车》10卷（光绪六年由其曾孙邓避非梓行）。付印时，其后人又增补了一些儿科杂症古方。目前该书仅有祖述堂一种刻本，小三十二开本，一套三册。

邓乐天出身儒生，有一定的文学功底，喜用诗词歌赋记医学知识，《种洋痘认穴歌》《种牛痘法则（西江月词廿八首）》以及上文提到的《审纹断病歌》《食指三关歌》《三关所管三焦歌》等都属于此类，这也成为《保赤指南车》的一个特色。（林洪婧）

邓廷桢

邓廷桢（1775—1846年），字维周，又字螊筠，晚号"妙吉祥室老人""刚木老人"。祖籍苏州洞庭西山明月湾，江苏省江宁府（今南京）人。抗英民族英雄。清嘉庆六年登进士第，历任翰林院庶吉士、编修、乡试与会试同考官、浙江宁波知府、陕西延安知府、榆林知府、西安知府、湖北按察使、江西布政使、陕西按察使、安徽巡抚等职。

嘉庆六年进士，选庶吉士，授编修，屡分校乡、会试，历任浙江宁波，陕西延安、榆林、西安诸知府，湖北按察使，江西布政使，陕西按察使等职。

道光六年，调任安徽巡抚。道光十五，邓廷桢任两广总督时，鸦片早已由药材变为以走私买卖为主要形式的毒品，大量非法输入中国，造成国内烟毒泛滥，白银外流，严重危害着国计民生。对鸦片贸易是弛禁还是严禁的分歧意见已经开始出现。道光十六年四月，太常寺少卿许乃济的《鸦片例禁愈严流弊愈大应亟请变通办理折》正式提出了弛禁论主张，道光皇帝收到许乃济的奏折后，特批给邓廷桢和广东巡抚祁贡、粤海关监督文祥议复。他们于道光十六年九月初二联合上奏，表示赞同许乃济的弛禁论，认为许折"胪陈时弊，均属实在情形"，"如蒙俞允，弛禁通行，实于国计民生，均有裨益"，并提出了弛禁的具体办法九条。

但是，随着形势的发展，在鸦片贸易要导致民族危亡的严峻现实面前，特别是许乃济弛禁论遭到朱嶟、许球、袁玉麟等人的批驳和正义舆论的谴责后，在广东这个鸦片走私贸易首当其冲的关口，邓廷桢检讨了自己过去的弛禁主张，认真执行严禁政策。在经过一番调查研究后，他采取了一些断然措施，通过十三洋行总商伍崇曜通知英国商务监督，命令所有停泊在内洋、外洋的鸦片趸船必须全数回国，不得逗留，更不能进入广州港口。但是，由于英国不肯轻易放弃他们鸦片贸易得到的巨大利益，而继续进行猖狂的走私活动，又由于官吏们暗中受贿，与鸦片走私贩勾结一起，狼狈为奸，因而执行不力，实际上没有收到实效。

道光十七年，英国商务监督义律与鸦片贩子查顿、颠地、马地臣等蓄意破坏鸦片禁令，敦促英国资产阶级政府派兵舰来，以武力威胁中国开烟禁，以扩大鸦片贸易和使之合法化。在义律的支持下，武装鸦片走私船再次窜进黄埔港，私售鸦片。邓廷桢严厉谴责义律的无理挑衅，并指名要他交出并驱逐查顿、颠地、马地臣等九名鸦片贩子出境。然而，义律的强盗行为正是与鸦片贩子共同谋划后进行的，他依赖武力为后盾，既抵赖不交出鸦片贩，也不驱逐他们，对此，邓廷桢坚持寸步不让的方针，迫使义律的威胁无法得逞，不得不自动退出广州。这一年内，英国政府支持的东印度防区舰队司令马他伦率兵舰"窝拉疑"号等五百余名士兵及随军家属到达澳门，声称以商务监督身份来稽查贸易。邓廷桢下令各水、陆师严格把守各要塞隘口，并严加巡防，又严正声明马他伦要进广州不合中国法令，坚决把马他伦赶走，使马他伦的武装挑衅不能得逞。

邓廷桢认真组织广东的东、西、中三路水师加强海防。督促水师提督关天培在沙角设提督署驻守沙角，密切监视和控制中路海口，并与关天培涉海登山，周密设计虎门三道防线的建设。又明察暗访和封闭了数百个内地窑口，捕获走私和滞留在内河、内洋的船只，禁阻内地走私船和任何船只与那些长期停泊在内、外洋的鸦片趸船靠近，使英国鸦片趸船无法出售鸦片。

道光十八年闰四月鸿胪寺卿黄爵滋奏《请严塞漏卮以培国本折》后，特别是看到林则徐在他的禁烟奏折里一针见血地击中要害以后，道光皇帝从封建统治的利益考虑，决定采取严禁政策，一方面将公然倡导弛禁论的许乃济降为六品顶戴，另一方面任命林则徐为钦差大臣，赴广东查办鸦片。并命令邓廷桢和广东巡抚怡良等振刷精神与林则徐和衷共济，协同办理。

道光十九年正月二十五日林则徐到达广州，开始禁烟。邓廷桢予以积极支持，和林则徐进行了密切配合，成为林则徐在广东推动禁烟的亲密合作者。他们在短期内缉拿了内地鸦片烟贩，查抄了窑口，打击和驱逐了武装鸦片趸船，在虎门亲自监督缴收了二万余箱、袋，二百多万斤重的鸦片。四月二十二日至五月十五日在虎门海滩进行销毁，向全世界宣布中国禁烟的正义性。在虎门海防的建设中，邓廷桢经常陪同林则徐往各海口视察、研究，提出建设性意见。同年9月、11月英国侵略军在九龙、穿鼻等地连续数次对我国武装挑衅，邓廷桢与林则徐一道亲临前线指挥，击退英舰挑衅，取得鸦片战争前哨战的胜利。

十二月，清政府调邓廷桢任云贵总督，旋改调两江总督，尚未到任，又因陕西道监察御史杜彦士奏报福建禁烟和海防需加紧查办，改调邓廷桢任闽浙总督。邓廷桢由广东到福建，积极加强海防建设。他与祁寯藻、黄爵滋等根据福建海岸地形的特点，研究、决定在厦门岛南部突出海面的胡里山，建起一道五百丈的石壁，并于石壁后建筑营房、建筑灵活实用的炮墩。在厦门岛安置了一百门铁炮，又在对面的鼓浪屿、屿仔港等处安置一百六十余门铁炮。还调动漳州、同安、兴化、延平陆路兵勇协同防守，大大提高了福建厦门岛一带的海防能力，把他从广东购置的十四门洋炮也都使用上。英国侵略者称之谓"长列炮台"。他们还制定了新的海防章程，责成水陆师共同负责，在海面夹攻或配合夹击来犯的英国武装商船和兵船，并围追堵截内地鸦片贩，遏制他们与英国鸦片贩子的勾结倒卖鸦片的活动。邓廷桢在查禁鸦片的同时，还惩办了漳州、泉州等地使用进口洋钱和私自化银铸钱的罪犯。

道光二十年，邓廷桢奉调闽浙总督，鉴于福建、浙江军备松弛，防御能力单薄，海防不严，特下了一番大功夫进行整顿。抽调了熟悉海防形势、水性的水师官兵，又招募了大批水勇加强防范措施。他一边在泉州招募兵勇加强训练，整治武备，督造加工火药，采取"以守为战"战略，严防英军上岸侵扰。英军舰队入侵珠江口遭到我军民的抵抗后，转北上。六月初五日，英舰投放舢板入侵厦门，守军开炮轰击，战斗三个多小时，英军伤亡23人。七月二十四日，两艘英舰前来青屿门外窥探。二十五日晨，英舰驶进青屿，直趋水操台挑衅，守军水师竭力拦阻，白石头汛亦发炮配合，英舰仍边拒边进。当英舰距水操台约二十里左右，向来犯英舰开炮，命中该舰并击碎其舢板一只，迫使英舰退出厦门港。邓廷桢闻报即赶到泉州坐镇指挥，七月二十六日英舰又闯至水操台挑衅，守军当即发炮回击，对准该舰三千余斤大铜炮轰击，命中英舰；鼓浪屿守军也开炮接应，双方激烈炮战半小时，英舰不得不退出厦门港。七月二十七日，英舰放下三只舢板船，驶至曾厝垵一带，尾追进口商船，守军向英舰发炮，掩护水勇划龙船追击英军舢板，使进口商船安全脱险。取得了厦门保卫战的胜利（但7月5日攻陷浙江定海，8月9日进泊天津大沽口外，向清廷递交照会，要求赔礼道歉、偿还烟款、割让岛屿等）。道光帝听信谗言，以为是林则徐、邓廷桢等人办理禁烟之事不善，才引起英军入侵，只要惩办林、邓等人，英国就会退兵，所以立即派直隶总督琦善和英军谈判。琦善向英军保证，只要英军退回广东，清廷一定惩办林则徐。道光二十年九月初三日，道光皇帝下令革了邓廷桢的闽浙总督之职，派琦善为钦差大臣接替林则徐为两广总督，改派颜伯焘继任闽浙总督。令邓廷桢立即由闽浙总督任内折回广东听候处理。琦善在与义律谈判的过程中，曾以厦门、香港是否可以让给英国作商埠事与邓廷桢商议，邓廷桢极力反对，他说："厦门全闽门户，夷居厦门可以窥内地，且澎湖、台湾之在厦东者，声势为所隔绝，不得联络，其害至深，固万无许理。即香港亦在粤洋中路之中，外环尖沙嘴，裙带二屿，夷船常藉以避风浪，垂涎久矣，今一朝给与，彼必筑建炮台，

始犹自卫，继且入而窥伺，广东货船鳞泊黄埔，辎重在焉，其白黑夷之居吏馆者以千百计，皆香港应也，与之良非所便。"

道光二十年十二月十五日，义律突然袭击沙角、大角炮台，虎门第一道防线被突破。邓廷桢和林则徐此时虽都已革职，但出于爱国之心，他们又亲自到两广总督署敦促琦善派兵支援，琦善竟以"无话商量"而置之不理。

道光二十一年四月，道光皇帝颠倒是非，谴责邓廷桢在广东任职多年，懈惰因循，不加整顿，所设排练空费钱粮，全无实用，以致虎门之役不能抵挡。对他从重处理，发配伊犁"效力赎罪"。

道光二十三年闰七月，邓廷桢被召回，赏三品顶戴任甘肃布政使，派他到银川、洮陇、酒泉等地勘察荒地。邓廷桢认真勘察，查出荒熟地一万九千四百余亩，荒废地一千五百余顷，宁夏马厂归公地一百多顷。熟地升科，荒者招垦，被赏二品顶戴。

道光二十五年，调任陕西巡抚，署理陕甘总督，后又回任陕西巡抚。

道光二十六年三月二十日病逝于西安任所，终年71岁，归葬于南京近郊邓家山。

邓廷桢为晚清词坛重要词人，和林则徐的词被誉为"大臣词"中"双璧"。词作由其曾孙邓邦述在民国整理刊刻为《双砚斋词钞》。（林洪婧）

丁拱辰

丁拱辰（1800—1875年），又名君轸，字淑原，号星南。清代著名的机械工程专家。清末福建省泉州府晋江县二十七都岸兜陈埭乡（今陈埭镇）人。嘉庆五年生于陈埭一个回族商人家庭，自幼勤奋学习，11岁时即自私塾辍学务农。嘉庆二十一年，丁拱辰随父到浙东、台湾等地经商。嘉庆二十四年父亲病逝，又随叔父到广东经商。在商务之余勤，潜心研读天文、算学。常在晴夜仰观天象。道光十年，丁拱辰自制的"象限全周仪"。道光十一年，丁拱辰随海舶出国经商，用自制的"象限全周仪"，沿途观察水程的远近，北极星的高低，计算抵达港岸的日期，进一步潜心研究西洋火炮技术。途经吕宋岛（菲律宾）和波斯（伊朗）、阿拉伯等

地，暗中考察默记，弄通火炮原理。

道光二十年，鸦片战争爆发后，丁拱辰有感于中国大炮和炮法未精，绘制了"演炮差高"和"用滑车拉炮、举重"等图说，连同测量演炮高低的"象限仪"一具，交给清朝原两广总督邓廷桢，得到两广总督邓廷桢等人肯定和褒奖。因此，被推荐到广东燕塘炮局教导炮手演放大炮。

道光二十一年闰三月二十八日，丁拱辰离开自己在广州的贸易事务，带着收集整理的西洋炮学资料前往广东官衙投效。此时的地方大员，正因鸦片战争的紧张局势而焦头烂额。看似数量有限的英军，已经把自以为稳固的防线打得千疮百孔，并在稍后逼迫主导地方战局的奕山赔款数百万元。虽然官员们普遍对西方火炮缺乏准确认知，但还能意识到丁拱辰的材料非同一般。

道光二十一年三月，奕山给丁拱辰一个六品军功顶戴，负责督率团练炮兵。

为了普及演炮的科学方法，丁拱辰于道光二十一冬编成我国第一部火炮制作专著《演炮图说》（道光二十二年初自费刊印问世），这是我国军事科技史上的开拓之作，受到林则徐、邓廷桢、魏源等许多爱国志士的重视和好评。

道光二十三年，三易其稿的《演炮图说辑要》由泉州会文堂正式刊行，这是中国近代史上第一部详细介绍西方兵器科学技术、普及炮兵常识、图文并茂的专著（附有插图110多幅）：卷之一：演炮差高图说、举重等第各图说和滑车绞架诸器与炮图说。卷之二：内容有两，一是介绍美国、法国、英国的炮式及图注；二是阐明用炮之法，特别是把数学知识、象限仪用法运用于炮法之中，也是此书科学价值最高的部分。卷之三：介绍构筑和安置炮台、铸造炮弹和炮位、西洋各式火弹、西洋炮台、西洋制炮用法等，此外还对西洋养兵习武、助胆良方等炮术，以及炮法疑问等做出解答。介绍和分析西洋火炮，特别是对美国、法国、英国的火炮，从炮式、炮位、炮台、炮架，一直到炮车、炮弹，从测量工具到计算方法，从制炮法到演炮法，立足于中西法的比较，悟出西洋先进科学技术的原理，然后"参以己意，覃思精造"。卷之四：西洋炮架图注、西洋量天尺图

解、西洋战船和西洋火轮车火轮船图说，还阐述了变通筹备久远之策等。

《演炮图说辑要》，是中国近代史上第一部详细介绍西方军械技术、普及火炮常识的专著，吸收西洋先进的火炮知识来提高我国自己的演炮水平，基本上体现了鸦片战争前后我国炮法炮术的水平。

丁拱辰整理出来的材料被其他沿海省份要去，本人亦被推荐给道光皇帝。但对官员们提出将他送到北京效命的建议，皇帝本人也是不置可否，当然也不会要求各地统一学习和推广新式炮学。因此，将他一直留在广东，不断完善自己的作品和协助练兵。随着鸦片战争结束，这股吸收新器物的热潮也就慢慢退去。

道光二十四年，洪秀全偕冯云山在广西传教，秘密进行反清活动。道光二十九年夏，洪秀全发布总动员令，要求会众到广西桂平县金田村团营编伍，同年年底，太平军先后在思旺和蔡村江与清军展开战斗，由此开始了与清廷的武装对立，初以"太平"为号。道光三十年十二月十日，洪秀全生日，集2万余拜上帝会众在金田村"恭祝万寿"，宣布起义，建号太平天国。3月23日，洪秀全在广西武宣东乡登基，自称太平王（后改称"天王"），并分封杨秀清为中军主将，萧朝贵为前军主将，冯云山为后军主将，韦昌辉为右军主将，石达开为左军主将。太平军声势浩大，攻占多个州县，清廷震惊，急派赛尚阿为钦差大臣赴广西桂林。咸丰元年六月二十二日，丁拱辰应赛尚阿之聘，带其侄丁金安及随从、工匠十多名抵达桂林监制大炮。同时携带了新式火炮、火箭、喷筒的样品，以及1辆专用的野战炮车。随后在当地设立炮局，筹办各类工具和材料的准备工作。他一共指导铸造了106门轻型火炮，包括2门可以发射14磅重弹药的欧式榴弹炮，余下均是重量在100~500多斤之间，使用的炮弹在0.5~3磅之间。演试都很准确；所制的抬枪、鸟枪、火箭、火喷筒、火药等器，全部适用。被授予广东候补县丞，旋擢为知县，留广东补用，并赏五品花翎。

此后丁拱辰在火炮研究领域不断精进，写就了《演炮图说后编》《西洋军火图编》《增补则克录》等著作，成为19世纪中国引进西方军

工科学技术的先驱。

《演炮图说后编》2卷64篇，绘图81幅，于咸丰元年在桂林刊刻付印。主要内容有：对火炮和各种小型火器的制造操作技术。《演炮图说后编》是专门阐发大炮制造和炮弹及枪炮测量、演练等方面知识的专著。这本书是他在桂林监造大炮及其他火器的经验总结。这本书是我国较早的比较正确完整地论述西洋武器的专著，并且在巩固国防、抗击外国侵略等方面曾起过一定的作用。

《则克录》三卷，该书由两个部分组成，前为汤若望和焦勖合著的《则克录》上、中、下三卷，后为丁拱辰所撰《增补则克录记略》，又名《火攻挈要》，相应也为上、中、下三卷，并附有《演炮摘要》。

同治二年，丁拱辰经同乡龚显曾推荐，北上江苏上海，受李鸿章委派，"襄理洋器炮箭"工作，又编著《西洋军火图炮编》。该书共6卷，12万言，附图150幅。介绍英国、法国、美国等国家的火炮制造技术和性能以及火轮船、火轮车等的制造。这是我国历史上第一部关于火车的论述之作。

丁拱辰自学成才、富有创见，始终站在"开眼看世界"的前沿，是19世纪中国引进西方军工科学技术的先驱，是中国近代史上火炮制造和演练方法的第一人。

丁拱辰远见卓识，以放眼看世界的态度，学习吸取西方先进的武器科学技术，达到"师夷长技以制夷"的目的，对中国军事科技化进展产生重要影响并起到推动作用。

光绪元年，丁拱辰病逝于家乡"还圃"，终年76岁。（刘传标）

丁日昌

丁日昌（1823—1882年），字禹笙，又作雨生，一字持静。清代广东省嘉应府丰顺县汤坑人。生于清道光三年五月二十九日。道光三十年十二月初十日，洪秀全在金田村发动起义（史称"金田起义"），丁日昌在家乡办团练。咸丰六年，选琼州府学训导。咸丰九年，补江西省吉安府万安知县。咸丰十一年，调署庐陵知县，由于太平军攻陷庐陵而被清廷褫职后，投奔湘军，为曾国藩幕僚，奉曾国藩之命，到

广东督办厘金。丁日昌到达广州后，在广州城郊燕塘亲自设计监造短炸炮36尊、炮弹2000余颗。江苏巡抚李鸿章在上海设立洋炮局，丁日昌被授苏松太道兼管上海海关，调到上海主持洋炮局局务。同治四年，丁日昌转任两淮盐运使，整顿两淮盐政。同治五年十二月，升任江苏布政使。同治六年十二月，丁日昌升任江苏巡抚，开始对江苏绿营进行整顿，将江苏抚标绿营1600余名减为1000名，成立"练军"两营。全部改用洋枪洋炮，学习淮军洋操。丁日昌组织有关人员将洋人教练淮军的办法翻译成中文，绘图注说，编成《一哨操演图说》《一营操演图说》《一军操演图说》各一卷，以之作为江苏练军练习洋操的依据。

在改革陆军军制方面，丁日昌还提出了分设野战部队与地方治安部队的主张。野战部队与地方治安部队分设的主张是近代军制发展的必然趋势。丁日昌的这一主张，是林则徐、魏源反对临战时抽调"客兵"、专门建立海防部队思想的又一重要发展。

同治九年，丁日昌奉旨赴天津协助曾国藩处理教案。

光绪元年四月二十六日，沈葆桢升任两江总督兼南洋通商大臣，北洋帮办大臣丁日昌继任船政大臣。两个多月后又被授以福建巡抚。

闽台沿海，风浪大，时有台风。中外船只受损、触礁、搁浅者频频发生。光绪二年三月丁日昌制订《海难救护章程》，成为中国第一个海难救护章程。丁日昌认为电报可以通军情，为海防所必需，积极主张自设电报。亲自与丹麦大北公司交涉，收买了福州至罗星塔电线，成为中国自营的第一条电报专线。随后，他又主持架设了台湾府城至安平、旗后电线，成为中国第一条自建电报线。丁日昌对中国国防近代化所做出的贡献是不可磨灭的。

光绪八年正月初七日，丁日昌病逝于广东，终年60岁。

著有《百兰山馆古今体诗》《百兰山馆词》《百将图传》《治家格言》《抚吴公牍》《察吏六条》《枪炮操法图说》《保甲书辑要》《查将图传》《百兰山馆诗》《奏稿》《巡沪政书》；编有《保甲书辑要》《海防要览》等。（刘传标）

甘国宝

甘国宝（1709—1776年），字继赵，号和庵。清代名将。清代福建省福州府屏南县二十六都甘棠乡小梨洋村人。康熙五十四年，举家迁居古田县长岭村。雍正四年，复迁府城福州文儒坊。

甘国宝自幼聪颖好学，练就一身武艺，尤擅射箭。雍正七年中武举；雍正十一年会试第三名，殿试二甲八名武进士，授御前侍卫。

乾隆三年，领侍卫内大臣。旋外放，任广东右翼镇标中军游击。

乾隆五年至十五年，历任广东南雄、肇庆、虎门、香山游击，并升任参将。

乾隆十六年，授湖广洞庭协副将。

乾隆二十年至二十四年，相继出任贵州威宁、江南苏松、浙江温州、闽粤南粤等地总兵。南粤任内，时值岁歉，甘国宝捐俸购谷物以济军民。

乾隆二十四年十月，清高宗对甘国宝很器重，封其为台湾挂印总兵，并召谕："此为第一要地，不同他处，非才干优良、见识明彻者不能胜任。"此时正值清政府收抚台湾郑氏政权不久，西方殖民国家对台湾皆有觊觎之心。甘国宝就职期间，"严疆界，谨斥侯，制总巡、分巡、轮巡会哨诸法"，时刻防范来犯之敌；同时深入民间，熟悉风土民情，教台民明礼义，勤耕种，搞好民族团结，从而稳定台湾局势，使"兵安其伍，民安其业"。

乾隆二十六年，甘国宝升任福建水师提督。上任后告诫僚属："防陆者不可处于家，防海者不可处于陆。"经常坐楼船、率小艇沿海巡逻，海防巩固，高宗嘉其功绩，诰赠荣禄大夫。

乾隆二十九年，甘国宝受议降职使用，充云南开化总兵，奉令征抚企图脱离清政府的属国缅甸，迅速完成使命。

乾隆三十年，迁任广东雷琼总兵，奉令平定黎民起事后，复任台湾总兵。此次赴台就职，百姓箪食壶浆，夹道欢迎。当时台湾六斗门常有海盗出没百姓久遭其害。甘国宝率兵严加巡防，缉捕盗首，绳之以法。从此海盗敛迹，百姓安居乐业。

乾隆三十二年，甘国宝升任广东提督。赴任时，台湾百姓送万民伞、万民旗，扶老携幼，同舟送行至鹿耳门。在任广东提督期间，惠州遭水灾，米价昂贵。甘国宝设厂施粥，并劝导富户开仓平粜，赈济饥民。

乾隆三十四年，甘国宝任福建陆路提督兼闽阅操大臣。时有覆鼎山王天送举义，甘国宝率兵设伏而平定之。任内热心公益事业，先后倡修古田汤寿桥、朝天桥、厦门天后宫、泉州元妙观等。

乾隆三十六年九月初五日，甘国宝题交印启程进京朝见，由福建漳州总兵李国梁"护理提督篆务"，署理福建陆路提督兼闽阅操大臣。

乾隆四十一年，甘国宝再次奏请进京朝觐，甘国宝表明自己已是衰老不堪，无法担负提督重职了，请求告老还乡。乾隆皇帝却对他说："尚强健，正堪依赖。"

乾隆四十一年六月，甘国宝照例出巡了八府，回到泉州提督任上不久，觉得气力顿减，大不如前，这次恐怕难以支撑下去，就向闽浙总督钟音请求辞职。钟音认为他"圣眷方隆"，不好向乾隆皇帝再说这件事。甘国宝转而想想，感动于皇上的恩眷，只好作罢，不再提出请辞。他只有下定决心：竭力报效，以尽余年！但多久，甘国宝染上痰疾，缠绵病榻，沉疴不起。"弥留之际，犹以君恩未报为憾。"十一月二十五日，甘国宝在任上去世。

乾隆皇帝闻报，不胜哀恸，特谕旨："福建提督甘国宝宣力有年，奉职勤慎，兹闻溘逝，深为轸惜……所有应得恤典，该部察例具奏。赐祭葬如例。"

甘国宝逝世，长子甘维衡执笔，母亲刘夫人略述梗概，写成《甘公行状》，由文华殿大学士、兵部尚书兼管国子监事务蔡新填讳。甘国宝归葬的福州猫耳山。

六营十郡将士仰慕其德，台湾百姓念其政绩，都建祠设祀。

福州府一带将其事迹编成闽剧《甘国宝》（王莲莲盘答）、《甘国宝与王莲莲》《虎将甘国宝擒董六》等戏剧、评话，及电影《甘国宝传奇》《少年甘国宝》，电视剧《甘国宝过台湾》《甘国宝》等，因此家喻户晓。

甘国宝公余雅好文墨，擅绘山水画，尤工手指画虎。其"指虎"形态各异，有走虎、伏

虎、卧虎、蹲虎、上山虎、下山虎，都能"传其威鸷之神"。画幅常署"指头生活"，其作品被人珍藏。（刘传标）

龚易图

龚易图（1835—1893 年），字少文，又字蔼仁，号含真，又号"含晶子""乌石山房主人""东海移情客""东海盟鸥长"，晚号"爱云山人"。清末军事理论家、著名藏书家。清代福建省福州府闽县（今福州市区）人。出身于官僚世家。

龚家世代嗜好藏书，从龚易图的玄祖龚一发开始，高祖龚景翰是一位有名的藏书家。聚书三万卷，无锡诗人秦瀛的《为龚海峰题载书图》，记录了其痴迷购藏图书的程度："海峰来京师，不羡官爵美。日向坊间购异书，夜就灯前翻故纸。前身应是老蠹蟫，性命总不离文史。典衣竟买三万卷，堆案盈籍富无比。"龚易图的曾祖、祖父皆有积书，到其父龚景翰所留藏书丰富。在家风熏陶下，龚易图"尽读之，史学略知端倪，至兵书术家各书，苦无师传，莫能审其句读"。年仅 11 岁时，龚易图无师自通，能按《四库全书总目提要》的内容购买自己心仪的书。在"凤池书院"就读，龚易图的成绩总是名列前茅。因为好学，他把得到的"膏火"积蓄起来，用来购买书籍。但此时的龚家，已是度日艰难，把祖屋典当于梁章钜家。

咸丰元年，龚易图带上祖传的千卷以及自己购买的图书，前往武昌大伯父处，想在那里继续学业。不想太平军攻下武昌城，藏书毁于战火，龚易图如同剜肉般心痛。无奈，他只得返回福州。无书可读，他便跑世交陈乔纵和冯缙家借读、抄录，后又稍稍有了点藏书。咸丰三年应闽县试，名列第七；翌年，应福州府试获第一名。

咸丰九年进士及第，授翰林院庶吉士。在北京时，龚易图还出入琉璃厂肆，借书翻阅。咸丰十年，改官云南知县。时捻军兴起，留在山东，跟随僧格林沁作战，攻克金楼等地有功，以知府任用。

同治四年，捻军张总愚与太平军赖文光会师，攻入山东，龚易图随巡抚扼守东平，因筑堰防御有功，实授东昌府。

同治七年，调补济南府知府，家庭经济情况大为改善。这时，他四处收购古籍。同治八年正月，捕杀在逃枭匪萧羊、马金贵和十余名"响马贼"，使自江南入境至德州再无劫案发生。历城县捕役横行，作恶多端，时称"十虎"，易图处置了"西门虎"和"坐山虎"，余皆敛迹。

同治十年，任登莱青兵备道道员兼东海关监督。热心慈善事业，创办兼善堂，为贫民施粥、施衣、施棺木等。

同治十二年，龚易图在烟台任兵备道兼海关监督。

光绪元年清廷下诏筹议海防，龚易图上《海防刍议》：定谋、审敌、形势、军实、器械、饷需、合并、持久八篇，末附光绪二年上丁宝桢论广东省海防书。

光绪二年，英国以传教士马嘉理在去云南被杀为借口，胁迫清政府签订《中英烟台条约》，英、美等 13 国兵舰停泊在烟台港口，进行威胁。龚易图严守职责，内抚外防，使治安无隙。当年，境内久旱降雨，当地商绅倡建"小蓬莱阁"，龚易图撰写了《小蓬莱阁铭》，记述建阁的缘起。"小蓬莱"石坊横额、阁北山墙外《光绪丙子八月登小蓬莱阁》七律诗 4 首，均系龚易图题书。

光绪三年五月，龚易图任满应召进京。离京后，请假回乡修祖茔，并在乌石山麓构建"双骖园"藏书。园中乌石山房、袖海楼、净名庵等错落有致。光绪三年十一月，龚易图任满被召见进京。

光绪四年初，升任江苏按察使。光绪六年，任云南按察使。

光绪七年，调广东按察使。光绪十一年，调任湖南布政使。数月，因以前粤藩任内事被议落职。后献款，赈顺直灾民棉衣 3 万套，奉旨赏还原衔。

光绪十四年，龚易图告老回到福州。光绪十八年，赎回位于福州北后街"三山旧馆"的龚家花园，又把老宅大修一回，名唤"环碧轩"，寓意是"故居还璧"。

光绪十九年病逝，享年 59 岁。

龚易图天资高旷，通禅理，精书法，善绘画诗词。

著有《海防刍论》（稿本）、《山左军牍拟

稿》(稿本)、《古本周易参同契注》3 卷、《参同契直解》3 卷、《文钞》2 卷、《乌石山房诗存》12 卷、《玄玄上经注疏合解》《谷盈子十二篇》《西游记评注》《相长篇》《乌石山房诗稿》《餐霞山馆外集》等。

龚易图是清末福州著名藏书家,龚易图得闽县刘家镇(字奂为)的"㧠均屄"藏书 2 万余卷,其中多为徐兄弟、林佶、郑洁的藏书。长乐谢章挺与龚氏世交,故知之甚深。他在《课余偶录》中记载:"方伯归田,携所得海宁陈氏书数千卷,其后又购闽县刘奂为教谕书亦不下数千卷,刘龚本戚属,教谕家中落,故书归龚方伯。"郭白阳在《竹间续话》卷四亦有载:"时其戚刘奂为聚藏经籍甚富,后人向之贷款,久无以还,乃将所藏书二万余卷偿之"。龚易图自订年谱也载:"家庙于前,即于其左右设义仓义塾,复得刘氏书 2 万余卷,藏其中。"次年,龚易图又得"检石芝山馆"的藏书近两万卷。其所建的"大通楼"是清末民初福州乃至福建藏书量最大的藏书楼,龚易图将"乌石山房"的 5 万余卷连同"㧠均屄""检石芝山馆"的藏书都收藏进"大通楼"。藏书按经史子集四部分,分贮 54 橱,接近 9 万卷。龚易图的藏书至此达到顶峰。就藏书而言,龚易图与陈宝琛齐名,被称"福州二老"。福建省图书馆原馆长萨兆寅曾在《福建藏书史话》中说:"近数十年来,福州藏家,保存较好的当以龚易图的'大通楼'、陈宝琛的'沧趣楼'为巨擘。龚易图'大通楼'藏书来源,除购自海宁陈氏 3000 余种外,颇多'红雨楼'和'汪韩居'的旧藏。他的珍贵在于元明之前刊本和旧抄本。"

龚易图去世后,谢章挺在为他写的墓志铭中赞曰:"其才卓荦其气英,出手有字胸有兵。长城屹立登莱青,河清海晏民不惊。循良后裔宜菩缨,雄心未以哀九京。稼轩后身无乃真。"

1914 年,福建省通志局聘请陈衍领衔编撰《福建通志》,因需要大量文献资料,于是求助龚家。龚家热情协助,允许编撰者借出与修志有关的书籍。

20 世纪 20 年代后期,龚氏家道逐渐中落,"大通楼"藏书的管理渐怠,福建省通志局编纂者为了自己取阅方便,除了悉数借用,还贿赂管理员把与修志无关的书借出,藏书遗失不少。

龚家人自己借出书籍亦不见归还。更有甚者,管理员竟盗卖 16 部古籍与"汲古阁",10 万卷藏书的管理成了龚家一项沉重的负担。

1929 年秋天,陈宝琛的外甥兼女婿、台北板桥林家后裔林熊祥从福州返台北,携带一套《乌石山房藏书简明目录》,与台北帝国大学(今台湾大学)文学部的久保天随、桑田六郎、神田喜一郎教授等会面,居中介绍"乌石山房"藏书让售事宜。

熟悉汉文化的神田,带着史学科助手前屿信次,前往福州联络、察看该批藏书,以 16800 美金买断保存完好的书籍 2099 部、34803 册,于夜间搬运,用商船悄悄地运往台北。

售出"乌石山房"旧藏之后,"大通楼"剩下的藏书亦散失不少。1931 年,福建省立图书馆收购到一批自"大通楼"中流落出来的图书。如今,藏在福建省图书馆的乌石山房印谱钤有"福建省立图书馆民国二十年度购置之书"的印记。

为了不负先人,妥善管理藏书,龚易图的孙子龚纶重新检点楼内剩余藏书,再次抄录一份《大通楼藏书目录》,经、史、子、集各类图书共计 38000 余卷、10000 余册,其中多为元明刻本和明清名家的抄本、稿本。1952 年,"三山旧馆"被陆续征用、改建,"大通楼"的藏书无处可放,龚纶在《移居书事》中说,"住屋入公迁移,颇以藏书为累",藏书还差一点再遭焚毁。

1955 年,龚纶代表龚氏,将部分藏书捐献给福建省图书馆,获得人民政府奖状。如今,福建省图书馆善本库中藏"大通楼"古籍 15000 卷 4000 余册,这些古籍多是明代的刻本和明清两代名家的抄本、稿本,还有不少元刻本,都是"大通楼"藏书中的精华。(刘传标)

辜鸿铭

辜鸿铭(1857—1928 年),名汤生,字鸿铭,号"汉滨读易者",曾戏称自己为"生在南洋,学在西洋,婚在东洋,任在北洋"的东西南北人。祖籍福建省福州府同安县,清咸丰七年闰四月二十七日生于马来西亚槟榔屿(今槟城州)一个英国人的橡胶园内。其父辜紫云当时是英国人经营的橡胶园的总管,操流利的闽南话，能讲英语、马来语。他的母亲则是金发碧眼的西洋人，讲英语和葡萄牙语。没有子女的橡胶园主布朗先生将他收为义子。同治六年，布朗夫妇返回英国时，把十岁的辜鸿铭带到英国。

同治九年，14岁的辜鸿铭被送往德国学习科学。后回到英国，掌握了英文、德文、法文、拉丁文、希腊文。并以优异的成绩被著名的爱丁堡大学录取，并得到校长、著名作家、历史学家、哲学家卡莱尔的赏识。

光绪三年，辜鸿铭以优异成绩通过拉丁语、希腊语、数学、形而上学、道德哲学、自然哲学和修辞学等各科考试，荣获爱丁堡大学文学硕士学位，后又获德国莱比锡大学土木工程博士学位，遍游德、法、意、奥等国，精通英、德、法、希腊、拉丁等八种语言，获文、哲、理、神等十三个博士学位，会操九种语言。他在德国人举办纪念俾斯麦百年诞辰会上所做的即席演讲，博得一片喝彩。他还会用拉丁文作诗。

光绪六年，辜鸿铭结束14年的求学历程返回故乡槟城，被派新加坡海峡殖民地政府就职。

光绪七年，辜鸿铭结识中国学人马建忠，晤谈三日，深感中国传统文化博大精深，随即辞去殖民政府职务，遂"求中国学术，穷四子五经之奥"，学习中国文化蓄发、改穿长衫马褂。

光绪九年，开始在英文报纸《字林西报》上发表题为"中国学"的文章开始，他昂首走上宣扬中国文化、嘲讽西学的写作之路。十九世纪末二十世纪初的几年里，他还将《论语》《中庸》译成英文，相继在海外刊载和印行。后来又翻译了《大学》。

光绪十一年，辜鸿铭回国，经人举荐，被湖广总督张之洞委任为"洋文案"（即外文秘书），张之洞实施新政、编练新军，也很重视高等教育。他在晚清实权派大臣张之洞幕府中任职二十年，主要职责是"通译"。他一边帮助张之洞统筹洋务，一边精研国学，自号"汉滨读易者"。曾参与《辛丑条约》《中外互保章程》签订的交涉工作。

光绪十七年，俄皇储来华，赠其镂皇冠金表。

光绪十九年十月二十二日，在辜鸿铭鼎力谋划并拟稿，再呈张之洞审定，于光绪十九年十月二十二日以《设立自强学堂片》上奏光绪皇帝，筹建由国人自力建设、自主管理的高等学府——自强学堂（武汉大学前身），得到钦准。自强学堂正式成立后，蔡锡勇受命担任总办（校长），辜鸿铭任方言教习，成为自强学堂一代名师。

光绪二十四年，日本首相伊藤博文晤访。

光绪二十七年，清廷曾以"游学专门"名誉赐他为"文科进士"。

光绪三十一年，辜鸿铭任上海黄浦浚治局督办。期间先后五次发表了一百七十二则《中国札记》，反复强调东方文明的价值。

光绪三十二年，辜鸿铭与俄国作家托尔斯泰书信往来。

光绪三十四年十月二十一日，光绪帝暴崩，宣统即位，辜鸿铭任外交部侍郎。

宣统元年，辜鸿铭英文著本《中国的牛津运动》（德文译本名《为中国反对欧洲观念而辩护：批判论文》）出版，在欧洲尤其是德国产生巨大的影响，一些大学哲学系将其列为必读参考书。

宣统二年，辜鸿铭与严复、詹天佑同榜获宣统皇帝赏赐文科进士荣衔。辜鸿铭辞去外交部侍郎之职，赴上海任南洋公学监督（校长）。

1911年10月10日，辛亥革命爆发后，辜鸿铭辞去公职。

1913年，和泰戈尔一起获"诺贝尔文学奖"提名。

1915年，《春秋大义》（即《中国人的精神》）出版。他以理想主义的热情向世界展示中国文化才是拯救世界的灵丹，同时，他对西方文明的批判也是尖锐的深刻的。很快《春秋大义》德文版出版了，在正进行"一战"的德国引起巨大轰动。

1917年，蔡元培执掌北大时，提出了"循思想自由原则，取兼容并包主义"的用人主张，创中国大学昙花一现的鼎盛时代。辜鸿铭应蔡元培之邀请，到北京大学任教授，主讲英国文学。教授英国文学。

1920年，英国作家毛姆来访。

1921年，日本作家芥川龙之介来访。

1923年，蔡元培辞去北大校长职务，辜鸿铭也紧随辞职。不久，经人推荐到一家日人办的英文报馆当总编。

1924年，辜鸿铭赴日本讲学三年，其间曾赴台湾讲学，由台湾远亲鹿港辜家的创始人辜显荣招待。4月23日，印度诗哲泰戈尔访华，辜鸿铭与梁启超、蔡元培、胡适、梁漱溟、熊希龄、蒋梦麟等前往北京前门车站迎接。同年，见溥仪。

1926年7月4日，中国国民党中央执行委员会通过《出师北伐宣言》，国共合作北伐。

1927年，辜鸿铭从日本回到故国。6月18日北洋政府《中华民国军政府组织令》公布施行。6月20日张作霖在北京组织安国军政府，安国军政府成立。日本人推荐他做新组建的"安国军政府"大帅张作霖的顾问。辜鸿铭对张作霖行为作派不满，乃拂袖而去。

1928年4月底，奉系军阀张宗昌内定辜鸿铭为山东大学校长，辜鸿铭也有意前往执掌。但染了感冒，请了法国医生来看，不见好转。4月30日，在北京逝世，享年72岁。

辜鸿铭是近代史上重要的翻译家、国学家，"东学西渐"的先驱，与林纾、严复在近代中西文化交流史上被称为"福建三杰"。

著有《读易草堂文集》，译有《痴汉骑马歌》。他学贯中西，致力于将中国文学经典推向西方，将《大学》《中庸》《论语》《孝经》等国学经典翻译成英文、德文，并有《中国人的精神》（原名《春秋大义》）、《中国的牛津运动》（原名《清流传》）等英文著作，蜚声海外。

辜鸿铭向西方传播中国传统文化，对中西文化交流产生积极影响，成为近代中国第一位在西方世界受到欢迎的著名学者，更有"到中国可以不看三大殿，不可不看辜鸿铭"的美谈。（刘传标）

洪承畴

洪承畴（1593—1665年），字彦演，号亨九。清代福建省泉州府南安县霞美乡洪湖（今英都良山村霞美）人。生于明神宗万历二十一年九月二十二日。童年入溪益馆读书。因家境贫寒，11岁辍学，在家帮母做豆干，每日清晨还要到英圩埔走街串巷叫卖豆干。当时西轩长房的才子洪启胤在水沟馆办村学，洪承畴叫卖豆干之余，常在学馆外听课，偶尔也帮学生做对子。洪启胤发现洪承畴极有天分且抱负不凡，免费收洪承畴为徒，重返校门。洪承畴学习用功，博览群书。洪承畴在水沟馆读了五年书后，又到泉州城北学馆读书。

万历四十三年，23岁的洪承畴赴省参加乡试，为乙卯科中式第十九名举人。万历四十四年，洪承畴赴京会试，连捷登科，为丙辰科殿试二甲第十四名，赐进士出身。

洪承畴初授刑部江西清吏司主事，历刑部员外郎、刑部郎中等职，在刑部任事六年。

天启二年擢升浙江提学金事，以才高识士，所选人才皆俊奇，为朝廷所器重。

天启四年年，升迁两浙承宣布政左参议。随即改任江西兵备道按察副使。

天启七年，洪承畴升陕西督粮参政。

崇祯元年七月，陕北地区爆发农民大起义。明廷令三边总督杨鹤"剿抚兼施、以抚为主"。

崇祯二年，农民军王左挂、苗美率兵进攻韩城。陕西总督杨鹤手中无将，情急之下，令当时还是参政的洪承畴领兵出战。洪承畴斩杀敌兵三百人，解了韩城之围，顿时名声大噪。

崇祯三年六月，洪承畴被任为延绥巡抚。王左挂降而复叛，被洪承畴诛杀。作为杨鹤手下干将，本该支持上司的招抚政策，可是洪承畴反而大力剿匪。而且不仅剿匪，并且杀降。当时被其杀掉的投降流寇多达数万。其实如果读过明末"贼军"史就不难发现，李自成、张献忠曾多次诈降，养精蓄锐一段时间后再反。明朝多次对"贼军"剿而不死，就是因为这种诈降。由此可见，洪承畴在这方面是颇有先见之明的。明廷无力养活大批饥民，已就抚者，纷纷再起。不久与总兵杜文焕击败张献忠于清涧县。

崇祯四年，三边总督杨鹤为此被罢官入狱，洪承畴继任陕西三边总督。洪承畴改杨鹤的"边剿边抚（诱降）"为"全力清剿""以剿坚抚，先剿后抚"方针，集中兵力进攻陕西农民军。

崇祯五年春，一股农民军由于顶不住官军的压力，向庆阳突围。洪承畴亲赴庆阳，指挥会战，与总兵曹文诏、贺虎臣一起围剿农民军。双方在西澳激战数十次，农民军损失惨重，首领可天飞被斩杀，部将白广恩投降。曹文诏又剿贼于耀州锥子山，贼杀独行狼等后投降，洪承畴命令屠杀四百人，剩下的皆遣散。

崇祯六年冬，农民军转进至明军力量薄弱的豫西楚北，以郧阳为中心，分部来往穿插于豫楚川陕之间，进行游击性质的流动作战。洪承畴为改变被动局面，以重兵包围起义中心地区，实施重点进攻，高迎祥义军接连败于确山、朱仙镇（今河南开封市西南）等地，被迫转入西部山区。明廷为改变"事权不一、相互观望"被动局面，改用"集中兵力，全面围剿"方针。

崇祯七年十二月，明思宗朱由检撤掉围剿失败的陈奇瑜，洪承畴仍任陕西三边总督，但以功加太子太保、兵部尚书衔，总督河南、山西、陕西、湖广、四川五省军务，成为明廷镇压农民起义的主要军事统帅。当其调动官军入陕，重新组织围攻时，当时农民军聚集在陕西的有20余万人，其中以闯王高迎祥及其部属李自成的力量最为强大。洪承畴命总兵贺人龙、左光先出兵夹击，义军突围东走，转进灵宝、汜水（均在河南）。

崇祯八年正月，洪承畴率主力出潼关，在河南信阳大会诸将，准备对起义军实行大规模的军事围剿。农民军见势不妙，分路奔还陕西，张献忠也劫掠凤翔，与高迎祥汇合，明朝副将艾万年、柳国镇战死。曹文诏由宁州剿匪，其参将曹变蛟败农民军于湫头镇，乘胜追击遇伏，洪承畴救援不及，曹文诏自杀而死。洪承畴统辖太广，难以兼顾，于是以卢象升总理江北、河南、山陕、川湖军务，管理关外明军，而洪承畴专管关内兵。此时，清军入边，破昌平等16城，朱由检急调卢象升率军驰援，中原压力减轻。张献忠乘机复起，联合罗汝才等部20余万人，沿江东进，分散活动于蕲州、霍山一带。

崇祯十年，朱由检再命熊文灿为五省总督，增派禁军1200人，组织新的围剿。李自成进军四川，一度破城十余座，并攻克甘肃的宁州、羌州，入七盘关。

崇祯十一年九月，清军两路南下，京师戒严。两面受敌的明朝不得不从西线把主帅洪承畴调来，与孙传庭率军入卫。是年秋，皇太极领兵攻占义州，以此为基地，展开对锦州的围攻战。崇祯帝也极力加强对山海关和锦州的

防守。

崇祯十二年初，洪承畴调任蓟辽总督，领陕西兵东来，与山海关马科、宁远吴三桂两镇合兵。锦州有松山、杏山、塔山三城，相为犄角。十月，陕西最后一股"贼军"李自成部在流窜途中，被洪承畴令总兵马科、左光先领兵截击。李自成回师转东，洪承畴又令曹变蛟于潼关设伏邀击，李自成大败，仅余18骑走入陕南商洛山中。

崇祯十三年冬，清太宗率兵攻锦州及宁远，边关告急。

崇祯十四年春，为挽救辽东危局，明廷遣洪承畴率宣府总兵杨国柱、大同总兵王朴、密云总兵唐通、蓟州总兵白广恩、玉田总兵曹变蛟、山海关总兵马科、前屯卫总兵王廷臣、宁远总兵吴三桂等所谓八总兵兵马，领精锐十三万、马四万来援，集结宁远，与清兵会战。三月，皇太极发大兵采取长期围困锦州的方针，势在必克。洪承畴主张徐徐逼近锦州，步步立营，且战且守，勿轻浪战。但兵部尚书陈新甲促战，在崇祯皇帝也希望持重的情况下，采取了速战速决的方针。八月，皇太极得知明援兵已到，便亲率大军从盛京赶来赴援，驻扎在松山、杏山之间，部署在明军的南面，济尔哈朗军攻锦州外城，截断松、杏间明军的联系，切断明军粮道，断绝洪承畴归路。

崇祯十五年一月，洪承畴听说朝廷援军赶到，又派6000人马出城夜袭，被清军战败。松山一直被围困了半年之久，城中粮食殆尽。二月十八日夜，松山城守副将夏承德与清军密约为内应，松山城破，洪承畴、巡抚邱民仰被俘，总兵曹变蛟等将领被杀。

洪承畴被送到盛京，清军命其剃头易服投降，洪承畴拒不剃头，延颈承刃，"只求速死"，且又绝食七日，仍然"求死不得"。但皇太极一心想争取洪承畴归顺，礼贤恩厚，亲临囚室，解貂裘衣之。洪承畴认为"清代明"大势所趋，归顺清军。五月初五日，洪承畴偕祖大寿等降将正式举行了投降仪式，在皇太极面前俯首称臣。

洪承畴降清后，清太宗命隶镶黄旗的包衣牛录（1652年应洪承畴请求升入镶黄旗汉军）中，表面上对他恩礼有加，实际上并未放松对

他的防范，使其在家，不得任意出入。终皇太极一朝，除咨询外，也没有任以官职。崇祯十七年三月，李自成攻进北京城，崇祯帝吊死，洪承畴看到明王朝已将彻底崩溃，才决心为清廷效力。

顺治元年四月初九日，洪承畴从睿亲王多尔衮率军10万大举南下攻明，十一日至辽河，得知大顺军已攻占北京、明思宗自缢，遂用洪承畴之谋，"出其不意，从蓟州、密云近京处，疾行而进"，直趋北京。五月二日，洪承畴随清军入京。多尔衮接受洪承畴的意见，先遣官宣布王令，录用明朝降臣，设府县施政。

清兵入京后，顺治帝对洪承畴十分器重，以洪承畴在明王朝所任的原职衔授予太子太保、兵部尚书兼都察院右都御史，入内院佐理军务，授秘书院大学士，成为清朝首位汉人宰相。

洪承畴借助参与国家大计之机，对清朝的政权建设、稳定社会秩序提出一系列措施，诸如袭明制、行保举、选人才、学汉语、读儒书等，促进社会发展。

顺治二年五月，多铎率师攻占南京，多尔衮下"剃头令"激起江南人民的反抗。危难之中，多尔衮于闰六月忙派洪承畴取代多铎，任命为招抚江南各省总督军务大学士，负责南方战事，敕赐便宜行事，但对于"禁止机密"之事须与平南大将军贝勒勒克德浑参酌施行。洪承畴采取"以抚为主，以剿有辅"的策略，以较少代价攻占江南。同时，建议统治集团也须"习汉文，晓汉语"，倡导儒家学说，举荐明朝官吏。对缓和民族矛盾，减少兵火洗劫，生灵涂炭，减轻人民负担，稳定社会秩序，促进生产发展，均起了积极作用。

也曾针对顺治皇帝迎达赖喇嘛提出意见。其意见甚多，大多被清廷信纳，加以推行，在洪承畴的推动下，传统文化的延续性得以保障，各民族逐渐和睦相处。

顺治四年，洪承畴因父丧，回乡守制。顺治五年四月奉召返京，再次入内院佐理机务。摄政王多尔衮对其慰劳备至，宠信有加，一连数日召见垂询各省应兴应革之事，所有建议，无不采纳。

顺治八年闰二月，洪承畴兼管都察院左都御史事，甄别诸御史为六等，有的起升，有的外转或外调，有的降黜，得罪一批朝官。御史张宣等弹劾洪承畴与尚书陈之遴屡集议火神庙密谋反叛，又未请旨私送其母回闽。洪承畴辩白：火神庙集议即为甄别御史差等，非有他故；送母未先请旨，自甘服罪。上谕："以庙议事，不必悬揣；为亲甘罪，情有可原。着仍留任，以观后效。"

顺治九年五月，洪承畴母丧，奉旨私居持服，照常入值。

顺治十年五月，洪承畴任内翰林弘文院大学士、兵部尚书兼都察院右副都御史，佐理机务，兼《大清太宗实录》总裁官。时孙可望、李定国所率领的几十万农民起义军在云、贵归附明宗室桂王朱由榔，抗清出现新高潮。洪承畴又被任命为"太保兼太子太师，经略湖广、广东、广西、云南、贵州五省，总督军务兼理粮饷""吏、兵二部不得掣肘，户部不得稽迟"，事后报闻。此时洪承畴已61岁，临行前，顺治帝设宴饯行，赐宝马、宝刀。

顺治十二年五月，孙可望攻岳州（今湖南岳阳），为洪承畴设伏所败，撤回贵州。

顺治十四年，洪承畴经略湖南时，驻于长沙黄兴北路，并建"集思堂"。是年，桂王的永历政权内部发生矛盾，孙可望在与李定国的内战中失败"穷蹙请降"。顺治帝一面命洪承畴率所部相机进取，一面命平西大将军吴三桂自四川、征南将军卓布泰自广西分道进兵贵州。

顺治十五年二月，世祖又命信郡王多尼为安远靖寇大将军，统军南征。九月，清兵各路会师入云南。

顺治十六年正月，督清军攻陷昆明，云南平定。洪承畴上疏说，云南地方险远，少数民族众多，不易治理，要留兵驻镇，于是顺治以吴三桂为平西王留驻昆明。他又看到云贵地区地瘠民苦，疏请发内帑赈济贫民，建议暂缓向逃亡缅甸的桂王余部进军，使战乱之后的云贵地区的社会秩序渐趋安定，生产开始恢复。八月，洪承畴因年老体衰、目疾加剧，请求回京；翌年正月，奉旨解任回京调理。

顺治十八年正月初七日，顺治帝驾崩，子玄烨（康熙）嗣位。这时洪承畴业已69岁，仍任大学士，却感孤独，于五月疏乞休致。朝廷几经争论，议政王大臣会议才授以"三等阿达哈哈番"（轻车都尉）世职，世袭四世。

康熙四年二月十八日，逝世于京师私邸，享年73岁。康熙帝恩赐祭奠如制，赠少师，谥"文襄"，赐葬京师车道沟，立御碑。（刘传标）

胡雪岩

胡雪岩（1823—1885年），本名胡光墉，幼名顺官，字雪岩。中国近代著名红顶商人、徽商代表人物。清代安徽省徽州府绩溪县湖里村人，生于清道光三年八月二十五日，幼时家贫，帮人放牛为生。13岁到浙江杭州，在于姓钱肆当学徒。咸丰十年，因肆主无后，以钱庄赠之，乃自开阜康钱庄，成为杭城一大商绅。

咸丰十一年十一月，太平军攻杭州。曾国藩疏荐左宗棠任浙江巡抚。十二月，清廷正式补授左宗棠为浙江巡抚，督办军务。在杭州督师攻打太平军时，委胡雪岩为总管，主持全省钱粮、军饷。胡雪岩从上海、宁波购运军火、粮米接济杭州湘军。

同治元年，左宗棠进军浙江，在中法混合军"常捷军"、中英混合军"常安军""定胜军"的配合下，先后攻陷金华、绍兴等地。同治二年，左宗棠升任闽浙总督。同治三年二月，左宗棠率军攻下杭州，加太子少保衔，赐黄马褂。左宗棠在浙江采取种种恢复经济的举措，并攻克湖州等地，从而控制浙江全境。论功，封二等恪靖伯。旋奉命率军入江西、福建追击太平军李世贤、汪海洋部，胡雪岩协助左宗棠开办企业，主持上海采运局，经手购买外商机器、军火及邀聘外国技术人员，从中获得大量回佣。他还操纵江浙商业，专营丝、茶出口，操纵市场、垄断金融。

同治五年正月，左宗棠灭李世贤等于广东嘉应州（今梅州）。虽然镇压了太平天国运动，但并未能改变闭关锁国带来积溺衰落的局面，清王朝统治阶级内部的有识之士开始推动"师夷之长技以制夷"的自强运动，以求抵御与制衡西方入侵与欺凌。五月十三日闽浙总督左宗棠向清廷奏请在福州马尾创办船政，购机器觅洋匠，引进西方科学技术，仿造新式轮船。六月初三日清廷批准左宗棠的建议。

船政是晚晴社会大变局中，旨在"借法自强"，是"见所未见，闻所未闻"之事业，一切无成法可依。"师夷长技以制夷"，"师夷"的目的在于"制夷"。要实现"制夷"就必须"师夷"，一要紧跟，二要寻求突破。因胡雪岩在江浙经商，在镇压太平军中，负责亲办军需物品，与洋人关系密切。左宗棠为借助胡雪岩与洋人的关系，将其延请到福州，负责亲办设备及延请洋人洋匠。

胡雪岩应邀到福州，为船政委员、提调，成为船政创办初期最主要助手。开办船政的财政预算和筹款计划都是胡雪岩制定的。胡雪岩提出可让东南五大海关担负部分费用，同时向外国贷款。胡雪岩提议聘请法国人帮助造船，利用法国人牵制英国势力。但为了不让法国独揽一切，又请英国人教驾驶。这就形成了福州船政由法国人教造船、英国人教驾驶的历史。

八月十七日左宗棠调任陕甘总督。九月二十三日，左宗棠保荐沈葆桢任总理船政大臣，胡雪岩继续留船政，协助沈葆桢创办船政。船政自同治五年九月开始动工基建。同治五年十一月，胡雪岩引荐沈葆桢与法国人日意格、德克碑，参与拟定办理船政的《章程》，并借助自己多年与洋人打交道的经验和教训，在与洋员监督日意格、德克碑先后签订了《条议十八条》《合同规约十四条》和《保约》等重要合同，详细规定了洋员所应承担的责任、义务和待遇及应该完成的目标。

同治六年二月，左宗棠派胡雪岩为代表，专程访问上海法国总领事白来尼。胡雪岩让法国总领事知道中国皇帝支持办船厂，船厂是国家的而非地方政府的。特别是他还让法国总领事深信不疑：中国政府愿意与法国合作，不想让英国独占好处。白来尼被说服了，他向法国朝廷报告，最后法国政府才决定支持中国造船。

胡雪岩巧妙地利用了帝国主义之间的矛盾，以自己的能言善辩和对世界潮流的洞察，开展洋务运动，为成功开办船厂立了一大功。

道光元年三月二十八日，左宗棠奉命收复新疆。胡雪岩协助左宗棠西征，离开了福州。在左宗棠调任陕甘总督后，主持上海采运局局长，为左宗棠办理事务，采运、筹供军饷和订购军火。

左宗棠为答谢胡雪岩对他办船政及平定太平军的财政支持，曾上奏密保时任按察使衔福建候补道的胡雪岩，要求朝廷"破格优奖，以赆激励，可否赏加布政使衔"，清政府准奏。左宗棠给朝廷的奏折中，曾经这样写到胡雪岩对于船政的功绩："一切工料及延洋匠、雇华工、开艺局，责成胡光墉一手经理。缘胡光墉才长心细，熟谙洋务，为船局断不可少之人，且为洋人所素信也。"

胡雪岩由此得了个"红顶商人"的称号，还获准穿黄马褂，赐紫禁城骑马，其母还得正一品的封典，得到了清代商人从未有过的恩典。

光绪十年受洋商排挤破产。接着，清廷下令革职查抄，严追治罪。胡雪岩遣散姬妾仆从，光绪十一年十一月初一病逝，终年63岁。

胡雪岩是徽商的杰出代表人物，身上有着徽商讲求诚信、为人着想、精明强干等共性。胡雪岩之所以被商界奉为商圣，一方面是因为胡雪岩经商讲求诚信，另一方面也利用他的财富，帮助左宗棠为国家做了很多的好事。

清光绪四年，胡雪岩亲笔跋文"戒欺"一匾。它高悬于厅堂，被奉为店训。胡雪岩还把"顾客乃养命之源"写入店规，教育员工把顾客当作衣食父母。"戒欺""真不二价""顾客乃养命之源"等经营理念，是打造"诚信"社会作出最明确的历史诠释。（刘传标）

华 岩

华岩（1682—1756年），字德嵩，后改字秋岳，号布衣生、东园生、离垢居士等，老年自喻"飘篷者"。清代杰出画家、扬州画派的代表人物。清代福建省汀州府上杭县白砂里华家亭人，因上杭白砂里古属新罗县，即古属临汀郡，故又自号"白砂道人""新罗山人""临汀布衣"。

生于清康熙二十一年，少年时曾在造纸厂做工，天资聪慧，尤喜绘画。因遭族中权贵反对，愤而离乡，流寓杭州，画艺日渐精湛。36岁时北游京师，于塞北处精进画艺。中晚年一直频繁往来于杭州、扬州，鬻画为生，以布衣终老。

华岩晚年定居杭州，仍以绘画为生，画艺虽高，但聚财无术，贫病常伴其度过艰难岁月。66岁时，老妻蒋妍病故，他身心深受打击，病魔缠身，每况愈下。乾隆二十一年，病逝于杭州，享年75岁。

华岩工画、善书，能诗，为扬州画派的代表人物之一，花鸟、人物、山水皆善，尤以兼工带写的小写意手法别树一帜。华岩之后，不少画家都喜在自己的画作上注明"效新罗山人笔意"，以示钦敬和师承。

《离垢集》是其诗词集大成，"五卷，山人手自缮写"。"离垢"者，谓远离尘世烦恼，此理念贯穿于华嵒的诗画作品之中，体现其对文人理想信念的执着坚守。

华岩一生纯朴坦荡，穷且益坚，不坠青云之志，终成为"诗书画"三绝的清代杰出绘画大家。

华岩遗作，现被珍藏于国内各大博物院和日、美、法等外国美术馆中，成为世界艺术珍宝。故宫博物院收藏并出版了《华岩花鸟册》8幅、《华岩画册》12幅。日本出版的《支那南画大成》收录有华岩的画作10幅。华岩的遗诗600余首已收入《离垢集》和《解弢馆诗集》。（游佳丽）

黄 慎

黄慎（1687—1772年），初名盛，字恭懋、躬懋、菊壮，康熙六十年改名作慎，雍正四年改字恭寿，曾用笔名江夏盛，号"瘿瓢子""瘿瓢山人"，别号"东海布衣""苍玉洞人""糊涂居士""放斋"等号。清代杰出书画家、扬州八怪之一。清代福建省汀州府（今三明市）宁化县人，生于清康熙二十六年五月五日。幼丧父，以卖画为生，奉养母亲。初随上官周学画，后离家出游，曾多次在扬州卖画。方十八九岁，寄身萧寺，昼为画，夜无所得烛，从佛光明灯下读书。其艺既擅，出游豫章，历吴、越，康熙五十八年至扬州鬻画为生。

雍正五年以母垂老，不欲远离，乃奉居扬州，又三年乃返闽，郑燮赠以诗。

乾隆十六年黄慎的母亲去世，他又重游扬州，居住六年，才返故里，苦度晚年。乾隆三十七年病逝。

著有《蛟湖诗钞》等。

黄慎工草书，书法学"二王"，更得怀素笔意，从章草脱化而出，其栖劲运笔亦用于绘画之中，故画面多干枯、飞白和迅疾之迹，黄慎的草书，点画纷披，散而序，评者说它像疏景横斜，苍藤盘结，具有"字中有画"之趣，他的书法出于章草，颇难认识，故而仿效者不多，但他不趋时尚，敢于标新立异。其代表作《草亭飞万竹诗草书轴》章法奇异如松柏之剪影，点画浓淡如花叶之缠枝，真非书非画，亦书亦画，堪称奇观。

黄慎为"扬州八怪"代表人物之一，其诗、书、画三绝，声振"海内文士，半在维扬"的扬州，名誉天下。黄慎擅长人物、山水、花鸟，并以人物画最为突出，画人物，多取神仙佛道和历史人物为题材，也有一些现实生活中的形象，多从民间生活取材，不少作品塑造了纤夫、乞丐、流民、渔民等下层人物形象。

花鸟画宗法徐渭，纵逸泼辣挥洒自如，如《瓶梅图》《菊蟹图》等。山水画大幅和小景都各尽其妙，潇洒有致，山水代表作如《渔归图》。

黄慎书画流传较多，大多藏于国内各大博物馆内。北京故宫院藏有多幅，如《漱石捧砚图》，扬州博物馆藏的《渔归图》等。（李佳丽）

黄性震

黄性震（1637—1701 年），字元起，号静庵。清代福建省漳州府漳浦县官塘湖西堡（今湖西城内村）人。生于明崇祯十年，青年时期参加郑成功部队，在闽南沿海抗击清军，熟悉福建沿海要冲、港湾、岛屿的布列，台湾、澎湖的地理位置、形势，郑成功收复台湾后，脱离郑军，回归漳州故里。康熙十七年，郑军刘国轩从厦门出兵，接连攻克同安、长泰、平和、海澄等十县。清廷为扭转败局，任命姚启圣为福建总督。姚启圣上任后，首先到漳州视察战情，黄性震向姚启圣"进平海条陈十便"（平台十策）。黄性震还建议姚启圣，派人潜入台澎做策反工作，使用反间计，制造郑军将领、官员来降的舆论。至康熙二十年六月，招抚的投诚官兵，除归农者外，达四万余名，使清军、郑成功双方军事力量的对比发生重大变化。战场上，清军由被动变主动，复海澄、克厦门、取金门，节节胜利。金厦战斗后，清军将领拟议杀尽郑经部属，将其子女和赀财犒赏官兵。黄性震坚决反对，使数十万人免遭劫难，对争取台湾军民归附生成了巨大作用。康熙二十一年，

实授黄性震直隶霸昌道兼山西按察司佥事，负责屯田、驿传、粮饷事务，兼管居庸关等处。

康熙二十二年，清军仅用七天攻克澎湖，收复台湾，完成了国家统一大业。黄性震对收复台湾的巨大贡献，永载史册。清廷授予他军功正一品。姚启圣向朝廷上奏黄性震功绩，康熙帝特赐召见，宠赐蟒袍、宫缎，慰劳备至，并加官晋爵，以同知任用。接着，奉皇帝优旨，以按察司佥事衔的道员任用，但尚未实授，仍留姚启圣属下参谋军事。

康熙二十三年，晋升广西按察使，适遇广西大容山发生叛乱，案情牵连到高、廉、罗、肇、浔、梧、柳、庆等 8 个州府，牢狱关满犯人。黄性震上任，只申报处决为首的崔枝玉等数人，其余都给予减刑释放，升湖南布政使。黄性震在湖南任上还大力兴办学校，体恤民间疾苦，严明吏治，减轻徭役，深受士民爱戴。康熙三十二年，因病乞请归休。

康熙三十七年，朝廷决定疏浚北京无定河，改下游河道，并改名永定河。康熙三十九年征召黄性震至京，出任总理永定河河务，主持修筑大堤。黄性震上任后，视察实情，由于河流湍急，河堤易溃难合，必须在河中打桩，才有成效。于是就派人往闽南选募数百名水性好的民工，民工裸身泅水筑桩，借助以复土。又在沿河每 5 里处各设一旗一炮，旗写监督人姓名，有命令就升旗放炮为号，远近民工听炮声、看旗号就驰赴河堤，一齐填堵，堤岸立成。黄性震以用兵之法来指挥河役，收到很好的成效，堪称治河史上一绝。以前数年完不成的工程，他接任后 4 个月就完成。河堤筑成后，黄性震被提升为太常寺卿。康熙四十年，卒于任上，时年 64 岁。

著有《小宗祠碑记》《建置金浦湖西诒安堡家庙义学、祭田、学田、义田碑记》等。（薛静）

何秋涛

何秋涛（1824—1862 年），字巨源，号愿船。清代地理学家。清代福建省邵武府光泽县福民坊（今城关）人。生于清道光四年，祖父何长敦是举人，父亲何高华是国子监监生。何秋涛自小聪颖，过目成诵。披阅天下舆图，能

历举府、厅、州、县名，默数四境。何秋涛为学以用为本，治学严谨，对"经史百家之词，事物之理，考证钩析"，绝不牵强附会。

道光二十二年，乡试考中举人，次年礼部会试录取为贡士。道光二十四年考中进士，任刑部主事，举为律例馆提调、秋审处坐办。刑部所撰《律例根源》，多由秋涛手定。

咸丰元年，擢升员外郎、懋勤殿行走。太平天国运动，席卷了大半个中国。咸丰三年，何秋涛随侍郎李嘉端巡抚安徽，坐镇安徽。后李嘉端遭谗言迫害，被咸丰帝革职，何秋涛报国壮志受到沉重的打击，使他深深感到官场的黑暗，便辞职而归。

省中要员对他非常器重，委他劝捐京米，兼主邵属五书院的讲席。后太平军攻打福建，他带着眷属回到北京，专心致力经世之学，不再热衷于宦海浮沉。此时，林则徐的《四洲志》和魏源的《海国图志》都已出版，这两本书给了何秋涛很大的启迪。当时，国内有研究东南沿海地理历史的专著，却未曾有一本书关注北方边疆。为填补这个缺漏，巩固中国北方边防，弄清中国与沙俄边界的历史和现状，做到心中有数，攻防有据，秋涛不辞辛苦，广搜官私载籍。通过阅读300多种俄国进呈之书和大量古文献资料，探索中俄关系，记载历史细节。同时，重点考析了吉林、黑龙江、库页岛的边防形势。

纂为《北徼汇编》，包括图说、例目共81卷。兵部尚书陈孚恩认为该书对研究考据中国北方边境很有价值，于咸丰八年把它进荐朝廷，文宗看后大加赞赏。咸丰十年，下达内阁的谕旨中，高度评价该书，说此书"于制度沿革，山川形势，考据详明，具见学有根柢"，赐名《朔方备乘》。因是年英法联军占领北京，何秋涛进呈的这本书毁于"庚中之变"。

同治元年，经好友黄彭年（贵阳人）推荐到河北保定莲花池书院主讲，收入微薄，生活艰辛。人生的几次重创让他身心受到很大的伤害，以致生病，于同治元年病故，年仅39岁。

《朔方备乘》是中国近代第一部论述中俄关系的巨著，在近代边疆史地研究中占有重要的地位。这本书最终于光绪七年刊印。

著有《孟子编年考》《一镫精舍经解》《一镫精舍甲部稿》《一镫精舍文集》《一镫精舍诗集》《王会篇笺释》。

何秋涛还考订俞正燮《俄罗斯事辑》、魏源《海国图志》诸书讹误，辩证徐继畬《瀛环志略》疏失，用力甚勤。其友人张穆故世后，为之校订《蒙古游牧记》并付印。补辑《魏书·地理志》，功不可没。（薛静）

李光地

李光地（1642—1718年），字晋卿，号厚庵，别号榕村。清代理学家。清代福建省泉州府安溪县华地乡（今安溪县湖头镇）人。生于明崇祯十五年九月六日。自幼聪颖，五岁便从师授读。青少年时期是在认真研读经史百家书，致力宋明理学的探求。清康熙三年，李光地乡试中举。康熙九年，庚戌科会试中高中二甲第二名进士，被选为庶常馆庶吉士。

康熙十一年九月，得授翰林院编修之职。康熙十二年，充任会试同考官。

康熙十三年，靖南王耿精忠举兵造反，郑锦占据福建泉州。李光地与家人藏匿山谷间，郑锦和耿精忠派人招安，被李光地坚决拒绝。

康熙十四年，李光地暗中书写密折，藏在蜡丸中，派人暗中送往京城，最后通过内阁学士富鸿基呈给皇帝。康熙皇帝看到密折后深为感动，嘉许李光地的忠诚，并下命兵部录其为领兵大臣。当时尚之信叛乱，率军占领赣州、南安，但未能进入福建。康亲王爱新觉罗·杰书自衢州攻克仙霞关，收复建宁、延平，耿精忠被迫请降。康亲王杰书军队进驻福州，命令都统拉哈达和赉塔讨伐郑锦，并打听李光地的所在。

康熙十六年，朝廷收复泉州。李光地在漳州拜谒拉哈达。拉哈达向康亲王上疏称："李光地矢志为国，即使颠沛流离也不曾改变志向，应当予以褒奖。"康亲王下令优待，并提拔为侍读学士。李光地行到福州，恰遇父丧归家。

康熙十七年，同安蔡寅部起义军打着复明旗号，以万余人围攻安溪。李光地招募百余乡间勇士固守，断绝敌方粮道得以解围。不久后，郑经派遣将领刘国轩攻陷海澄、漳平、同安、惠安等县，进逼泉州，断万安、江东二桥，断绝了清军的南北援助。李光地派遣使者赶赴拉哈达军告急，正遇大江涨水道路阻塞。于是李光地带兵从漳平、安溪小道进入，与叔父李日煌以及弟弟李光垤、李光垠合作进攻。大军进驻泉州，击破刘国轩部。拉哈达上报其功，李光地再次得到优叙，升迁翰林学士，不久后因功官至永州总兵。

康熙十九年七月，守制已满的李光地返回京城，康熙谕示其不必候缺，即任内阁学士。李光地建言推举施琅担任平台将领，皇帝采纳了推荐，得以顺利收复台湾。陈梦雷是福建侯官人，与李光地同年考中进士，又一同担任编修官。正当陈梦雷在家闲居时，耿精忠举兵作乱。李光地派叔父李日煜暗中前往陈梦雷处打探消息，得知其真实意图后，约请他一同拟定奏疏密陈破敌之计。李光地独自将奏疏上呈，并之后大受皇上宠幸。等到耿精忠兵败之后，陈梦雷因为投附逆贼而被逮捕押往京师，关入大牢论斩。李光地就上疏述说与陈梦雷两次秘密约见的情况，陈梦雷这才得以免去死罪，被发配奉天戍守。

康熙二十一年，李光地请假送母亲返回原籍。康熙二十五年，李光地返回京城，被授予翰林院掌院学士，在御前讲席上值讲，并兼任日讲官和起居注官，还负责指导庶吉士。过了一年，因为母亲患病，李光地上疏请求回家探望。

康熙二十七年，李光地返回京城。当时正值孝庄文皇后丧期，礼部官员对他提出弹劾，指责他途中迟延，身为三品卿员而未能及时来京叩谒孝庄文皇后梓宫，请交吏部议处。吏部议降五级调用，被康熙降旨宽免。

康熙二十八年五月，他奏进的文章令康熙皇帝十分不满意，指斥他假冒道学，不能表率翰林，将他降为通政使司通政使。当年十二月，李光地重新被擢升为兵部右侍郎。

康熙三十年二月，李光地任会试副考官，并与侍郎博霁、徐廷玺以及原任河督靳辅视察黄河工程情况。

康熙三十三年正月，李光地奉旨提督顺天学政。当年四月，李光地的母亲离世，按照礼制李光地需解职回乡丧居以尽孝道，称为丁忧守制。康熙皇帝颁下谕旨，称："提督顺天学政关系紧要，李光地特行简用，可在任守制。"李光地接到谕旨后表示："臣蒙荷圣恩，怎敢不以残喘自效？"不过，他还是提请康熙给予九个月假，让自己往返治丧。

康熙三十五年，李光地服丧期满，康熙命其官复原职。次年，授工部左侍郎，仍兼任顺天督学。

康熙三十七年十二月，因"居官优善""清廉"，迁任直隶巡抚。当时京城地区常遭受水灾，漳河与滹沱河汇合后容易泛滥成灾，任内治理河务、兴修水利，疏通漳河故道，将河水引入运河，以遏制滹沱河的水势。李光地前往当地严格考察，上奏称霸州、永清、宛平、良乡、固安、高阳、献县等地因为疏浚新河，占用了民田一百三十九顷，请求豁免老百姓的赋税，得到皇帝批准。而通州等六州县按规定设置红剥船六百艘，转运南来的漕粮，每艘船给供养田若干，遇到水旱灾荒按例也不能免除租赋，李光地又上奏请依照民田的制度予以免除。康熙三十九年，皇帝御驾亲临子牙河视察治河工程，令李光地在献县东西两岸修筑长堤，西堤连接大城，东堤连接静海，长约二百余里。又在静海的广福楼、焦家口开辟新河道，引水入湖。从此下流更加畅通无阻，再也没有水患之灾。康熙四十年，主持治理永定河的河务工程顺利竣工，获得了康熙手书"夙志澄清"匾额及御制永定河诗、御服衣冠等赏赐物品。康熙四十二年，康熙皇帝褒扬了李光地的治河之功，将其拔擢为吏部尚书。

康熙四十三年三月，给事中黄鼎楫、汤右曾等人合疏弹劾李光地抚绥直隶灾民不利，不将灾民逃散情形据实陈奏，请求朝廷严加处分。八月，御史吕覆恒劾奏李光地处理秋审事宜任意断决，给事中王原又颜奏李光地荐人不当。但是，这些非议大多遭到了康熙帝的否决。在吏部尚书任上，李光地对兵制、官俸、蠲免钱粮等方面屡有建言。

康熙四十四年，吏部接到康熙谕旨："李光地居官甚好，才品俱优，著升为文渊阁大学士。"这样，年过花甲的李光地正式登上了相位。

康熙四十四年，拜文渊阁大学士兼吏部尚书。

康熙五十二年，李光地应邀出席千叟宴，

得到许多赏赐。

康熙五十七年五月二十八日，李光地因疝疾，卒于任所，享年77岁。皇帝派遣恒亲王允祺前往吊唁，赏赐千两金，谥号"文贞"。雍正初年，加赠太子太傅，入祀贤良祠。

著有《历像要义》《四书解》《性理精义》《朱子全书》《周易通论》四卷、《周易观象》十二卷、《诗所》八卷、《大学古本说》一卷、《中庸章段》一卷、《中庸余论》一卷、《读论语札记》二卷、《读孟子杂记》二卷、《古乐经传》五卷、《阴符经注》一卷、《参同契章句》一卷、《注解正蒙》二卷、《朱子礼纂》五卷、《榕村语录》三十卷、《榕村文集》四十卷、《榕村别集》五卷等。他的著述尽力使易学服务于康熙朝的政治需要，对于当时理学的发展，产生了重要的影响作用。

李光地生平著作丰富，主要有《周易通论》四卷、《周易观象》十二卷、《诗所》八卷、《大学古本说》一卷、《中庸章段》一卷、《中庸余论》一卷、《读论语札记》二卷、《读孟子杂记》二卷、《古乐经传》五卷、《阴符经注》一卷、《参同契章句》一卷、《注解正蒙》二卷、《朱子礼纂》五卷、《榕村语录》三十卷、《榕村文集》四十卷、《榕村别集》五卷等。

"以易学致用、以性理说易"是李光地易学的重要特色。《四库全书总目提要》："光地之学，源于朱子，而能心知其意，得所变通，故不拘墟于门户之见。其诂经兼取汉唐之说，其讲学亦酌采陆王之义，而于其是非得失，毫厘千里之介，则辨之甚明，往往一语而决疑似。"

康熙帝："李光地谨慎清勤，始终一节，学问渊博。朕知之最真，知朕亦无过光地者。"雍正帝："一代完人。"（刘传标）

李桂玉

李桂玉（约1821—1850年），字姬仙。清代陇西（甘肃）人，随夫入闽。夫早逝，李桂玉在李厝馆寓庐，设馆课女童。她博闻强记，精通福州方言礼俗，对辞赋、音律、声韵均有造诣，尤其擅长弹词（明末至清代江浙一带兴起的一种以七言韵文与散文相间叙事的韵文体长篇小说，无论是作者还是读者均以女性为主体）。其作品凄怨哀婉，情深意切，曲折生动，多反映人世间的悲欢离合，作有长篇弹词《榴花梦》《三奇缘》（今佚）等。

《榴花梦》成书于清道光年间，共360卷，前357卷为李桂玉所著，完成于1841年前，最后3卷作者为翁起前和杨美君，二人署名"浣梅女史"，1939年续完。全书约484万字，是中国目前所见到的长诗或叙事文学中篇幅最长的一种，是中国近代弹词中的名著。作品叙述的是唐代中叶一群性格各不相同的年轻女子在兵荒马乱时期闯荡江湖建功立业的故事。故事情节错综复杂，叙述和描写却细致生动，文笔秀丽，全书采用福州话韵文写成，每句七字，无一句对白，文笔活泼秀丽，韵如环扣，节律相称，体现了作者高超的谋篇布局能力和收放自如的文学修养，且作者以独特的女性叙事视角，不仅呈现出浓郁的时代忧患意识，还表达出女性对参与公共空间、管理公共事务的强烈渴望。因此抄本传出后时人争相阅读，尤其是闺阁妇女转抄颇盛。（潘健）

李　灿

李灿，字明文，号珠园。清代福建省汀州府武平县城北寨背窝里（今平川镇红东村）人，生于清雍正元年。少时性倜傥有奇气，好读书不乐仕进，能诗嗜画，善书法。后来他离家外出游历，先后到浙江、江苏、山东、河南诸地，一边寻师访友，切磋画技，一边饱览各地名山大川名胜古迹的绚丽风光，从此他顿觉"心思日异，艺术益精"，其作品能与当时汀籍名画家黄慎、上官周媲美，为汀人所推重，并享盛名。

李灿的画，无论山水花鸟虫鱼，均功力雄厚，形态生动而有奇趣；尤工人物，所画须眉历历可数，意态逼俏；书法苍劲，诗品亦清新超脱，耐人寻味。

李灿作画之前，对事物明察静观，虽蝇飞雀斗之微，亦必凝神谛视。其作画方法也很奇特。相传乾隆间武平某知县派人携重金登门求画，李灿当时正在厅里吃甘蔗，便把素绢挂在壁上，边吃边思索。接着，他用蔗渣蘸上浓墨，远远地朝素绢掷去，掷得绢上乌七八糟。差役大吃一惊，但又不敢拦阻。随后李灿用淡墨在蔗渣痕迹边添上几笔，刹时一只只生意盎然的鸣蝉便跃然绢上。再添几笔枝叶，就成了一幅

《鸣蝉图》，见者无不叫绝。

当时武平县人称李灿为"画仙"。称他的画为"仙画"。

李灿的作品大都散失无存。所著有《珠园集》亦湮没无闻，唯旧志中辑其题画诗数首，可略窥一斑。画作中建国前夕仍存民间的有《渔翁图》《渔樵问答图》《醉翁亭》《八仙过海》《伯乐相马图》《鹅》《三笑图》《静听佳音》《九狮图》等。其中《伯乐相马图》等三幅被广东军阀严应鱼倚势豪夺据为己有，其余亦大都散失。（张慧）

力　钧

力钧（1855—1925年），字轩举，号医隐，又名捷三。清末学者，著名医学家、文献学家、藏书家和教育家，近代中西医汇通派代表人物之一。福建省福州府永泰县白云乡洋口里樟洋村芹漈人。咸丰六年四月初二日生于府县福州衣锦坊。力钧儿时多病，其父就让他跟从当地儒医刘善曾（字幼轩）读书。由于刘善曾精通医理（著有《热病论》等），"时常以《说文》来论证《内经》，耳濡目染，力钧自幼便深受中国传统文化及中医药学的熏陶，逐渐对传统医学产生浓厚的兴趣"。一日力钧从旧书摊上购得残本《扁鹊仓公列传》，便立下了从医的志愿，并对于岐黄之术表现出了超乎寻常的热爱和执着。

同治五年，11岁的力钧拜中医陈宗备为师，习经学兼习《三家本草法》《伤寒论》。

光绪三年，力钧跟名医朱良仙学习《王氏准绳》等医书，后又拜郭秋泉、林宇竹、郭省三等通医饱学之士为师。博览群书，取各家之长，并旁参西学。

光绪七年，他与郭永淦合著《伤寒论问答》，跟林宇村医师学《热病新论》。福州遇鼠疫，他用"大青汤"治愈数百人。

光绪十五年中举人。

光绪十七年，力钧出国到吉隆、庇能、苏门答腊等地游览，写了《槟榔屿志略》《南游杂录》等书。

光绪十八年，他又辑《难经今释补》一书。

力钧在南洋，发现几种西药在止痛祛风、杀虫解痒、生肌化毒等方面具有良好疗效，从此开始兼用西药。求医者络绎不绝，每日车马塞户。

光绪十九年，重游新加坡，计划在庇能开设中西医药研究社。

光绪二十年，应清廷礼部之召，再度上京参加会试。期间为达官显贵医病"药到病除"，誉满朝野，皇亲贵族争趋医诊。

光绪二十三年，力钧和王孝绳东渡日本考察，回国之后，力钧向陈宝琛、孙葆瑨、陈壁等人讲述日本社会经过明治维新后30年的快速发展，倡导开办以学习日文为主的"福州东文学堂"。创办初日本人就是想利用该校经费紧张之机，以捐资给日本教师发工资名义企图插手学校事务。力钧、陈宝琛等人为了不让日本人的阴谋得逞，断然于1903年12月，将"福州东文学堂"改为"全闽师范学堂"，以摆脱日本人的控制。

光绪二十五年，他在阳崎创办"玉屏女塾"，倡导男女平等，均有读书学习的权利。

光绪二十六年，他在莆田仙游创办"仙游学堂"，传播西学；他还经常深入民间调查研究，创办私塾，传播中西医结合的医学理论。目前在"白云人家博物馆"中，由黄以胜医生收藏的进口显微镜，是当时世界一流的医疗设备，它能将细胞、细菌等放大1500倍，这台显微镜，是力钧从国外购回，并带回福州用于诊疗和教学，传播西方科学知识。由此可见，力钧所从事的新式教育方式，对中国现代教育的发展起到了启发和促进作用，是一位出类拔萃、超群绝伦的开明教育家。

光绪二十七年撰《历代医籍存佚考》，光绪二十八年辑《伤寒论》完成。光绪二十八年，慈禧太后由西安回京，因国事忧愤成疾，久治不见成效。经庆亲王奕劻推荐，召力钧入宫，到乐寿堂为慈禧太后切脉问诊。当慈禧太后问请脉毕，言："日来甚思食，但食完不易消化。时打呃，舌苔厚而口渴。多食则饱闷，少食则嘈杂，何药可治？"力钧力排众议，以一碗普通的鸡汤，治愈了慈禧太后的多年疾病。力钧得太后赏赐，并加四品俸禄。不久光绪帝手敕召诊涵元殿，服钧药，病有好转。

光绪二十九年，力钧任商部主事，兼任商部保惠司郎中，移家北京，亦官亦医，以治愈某亲王福晋之病，医名卓著，誉满京城。

光绪三十三年，东渡日本考察，并写成《日本医学调查记》等。

晚年隐居京郊，1925年在北京去世，享年70岁。

著有《伤寒论问答》《论半夏》《庚寅医案》《内经难经今释》《骨学》《辛丑医案》《槟榔屿志略》《古基德纪行》《南游杂录》《难经经释补注》《释温》《释瘟》《历代医籍存佚考》《历代医籍秩序》《伤寒论》《日本医学调查记》《双镜庐文存》《膏肓考》《四虫为蛊说》《汤物阴时解》《和缓考》《诗经药物考》《尔雅药物考》《铜人图正误》《历代医官沿革考》《福建药物考》《警医录》《病榻杂记》《槟城医话》《王公大臣治验录》《灵验本草用法》《崇陵病案》《历代钟鼎款识考异》《文选读》《毛诗释例》《郑学类求》《巫来由方言》《新加坡故》《槟城异闻录》《槟城晏游记》《永闻见录》《芹潦文集》《医隐庐赠言随录》《满刺加考古》《柔佛小志》《吉隆游记》《南游杂录》等。

在我国2015年出版的38部中医药古籍珍善本点校丛书中，力钧的《崇陵病案》和《难经古注校补》两部入选。

力钧首倡中西医结合，注重临床实践，颇有远见。力钧一生，著书办学，传播中外文化知识，引进了西方先进的教学方法和教材，打破了传统的老式教育方式，为国家培养了众多的新式科学人才。在民国京城“四大名医”中，有三个出自他的门下，他不愧为一个开明的近代教育家。（刘传标）

梁逢辰

梁逢辰（1800—？），字寄甫，一字聿磐、瑞五，别署“致曲山人”等。藏书家，辑佚刊刻家，金石学家、“离合格”楹联学家、诗人。清代福建省福州府长乐县昌化乡良田里十九都（今江田镇）上梁厝人，两江总督梁章钜之子，梁章钜称之“恭儿”。生于清嘉庆五年，道光五年乡试中亚元，道光二十一年登辛丑科进士，授散馆，补兵部员外郎。

因鸦片战争后，福州被迫列为通商口岸，福州的要员允许英国人入福州城，而且还占住了离黄楼、东园近在咫尺的乌石山。道光二十四年，梁逢辰因当时福州当局亲英的环境让其一家难以在福州安居，“异族所迫，甫回福州，即复挈眷到浦城”，与其侨居浦城“北东园”。

道光二十五年，充任江苏候补同知。

道光二十七年，梁恭辰署理温州知府。

道光二十八年初冬，梁恭辰，在温州郡守任上因小过失而被浙江知府奏请暂时性的摘取顶戴。

咸丰元年，梁恭辰调任浙江杭嘉湖兵备道。

梁逢辰善书法，神似颜、柳，隶书尤胜，名重一时。

著有《池上草堂笔记近录》《寄甫诗集》《北东园笔录》（也称《劝戒录类编》《池上草堂笔记》）初编、续编、三编、四编，《巧对录》《巧对续录》《楹联丛话》《楹联续话》《楹联三话》《楹联四话》《劝戒录》《劝诫近录》《广东火劫记》。（刘传标）

梁鸣谦

梁鸣谦（1826—1877年），字礼堂。第一代科技翻译家和抚台名臣。清代福建省福州府闽县（今福州市仓山区城门镇）梁厝村人，后迁居城内文儒坊闽山巷。生于清道光六年，咸丰九年登进士第，授四品衔，任吏部考功司主事，派军机处稽勋司行走。母老，告假回归故里授徒，以教读为生。同治五年，周开锡以布政使代理福建巡抚，沈葆桢推荐梁鸣谦为抚署文案。

同治六年，沈葆桢为总理船政大臣，梁鸣谦入船政，充任船政文书和翻译。船政学堂创办伊始就“追求技术与西方同步”，各科目所用的教材直接从西方引进，因而教材和技术文献的翻译工作尤为重要。但西文翻译成中文过程，因自身方言影响，在翻译过程，尤其是技术用语和机器设备名称时，音译成中文五花八门，常出现技术用语因不同人而译为不同名称。为此，梁鸣谦通过请教外国技术人员和亲自核验，确定船政进口的每件机器设备和构件的名称、性能、操作等，结合英文名称，恰当准确地给予汉语名称，率先在船政编纂“技术用语和机器设备”规范：以机器功能取名，使所有的机器及零配件都有一个汉语名称，做到全厂全局的机械设备名称的统一，成为"中国近代西洋机器汉语定名的先驱"，开启西文科技文献译名规范化先河。对西洋法律、工程技术等以"音译"为准则，后来被严复归纳为"信"。

沈葆桢受命为两江总督兼南洋通商大臣，奉命处理"皖南教案"，梁鸣谦随任，协助沈葆桢内修河堤，沈葆桢倚为左右手。

光绪二年八月，梁鸣谦回福州受福州鳌峰书院聘，任福建最高学府鳌峰书院掌教（山长），教授生徒。

光绪三年五月初五日，梁鸣谦卒于闽山巷故居，终年 52 岁。

著有《静养堂诗文集》8 卷、《笔记》2 卷、《词存》1 卷。（刘传标）

梁上国

梁上国（1750—1818 年），字斯仪、九山。清代福建省福州府长乐县昌化乡良田里十九都（今江田镇）上梁厝人，后寄住省城福州三坊七巷的黄巷。梁章钜的叔父。生于清乾隆十五年，乾隆三十三年中举，乾隆四十年登乙未科进士第，选为庶吉士；乾隆五十五年，授编修，转御史给事中，乾隆末年擢奉天府丞兼提督学政。

嘉庆二年升任山东道监察御史。这时白莲教起事，势力正盛，攻占了湖北、四川的一些府县，官军疲于奔命。朝廷命群臣献言献策，上国上疏建议六点：一为正罪名为申国法；二为重谋议宜操胜算；三为设统帅以统兵权；四为添士卒以壮军威；五为杜冒滥以收实用；六为慎招抚以除祸根。这些建议都供朝廷决策作了参考。

嘉庆十八年梁上国督学广西，革除时弊。因积劳成疾，病逝于庆远试院，终年 68 岁。

梁上国精通经学，勤于著述。著有《驳阎氏尚书古文疏证》5 卷、《古书疏证》《驳毛氏大学证文》1 卷、《奏疏》1 卷、《进御诗文》1 卷、《山左游记》1 卷、《辽沈游记》1 卷、《山右游记》1 卷、《粤西游记》1 卷、《诗文集》10 余卷。（林洪婧）

梁章钜

梁章钜（1775—1849 年），字闳中，又字茝林，号茝邻、芷林、芷邻，号古瓦研斋，晚号退庵、又号退庵居士、退庵老人等。清代福建省福州府长乐县昌化乡良田里十九都（今江田镇）上梁厝人，乾隆四十年七月初六生于省城福州淳仁里（今北大路）钱塘巷。"幼而颖悟"，四岁从际昌伯兄及母王太夫人淑卿开蒙读书，九岁能诗，并博览群书。十三岁随父迁往新美里（今三坊七巷之黄巷），与叔父梁上国一家同居，并从伯兄际昌学举子业。

乾隆五十三年，以童生第五名考入鳌峰书院（今鼓楼区鳌峰坊），接受该书院山长孟超然（瓶庵）之理论学说。

乾隆五十四年，随父往仙游金石书院读书（在今仙游县城东北金石山上）。翌年复回鳌峰书院读书。

乾隆五十六年，以第一名取入长乐县庠；是年，随同邑陈士炜（茂真）师读书于观音桥齐氏之漱芳轩（址在今杨桥路天盛小区院内）。

乾隆五十七年，随郑光策（苏年）师读书于洗银营赵氏之红玉斋（址在今三坊七巷之衣锦坊内）。是秋乡试未中。

乾隆五十八年，仍随郑光策师读书，始学作诗、赋、杂文。

乾隆五十九年，随林茂春（畅园）师读书于洗银营陈氏之凤池书屋（址在今三坊七巷之衣锦坊内）。是年秋乡试甲寅恩科中举。

乾隆六十年春，参加乙卯恩科会试，荐而不售。留京过夏，考取景山官学教习。

嘉庆元年春参加丙辰正科会试，荐而不售。归闽，年底与郑光策长女齐卿成婚。嘉庆二年至三年，先后在西门街今西洪路刘宅、南营（今津泰路）姜宅教书授徒。

嘉庆四年，与堂兄曼云一同参加己未正科会试，荐而不售。归闽，仍从郑光策师课文。

嘉庆六年春，参加辛酉恩科会试，因叔父上国为考官，故回避未入场。留京，乃就补景山教习。

嘉庆七年春，参加壬戌正科会试，终于以二甲第九名成进士，朝考入选第二名，授翰林院庶吉士。秋，丁父忧，回乡奔丧守制。

嘉庆十年，服阕进京，散馆以二等第五名引见，任礼部主事，入仪制司行走。同年秋因病请假回籍调理。

嘉庆十二年，掌福建省建宁府浦城县浦城

南浦书院（址在浦城东隅里越王山麓，现为浦城县教师进修学院）讲席

嘉庆十三年和嘉庆十六年两次短期入时福建巡抚张师诚幕府为幕僚，与林则徐共事，为张师诚撰拟颂册及奏御文字等。

嘉庆十九年八月进京销假，仍在仪制司行走。以诗纠正翁方纲阁学，自始为苏斋诗弟子三年。

嘉庆二十一年秋，考选军机章京，以第一卷引见记名。同年冬加入名噪京师的宣南诗社。

嘉庆二十二年，仍在仪制司行走。

嘉庆二十三年，经考选任军机章京，入直军机处。是年，与龚自珍相识定交。

嘉庆二十五年，仍任军机章京，兼祠祭司行走（四品）。是冬，以覃恩诰授中宪大夫，晋先考为中宪大夫，先姚王氏为恭人，诰封妻郑氏为恭人。

道光元年，以补授主客司主事引见，仍在仪制、祠祭两司行走，礼曹四司至是遍历。六月摆升仪制司员外郎，换顶戴。充大清通礼馆纂修，又充内廷方略馆纂修。

道光二年，由礼部堂官以"才具练达、克称厥职"保举，京察一等。二月，由吏部引见，奉朱笔圈出，交本部堂官查看，复加"才识精明、办事老练、堪胜外任"考语，引见记名。闰三月，外宦，授湖北荆州府知府，兼护荆宜施道，兼管荆州钞关监督。

道光三年，江苏按察使兼管理盘运漕粮总局，擢升江南淮海河务兵备道。是冬，以覃恩诰授朝议大夫，诰赠先考如章钜官，诰赠先姚王氏为恭人，诰封妻郑氏为恭人。

道光四年九月，调署江苏按察使，十一月回淮海河务兵备道任。

道光五年，管理盘运酒粮总局，将滞潜二百万石潜粮全数盘运渡黄北上，节省运费三十二万两，升任为山东按察使。

道光六年，进京谢恩，蒙道光帝一连三次召见。二月赴抵山东任。十一月调补江西按察使，未行，迁江苏布政使。江淮大水灾，他率属捐廉募款。同年，修复练湖牌坝，筹款兴修孟渎、得胜、澡港三河水利。在江苏任职8年，曾四次代理江苏巡抚，政绩斐然。

道光七年至道光八年，任江苏布政使。此间曾主持修治柳湖和吴淞江水利。

道光九年，受江苏巡抚陶澍欣赏，由陶澍奏请护理江苏巡抚。

道光十年，护理江苏巡抚。

道光十一年，江淮患大水灾，率属捐廉募款救助难民，一面派船护送，一面开厂留养。七月至十月，资送出境难民达六十余万人、在厂留养难民四万余人，梁章钜眷属率先捐棉衣、棉裤各五千件，深得政声，郡丞何士祁曾作《目送归鸿图》以纪念。同年修复练湖闸坝，并筹款兴修孟读、得胜、澡港三河水利。

道光十二年，护理江苏巡抚，为政务持大体，不以科条缴绕，曾驱逐英兵舰，扼止其停泊滋事。四月，奏请开缺回福州养病。是秋，福州秋禾为风雨所伤，米价骤贵，民心惶惶，梁章钜致书闽浙总督程祖洛，力恳奏请借拨江南酒米十万石，事成，终于次年青黄不接之季，解救了福州的春荒。

道光十三年，家居福州三坊七巷之黄巷，夫人郑氏弃世。组织三山诗社。

道光十四年，家居福州黄巷，与同里诸省旧以诗酒相往来，过着诗意的归隐生活。

道光十五年春，福州青黄不接，遂于家中设局，集诗社诸君子捐义仓降低谷价。五月，奉召次入京，道光帝召见三次，授甘肃布政使。

道光十六年正月，调授直隶布政使，三月升任广西巡抚，兼署学政，直至岁，期间，整顿文闲，查拿兵丁传递卷子的舞弊行为及积极配合林则徐广东禁烟，亲自带兵至梧州府防堵英军，并力行团练之法，使境内帖然同时奉旨选将调兵送炮，协济广东。

道光十八年正月，上疏主张重治鸦片囤贩之地，强调"行法必自官始"，并积极配合林则徐严令梧州、浔州官员捉拿烟贩，采取"十家连保法"，杜绝复种罂粟，是坚定的抗英禁烟派人物。

道光二十一年，亲自带兵防守梧州，并增兵浔州、南宁，运送大炮支援广州防务。曾上疏抨击琦善在广东"开门揖盗"，歌颂三元里人民抗英斗争，第一个向朝廷提出以"收香港为首务"。同年，调任江苏巡抚，带兵到上海会同江南提督陈化成部署抗英，组织宝山、上海、川沙、太仓、南汇、嘉定等地兴办团练，严密

设防，使英军未敢妄动。同年八月，因两江总督裕谦自杀，奉命署理两江总督兼两淮盐政。不数日，又奉旨回苏州办理粮台。十一月病发，专折奏请开缺调理。

道光二十二年正月，梁章钜携家寓居扬州，五月渡江南下，六月底返回福建途中，闻英军攻进长江，两江总督牛鉴闻风逃遁，镇江陷落，心情无比沉重。到浦城后，又闻英人要在福州设立码头，福建巡抚刘鸿翱业已奏准，当即写信与刘鸿翱，痛陈其害，指出："此局若成，其弊有不可殚述者也。"梁章钜愤而不回福州，在浦城住下，购花园弄原宋朝状元章衡花园造旧址造屋，称为"北东园"。在浦城寓居四年，曾主浦城浦南书院讲席。

道光二十六年仲春，薄游吴、会，探师访友，寄居邗江（扬州）一年。

道光二十七年初，寓居杭州近半年，年底因三子梁恭辰捐补温州守，署理温州知府，梁章钜被迎养温州官署。

道光二十八年，侨寓温州，与魏源时常交往，友情深厚。

道光二十九年六月二十日，病逝于温州，终年75岁。同年十月十五日，归葬福州侯官县西关外群鹿山之阳。

梁章钜为官近四十年，外宦二十余年，从未有过丝毫失误。与同僚、下属及友人之共事相处，亦几未有过矛盾，确实是才识精明，办事老练之人。梁章钜为宦期间，在抗灾救灾、兴修水利、整顿财政、治理漕运、整治吏治、肃清文闱、培养人才等方面均作出了较大贡献。且为官清正，生活也比较俭朴，并敢于伸张正义，尤其在鸦片战争之际，更表现出了伟大的爱国精神。正如挚友林则徐志其墓所肯定的"（梁公）平生特立孤行，空无依傍。膺圣主特达之知，位跻通显，处之泊然。为政持大休，不以科条缴绕。乐奖人才，出诸天性，故人皆乐为之用"。深具爱国爱民之心，深受百姓拥戴的官员。晚年从事诗文著作，是清代颇有建树的政治家，他积极配合林则徐在广东的禁烟运动和沿海的抗英运动，表现出非凡的政治才干。

梁章钜工诗，精鉴赏，富收藏，喜欢研究金石文字，考订史料。勤于读书，学识渊博，"自弱冠至老，手不释卷，盖勤勤于铅椠者五十余年矣"。博藏群书，闻见日广。喜作笔记小说，题材广泛，文笔畅达。精于书法，其小楷、行书，笔意劲秀。因居于福州黄巷，建一藏书楼名"黄楼"，藏书数万卷。藏书印曰"芷林珍藏"。所藏书主要用于著述、创作。

梁章钜著述繁富，刊者达70余种。主要有《制义丛话》《浪迹丛谈》《称谓录》《归田琐记》《文选旁证》《清书录》《经麈》《夏小正通释》《论语旁证》《孟子旁证》《三国志旁证》、《退庵所藏金石书画题跋》《藤花吟馆诗钞》《三思堂丛书》《南省公余录》《退庵诗存》《退庵随笔》《枢垣记略》《楹联丛话》等。林则徐认为他在当时"仕宦中，著撰之富，无出其右"。内容题材极其丰富，涉及政治经济、文化历史、考证实录、笔记丛谈、科学技术、文学艺术诸类，其著述之丰，在清代罕有其匹。他的许多著述填补了不同领域的空白。他的诗文创作记录了自己的人生历程，也折射出鸦片战争前后近代历史的风云变幻。（刘传标）

林觉民

林觉民（1887—1911年），字意洞，号抖飞，又号"天外生"。中国民主的先驱，革命烈士。清代福建省福州府闽县（今福州市区）杨桥巷人。生于清光绪十三年，幼年时过继给叔父为子，其嗣父是个饱学多才的廪生，以诗文闻名于时。林觉民天性聪慧，读书过目不忘，深得嗣父的喜爱，自幼就由嗣父亲自教导读书。

光绪二十八年，林觉民考入全闽大学堂（今福州一中），林觉民和同学一起成立"读报所"，订了《民报》《苏报》《浙江潮》和秋瑾的《中国女报》等进步报刊。开始接触民主革命思想、"自由平等"学说。后参加科举考试，无意获取功名，遂在考卷上题了"少年不望万户侯"七个大字，离开考场。林觉民觉得教育腐化，力赞邹容的"革命军"中所提的"革命与教育并行"，与几个进步同学在福建城北找了房子，自办私学。林觉民还在家中办女学，动员妻子陈意映、堂妹林孟瑜等亲友10余人入学。他亲授国文课程，抨击封建礼教，并介绍欧美先进国家的社会制度和男女平等情况。在他的劝导下，家中一众女眷纷纷放脚，还有人进入福州女子师范求学，成为该校第一届毕业生。

光绪三十三年，林觉民东渡日本自费留学，专攻日语。

光绪三十四年，转入庆应大学学习文科，专攻哲学，兼习英、德两国语言。不久，加入了中国同盟会，成为第 14 分会（福建分会）的骨干成员。

宣统二年 11 月 13 日，孙中山在槟榔屿（今属马来西亚）召集会议，决定广州起义。十二月，中国同盟会在香港成立了广州起义统筹部。赵声、黄兴分别任统筹部的正、副部长。林觉民得知后，从日本回国参加广州起义，遂赴香港，后回福建召集革命志士。

宣统三年四月九日，林觉民带着 20 余人从马尾登船驰往香港。

四月十一日，林觉民到达香港。此时，参加起义的人员陆续从各地赶来。林觉民一趟趟地在香港与广州之间来来往往，负责把这批人护送进广州。

四月二十三日，黄兴从香港潜入广州主持起义工作，因为出了内奸。四月二十四日夜，林觉民在香港用手帕上写下了给父亲的《禀父书》及给妻子的《与妻书》。

四月二十五日，清政府增兵广州，加紧搜捕，部分秘密机关也遭破坏。黄兴只得临时决定于 27 日发动起义，进攻计划由原定的十路改为四路。

四月二十七日下午 5 时 30 分，分四路突击，黄兴率敢死队 130 人进攻两广总署、督练公所等处。林觉民随黄兴勇猛地攻入总督衙门，纵火焚烧督署。奋战一昼夜，伤亡过重，被清军击败。林觉民冲出督署后，转攻督练所，途中与清巡防营大队人马相遇，展开激烈巷战，受伤力尽被俘。面对清廷广州将军张鸣岐与水师提督李准会审，根据相关记载，林觉民"侃侃而谈，畅论世界大势，以笔立言，立尽两纸，书至激烈处，解衣磅礴，以手捶胸"。他告诉两人，"只要革除暴政，建立共和，能使国家安强，则死也瞑目"。

李准甚至动了恻隐之心，觉得可以留下林觉民为清廷所用。张鸣岐则认为，这个"面貌如玉、心肠如铁、心地光明如雪，称得上奇男子"的林觉民，如果留给了革命党，实为后患。

五月二日，林觉民在广州天字码头被枪杀，年仅 24 岁。此役喻培伦、林觉民等 86 人死难。后仅收敛烈士遗骸 72 具合葬于广州市市区北面的白云山南麓红花岗（后改名黄花岗），史称"黄花岗七十二烈士"，这次起义亦称"黄花岗之役"。壮烈之举，震动全国，不久即爆发了武昌起义。

1991 年，黄花岗烈士之一的林觉民故居暨福州辛亥革命纪念馆成立，挂上了国家级文保单位的牌子。2006 年初林觉民成为全国重点文物保护单位。《与妻书》成为两岸教材，林觉民被台湾青年视为"情圣"。（张慧）

林 纾

林纾（1852—1924 年），幼名群玉，亦名秉辉，字琴南，号畏庐，晚称"蠡叟""践卓翁""六桥补柳翁""春觉斋主人"，笔名"晓斋主人"。清代福建省福州府闽县（今福州市）光禄坊人。生于清咸丰二年九月二十七日，早年广结师友、饱读诗书，能诗、能文、能画，有"狂生"之称。

光绪八年考中举人，七次上京参加礼部会试但皆名落孙山，从此绝意于仕途，专心致志地走上文学创作的道路。

光绪十六年四月，船政前学堂第三届制造班毕业生、船政第三届出洋留学生王寿昌留学期满回国后，供职船政局工程处，充任船政学堂管轮班法文教习。王寿昌在马江任职时，见好友林纾中年失偶，憔悴寡欢。为解其忧郁，王寿昌主动与林纾谈起法国文学，向林纾介绍了法国小仲马的名著《茶花女》，并建议与林合译这本名著。因为林纾不通法语，合作是由精通法语的王寿昌口述原著情节，林纾笔录的方式完成的。光绪二十三年夏，由王寿昌口述，林纾执笔译成的《巴黎茶花女遗事》，以王、林二人的笔名"冷红生"（取"枫落吴江冷"诗意），光绪二十五年二月在福州首版发行。此后这部小说风行全国，接着各种版本不断出现，计有二三十种之多，"国人见所未见，不胫走万本"，"一时纸贵洛阳"。这是中国介绍西洋小说的第一部。这本译作令国人读后大开眼界，不少读者为主人公的不幸遭遇洒下同情的泪水。

《巴黎茶花女遗事》得到国人的认可，从某种程度上激励着林纾沿着翻译文学作品的道路继续走下去。此后，林纾继续依靠他人口述，用古文翻译欧美小说一百八十余种，其数量之多，为中国近代译界所罕见。其中不少是外国名作，如《黑奴吁天录》《迦茵小传》《伊索寓言》《鲁滨孙漂流记》等，译笔流畅，影响颇大，世称"林译小说"，而成为中国近代文坛译界的开山祖师和泰斗。康有为曾评价说"译才并世数严、林，百部虞初救世心"，将林纾与被时人称为翻译"第一国手"的严复并列为举世罕有的"译才"。

林纾用文言翻译西方的小说，以中国文人认可的"雅语"讲述琐碎而包容万千的世俗人情，为填平中国千年文学雅与俗的鸿沟作了最初的可贵的尝试。胡适称赞林纾是替古文"开辟了一个新殖民地"。

林纾是我国文学翻译史上罕见的一位不审西文而译著颇丰的杰出西方文学翻译家，被公认为中国近代文坛译界的开山祖师和泰斗。

林纾亦工诗词古文，兼作小说戏曲，被誉为"古文殿军"。所撰诗文有《畏庐文集》《畏庐诗存》等，小说有《金陵秋》《金华碧血录》等，传奇有《蜀鹃啼》《天飞庙》《合浦珠》等。

在辛亥革命后以遗老自居，提出的"知腊丁之不可废，则马班韩柳亦有其不宜废者"，强调的是不能"尽废"古文，反对用白话文全面替代古文，拒绝的是新文化对古文传统赶尽杀绝的姿态。相反地，他的译文语言，为近代文学语言由旧向新过渡提供了一种"新文体"，为"五四"白话文运动的兴起开辟了道路，在情感向度的启迪人心、宣扬个性解放的功能上更是与"五四"启蒙文学有着内在一致性，是当之无愧的中国文学翻译事业的先行者和奠基人、新文学运动的"不祧之宗"。

1924 年中秋，林纾病危。1924 年 10 月 9 日病逝，终年 73 岁。

林纾去世后，朱心佛将刊刻林纾的著作、编辑年谱等资料、维护师门名誉作为己任，编辑了《林畏庐先生学行谱记四种》，成为研究林纾不可多得的史料。（李佳丽）

林嗣环

林嗣环（1607—约 1666 年），字铁崖，号起八。福建省泉州府安溪县官桥镇赤岭后畲（今驷岭村）人。生于明万历三十五年，自小父母双亡，寄宿叔父家中。聪颖过人，7 岁即能作文。经私塾先生推荐给泉州名儒何乔远做"伴读"。

明崇祯十五年中壬午科举人，清顺治六年登己丑科进士第，授太中大夫，持简随征，后调任广东琼州府兵宪兼提督学政。官至广东提刑按察司副使，分巡雷琼道兼理学政，山西左参政道。顺治十三年，被二藩诬告落职。被捕之时，民众悲声载道。顺治十七年，林嗣环被下刑部狱西曹。"帝念三任勤劳，暂放杭州治下"。康熙元年，复审平冤获释，诏升广西左参政。但林嗣环无意仕途，要当一介平民书生，客寓杭州，自号"彻呆子"，徜徉诗书，寄情山水，"一时海内名流朱竹垞、宋荔裳、邹程邨、王西樵辈，争相推重"。

康熙五年，林嗣环因贫逝于浙江杭州西湖寓所。妻子晨夕不继，柩暴未葬。幸其同年唐梦赉葬于昭庆寺西沙泉石，并搜其著作四册存之。乾隆二十二年九月，族侄林标光始访得之，改葬于御屏山麓（今安溪县虎邱镇金榜村玉斗牛眠山）。

著有《铁崖文集》《海渔编》《岭南纪略》《荔枝话》《湖舫集》《过渡诗集》《回雁草》《口技》等，其中《口技》至今仍为初中语文课文。《荔枝话》是一篇记述荔枝的科技小品文，在农业经济方面有较高的科学价值和史料价值。

林嗣环博学善文，文章有浓厚的生活气息，逼真感人。语言朴素，描写生动，构思巧妙，充满了艺术情趣。

林嗣环所著《口技》一文，通篇描写声音，语言之简约，描写之生动，如临其境，如见其人，如闻其声，被誉为"清代状声文学的奇葩"。（林洪婧）

林泰曾

林泰曾（1851—1894 年），字凯仕。清代福建省福州府侯官县（今福州市五四路）汤边村人。生于清咸丰元年十二月。其祖父林霈霖系林则徐胞弟。同治六年，考入船政后学堂第一届驾驶班，"历考优等"，被誉为"闽省学生出色之人"。同治十年五月，林泰曾等堂课结业。同治十年五月，林泰曾等堂课结业，奉派上"建威"练船实习，遍历南北各港。

同治十二年，林泰曾随练船赴新加坡、吕宋、槟榔屿各海口练习，颇历风涛。同治十二年十二月三十日，林泰曾充任"安澜"舰枪械教习，擢守备，加都司衔，旋保以都司留闽补用。同年冬林泰曾调任"建威"练船大副，升都司衔守备。同治十三年三月二十五日，日本借口两艘琉球渔船因遭暴风，渔民被台湾两社高山族所误杀，派兵在台湾南部的琅峤（今恒春）登陆，侵占我领土，修建军营，并建立所谓的"都督府"。林泰曾奉派赴台湾后山测量航道。

光绪元年秋，沈葆桢派福建船政正监督法员日意格赴英国采办军用物资，奏保派"在学堂多年，西学最优"的刘步蟾、林泰曾、魏翰、陈季同、陈兆翱随日意格到欧洲观摩学习欧洲海军的枪炮、水雷等武器装备。

光绪二年初，刘步蟾和林泰曾奉派进入英国高士堡（海军）学院学习，"俱经阅览"。次年，林泰曾随同日意格采办机器回国，被保举推荐为都司，调赴台湾，会办翻译事务。同年冬，福建船政学堂选派第一批出洋留学生，林泰曾获选派。先后参观了英国南夏浦敦的船厂、船坞、炮台等军事设施。先后在英国海军的各舰实习，巡历了大西洋、地中海等处，学习设法、备战、布雷、枪炮等技术。署留学生洋监督斯恭塞格称赞其"知水师兵船紧要关键，足与西洋水师管驾官相等"，堪以重任，"不但能管驾大小兵船，更能测绘海图、防守港口、布置水雷"，是最为出色的学生。

光绪五年冬，学成归国后，与刘步蟾合力将留学心得写成题为《西洋兵船炮台操法大略》的条陈，疾呼加强中国海军力量，对外来侵略采取积极防御的方针。经沈葆桢会同闽浙总督联衔奏保，充任"飞霆"号炮舰管带。

光绪六年初，林泰曾调充北洋水师"镇西"炮舰管带。十一月初五日奉派英国接带"超勇"舰回国，升参将并赏加"果勇巴鲁图"称号。光绪八年夏，朝鲜发生"壬午之变"，清政府派

水陆两军赴朝，以防日本趁机扩大事态。林泰曾率"超勇"舰随同前往，驻守仁川。事平，经李鸿章奏请，清廷以林泰曾援护朝鲜有功，以副将（从二品）尽先补用。光绪十年七月初三日，中法战争爆发，"超勇""扬威"两舰奉命南下援救台湾。行至上海，朝鲜发生"甲申事变"，林泰曾等奉命率舰北返，赴朝鲜马山浦驻守。

光绪十一年，林泰曾以"超勇"管带身份兼办北洋水师营务处。李鸿章对林泰曾的评语是"资深学优"，"频年巡历重洋，驾驶操练均极勤奋"。

李鸿章为北洋水师向德国订购的"定远""镇远"铁甲舰（前者1881年12月22日下水，1883年5月2日完工并通过航试，后者1882年11月28日下水，1884年3月完工并通过航试）。因中法战争，法国远东舰队突袭福建马尾，德国则宣布"局外中立"，拒绝让中国订购的"定远""镇远"舰回华。光绪十一年四月二十七日《中法新约》签署，2天后，清政府谕令"定远""镇远"2舰迅速回国，配备官兵，以刘步蟾充"定远"、林泰曾充"镇远"舰管驾，奉派赴德国接带"定远""镇远"。九月，林泰曾督驾抵达天津大沽，即被任命为"镇远"号战列舰的管带，擢升参将，旋升为副将。

光绪十四年四月，林泰曾奉召赴天津，会同周馥、罗丰禄等议订《北洋海军章程》。十一月十五日，北洋舰队正式组建成军。李鸿章奏保林泰曾"心志坚定，器识深闳"；"由学堂出身，久在西洋随队操习，委带战船巡海已阅七八年，资劳甚深"，"堪胜北洋海军左翼总兵（正二品）之任"。清廷准奏，于十一月十六日实授林泰曾左翼总兵兼"镇远"舰管带，次年又加提督（从一品）衔。

林泰曾"性沉没，寡言笑，存心慈厚，能忍人之所不能忍"，管带军舰，"用人信任必专，待下仁恕，故临事恒得人之力"。沈葆桢赞他"深通西学，性行忠谨"。自入北洋以来，频年巡历重洋，驾驶操练均极勤奋，为创建北洋海军出力颇多，李鸿章称他"资深学优"。先后两次随北洋海军出访日本，给日本海军界留下了极深刻的印象，称他是中国海军的"宝刀"。

光绪二十年正月，朝鲜爆发东学党农民起

义，清政府应朝鲜政府之邀出兵协助镇压，日本也趁机出兵朝鲜。

五月初二日，清政府应朝鲜政府之请，先派芦防马步 900 人为前锋入朝。随即李鸿章又增派林泰曾统率"镇远"等 3 舰赴朝鲜仁川，以增强在朝海军实力。

五月初六日直隶提督叶志超率领榆防各营乘"海晏"轮启航赴朝，由"济远""威远""广乙" 3 舰护送。初八日早登岸，拔队驻守牙山。

五月二十二日，林泰曾致电李鸿章，以战争一触即发，请饬北洋海军大队备战候进，并请调南洋军舰北上。

五月二十三日，北洋水师左翼总兵林泰曾与刘步蟾又致电李鸿章，认为仁川泊船，"战守均不宜，拟以一二船驻仁（川）探信，余船驻牙（山）备战守"。李鸿章转询丁汝昌的意见，丁汝昌认为，水陆添兵必须大举，如果只是零星调往，有损无益，因此主张将"镇远"等舰调回，在威海齐做准备，以待主力决战。李鸿章回电同意，"镇远"等舰遂返回威海备战。

六月十五日，日本大本营作出对中国开战的决定。六月二十日方伯谦督驾"济远"舰护送"操江"运输船等运送炮械、饷银及江自康所带的"仁"字营从天津大沽出发，前往朝鲜牙山。六月二十一日，日军闯入朝鲜王宫，劫持国王李熙，成立了以大院君为首的傀儡政权。六月二十三日拂晓，"济远""广乙"完成护航任务，从牙山起碇返航。二舰驶至丰岛海面时，日本海军联合舰队"吉野""秋津洲""浪速"等 12 艘军舰对北洋舰队不宣而战，在朝鲜牙山口外丰岛附近海域偷袭中国护送援兵赴朝之"济远""广乙""操江"等舰及运兵船"高升"号，中日丰岛海战爆发。七月初一日，中日两国政府同时向对方宣战，甲午战争正式爆发。

七月初二日，清廷主战派认为"只要战争真正开始，日本人就会陷入极其孤立境地"，于是下令海军军舰"齐往迎击，南北合势，及早驱除"。丁汝昌奉命率"定远""镇远""致远""靖远""来远""经远""平远""威远""超勇""扬威"等舰第二次巡弋朝鲜大同江口。八月十六日清政府决定再度增调兵力赴朝作战。夜，丁汝昌亲自率领北洋舰队主力"定远""镇远""致远""靖远""来远""经

远""平远""威远""超勇""扬威"等 18 艘舰只，护送刘盛休的铭军 8 个营 4000 人，分乘招商局的"海定""海顺""丰顺""普济""广济"号等 5 艘轮船从大连港起锚赴朝鲜。

八月十八日，中日两国海军主力在鸭绿江口大东沟附近海面遭遇，展开了激战。临战前，林泰曾下令卸除舰上的舢板，以示"舰存与存，舰亡与亡"。海战自中午 12 时 50 分打响，林泰曾指挥"镇远"沉着应战，与旗舰"定远"紧密配合，重创日舰"西京丸"。战至下午 3 时左右，"定远"舰艉中弹起火，并遭受日本第一游击队 4 舰的聚攻，形势异常危机。林泰曾急忙指挥"镇远"上前掩护，使"定远"得以扑灭大火，转危为安。下午 3 时 20 分以后，北洋舰队的"致远""经远""扬威"等先后沉没，"济远"广乙"因火力配备弱，射程短而新闻媒介迫先退出战场，战场上只剩下"定远""镇远" 2 舰与日本本队 5 舰厮杀。在日舰炮火的猛烈攻击下，林泰曾所督带的"镇远"与"定远"密切配合，最终顶住了 5 艘日舰的围攻，并将日本旗舰"松岛"击成重伤，完全丧失了指挥和战斗能力。日方记载："定远、镇远二舰顽强不屈，奋力与我抗争，一步亦不稍退。"林泰曾指挥得力，"镇远"号始终如一，保持和旗舰的间隔和方位，采用灵活射击，"开炮极为灵捷，标下各弁兵亦皆恪遵号令，虽日弹所至，火势东奔西窜，而施救得力，一一熄灭"，掩护"定远"，使友舰免遭歼灭。下午 3 时许，"镇远"舰炮击日旗舰"松岛"号，"松岛"号弹药爆炸，丧失战斗力，其余日舰也有伤亡。下午 5 时 30 分，日本舰队首先撤离战场，海战结束。英国远东舰队司令斐利曼特评论说：日军所以"不能全扫平华军者，则以有巍巍铁甲船两大艘也"。"镇远"舰上美国人马奇芬说："论军舰的防御力，清军的二铁甲舰乃全军之冠。"

九月十一日，在因黄海海战中协助北洋水师提督丁汝昌指挥作战有功，清廷颁谕嘉奖。朝廷赏林泰曾"霍伽助巴图鲁"勇号。

十月十六日李鸿章为确保其洋务成果，采取"避战保船"妥协政策，令北洋幸存各舰艇迁避于威海卫。十月十七日凌晨 3 时，北洋舰队抵达威海卫军港时。由于进港时正值落潮，雷标浮出范围，"镇远"进威海港时因避雷标

而误擦暗礁，底板裂缝数处，共三丈有余，进水甚急。林泰曾下令采取紧急措施，堵住漏水，安然驶入港内，已不堪出海作战。由于当时旅顺船坞已被日军占领，而威海军港内有无法对"镇远"进行修理，"镇远"舰事实上已失去了出海作战的能力。

十月十九日林泰曾自认失职，愧对国家，于当日夜忧愤服毒身亡，时年44岁。"死之日，知与不知，咸为扼腕"，论者以为林泰曾"引义轻生，知耻之勇，良可悯惜"。

林泰曾死后，光绪皇帝追查这次事故是否奸细有意破坏。丁汝昌给李鸿章的电报称："林泰曾何故遽尔轻生，严询该船员弁，据称该镇素日谨慎，今因海军首重铁舰，时局方棘，巨船受伤，辜负国恩，难对上宪。又恐外人不察，动谓畏葸故伤，退缩规避，罪重名恶，故痛不欲生，服毒自尽，救护不及，并无他故及奸细勾通各事。"（刘传标）

林天龄

林天龄（1830—1878年），字受恒，号锡三，人称"林学士"。清代福建省福州府长乐县芳桂乡方乐里二十三都五图仙山街（今金峰镇仙高村）人。生于清道光十年，父林经光。林天龄幼颖悟，随长乐陈学澜学。年十八，充府学生。咸丰五年应乡试，中式副榜。咸丰九年考中举人。咸丰十年登进士第，授翰林院庶吉士、侍读学士。主台湾"海东书院"讲席者两年，立课程、校文艺；讲求义理、陈说古今，与诸生相勉为根柢之学。

同治元年，以上书房需人，授孚郡王惠亲王二王子读。

同治二年，授翰林院编修，深受时掌翰林院事倭仁的器重，"每与纵论古今学术得失，未尝不称善"。倭仁对林天龄所拟的《治安策》四篇"奇赏之，荐于朝"。为此，林天龄被擢为"上书房行走"。

同治三年，林天龄任顺天乡试同考官。同治四年，调任山西学政"所至严关防、杜弊窦"，"试之日，键内外门，禁仆隶出入。终日危坐堂皇，食于是、饮于是；皆以一人于门隙传送茶铫、饭筥，必验也"。阅试卷，遇有佳者，或字句有疑，则召而试之，以定去取。其或议论权奇、能驰骋笔力，则文虽未纯，亦皆甄录。

同治七年，擢上书房行走。同治九年，以赞善充江南乡试副考官。不久，擢为翰林院侍讲，随即转侍读，京察一等，记名以道、府用，议出之为监司。同治十年，擢为翰林院侍读、日讲起居注官，命在弘德殿行走。

同治十一年，擢左春坊右庶子，权国子监祭酒。是岁，光绪大婚礼成，穆宗光绪帝亲政，林天龄疏列十余条，皆中时政要害，深得穆宗器重。

同治十三年，林天龄任江苏学政。尚未抵江苏，擢为翰林院侍读学士。

光绪二年，学政报满，奉命留任。光绪四年八月，自江阴行部至太仓而疾作"虽在病中，不轻假手"。十月辛未，至松江"力疾行试事"。十一月己酉，逝于江苏学政任上。

事闻之日，朝廷震悼，下诏褒叹，赏延于世。光绪五年十有一月丁酉，葬于侯官县阵坂山之阳。

江苏学政衙署遗址保留的粗石牌坊，刻有林天龄写的对联："文章有神浩气贯长江南北，风雨不动欢颜开广厦万千"。宣统三年朝廷准林天龄入名宦祠祭祀，1920年，清退位宣统皇帝追谥林天龄"文恭"，生平事迹载入国史馆并立传。

著有《治安策》《林锡三诗作选》《林锡三先生遗诗》，有关福建家乡题材的诗有《宛在堂礼十四先生》《台江杂咏四首》《外舅陈学澜先生》《五日小西湖即事》等佳作。（刘传标）

林　旭

林旭（1875—1898年），字暾谷，号晚翠。清末维新派人士，为"戊戌六君子"之一。清代福建省福州府侯官县（今福州市）郎官巷人。生于清光绪元年，自幼博学强记，聪慧好学。年长曾随岳父沈瑜庆游武昌，结识赞同维新变法人士陈宝箴、陈三立父子。

光绪十九年回乡参加福建恩科乡试，中第一名举人。光绪二十年到北京参加恩科会试，不中。次年再次赴京参加乙未科会试，又不中，乃入赘于内阁中书。时值中日甲午战争，清朝战败，清廷签订《马关条约》，基于国家与民族的严重危机，开始投身救亡图存、振兴中华的维新变法运动。5月2日，与同试举人"发愤上书，请拒和议"，反对割让辽东和台湾。这次事件，让林旭与康有为等人，有了更加深入的了解，更是因对康有为的仰慕，拜其为师。之后林旭成为康梁变法中最为坚定的一员。

光绪二十三年，入张元济等在北京创办的"通艺学堂"学习。1898年1月31日，发起并动员寓京的福建籍维新人士，成立"闽学会"，与粤、蜀、浙、陕等学会互通声息，传播西学。康有为在京组织"保国会"，他为该会"始倡董事，提倡最力"。6月11日，光绪帝下"明定国是"诏书，开始了变法维新的尝试。为推进变法，皇帝下令命四品以上各官荐举人才。在翰林学士王锡藩以"才识明敏，能详究古今，以求致用，于西国政治之学，讨论最精，尤熟于交涉、商务，英年卓荦，其才具实属超群"，将林旭推荐给光绪帝。9月5日，与谭嗣同、杨锐、刘光第四人被授予四品卿衔，在军机章京上行走，参预新政事宜。在9月5日到14日10天里，上书言事最多，不少变法上谕出自他的手笔。变法的超速行进，很快迎来了顽固派的反扑。9月21日，慈禧发动政变，再次"训政"，他与谭嗣同等皆被捕入狱。在政变之前，光绪皇帝就意识到了危机。光绪帝命令林旭传消息给康友为，令火速离开。林旭传达消息之后，并没有选择与康梁等人一同逃走，而是明知有生命危险却毅然选择返回北京，为了民族大义，他要用自己的生命来捍卫变法的成果。回到北京的林旭与其他维新志士会合，商讨能够保全皇帝的办法。

变法宣告完全失败，林旭被捕入狱。与其他五君子一同慷慨赴死，成为"戊戌六君子"中年纪最小的一位。9月28日，林旭英勇就义，"我自横刀向天去，去留肝胆两昆仑"，豪情干云霄，英名垂青史。时年23岁。遗著有《晚翠轩集》等。（刘传标）

林则徐

林则徐（1785—1850年），字元抚，又字少穆、石麟，晚号俟村老人、俟村退叟、七十二峰退叟、瓶泉居士、栎社散人等。清朝时期的政治家、思想家、水利专家和诗人，主张严禁鸦片，民族英雄，"放眼看世界第一人"。清代福建省福州府侯官县左营司巷（今福州）人。

生于清乾隆五十年七月初九日，其父林宾日（为罗氏书塾座师）。林则徐四岁到其父教授的罗氏私塾。十二岁时，孔庙召童生任佾生，林则徐当选佾生。后入"鳌峰书院"，师从教育家郑光策，接受"经世致用"之学。

嘉庆九年，林则徐参加乡试，中第二十九名举人。嘉庆十一年，林则徐任厦门海防同知书记，专责处理商贩洋船来往、米粮兵饷的文书记录。那时厦门的走私鸦片问题严重，历任厦门海防同知皆是贪官污吏，外商贿赂成风，无人打击走私。林则徐认识到鸦片问题、烟贩伎俩，开阔视野。其任内他得到汀漳龙道百龄和福建巡抚张师诚赏识，张师诚招他成自己的幕僚。

嘉庆十六年，林则徐赴京会考，殿试高居第二甲第四名，选为庶吉士，授翰林编修。嘉庆十八年五月初九，林则徐入翰林院庶常馆任庶吉士。林则徐在翰林院期间，著《北直水利书》一书①。嘉庆十九年，林则徐加入京官组成的"宣南诗社"，结交黄爵滋、龚自珍、魏源等人，并成为核心人物。

嘉庆二十一年闰六月初十日，林则徐赴江西南昌任考官。嘉庆二十五年二月，林则徐任江南道监察御史，河南南岸河堤缺口，河南巡抚琦善办事不力，引发大水灾。林则徐不畏权势，向嘉庆帝直奏琦善的无能。导致同僚的猜忌、冷嘲热讽。

道光三年正月初七，林则徐任江苏按察使，在任期间澄清江苏吏治，改革审判程序，亲自裁决案件。甚至黑夜潜行，明察暗访，验尸时亦亲自动手。短短在任四个月内，就把江苏的积压案件处理十之八九，被江苏人民称颂为"林青天"。

道光七年六月，任陕西按察使、代理布政使，在任一月即调任江宁布政使。

道光十年秋，任湖北布政使。道光十一年春调任河南布政使，擢东河河道总督。十一

①《北直水利书》除经济之外，亦有治水方略，后来林则徐的学生冯桂芬将《北直水利书》改编成《畿辅水利议》。

月二十二日，林则徐擢升东河河道总督。到任后，面对关系到河道民生重大问题，决心"破除情面""力振因循"，以求"弊除帑节，工固澜安"。亲自顶着寒风，步行几百里，对备用的几千个治水商梁秸进行检查，还查看沿河地势，水流情况。

道光十二年二月，调任江苏巡抚。从这一年起到道光十六年间，他对农业、漕务、水利、救灾、吏治各方面治绩卓越。

道光十七年正月，升湖广总督①。面对湖北境内每到夏季大河常泛滥成灾的境况，林则徐提出"修防兼重"，使"江汉数千里长堤，安澜普庆，并支河里堤，亦无一处漫口，"对保障江汉沿岸州县的生命财产，做出了不可磨灭的贡献，累官至一品。

道光十八年八月，林则徐在湖广总督任内向道光皇帝上书，痛陈西方国家对我国大量倾销鸦片的危害，"若犹泄泄视之，是使数十年后，中原几无可以御敌之兵，且无可以充饷之银"，主张严禁鸦片。道光读后深为所动，于九月二十九日，委任林则徐为钦差大臣，到广州查处禁烟。道光十九年二月初四，林则徐会同邓廷桢等传讯十三行洋商，责令限期缴烟，并具结保证今后永不夹带鸦片。他还严正声明："若鸦片一日不绝，本大人一日不回，誓与此事相始终，断无中止之理。"但外商拒绝交出，经过坚决的斗争，挫败英国驻华商务监督义律和鸦片贩子，收缴全部鸦片近2万箱，约237万余斤。四月二十二日在虎门海滩上当众销毁。道光帝阅毕林则徐的虎门销烟报告，欣喜万分，誉为："可称大快人心事！"

在广州禁止鸦片的过程中，林则徐意识到英国殖民者不肯放弃罪恶的鸦片贸易，而且蓄谋要用武力侵略中国。林则徐认识到只有向西方国家学习才能抵御外国的侵略。他萌生出"师敌长技以制敌"的思想，主张学习西方先进技术，提出为了改变军事技术的落后状态应该制炮造船的意见。他把外国人讲述中国的言论

① 正式官衔为总督湖北湖南等处地方提督军务、粮饷兼巡抚事，正式简称为湖北湖南总督或两湖总督，是清朝九位最高级的封疆大臣之一，总管湖北和湖南的军民政务。因湖南、湖北两省在明朝时同属湖广省，因此通称为湖广总督。

翻译成《华事夷言》。

林则徐在广东一边禁烟，一边积极备战，修建炮台，拉拦江木排铁链，相信"民心可用"，招募五千多渔民编成水勇，屡败英军的挑衅，取得九龙之役、川鼻官涌之役等反击战的胜利，向全世界宣告了中华民族决不屈服于侵略的决心。

林则徐严密布防，使英军的进攻未能得逞。英军受阻后沿海岸北上攻占定海后，入天津大沽口，威胁北京。道光帝惊慌失措，急令直隶总督琦善前去"议和"；又命令两江总督伊里布查清英军攻占定海的原因，意欲将林则徐作为"替罪羊"。琦善声称英国所不满的只是林则徐一人，只要清廷惩治林则徐，所有问题都可解决。其间，林则徐两次上奏，大胆陈述禁烟抗英的合理性和正义性。但道光帝还是下旨革了林则徐的职。不久，琦善的靖逆将军奕山在率军与英军作战中打了败仗，为了开脱罪责，造谣说英方是愿意议和的，但必须惩办林则徐，英方才能罢兵议和。道光帝求和心切，便把广州战败的责任再次归罪于林则徐，下旨革去林则徐"四品卿衔"，"从重发往新疆伊犁，效力赎罪。"

道光二十一年十一月初九日，林则徐到新疆，不顾年高体衰，实地勘察了南疆八个城，发现沙俄对中国的威胁，明确向伊犁将军布彦泰提出"屯田耕战"，有备无患。他还领导群众兴修水利，推广坎儿井和纺车，人们为纪念他的业绩，称为"林公井""林公车"。

道光二十五年九月，林则徐奉召回京候补，十一月重获起用，以三品顶戴署理陕甘总督。道光二十六年四月，授陕西巡抚。七月初九抵陕上任，便上书指出陕西"东北毗连晋豫，西南壤接川甘，道路纷歧，奸宄易于出没。如佩执凶器之刀匪，此拿彼逃，最为民害"。并表示决心要把"除暴安良""严缉捕以靖地方"，作为接任陕西巡抚后的"首务"。林则徐上任后，对地方官吏兵勇的所谓"锢习"，首先是"剖析开导，务令极力破除"，增强他们"缉匪"的勇气和信心，然后以"马得讽纠众夺犯伤差案"，从渭南刀客下手。正式接任后，便"亲提研鞠"，除判首犯马得讽以斩刑、"就地正法"外，而将刀客赵恩科子、史双儿等人，"不分首从，

发云贵两广极边烟瘴充军"。到是年底，由于林则徐积极督剿，在关中东部各县，以及陕北的安塞等县，又相继缉获146人，其中明确称为"刀匪"的有46人，均从严惩处。对林则徐积极镇压刀客的行动，道光帝朱批"所办甚好"，大加赞赏。镇压了"刀客"之后，林则徐采取了一系列赈灾措施。一方面，把西安府等地的一百多万石存粮向贫民平粜，对于无力购粮的极贫户与老弱病残者，由官方收养，省城西安即收养极贫百姓三四千人；劝绅商富户出钱出粮救济其所在村寨的贫困户，并令地方官与各地富户收买、质押耕牛，以免影响耕种；另一方面，向清廷连上《被旱各属分别缓征折》《咸宁等十二州县应征粮石展限奏销折》，请求朝廷缓征钱、粮。为从根本上免除灾荒，他筹议兴修关中水利，命陕西督粮道张集馨对《关中胜迹图志》一书加以研究，提出方案。

道光二十七年三月，清廷命林则徐为云贵总督。到任后，以维护云南边境安定得力加太子太保，赏戴花翎。

道光二十九年秋，因病重奏请开缺回乡调治，结束了他的政治生涯，翌年三月返抵侯官后养病，抱病乘船到闽江口五虎礁和闽安、长门等要塞察看形势，对长门、金牌炮台重新规划督建，初建时为土炮台，环山砌筑石城墙，墙高3米多，厚1米，东西岭要隘处各建有圆形拱门洞一处作为通道，城垣外挖有深沟，宽2至3米，深2米许。

道光三十年九月，又被清廷命为钦差大臣，去广西镇压拜上帝会的反清武装起义。他抱病从侯官起程，由福建、广东山区，一路直达广东，到潮州时，开始严重下痢，到了普宁，已病入膏肓，不得不暂住普宁行馆。十月十九日辰时病逝于潮州普宁行馆，享年66岁。清廷晋赠太子太傅，照总督例赐恤，历任一切处分悉行开复，谥"文忠"。

著有《林文忠公政书》《北直水利书》等。

林则徐"置祸福荣辱于度外"，坚决实行禁烟，是我国近代史上反帝斗争中的光辉一页，是中国人民反侵略斗争史上第一个伟大胜利，增长了中国人民的志气，维护了中华民族的尊严和利益，向全世界宣告了中华民族决不屈服于侵略的决心。他被誉为"放眼看世界第一人"。留下"苟利国家生死以，岂因祸福避趋之"为官箴言。

道光二十三年由林则徐主持编译的《四洲志》及魏源编撰的《海国图志》，是近代中国第一部相对完整、比较系统的世界地理志书，对晚清的洋务运动乃至日本的明治维新都具有启发作用。

林则徐是"中国引进国际法的第一人、中国近代外交事业的先行者、中国国际法学的开山者"。他编译了《国际法》，标志着西方国际法著作开始正式传入中国，标志着近代国际法开始在我国应用于对外交涉，标志着中国近代国际法学史的开端。

林则徐是我国近代史上第一位伟大的爱国者和杰出的民族英雄，他在了解世界、研究西方方面带了头，成为中国近代传播西方文化、促进西学东渐的带头人。

同时林则徐还是一位出色的治水专家，在其仕宦生涯中，十分重视并努力举办水利事业，兴修浙江、上海的海塘、太湖流域各主要河流等水利工程，治理运河、黄河、长江。（刘传标）

刘步蟾

刘步蟾（1852—1895年），字子香。清代福建省福州府侯官县（今福州市）南屿刘厝里人。生于清朝咸丰二年，"幼颖异，少沉毅，力学深思。"同治六年考入船政后学堂第一届驾驶班，学业勤奋，"学习驾驶、枪炮诸术，好学深思，勤勉精进，试迭冠曹偶"，同治十年五月以全班第一名成绩毕业。同治十一年，清政府对来自福建和广东两省的海军驾驶班学生进行综合会考，刘步蟾再一次获得第一名的最佳成绩，充福建水师教习。旋改充任"建威"号练船管带。旋改派"扬武"号练船管带。

光绪元年秋，船政大臣沈葆桢利用正监督法国人日意格回国采购机器设备之机，派刘步蟾等5人随日意格到欧洲观摩学习欧洲海军的枪炮、水雷等武器装备，入英国高士堡（海军）学院学习。光绪二年春回国，调赴台湾巡防，以劳绩保都司。随即船政选派第一批学生出洋留学生，刘步蟾获得选派到英国海军基地参观考察，先后参观了英国南夏浦敦的船厂、船坞、炮台等军事设施。9月，刘步蟾等3人直接被派往英国海军地中海舰队实习，先后登"马纳多"号铁甲船见习，充实习大副，深得英国海军方面的好评。光绪五年获优等文凭而先期回国，和同学林泰曾一起将留学心得写成题为《西洋兵船炮台操法大略》的条陈，提出发展中国海军"最上之策，非拥铁甲等船自成数军决胜海上，不足臻以战为守之妙"，建议实行积极的海上防御战略。时清政府向英国购买"镇东""镇西""镇南""镇北"等舰艇来华，刘步蟾充任北洋"镇北"炮舰管带。

光绪六年十二月初九日，出使德国大臣李凤苞与德国伏耳铿厂正式签字订造"定远""镇远"号铁甲战列舰和"济远"号巡洋舰，刘步蟾等奉派赴德国驻厂监造。

光绪十一年四月二十九日，清政府谕令"定远""镇远"2舰迅速回国。刘步蟾充"定远"舰管驾赴德国接带"定远"回国。七月，刘步蟾自德国接带"定远"回国后，被任命为"定远"管带，晋升为参将，获赏"强勇巴图鲁"勇号。

光绪十四年十一月十五日，北洋舰队正式组建成军，刘步蟾被任命为北洋海军右翼总兵（相当于右舰队司令）。北洋水师新建，他与林泰曾等人共同制定中国第一部海军法典《北洋海军章程》，近代化北洋海军走向正规化。北洋舰队组建成军之后，清政府曾从西方招募了一些洋人担任顾问和教习。英国海军军官琅威理受聘为北洋舰队总教习（提督丁汝昌的总顾问），在军事训练方面颇有专长，清政府破例赏以"提督"官阶，以示崇优。琅威理自此则以"舰队副提督"自居，飞扬跋扈揽权。光绪十六年正月，北洋舰队南下避冻。3月6日，丁汝昌因公离舰上岸，右翼总兵、旗舰管带刘步蟾按规定降下提督旗，改升挂自己的总兵旗，以示他才是本舰上的最高长官。此举立即惹怒了总教习琅威理，琅威理认为自己的副提督："提督离职，有我副职在，何为而撤提督旗？"刘步蟾认为此事关系到舰队的主权问题，回答"按水师惯例应当如此"。琅威理不服，为此致电李鸿章，提出质问，即史称"撤旗事件"。李鸿章依据《北洋海军章程》明确规定，回电"北洋海军官制只一提督、二总兵，提督去，自应总兵

带"，支持刘步蟾，琅威理愤然辞职。

光绪十七年秋，应日本邀请，北洋水师提督丁汝昌率领"定远"号、"镇远"号等6艘主力舰访日，船抵达横滨。日本派亲王在东京王府宴请北洋舰队官佐，丁汝昌要带各管带前往与宴。刘步蟾称"日本奸宄无信，胆敢妄为，深恐假借宴会，乘我不备，攻袭我舰，我必留舰预防不测"，独辞而留见值守。

光绪二十年春，朝鲜爆发东学党农民起义。五月初二日清政府应朝鲜政府之请，派兵入朝。刘步蟾、林泰曾督驾"定远""镇远"等舰赴朝鲜仁川，久蓄侵华野心的日本也趁机出兵朝鲜。六月二十三日拂晓，日本海军联合舰队对北洋舰队不宣而战，在朝鲜牙山口外丰岛附近海域偷袭中国护送援兵赴朝之"济远""广乙""操江"等舰及运兵船"高升"号。七月初一日中日两国政府同时向对方宣战。八月十八日，中日两国海军主力在鸭绿江口大东沟附近海面遭遇，刘步蟾下令"定远"旗舰以32.5厘米主炮首先开炮攻敌，瞭望台受震倒塌，提督丁汝昌从瞭望台上坠落到甲板上而受伤。"定远"舰管带刘步蟾立即代行舰队指挥之职，指挥"定远"舰冲在北洋舰队横队的最前面，将日军由6艘军舰组成的本队拦腰截为两段，"定远"发右炮攻敌大队，各舰发右炮攻倭舰尾队。鏖战中，"定远"的信号装置为敌舰排炮击毁，指挥失灵，各自为战，"定远""镇远"2舰默契配合与日本本队5舰厮杀。日方记载："定远、镇远二舰顽强不屈，奋力与我抗争，一步亦不稍退。"

下午5时30分，日本舰队首先撤离战场，海战结束。英国远东舰队司令斐利曼特评论说：日军所以"不能全扫平华军者，则以有巍巍铁甲船两大艘也"。"镇远"舰上美国人马奇芬说："论军舰的防御力，清军的二铁甲舰乃全军之冠。"

在黄海海战中，刘步蟾协助北洋水师提督丁汝昌指挥作战有功，清廷特颁谕旨嘉奖。战后，李鸿章采取"避战保船"妥协政策，令北洋幸存各舰艇迁避于威海卫。光绪二十一年正月初八日绥军统领戴宗骞的逃跑，致使北帮炮台守兵溃散，刘公岛成为孤岛。刘步蟾指挥"定远"舰配合炮台，先后打退了日军的8次进攻。正月十一日凌晨，"定远"被日本鱼雷艇

"第九号"击中。刘步蟾将"定远"舰驶至刘公岛附近的浅水处,搁浅充当"水炮台"。

正月十六日日军以南岸部分台炮夹击刘公岛,被困在刘公岛的北洋舰队弹尽粮绝,为避免"定远"舰落入敌手,丁汝昌、刘步蟾下令用水雷将搁浅之"定远"炸沉。刘步蟾践行自己"船亡与亡,志节凛然,无愧舍生取义"的誓言,当天深夜服鸦片毒自杀,时年仅44岁。三月十五日清廷谕令:刘步蟾照提督阵亡例从优赐恤,世袭骑都尉加一等云骑尉。

刘步蟾为中国近代海军、特别是北洋舰队的创建和发展,做出了重要的贡献。(刘传标)

雷鋐

雷鋐(1696—1759年),字贯一,号翠庭。清代福建省汀州府宁化县(今三明市宁化县)城关人。生于康熙三十五年,17岁补县学生,肄业于鳌峰书院。主持鳌峰书院的是乾隆皇帝在藩邸时的专职老师、笃信程朱理学的著名理学家蔡世远。雷鋐为蔡世远的得意弟子。雍正元年,雷鋐考取举人。在享有正直名声的孙嘉淦荐举下,雷鋐为国子监学正。雍正十一年,雷鋐考中进士,授予庶吉士,雷鋐请假乞归。雍正十三年,清高宗弘历即位后,召雷鋐入京,充任直上书房。

乾隆元年,雷鋐被授予翰林院编修,入侍皇子讲读。是年大考,雷鋐得二等第一名,受到皇帝赐赏笔、墨、砚、葛纱的荣耀。同年,端慧皇太子永琏去世。按祖制,入侍皇太子的一班官员都要离职守制。乾隆四年,雷鋐出任谕德。不久雷鋐父亲去世,雷鋐又告假回家守制。乾隆九年,雷鋐应召入京任直上书房,赏额外谕德食俸。乾隆十年,雷鋐擢升为通政使。

乾隆十一年,乾隆皇帝下诏责备御史谏官等多是为沽名钓誉而提意见。雷鋐上书奏对说:"皇上裁成激劝,俾以古纯臣为法,意至深厚。然台谏所得者名,政事所得者实。论臣子之分,不惟不可计利,并不可好名;而在朝廷乐闻说言,不必疑其好名,并不必疑其计利。孔子称舜大知曰隐恶扬善,则知当时进言者不皆有善无恶,惟舜隐之扬之,所以嘉言罔攸伏,成执两用中之治。"(《清史稿·雷鋐传》)乾隆皇帝表示:"雷鋐此奏,朕嘉纳之。"

乾隆十五年,雷鋐擢升为左副都御史,任督浙江学政。乾隆十六年,乾隆皇帝第一次巡幸江南,对雷鋐说:"浙江近福建,为汝便养母也"。乾隆十七年,雷鋐改任督江苏学政。雷鋐在江苏、浙江任督学6年,举荐选拔的都是清廉明政的知名人士,江浙人的称赞他"不动声色,可是弊绝风清,百年来所仅见"。

乾隆十八年,雷鋐被仍保留督学的职务,调任浙江。乾隆二十年冬杭州、嘉兴发生重灾,雷鋐写信给浙江巡抚周人骥,要求他立即上报朝廷,请求蠲除租税,开仓赈灾。周人骥以现在已经是隆冬,按惯例不得补报为由,拒绝奏报。为此,雷鋐只好自己越级上奏,并奉旨蠲赈。

乾隆二十一年,雷鋐请假回乡奉养母亲。次年,乾隆皇帝南巡,雷鋐迎谒。乾隆皇帝为雷鋐的孝心感动,特上书榜赐其母。乾隆二十四年雷鋐的母亲病逝,雷鋐为办理母亲事丧操劳过度而染病,于次年去世,终年64年。

著有《象山禅学考》《阳明禅学考》《经笥堂文集》35卷、《自耻录》1卷、《闻见偶录》1卷、《读书偶记》3卷、《校士偶存》1卷、《翠庭诗集》若干卷等书。《读书偶记》被收入《四库全书》。

雷鋐推崇和继承程朱理学思想,主张"穷理致知,躬行实践"。他认为理学应当根据二程、朱子所倡导的"力辨于危微之界,反复于克念罔念之几,以推及于天下治否"的立论,强调"力行""躬行",主张亲自实践。他说:朱子之要,大而能博,学者未能遍观而识。其主要精神是:居敬以立其本,穷理以致其知,反躬以践其实。在这种思想指导下,致力于修身养性,奖掖后进,致力于以天下为己任的实践。《象山禅学考》《阳明禅学考》等专著,充分阐明了他的理学观点。著名理学朱轼认为雷鋐"践履笃实,才实明通";馆师方苞赞许雷鋐能成为"天下第一流任务"。

雷鋐为人笃忠,穷究义理,亲力躬行。《清史稿》评价雷鋐"鋐和易诚笃,论学宗程、朱。督学政,以小学及陆陇其年谱教士。与方苞友,为文简约冲夷得体要。"建宁著名古文家朱仕琇为雷鋐的《经笥堂文集》作序时云:"道德文章为天下所崇。"(游丽江)

潘振承

潘振承（1714—1788 年），又书"振成"，字逊贤，号文岩，又名"潘启"，外国人称之为潘启官（闽南语发音）。清代福建省泉州府同安县白礁乡栖栅社（白礁乡于 1958 年从同安县划入漳州龙溪县，今漳州角美镇白礁村潘厝社）人。生于清康熙五十三年六月十二日。雍正五年，雍正在大臣的反复奏请讨论下，担心闽粤地区因洋禁而引发海患，同意废除南洋禁海令，随即开放了粤、闽、江、浙四口通商口岸。解除海禁后，潘振承当船工，随船老大三次到吕宋贩卖丝茶。他吃苦肯干，得到船老大的认可和欣赏，将他培养成为一名优秀的舵手，曾驾船南下吕宋，贩卖茶叶、丝绸、瓷器等物品给西班牙、英国、葡萄牙等国商人，获利颇丰，积攒了第一桶金。在逗留吕宋期间，他接触西班牙人、葡萄牙人、英国人，学习各国语言"夷语深通"，从事海外贸易。

乾隆三年，从福建迁入广州（广州是清朝最大的进出口贸易港），在十三行闽籍陈姓洋行里经理事务。由于诚实经营，每天所卖货物与财务完全相符，陈姓老板十分信任他，就委任他全权经营洋行一切商务。由此积累了与外国商贸集团打交道的经验。几年后，陈姓老板获得巨大利润回乡。乾隆七年，潘振承向清政府申请开设"同文洋行"，开始独立经营。由于擅长外语，与外国商人做生意可直接对话，许多外国商人喜欢跟他进行贸易往来交易，也"秉持诚信"，对质量不好的商品给予退赔，维护了商号的信誉。因此，被外国商人称为"最可信赖的商人""行商中最有信用之唯一人物"。源源不断的订单，生意越做越大，几乎垄断了与英公司的生丝贸易。到 18 世纪 60 年代初，富足可敌国，被《法国杂志》评为十八世纪"世界首富"。

他乐善好施，遵循儒商之道。自始至终遵守清王朝的禁律，拒售鸦片，照章纳税，每年向清政府缴纳 5.5 万两税银，还经常捐银助军，最多一次捐献了 30 万两白银充当军饷。经常捐资助学，鼓励子弟认真读书，参加科举考试。

乾隆五十二年十二月初三日病逝，享寿 74 岁。

潘振承眼界开阔、经营有方、敢为人先，周旋于官府与外商之间，在广州市场上叱咤风云，带动和影响其他行商，左右中国对外贸易，为十三行公认的首领，长达三十年。（游丽江）

裴荫森

裴荫森（1823—1895 年），字樾亭。清末江苏省淮安府阜宁县周门人。

生于清道光三年十一月二十二日，咸丰五年太平军占领金陵，江苏停止省试，裴荫森赴京参加顺天乡试，虽名落孙山，但获得御史尹耕云赏识，特延聘教子课读。

咸丰八年考中四十三名举人。

咸丰十年参加会试，中贡士。时英法联军以更换条约为名发动侵华战争。8 月 24 日占领天津，兵临北京城下。因英法联军入侵北京，裴荫森不及参加殿试，为躲避战乱返回故里，暂时居住于河下李元庚宅，阅读经世有用之书；凡近代典章制度，无不熟识。有一次，地方上发生一起风波，农民开垦的荒地被划归军营，遭到群众反对，在纷争中一个李姓董事被打死。为了推卸责任，地方官上报时隐瞒真相，诬称群众谋反。裴荫森得悉，日夜兼程，赶至淮安，晋见漕运总督吴棠，说明原委，遂使事端平息。

同治二年，裴荫森复入京，补行殿试大典，裴荫森以二甲进士，授工部都水司主事。

同治三年得乡人相助捐得湖南省道台头衔。旋又奉调江南驻守，巡视皖、豫、冀军情。为了倡议导淮入海，冒着酷暑，到宿迁总督行营，敬谒两江总督曾国藩，陈述己见。翌年又上书漕督吴棠，力主导淮。在北京认识洋务派郭嵩焘，二人结成知己，经郭嵩焘的介绍，兼任湖南通志局提调。

同治六年奉调湖南督办团防，长沙办团练，整顿保甲，严惩恶混，禁止赌博，得到湖南巡抚李瀚章的赏识。

同治九年裴荫森到湖广总督府（总督李鸿章）处办营务。六月，李鸿章改任直隶总督，裴荫森随李鸿章到直隶。时值天津教案发生，法公使罗淑亚向清政府提出威胁和苛细条件，裴荫森认为辱国太甚，面谏李鸿章，李鸿章不听，裴荫森上书力争。李鸿章仍坚持媚外政策；裴荫森就愤而辞职。

同治十一年裴荫森重返湖南长沙办团防，主持过湖南全省营务处，提调通志局，并署理几任兵备道，逐渐成为知兵的人物。

光绪五年，裴荫森任衡水郴桂兵备道。

光绪七年，任辰沅永靖兵备道。每次出巡，都是单人骑马，只带两个随从人员。他施行"安边惩贪"之策，深得民心，政声远扬。

光绪九年十一月十二日，法国侵略军六千人在孤拔率领下进攻越南山西清军阵地，清军和黑旗军奋战后败退，中法战争爆发。裴荫森调任福建按察使，参加组织防备法军侵略的战备工作，很得民心。

光绪十年闰五月二十二日，法国远东舰队乘中法议和机会，以"游历"为名，闯入闽江口，与福建水师相傍而泊，严重威胁省城福州、船政局、福建水师。时清廷令福建水师"按兵不动""切勿生衅""不准先行开炮，违者虽胜亦斩"，福建水师官兵处于两难境地。七月初三日下午一点四十五分，法国侵略军选择退潮时机，向福建水师发动了突然袭击。福建水师在十分不利的条件下奋起反击。马江海战，福建水师被法军击沉大小船舰 11 艘，伤亡 8 人。

七月初五日，船政大臣何如璋向慈禧上奏汇报战况，同时自请处分。翰林院编修潘炳年弹劾张佩纶和何如璋玩忽职守、临阵逃脱。军机处奉旨遣责"张佩纶等临时迟疑，未经先发，实属失算"。朝廷即谕令南洋大臣两江总督左宗棠、新任闽浙总督杨昌浚查办。七月十九日任命左宗棠为钦差大臣、督办福建军务。

八月初一日，朝廷明谕，将闽浙总督何璟革职，巡抚张兆栋交部严议，张佩纶革去三品卿衔，交部严加议处。裴荫森受命督办海口事宜。裴荫森受命后，亲驻林浦，筑炮台，安置水雷，以防法舰侵入福州。

十二月十三日，经左宗棠奏荐，福建按察使裴荫森兼署任船政大臣。并带头捐俸重修了长乐县潭头五虎门登文道。

裴荫森主持船政期间，争取经费建造钢甲兵轮。船政局自同治六年起至光绪三年止，所造船材都用铁胁木壳，或铁胁双重木壳。马江之战，缺点全部暴露，裴荫森一到任，就觉得第一步造舰任务，就要制钢甲兵轮。他向督办福建军务的钦差大臣左宗棠建议："欲固海疆，须多制船炮，以铁甲兵轮扼之海口，开花大炮持之岸上，势均力敌，可守可战。"这一谋划，左宗棠深表赞同。因此，他于光绪十一年五月二十五日与钦差大臣督办福建军务左宗棠、福州将军穆图善、闽浙总督杨昌浚、福建巡抚张兆栋等会商后联衔上奏《请拨款制船疏》：建造钢甲舰。他在奏疏中指出："欧洲大局已成连横之势，我除制船造炮，教将练兵，别无自强之道。"

光绪十二年八月，他又上疏，从日本制造快船扩展海军的野心，谈到中国必须制船，壮大海军实力，走自强不息之路。但此疏又被搁置，阻碍重重。尽管朝廷腐败，迭遭阻梗，但裴荫森不改初衷，满怀一腔爱国热忱，继与两广总督张之洞共商制造兵轮抗御外侮的宏伟大计。

光绪十四年二月初四日，裴荫森专任督办船政大臣。裴荫森的上任是受命危难之际，即向督办福建军务的钦差大臣左宗棠建议建造铁甲兵轮以扼海口。他重用船政学堂毕业生，试造新式军舰，制成具有世界先进水平的中国第一艘双机钢甲巡洋舰——"平远"号，并先后主持为南洋建成"横海""镜清""寰泰"快船和广东水师建造"广甲""广乙""广丙""广丁"兵船等一批炮舰，加强海防力量，为祖国海防建设作出重大的贡献。

光绪十二年恢复已停办五年多的艺圃，扩大招生，培养技术工人。修订船政学堂规章制度，严定课程，强调航行训练和实战技能操练。光绪十四年，奏请在罗星塔下建造当时远东最大、世界第二的大船坞，承担国内大型舰船的维修。并设立鱼雷厂，试制水雷和鱼雷，加强闽江口防卫。

光绪十六年正月请病假还乡。光绪十六年三月初二日召京，八月初九日因病免去船政大臣之职，补授光禄寺卿。

光绪十七年五月，回到江苏故乡，闭门养病。

光绪二十一年九月十二日病逝于淮安家中，归葬故里，享年 73 岁。

著有《裴光禄选集》《船政奏议汇编》《书版杂著》《他山剩简》等著作。（刘传标）

秋 瑾

秋瑾（1877—1907年），初名闺瑾，乳名玉姑，字璿卿，号旦吾，别号"鉴湖女侠"，留学日本时改名为瑾，字竞雄，笔名为"汉侠女儿""秋千"。我国民主革命的重要领导人之一，中国女权和女学思想的倡导者，近代民主革命志士，我国近代史上第一位为民主革命而牺牲的女英雄。祖籍浙江山阴县（今绍兴市），光绪三年十月十一日生于清末福建省漳州府云霄县城紫阳书院（七先生祠）。

光绪三十年，秋瑾冲破封建家庭束缚、变卖嫁妆到日本留学，而后结识陶成章、蔡元培、徐锡麟、孙中山、黄兴、鲁迅、宋教仁等革命者，先后加入"三合会""光复会""中国同盟会"，并创办《白话报》，追求救国救民真理。回国后，在浙江湖州南浔镇浔溪女校教书，积极动员师生参与革命。

秋瑾是中国近代倡导女性解放的先驱，为争取女权，倡导婚姻自由、"男女平权"，提倡女子教育，号召女性"自立""学艺""合群"，将妇女解放与推翻清朝政府的斗争结合起来。光绪三十二年十二月，创办了我国第一份通俗易懂的以白话文写作为主的宣传民主革命的妇女报刊《中国女报》，抨击封建礼教、号召妇女为争取解放而斗争，开创中国近代妇女解放运动的先河，对后世产生深远的影响。

光绪三十三年正月，秋瑾任浙江绍兴大通学堂督办，与徐锡麟一起筹备在皖、浙两地发动武装起义，这期间秋瑾前往上海、杭州等地争取革命力量。徐锡麟领导的安庆起义失败后，秋瑾也被捕，她写下"秋风秋雨愁煞人"的绝命诗，7月15日凌晨，从容就义于绍兴轩亭口。

秋瑾一生写过许多诗文来表达爱国之情和对妇女解放的关注，如《满江红》《黄金台怀古》《寄徐寄尘》《敬告中国二万万女同胞》等，她的诗文具有强烈的感染力。

秋瑾成为辛亥革命前夕第一个牺牲的女革命家，为辛亥革命做出了巨大贡献；提倡女权女学，为妇女解放运动的发展起到了巨大的推动作用。（张慧）

饶 元

饶元（？—1740），字君采，号乾斋。清代福建省延平府顺昌县仁寿乡江墩村潘坑人，生于明崇祯年间。7岁入塾读书，9岁时父母双亡，16岁到外地经商，足迹遍及江淮。饶元少负大志，以"拨乱安民为念"。

清康熙十三年，饶元在京城经商。闻靖南王耿精忠在福建参加"三藩"叛乱，便弃商返闽，"侦逆虚实"，写成报告，赶到浙东，向清军大将康亲王呈报，授之为"义旅总兵"。康熙十四年，饶元潜回福建，变卖家产，招募义勇数千人，组成义旅。四月，率招募义勇与耿精忠的部将吴邦奇部战于山场，杀敌数百人；六月，又打败耿精忠部将彭世勋部，杀敌千余人；七月，又与耿精忠部将耿继善战于大竹（今邵武境内），杀敌3000余人。随后，饶元向康亲王建议：进军福建应"安抚地方，禁止掳掠妇女，顺者勿加诛戮"。由于饶元率领的义勇牵制叛军力量，康亲王得以顺利地于康熙十五年九月率师入闽，逼耿精忠投降。

康熙十五年十二月，郑经军队占据邵武。郑经军驻扎在富屯溪以南，清军在溪北，如不分散其兵力，则难取胜。饶元向清军将领建议：趁冬天水浅，分兵三路进击。清军将领采纳此计策，大败郑军，杀郑军上万人，收复邵武。接着，清军从南路取汀州、漳州；饶元率义勇从北路取光泽，招抚郑经所部将官21人、兵1.2万人。康亲王命饶元率所部镇守闽、赣交界的五府三关。

康熙十七年七月，郑经军又围攻泉州，康亲王调饶元义勇由永春进战于白鸽岭，杀郑经军800余人，乘胜取南安，泉州之围遂解。

康熙二十二年，饶元任直隶龙泉关参将。康熙二十六年，升四川夔州副将。当时川陕一带旱情严重，军民缺粮，饶元向总督图纳建议"拨宁夏五卫屯粮十万石递运西安，停止附近采买。"总督不听，米价顿贵，饥民死亡枕藉。饶元再次向图纳陈述在附近采买利病，图纳才采纳其言，拨来宁夏粮食，扭转军民乏食的局面。同年九月，饶元擢升都督同知，镇守洮岷边寨，极力安抚各部土司，使之心悦诚服。

康熙二十九年，凤翔县因追缴旧欠过严，

激起民变，官府请饶元派兵镇压。饶元单骑前往慰抚百姓，并商请官府缓征旧欠，迅速平息民变。

康熙三十四年，西彝拨什兔儿祝囊王率蒙古兵5000人进犯边关，与土司杨汝松争夺地盘。饶元一边率兵防御，严阵以待；一边晓谕祝囊王的使者"边寨土司地盘已入国家版图，你们来犯，就是与朝廷争地，我奉朝廷之命镇守边疆。如轻起战端，决不姑息"。祝囊王被迫退兵。

康熙三十五年，康熙帝御驾亲征噶尔丹，拨西宁镇兵马归饶元统兵从征。第二年大败蒙古噶尔丹，饶元以功授荣禄大夫（从一品文官），追赠三代一品。

康熙三十七年十月，西固少数民族叛乱，饶元请剿不允；康熙三十八年，西固少数民族又叛，饶元又请征剿，将军、督抚命洮岷道谢绪光与饶元同往招抚。用计围城，逼使西固少数民族64族头目相率投诚。

饶元骁勇善战，战功显赫，为"三边名将"，镇守洮岷边寨（今甘肃临潭）十余载，深得百姓和部下的爱戴。康熙四十二年，饶元以年老辞官回故乡，洮岷各族百姓闻讯"如失怙恃，攀辕讴歌"达百里外。

清高宗乾隆五年，饶元因病去世，终年70余岁。饶元为边疆稳定、民族团结做出杰出贡献。

著有《旅咏诗草》《上谕释解赤心》等。（游丽江）

上官周

上官周（1665—1752年），原名世显，后改名周，字文佐，号竹庄，福建汀州府长汀县南山官坊人。清代著名画家，门生有"扬州八怪"之一的黄慎。生于明永历十九年。自幼聪颖，治艺勤奋，学识渊博，擅诗文、书法、篆刻，尤精于画上官周79岁完成传世之作《晚笑堂画传》，后又作《台阁风声图》，清朝乾隆十七年病逝，终年88岁。

上官周山水和人物画造诣很高，人物画笔法潇洒，独树一帜。清朝宫廷很赏识上官周的人物画，曾下旨让上官周与当时著名的画家王石谷、王原祁合绘《康熙南巡图》12卷（现存故宫博物院）。此画所绘人物近万个，人物个个栩栩如生，神态逼真，反映了当时的社会和劳动人民的生活。

上官周作品有《晚笑堂画传》《樵归图》《罗浮山图》《珠江挂帆图》《台阁风声图》《寿星图》《苏武牧羊图》等

清代窦镇称他"善山水，烟岚弥漫，墨晕可观。"查慎行在《题竹庄〈罗浮山图〉》中有"上官山人今虎头"句，把上官周和东晋顾恺之（虎头）相媲美。杨澜称赞上官周的诗画"能自出意，修然蹊径之外，人比之倪云林、沈石田。诗亦风格遒美如其画。"

《晚笑堂画传》自乾隆八年问世以来，一直是学习人物画的临摹范本，受上官周人物画影响最大的，是他的学生扬州画派的代表画家黄慎。（游丽江）

魏秀仁

魏秀仁（1818—1873年），字子安、子敦、伯肫，号"眠鹤主人""眠鹤道人"，又号"咄咄道人""不悔道人""湖蠕居士"。清代福建省福州府侯官县（今福州）人。生于清嘉庆二十三年，28岁考中举人后，屡试不第，遂以教学度日，先后在渭南"象峰书院"、成都"芙蓉书院"、福建南平"道南书院"讲学。

通经史，精辞赋，擅小说。作品有《花月痕》《咄咄录》《陔南山馆诗钞》《陔南山馆诗话》《榕社丛谈》等三十余种共八十余卷，但因穷困潦倒，多未刊行。

小说《花月痕》是晚清狭邪小说（指以优伶、妓女为创作题材的小说）代表作之一。全书共16卷52回。写的是韦痴珠与刘秋痕、韩荷生与杜采秋两对才子与名妓的爱情故事。痴珠虽然志远才高，但穷愁潦倒，在并州（太原）遇见名妓秋痕后，两人同病相怜，一见钟情。然而痴珠却无力救秋痕出娼门苦海，最后痴珠病逝，秋痕亦殉情而死。小说借闺中儿女私情揭露晚清动荡不安的社会现实，表达作者对官场黑暗、朝政腐败的不满。

《花月痕》是一部典型的"才子佳人"之作，在清末民初曾风行一时，对后世小说，特别是20世纪的文学流派——"鸳鸯蝴蝶派"的影响非常深远。"鸳鸯蝴蝶派"即得名于小说中

的诗句"卅六鸳鸯同命鸟，一双蝴蝶可怜虫"。（潘健）

谢章铤

谢章铤（1821—1904年），初字崇禄，后字枚如，号江田生，又曾自称痴旁人，晚号药阶退叟，著述均以"赌棋山庄"命之。福建近代古文学家。清代福建省福州府长乐县十九都一图（今江田镇）漳坂村人。生于道光元年，3岁时生母亡故，而又孱弱多病，多赖后母俞氏照顾。长辈担心不易抚养，直到11岁才让他拜师读书。在12至16岁之间，又羸疾几殆。19岁补为弟子员，22岁跨出家门，遍游闽江流域及闽南各地。

道光二十四年，谢章铤结识侯官刘家谋，遂为莫逆之交。家谋（1814—1853年），字芑川，道光十二年举人，才气横溢，为时人所重。道光二十六年家谋以大挑得宁德（今属福建）教谕，道光二十八年邀章铤往宁德课子，刘家谋一生短暂而著述甚富，尤工诗词，与谢章铤唱和颇多。道光二十九年，谢章铤中副车。

咸丰二年，章铤往漳平（今属福建），结识钱塘高思齐，并提议组织聚红词榭。词榭开始只有钱塘高思齐、侯官宋谦和刘三才、闽县刘襄力及谢章铤五人，咸丰六年，他们把所课之词汇聚成《聚红榭雅集词》刊于福州。后来发展至十余人，参加活动有早有迟，像魏秀仁则迟至同治二年。

咸丰九年，谢章铤游蜀，同治三年游粤及香港。同治五年中举。为生活所驱，谢章铤开始漫长的远出谋生生活。

同治三年中举人。同治五至六年间，他往山西佐学使林天龄校阅试卷。同治七年，往陕西依时为陕西布政使的同郡林寿图，并主讲关西丰州学府和同州书院，后又赴京都讲学。

同治十年归闽，受聘漳州丹霞书院和芝山书院主讲（因俸禄低微，不得不同时兼任府道两书院讲席之职）。

同治十三年，谢章铤应陈实琛之请，主讲江西白鹿洞书院。

光绪二年入都，挂名礼部，次年中进士，时年57岁，官内阁中书。"慨然于中兴日久，外患将作，廷试纵笔论交邻恩款千百言，阅者

持臆见抑下等，先生故为中书舍人，遂挂冠归"。不殿试而离京南归。归来后作一私印以自嘲："二十秀才，三十副贡，五十举人，六十进士，文不逮震川，而晚进与之同。"

光绪十年，应江西提学使陈宝琛之邀，到庐山白鹿洞书院主讲。

光绪十三年，福州致用书院首任讲席林寿图赴京补官，推荐谢章铤为主讲。一时名彦，如陈宝琛、陈书、陈衍、张元奇、林纾等，皆出其门下。谢章铤任"致用书院"山长达16年，培养陈宝璐、何振岱等众多门生。

谢章铤回到福建后借贷购置一屋，名"赌棋山庄"。山庄取名于《晋书·谢安传》，淝水之战前夕，谢安与谢玄围棋赌墅。"赌棋"，已含有不向外敌低首之意。谢章铤在赌棋山庄有万卷藏书，其中多名家抄校本、稿本（藏书大部为陈宝琛所购得，1933年，陈宝琛将图书8万多卷捐赠给福建协和大学）。

光绪二十九年，谢章铤病逝，终年84岁。陈宝琛以入室弟子身份，为其撰写墓志铭。

谢章铤近代重要的文学家，兼工诗、词、古文、骈文，并在词学理论、方言研究等方面有重要建树，谢氏学术思想主要表现在经学致用和治学不立门户两方面。论词则主张主性情、重音律、宜雅趣三要旨，尤其是"词主性情"说，对当时词坛颇具影响，且为词论家所称道。

谢章铤生活在一个内忧外患的年代，经历了自鸦片战争到庚子赔款诸多中国近代史的重大事件。少年时代就接触过张际亮，聆其慷慨激昂的论议。青年之后，又分别结识了刘家谋和魏秀仁等忧国忧民的文士。谢章铤在远游秦晋之前，伤时感事悲愁之情就一直充塞胸臆。他的朋友们对谢章铤这一时期的思想和作品都有精到的描述。刘家谋、黄宗彝主要是评词，但也大体可以看出其时谢章铤的思想情状。

晚年，正处在新学与旧学冲突、社会正酝酿着一场大变革的时代，当时一些先进的闽人已经踏上向西方寻求真理之征途，谢章铤的思想未免就显得保守了。他不反对各省改设学堂，但认为学堂"其教法当以《四书五经》、纲常大义为主"；他虽然认为"西法非无可采"，但却认为光学声学不能使为臣者忠为子者孝。福州马江开设的船政学堂，吸引了不少青年学生，

而谢章铤却对那些"鄙夷西学"、拒绝入学者及其家长表示赞赏。

谢章铤的政治思想虽有其保守的一面，但是他的学术思想和文学思想仍有不少可取之处。

谢章铤一生著述颇丰，刊本《赌棋山庄文集》七卷、《赌棋山庄文集续编》二卷、《赌棋山庄文集又续编》二卷、《赌棋山庄诗集》十四卷、《赌棋山庄余集》五卷、《酒边词》八卷、《赌棋山庄词话》十二卷、《赌棋山庄词话续编》五卷、《说文闽音通》二卷、《藤阴客赘》一卷、《围炉琐忆》一卷、《稗贩杂录》四卷、《课余偶录》四卷、《课余续录》五卷、《校刻东岚谢氏诗略》四卷等15种，其中《乐此不疲随笔》《便是斋琐语》，及《我见录》等为未刊稿。

除《东岚谢氏诗略》为章铤曾祖谢世南所编辑而为章铤校刻者外，余皆章铤所著。此外，还有与聚红树同人合刻的《聚红树雅集词》六卷。（刘传标）

伊秉绶

伊秉绶（1754—1815年），字组似，号墨卿，晚号默庵，人称"伊汀州"。书法家，以"廉吏善政"著称。清代福建省汀州府宁化县人。生于清乾隆十九年正月十一日，父伊朝栋（乾隆三十四年进士，历官刑部主事、御史、光禄寺卿）。小聪颖好学，饱读宋儒理学。后受业于名儒阴承方，攻宋儒理学，潜心研习李榕村、蔡梁山及雷翠庭等名儒理论。

乾隆四十九年考中举人，留居北京，受大学士朱珪、纪晓岚、刘墉器重。

乾隆五十四年，登进士第，授刑部额外主事，补浙江司员外郎。

乾隆五十七年，晋升为刑部主事。

嘉庆三年，升刑部员外郎，出任湖南乡试副主考官。

嘉庆四年升任刑部郎中。未几，出任广东惠州知府。在惠州期间兴利除弊，勤政爱民，并致力于地方文化建设，奖掖后学，创办书院，重用人才。因与其直属长官、两广总督吉庆发生争执，被谪戍军台。

嘉庆十年前后，扬州连年水灾，两江总督铁保荐举伊秉绶，前往南河、高邮、宝应勘察灾情。不久，伊秉绶奉命出任扬州知府。与百姓同甘共苦；一边设置粥厂，安置灾民，一边动员富商捐资赈灾，很快稳定了灾区局势，还采取了一些灵活措施，使灾民尽快重建家园恢复生产。并且亲自查阅赈灾账册，核发赈灾钱粮，严禁胥役克减，博得灾民的称赞。里下河灾民3万多人逃荒到府城，伊秉绶劝富商巨室捐输六万余金，在寺庙立棚厂，依据灾民人口赋米赈钱；又在每个村镇设办粥厂，救济贫困的灾民。有些灾民想杀耕牛为食。伊秉绶按牛估值当质以贷，招雇专人牧养，准许灾民来年春季取赎，以保证春耕生产。嘉庆十一年，伊秉绶为了促进扬州地方文化的发展，特招聘焦循、阮元等著名学者编《扬州图经》及《扬州文粹》。伊秉绶为官清廉，勤政爱民，深得扬州百姓爱戴。《芜城怀旧录》称赞他说："扬州太守代有名贤，清乾嘉时，汀州伊墨卿太守为最著，风流文采，惠政及民，与欧阳永叔、苏东坡先后媲美，乡人士称道不衰，奉祀之贤祠载酒堂。"

嘉庆十二年，伊秉绶调任河库道，不久又调两淮盐运史。任职刚满两个月，其父病故，便回汀州宁化奔丧。在老家料理了父亲的后事，伊秉绶丁忧三年，也许是感觉到仕途疲惫，又在宁化待了五年。

嘉庆二十年夏，经友人一再敦促，伊秉绶离开了宁化，启程入京，途经扬州，旧时好友留他小住，客居至9月。扬州的9月天气已渐转凉。他不慎染上秋寒，猝得肺炎，一病不起，于嘉庆二十年八月初九日在扬州病逝，终年62岁。后归葬宁化曹坊石牛驿（今上曹村）。

扬州人为仰慕其遗德，在当地"三贤祠"（祀欧阳修、苏轼、王士祯三人之祠）中并祀伊秉绶，改称"四贤祠"。

伊秉绶喜绘画、治印，亦有诗集传世。工书，尤精篆隶，精秀古媚。其书超绝古格，使清季书法，放一异彩。隶书尤放纵飘逸，自成高古博大气象，与邓石如并称大家。

著有《南窗丛记》《赐研斋集》《留春草堂集》等书传世。（游丽江）

叶祖珪

叶祖珪（1853—1905年），字桐侯。清末福建省福州府侯官县（今福州市）南后街雅亮里人。生于清咸丰三年五月五初五日，出生于一个塾师家庭，共有兄妹九人，叶祖珪排行第三，由于看到家庭负担很重，便放弃了科考之途。同治五年十一月考入求是堂艺局（船政学堂前身）第一届驾驶班。光绪三年二月十七日，叶祖珪与严复等十二名赴英留学，入格林威治皇家海军学院，学习高等算学、格致、海军战术、公法及建筑海军炮台诸学。光绪四年四月，在校学习期满，先后在英国海军"索来克伯林"号装甲战列舰、"芬昔勒尔"号巡洋舰见习。光绪六年正月离英回国，北洋大臣李鸿章奏保以守备留闽补用。光绪七年七月，北洋水师在英国订造的"镇中""镇边"两艘炮舰驶抵大沽口，叶祖珪以都司衔尽先守备充任"镇边"管带。光绪八年率"镇边"舰随北洋海军提督丁汝昌赴朝鲜驻防港口。光绪十三年，奉派与刘步蟾等赴欧接带"致远""靖远""经远""来远"等4舰，充"靖远"管驾。光绪十四年三月安抵大沽口，被授"捷勇巴图鲁"勇号。光绪十五年五月，叶祖珪由花翎副将衔补用参将升署中军右营副将。光绪十七年六月，叶祖珪以"办海军出力"，赏换"纳钦巴图鲁"勇号。

光绪二十年正月，朝鲜爆发东学党农民起义，清政府应朝鲜政府之邀出兵朝鲜，久蓄侵华野心的日本也趁机出兵朝鲜。六月二十三日日本海军在丰岛海面突然袭击中国军舰，甲午中日战争爆发。八月十八日，中日黄海大战爆发，叶祖珪督带的"靖远"舰参加海战，苦战多时，中弹十余处，"水线为弹所伤，进水甚多"。叶祖珪率舰冲出阵地，转移至附近大鹿岛，边抢修边用舰首重炮轰击敌舰。战至下午5时，"靖远"号抢修初毕，叶祖珪又督带"靖远"舰归队。时，旗舰"定远"号因旗桅折断而指挥失灵，各舰皆各自为战，形势紧急，叶祖珪当机立断，"主动代替旗舰升旗集队，诸舰毕集，军威重振"。黄海海战后获得嘉奖。因北洋水师奉命采取"避战保船"的消极策略，陷于被动挨打。光绪二十年十二月二十五日，日本第二军在荣成湾龙须岛登陆，占领荣成，进而分兵犯威海。30日，日军攻占威海南帮炮台，居高临下炮击北洋舰队，形成海陆两路夹击威海港内的北洋水师。北洋水师提督丁汝昌因旗舰"定远"号受损且吨位大、吃水深，在港内

运转不灵，遂以"靖远"为临时旗舰指挥作战。正月十四日，日军轮番攻击北洋水师，祖珪所督带的"靖远"舰拼战，中弹甚多，伤亡40余人。正月十五日"平远""靖远"等2舰在日岛附近阻击日军。中午前后，日军利用所占领的皂埠嘴炮台28厘米口径大炮轰击"靖远"舰，叶祖珪"起锚愈益接近鹿角炮台，盖欲肉搏该台"，当航近该台5000余米时，舰首渐次下沉搁浅，"弁勇中弹者血肉横飞入海"，伤亡40余人，叶祖珪和丁汝昌"仅以身免"，被水兵救上小船。

正月二十三日，威海被日军占领，北洋水师全军覆没。2月27日，日军占领刘公岛，叶祖珪、萨镇冰等900余名生还官兵乘"康济"舰返回烟台。三月二十三日李鸿章代表清政府与日本代表在日本马关春帆楼签订了丧权辱国的《马关条约》。四月初四日，叶祖珪被"暂行革职，听候查办"，"待罪"于天津。

丧权辱国的"马关条约"签订后，列强很快形成瓜分中国的狂潮，有识之士纷纷呼吁重建海防力量。光绪二十五年三月十八日，在直隶总督荣禄保荐下，慈禧太后召见叶祖珪、萨镇冰，并加赏提督衔。叶祖珪就职后，奏请"广购战舰，添招练勇，借威海卫为操演所"，从整顿沿海炮台入手。向俄驻华公使交涉接收被占用的大沽船坞。光绪二十七年德、奥、匈、比、西、法、英、意、美、日、荷、俄等联军侵略中国，强迫清朝政府签订不平等条约《辛丑条约》。议和大臣动议将"海天""海圻""海容""海筹""海琛"等五艘兵舰撤售，遭到叶祖珪竭力反对而作罢。叶祖珪针对当时中国海军不仅有北洋、南洋之别，仅南洋水师就有两江、闽洋、粤洋之分。为振兴海军，叶祖珪着手推动南北海军"军令政令统一"。叶祖珪为培养海军人才，利用中日甲午战争时防卫烟台之嵩武军左营旧址、金沟寨村北的东山设立烟台海军练营，训练水兵，以天津水师学堂第一届毕业生、"海圻"舰帮带谢葆璋为管带。

光绪二十八年七月二十日，叶祖珪被授予浙江温州镇总兵。光绪三十年六月初十日，叶祖珪被授予广东水师提督。十二月十三日，两江总督周馥奏请清廷：委任叶祖珪"统率南北洋各兵舰及南洋水师学堂、上海船坞、饷械支

应一切事宜"。周馥的奏请得到清廷批准后，叶祖珪即南下驻南北洋要冲上海，在上海高昌庙江南制造总局设立海军临时办事机构，负责统领南北洋海军。一方面整顿水上机构，另一方面着手整顿陆上勤务部队。首先对年亏银二十余万两的上海船坞（江南造船厂前身）进行整顿，叶祖珪亲自接任上海船坞督办，大力推行改革，由官办改为商办。推动江南制造局与江南船坞划分，造船业务正式从江南机器制造总局划分出来，改名为"海军江南船坞"，叶祖珪兼任海军江南船坞督办，以总兵衔候补副将吴应科为江南船坞总办，聘英国人毛根为总工程师；制造枪炮的部分，并入了金陵和汉阳两个兵工厂。史称"局坞分家"。江南船坞自此走向正规，其地位超越了福建船政。

叶祖珪奉命统领南北洋海军，时值日俄战争，俄舰战败，竟无视我领海主权，窜入我上海黄浦内港。叶祖珪依照"中立公法"下令予以扣留并解除武装（至日俄议和方予放归），维护了国家主权和民族尊严。

光绪三十年四月十三日，因病叶祖珪辞职，返回上海时已医治无效，于六月二十七日在上海病逝，时年52岁。叶祖珪英年早逝，朝野震惊，诰授"振威将军"的谥号。灵柩归葬福州西门外梅亭群鹿山，梅亭河畔。

詹天佑

詹天佑（1861—1919年），字达朝，号眷诚。清末广东省广州府南海县（现广东省南海市）人。生于清咸丰十一年三月十七日。同治十年六月十九日曾国藩和李鸿章联名，向同治皇帝会奏派遣幼童到美国留学。同治十一年六月初三日，詹天佑被录取为第一批30名幼童赴美留学。到达美国后，先后在威士黑文（威哈吩）小学和纽黑文希尔豪斯中学学习。光绪四年，以全优的成绩中学毕业，被美国耶鲁大学土木工程系录取。光绪七年，以优异成绩毕业于耶鲁大学设菲尔德理工学院土木工程系铁道工程专业，获学士学位。时留学生监督容闳和陈兰彬、吴子登为留学生的洋化问题发生争执，五月留学幼童被召回国。詹天佑等16名留美幼童被列入福建船政学堂第八届驾驶班补习驾驶、船艺、枪炮等术。光绪九年三月十九日毕业。

光绪十年九月，詹天佑受两广总督张之洞聘请，到广州黄埔广东博学馆（后改水陆师学堂）充任枪炮教习并负责炮台修筑。

光绪十三年，唐胥铁路向天津展修，开平铁路公司改为"天津中国铁路公司"，詹天佑调到天津中国铁路公司。光绪十八年夏，詹天佑任关内段古冶—滦河段工程师，负责修筑滦河大桥的工程。大胆采用了新方法"气压沉箱法"来建造桥基，顺利地解决了建桥最关键的桥基问题。詹天佑自行设计、建成了第一座铁路大铁桥（长305米滦河大桥），令外国工程师大为叹服，也让中国人扬眉吐气。

光绪二十八年秋，詹天佑任铁路总工程师。当时面临着许多困难，一是季节不合适，整个施工期都在冬天，正是北方天寒地冻之时；二是建筑材料短缺，而且运输十分困难；三是时间太短，工期紧迫。首先改变了外国铁路建筑中路基风干一年才能铺轨钉道的惯例，边修路基边铺铁轨，大大加快了筑路进度，缩短了工期。詹天佑积累了独立主持与组织指挥整条铁路的勘测、设计、施工的经验。

光绪三十一年，清政府决定自建京张铁路，任命詹天佑为京张铁路局会办兼总工程师。八月初六日，京张铁路正式开工修筑。为了加快修筑速度，詹天佑采取了分段施工的办法：第一段丰台至南口先行开工，以早日通车运输而获利；第二段南口至岔道城，第三段岔道城至张家口。

十一月十六日，工程队列车中有一节车钩链子折断，造成车辆脱轨事故。一些外国人，抓住此事大肆叫嚣，说什么詹天佑在铺道的头一天就翻车，证明这条路不用外国人是修不好的。为此詹天佑决心改进列车钩链，选择了适合中国多山、地形复杂的自动式挂钩。这种车钩装着弹簧，因而富有弹力，又不用人工联结，只要两节车厢轻轻一碰，两个钩舌就能紧紧咬住，犹如一体。把这种车钩加在每节车厢，列车就变成一个紧密的整体，可以确保爬坡时的安全。詹天佑还上书清政府，建议统一全国铁路列车车钩，这种车钩在詹天佑的极力倡议下很快在全国推广，而且沿用至今。

光绪三十二年八月十三日第一段工程全部通车。

第二段由南口到岔道城的工程最艰难，也是修筑京张路成败的关键。这一带叠峦重嶂，悬崖峭壁，坡度很大，必须打通居庸关、五桂头、石佛寺、八达岭四条隧道。由于居庸关隧道山势高、岩层厚，为了减轻工人的劳动强度，詹天佑首次采用炸药爆破法，将爆炸力强而性能较稳定的矿山炸药——拉克洛炸药应用于隧道开凿。为保证工程进度，他还采用了两端开凿法。居庸关隧道开工不久，八达岭隧道工程也接着开工了。八达岭隧道历时18个月贯通。八达岭隧道是我国铁路建筑史上第一个超千米长的大隧道，它的建成揭开了我国自立修筑隧道的序幕。

四个隧道建成后，还有一个更大的难题，即八达岭的跨越问题。八达岭高踞关沟北端最高处，地势陡峭，詹天佑精细选测，创造性地运用"折返线"原理，在山多坡陡的青龙桥地段，依傍山腰，设计出别具一格的一段"人"字形线路。列车开到这里，配合两台大马力机车分居前后，前拉后推，到"人"字交叉点后掉转车尾为车首，再往上拉，成功地解决了全线的越岭关键问题。这种折返式线路的设计，是詹天佑在铁路上的创举。它既缩短了八达岭隧道的长度，大大减少了工人的劳动强度和施工的危险性，也降低了坡度，而且节省了工程费10万两白银。同时为保证行车安全，詹天佑还设置了12处避难线，一边发生故障，列车可驶入反向坡道的避难线。

在京张铁路的施工中，詹天佑采用了中距离凿井四面对挖的方法，高质量地开凿了当年闻名世界的八达岭隧道；采用了"人"字形展线的方法，使列车可以安全顺利地通过八达岭天险；从美国引进了先进的列车自动挂钩，提高了列车安全运行的保险系数。

詹天佑还根据山区筑路的特点，就地取材，设计了许多具有民族特色、宏伟壮观的石拱桥。不仅节省了钢材，还大大降低了工程造价。

宣统元年八月十九日，中国第一条自己设计和修筑的京张铁路正式通车。这项工程被交通业界认为是当时施工难度最大的工程，工程不但提前两年胜利完成，而且全路修筑费用较原预算节约了白银28万余两。

京张铁路的胜利建成，震惊了世界中外，揭开了我国自筹自建铁路的序幕，有力地推动了我国铁路事业的发展。

在京张铁路通车后，詹天佑被授予许多荣誉，被选入美国土木工程师学会、英国皇家工商技艺学会，此外，还选入英国的北方科学与文艺学会、铁路轨道学会、混凝土学会。

宣统元年十二月，清政府授予他工科进士第一名。

1912年5月，詹天佑到汉口就任粤汉铁路会办。为了振兴铁路事业，同年夏，将年初成立的"中华工程学会""中华铁路工同人共济会"与"中华工程师会"三个团体合并组成"中华工程师会"，设事务所于汉口，詹天佑被选为会长。

1913年，詹天佑主持编撰并出版了《京张铁路工程纪要》和中国第一部工程技术词典《华英工程词汇》《京张铁路标准图》等书。

1917年，詹天佑任交通部铁路技术委员会会长，着手主持制订铁路工程标准及法规，为我国早期铁路标准化和法规建设，奠定了初步基础。

1919年在巴黎和会上英、美、法、日等国组成的特别委员会，阴谋共管西伯利亚铁路和由中俄合办的中东铁路。中东铁路涉及中国的主权，詹天佑立刻就以中华工程师学会会长的名义，致电巴黎和会我国代表，坚决反对国际共管中国铁路。2月，重病缠身的詹天佑代表中国政府出席远东铁路国际会议，为维护国家铁路权益，在会议上他大义凛然，义正词严地驳斥企图霸占北满铁路管理权的日本代表，据理力争坚持取得了中东铁路由中国管理的权利。詹天佑白天不顾严寒参加会议辩论，晚上则研究资料提案，日夜操劳，最终导致腹疾复发，病势日趋严重而回国。1919年4月24日在汉口病逝，终年58岁。

詹天佑是一位卓越的爱国科学家，为维护民族工业主权，提出的"各出所学、各尽所知，使国家不受外侮，以自立于地球之上"口号，既是对青年工学家的号召，也是那一代饱受列强欺凌的中国有识之士的共同心声。

詹天佑首订全国统一而又严格、科学的铁路技术标准与铁路法规，而被尊为"中国铁路之父"。（刘传标）

张际亮

张际亮（1799—1843 年），字亨甫，号华胥大夫、松寥山人。鸦片战争时期享有盛誉的爱国诗人，与魏源、龚自珍、汤鹏并称为"道光四子"。清代福建省邵武府（今三明市）建宁县溪口镇渠村人，寓居福州府侯官县南后街（今福州市）郎官巷。生于清仁宗嘉庆四年。幼颖异，"敬慕古代奇伟之士；其为文章，长于议论，能举前世政治得失"。两度就读于福州鳌峰书院，嘉庆二十一年中秀才。道光五年，赴京朝考不中，与徐宝善、郑开禧、黄爵滋、汤鹏、潘德舆等友善，留居京都三年。但"恃才傲物，伉直负气"，故为权贵所不容。

道光九年，张际亮参与重修《福建通志》，任分纂。《志稿》即将付印时，爆发了有关志稿内容的争议，张际亮坚持自己的见解，因"与当事不合"，愤然离去。

道光十一年，张际亮再一次赴京应试，又落第。落第后，张际亮住西山寺读书，常与龚自珍、魏源、姚莹、汤鹏等人交往，相互商讨国计民生，评论"当世利弊得失"。曾致书河东河道总督林则徐，表示愿为其写作有关治理河东方略的书。

道光十三年，上书两广总督卢坤，表明自己对鸦片泛滥深恶痛绝。

道光二十三年十月初九日，张际亮病逝，终年 43 岁。

张际亮逝世后，姚莹为他主持奠祭，办理殓殡，并"携柩至桐城，使人往闽召其子来以丧归"。张际亮的灵柩运回建宁后，安葬于建宁县蓝田保坪上。

张际亮一生未入仕，但密切关注社会民生，忧国忧民。他以手中的笔为武器，创作了"万余首"诗篇，抒发其爱国忧民之志。流传至今的还有 32 卷、3078 首。其诗较多反映了社会现实，揭露了腐败清王朝的政敝民贫，表达自己除弊济民的愿望。

著有《松寥山人集》《思伯子堂诗文集》《张亨甫全集》（收入文 6 卷、诗 2600 多首）、《思伯子堂集》（由姚莹整理，收入诗 3000）多首、《金台残泪记》3 卷、《南浦秋波录》3 卷。

张际亮认为诗歌创作乃是因"激"而成，就必然赋予诗歌强烈的抒情色彩，并使诗歌具有了宣泄悲愤、避免伤生、康益身心的心理效用。张际亮特别注重诗人所抒发的感情中的社会和人生含蕴，强调"有托而为"，要求诗人首先成为志士，有鲜明的时代特色。（游丽江）

左宗棠

左宗棠（1812—1885 年），字季高，一字朴存，号"湘上农人"。晚清政治家、军事家、民族英雄，洋务派代表人物之一，与曾国藩等人并称"晚清中兴四大名臣"。清末湖南省长沙府湘阴县左家塅人。生于清嘉庆十七年十月初七，生性颖悟，少负大志。嘉庆二十一年，随父到省城长沙。道光七年，应长沙府试，取中第二名。他不仅攻读儒家经典，而且涉猎经世致用之学，及中国历史、地理、军事、经济、水利等著作。

道光十年，左宗棠进入长沙"城南书院"读书，并拜访长沙的著名务实派官员和经世致用学者贺长龄，贺长龄"以国士见待"，称其"卓然能自立，叩其学则确然有所得"。

道光十一年，左宗棠入湖南巡抚吴荣光在长沙设立的"湘水校经堂"。学习刻苦，成绩优异，在这年的考试中，7 次名列第一。

清道光十二年，二十岁参加在省城长沙举行的乡试，因"搜遗"中第。

道光十三年，左宗棠首次进京应会试，与胡林翼在北京订交。写成组诗《燕台杂感》，涉及新疆形势。

道光十五年，左宗棠再赴会试，录为湖南省第十五名，不料因超额而被撤下，仅取为"誊录"。左宗棠不甘屈就，弃职返乡，在周夫人帮助下潜心舆地研究。

道光十六年，左宗棠在湖南醴陵主讲渌江书院期间，结识两江总督陶澍。道光十八年，左宗棠第三次落第归乡。6 年 3 次赴京会试，均不及第。科场失意，由此更加潜心经世之学，其志向和才干也得到了包括贺氏兄弟在内的许多名流显宦的赏识和推崇。

道光二十年，左宗棠主讲醴陵渌江书院，在安化陶家任教八年，并协助料理陶家事务，期间他广读陶家藏书，经营柳庄，钻研农学、舆地，编成《朴存阁农书》，并对鸦片战争予以关注，提出"更造火船、炮船之式"等应对方针。林则徐"师夷长技以制夷"的洋务思想对左宗棠产生了诸多的启发和影响。

道光二十八年，湘阴大水，左宗棠赈济乡邻。同年，胡林翼向时任云贵总督林则徐推荐左宗棠，但左宗棠因事未赴任。

道光二十七年三月，清廷命林则徐为云贵总督。道光二十九年秋，因病重奏请开缺回乡调治，途经长沙，停泊岳麓山下。十一月二十一日，左宗棠前来拜访，与林则徐彻夜长谈，涉及古今形势、人物品评、"西域时政"（例如屯政、水利）等。后来，林则徐还与人谈起这次会见，称赞左宗棠是"不凡之才""绝世奇才"，期许良厚。史称"湘江夜话"（创建船政的思想初衷即由来于此）。《清稗类钞》记载，左宗棠早慕林则徐大名，急于相见，不料慌忙之间落入水中，一身湿衣爬上林则徐的船，行过礼后说："听说古时对待士人有'三熏三沐'的礼节，'三沐'已然拜领，不过'三熏'还没有。"林则徐笑道："落汤鸡了，还打什么文语？快去更衣，别着凉。"两人相谈达旦。说道新疆局势，林则徐忽然用手拍左的肩膀，叹道："他日完成我的志向的人，大概是你吧！"林还于舟中手书一联赠左宗棠："此地有崇山峻岭，茂林修竹；是能读三坟五典，八索九丘。"在落款时林自称"愚弟"，称左为"仁兄"。左极感之，晚年犹悬此联于斋壁①。

咸丰二年，当太平天国大军围攻长沙，省城危急之际，左宗棠在郭嵩焘等人的劝勉下，应湖南巡抚张亮基之聘出山，投入到了保卫大清江山的阵营。左宗棠在炮火连天的日子里缒城而入，张亮基大喜过望，将全部军事悉数托付给左宗棠。左宗棠"昼夜调军食，治文书""区画守具"，建议大都被采纳并立即付诸实施，终于使太平军围攻长沙三个月不下，撤围北去。左宗棠一生的功名也就从此开始。

咸丰三年，左宗棠随张亮基入湖广总督幕府，张亮基调山东巡抚后左返乡。

咸丰四年三月，左宗棠又应湖南巡抚骆秉章之邀，第二次入佐湖南巡抚幕府，长达6年之久。其时，清王朝在湖南的统治已岌岌可危，太平军驰骋湘北，长沙周围城池多被占领，而湘东、湘南、湘西广大贫苦农民，连连举事，此伏彼起。左宗棠焦思竭虑，日夜策划，辅佐骆秉章"内清四境""外援五省"，苦力支撑大局。同时，革除弊政，开源节流，稳定货币，大力筹措军购：军械、船只。骆秉章对他言听计从，"所行文书画诺，概不检校"。由于左宗棠的悉心辅佐和筹划，不但湖南军政形势转危为安，出省作战连连奏捷，其他各项工作也取得显著成效。

咸丰五年，御史宗稷辰疏荐左宗棠。咸丰六年，左宗棠因接济曾国藩部军饷之功，被任命为兵部郎中用，赏戴花翎。

咸丰八年，在骆秉章的保荐下，左宗棠加四品卿衔。

咸丰九年，樊燮京控案发，左宗棠被迫于当年末、次年初离开骆秉章的幕府。左宗棠出佐湘幕，初露峥嵘，引起朝野关注，时人有"天下不可一日无湖南，湖南不可一日无左宗棠"之语，一些高官显贵在皇帝面前竞相举荐，咸丰帝亦给予了极大的关注。但也因此而引起了一些人的忌恨和诽谤，特别是这次湖南永州镇总兵樊燮的构陷，险些使左宗棠性命不保，幸得胡林翼、郭嵩焘、潘祖荫等人相助，才使一场轩然大波得以平息。

咸丰十年，在太平军攻破江南大营后，由曾国藩推荐，左宗棠以部郎中加四品京堂衔候补，随同钦差大臣、两江总督曾国藩襄办军务。并在湖南招募5000人，组成"楚军"，赴江西、安徽与太平军作战。

咸丰十一年，曾国藩疏荐左宗棠升太常寺卿，继浙江巡抚；太平军攻克杭州后，清廷正

---

① 《左宗棠全集》，岳麓书社，2009年11月出版。收录：道光三十年十一月二十一日深夜当时寓居在长沙开馆授徒的左宗棠，得到自己所尊敬的林则徐已于11月22日去世的消息，哀恸不已，随后致信林则徐的长子林汝舟表示吊唁，云："十一月二十一日夜午，在黄南坡长沙寓馆忽闻宫保尚书捐馆之耗，且骇且痛，相对失声。忆去年此日，谒公湘水舟次。是晚乱流而西，维舟岳麓山下，同贤昆季侍公饮，抗谈今昔，江风吹浪，舵楼竟夕有声，与船窗人语互相响答，曙鼓欲严，始各别去，何图三百余日便成千古，人之云亡，百身莫赎，悠悠苍天，此恨何极！"信中左宗棠深情地回忆自己拜谒林则徐的往事，正是在一年前的道光二十九年十一月二十一日（1850年1月3日），"湘江夜话"的故事由此而生。

式补授左宗棠为浙江巡抚（1862年1月），督办军务。

同治元年，左宗棠进军浙江，奉旨与法国联合组织"常捷军"。在随后的两年中，他在中法混合军"常捷军"、中英混合军"常安军""定胜军"的配合下，先后攻陷金华、绍兴等地。

同治二年，攻占金华、绍兴等地，擢升闽浙总督。

同治三年二月，左宗棠攻陷杭州，加太子少保衔，赐黄马褂。他在浙江采取种种恢复经济的举措，并攻克湖州等地，从而控制浙江全境。论功，封二等恪靖伯。旋奉命率军入江西、福建追击太平军李世贤、汪海洋部。

同治五年正月，左宗棠最终攻灭李世贤等于广东嘉应州（今梅州），被封为一等恪靖伯，节制赣、闽、粤三省军务，赏戴双眼花翎。

在镇压太平天国后，左宗棠倡议减兵并饷，加给练兵。到福州，改革吏治，革除盐务积弊，实行"改用票运，厘课并抽"，财政收入在半年内实增二十余万。又裁遣老弱和吸鸦片兵勇，提高士兵素质。还在黄巷设立正谊书局，刊印先贤遗书，将延搁30多年的道光《福建通志》付梓。作《谕闽六禁》，禁除聚赌和械斗等恶习；在耿王庄旧址，设立桑棉局，管理桑棉种植；谕各县增加积谷，以备饥荒。

同治五年五月十三日，闽浙总督左宗棠奏请在福州马尾设立福建船政局，购机器觅洋匠，试造轮船。六月初三日，清廷批准左宗棠的建议获准试行，即于福州马尾择址办船厂，派员出国购买机器、船槽，并创办求是堂艺局（亦称船政学堂），培养造船技术和海军人才。聘法人日意格、德克碑为正副监督；又议立"求是堂艺局"，培养造船及驾驶的技术人才。八月十七日，左宗棠调任陕甘总督，推荐原江西巡抚沈葆桢任总理船政大臣。一年后，福州船政局（亦称马尾船政局）正式开工，成为中国第一个新式造船厂。

同治五年末，左宗棠动身，首先重点镇压捻军。

同治六年，左宗棠以钦差大臣身份督统军队（陕甘总督由穆图善署理），屡次击败捻军，但难以彻底取胜。是年末，捻军由陕入晋，继

而入河南、直隶，京师震动。左宗棠与李鸿章、李鹤年、官文皆受革职处分。左率军追击，并且建言献策，最终于同治七年协助李鸿章剿灭了西捻军。左宗棠在入京觐见时指出平定陕甘仍需五年时间。

同治七年末，左宗棠进军陕北的延安、绥德、榆林一带，至同治八年初先后逼降扈彰、董福祥等统领的汉族起义军。左宗棠并在当地推广代田法、区田法，努力恢复生产，并拨款救济饥民和归降者。这时，左宗棠已认定盘踞金积堡一带的马化龙是回乱的罪魁祸首之一，遂派刘松山进攻马化龙的金积堡。同年，左宗棠由泾州进驻平凉，接陕甘总督印。

同治九年正月，刘松山阵亡，左宗棠痛感"失我右臂"。左宗棠以松山之侄刘锦棠代替刘松山，又调动重兵围攻金积堡，终于在同治九年取胜。左宗棠赏加骑都尉世职。

同治十年，肃清后方后，左宗棠进攻甘肃河州。

同治十一年，左宗棠派刘锦棠克复西宁，另派徐占彪进攻肃州。同年，左宗棠驳斥朝中停造轮船的言论，并在兰州创办甘肃机器制造局（即兰州制造局）。8月，左宗棠入驻陕甘总督驻地兰州。

同治十二年，随着肃州克复，陕甘回变告终。发帑安置饥民和降众，开垦荒地，教以区田代田法。清廷着左宗棠以陕甘总督协办大学士，赏加一等轻车都尉世职。

同治十二年二月，左宗棠致信总理衙门，提出先安定新疆回部再准备收复伊犁的方针。

同治十三年，左宗棠推动甘肃省与陕西省分闱乡试、分设学政，以免甘肃考生赴陕乡试之苦；他还推动西北茶政改革，镇压局部动乱。8月，左宗棠补授大学士，不久又补为东阁大学士。

同治十三年三月二十一日，日本以琉球渔民被台湾的原住民所杀为借口，悍然入侵我国台湾，发动"牡丹社之役"。日本侵台，清廷由此发生"海防"与"塞防"之争。李鸿章等人力主海防，以日本为主要假想敌，主张放弃塞防，"停撤之饷，即匀作海防之饷"；湖南巡抚王文韶主张塞防。左宗棠则主张海防与塞防并重，指出，不收复新疆，陕甘清军便会被

长期牵制，不仅不能裁减兵饷、助益海防，而且"自撤藩篱，则我退寸而寇进尺"，尤其招致英、俄渗透。军机大臣文祥赞同左见，全力支持之。与此同时，左宗棠弹劾景廉、成禄等原受命收复新疆而逡巡不进者，成禄被革职，景廉被调任。于是1875年5月3日，清廷下诏授左宗棠以钦差大臣督办新疆军务，全权节制三军，以将军金顺为帮办军务，择机出塞平叛新疆。

在军事战略上，左宗棠提出要"先北后南""缓进急战"（又称"缓进速决"）。

"先北后南"，即先安定北疆（但不急取伊犁），再进军南疆。这是考虑到进军新疆重点在打垮阿古柏，而阿古柏的势力主要在达坂城、托克逊、吐鲁番一线，其在北疆势力比较薄弱，进军困难较小；同时，位于北疆的乌鲁木齐有重要政治意义。从地理区位上讲，收复北疆，也可为进一步收复伊犁创造必要条件。

"缓进急战"中的"缓进"，就是积极治军。左宗棠用一年半的时间筹措军饷，积草屯粮，整顿军队，减少冗员，增强军队战斗力。即使是自己的主力湘军，也剔除空额，汰弱留强。他还规定，凡是不愿出关西征的，一律给资，遣送回籍，不加勉强。至出关时，左宗棠指挥的西征军有刘锦棠所部湘军25个营（后选增至32营），张曜所部嵩武军14个营和徐占彪所部蜀军5个营，金顺的部队整编为40营，加上担任防守任务的清军，共有马、步、炮军150余营，兵力总数约8万。但真正开往前线作战的只有50余营，2万多人。

"急战"，就是考虑国库空虚，以及西北交通不便、人烟稀少、田地荒芜，为了紧缩军费开支，大军一旦出发，必须速战速决，力争在一年半左右获取全胜尽早收兵。

左宗棠此前已在兰州建立"兰州制造局"（亦称"甘肃制造局"），为西征军修造枪炮。为了对付阿古柏军的洋枪洋炮，并由广州、浙江调来专家和熟练工人，在兰州造出大量武器，还仿造了德国的螺丝炮和后膛七响枪，改造了中国的劈山炮和广东无壳抬枪。

左宗棠事先命西征军前锋部队统帅张曜，驻军哈密兴修水利、屯田积谷。光绪二年收获粮食5160余石，基本上可以解决该部半年军粮所需。然而毕竟缓不济急，为运输军粮，左宗棠又建立了四条路线：一是从甘肃河西采购军粮，出嘉峪关，过玉门，运至新疆的哈密；二是由包头、归化、宁夏经蒙古草原运至新疆东部的巴里坤或古城（今奇台）；三是在新疆东部采买；四是向俄国人购买。此外，左宗棠广设运粮台站，并于官运之外借用民力，节节转运。

光绪二年三月，左宗棠在肃州祭旗，正式出兵，去收复被中亚浩罕汗国的阿古柏侵占的新疆和被沙俄占据的伊犁。

左宗棠坐镇肃州，命刘锦棠、金顺分兵两路，先后率师出关。他把大军分作千人一队，隔日进发一队，刘锦棠走北路，金顺走南路，到哈密会齐。

刘锦棠率领西征军主力自肃州出发，顺利地进入哈密。部队各营到达哈密后，把军粮从肃州等地陆续运往哈密，再辗转搬运，翻过东天山九曲险道，分运至巴里坤和古城。刘锦棠的前锋部队很快攻占了阿古柏占据距离乌鲁木齐只有不足三百里的济木萨（今吉木萨尔县）。

8月，刘、金两军协力，经激战攻下乌鲁木齐外围的古牧地；阿古柏的帮凶白彦虎、马人得弃乌鲁木齐而逃。8月18日，刘锦棠兵不血刃收复乌城。随后，金顺进占昌吉，荣全在刘锦棠协助下攻克玛纳斯城，至此北疆平定。

达坂、托克逊、吐鲁番三城，是南疆的门户，对战局影响甚大。左宗棠告诫刘锦棠不要急于进兵；他布置了三路进军计划，促金顺留守乌城，而以刘锦棠为前线总指挥。光绪三年三月，刘锦棠出兵南疆，大军势如破竹，4月20日收复达坂城，4月26日收复托克逊城；徐占彪与张曜在盐池会师，4月21日攻克吐鲁番门户七克腾木。阿古柏逃往焉耆。刘、张、徐三军合击，4月26日收复吐鲁番。阿古柏兵败服毒自杀。阿古柏的长子胡里为争权夺位杀死其弟，率领残部逃往喀什。白彦虎率领余众逃窜到开都河一带。1878年1月2日和田克复。至此，整个新疆，除了伊犁①还在沙俄手中，全

---

① 同治十年，沙俄乘阿古柏侵占新疆之机，派兵侵占了伊犁，宣布"伊犁永远归俄国管辖"，但当时沙俄因克里米亚战争，比较虚弱，其驻华公使不得不在照会清朝总理各国事务衙门时说些外交辞令，称占领伊犁

部收复。

左宗棠在收复新疆过程中，英国驻华公使威妥玛曾多次对清廷进行恫吓，要求清廷停止进军、将阿古柏势力认作藩属。清廷内部的"海防派"也不断给左宗棠施压，清廷让左宗棠"统筹全局"，提出己见。左宗棠上疏据理力争，强调新疆的战略意义、当前的大好形势，并提出要在新疆实行省制。最后清廷认可左宗棠的意见得以继续新疆收复战。

1878年1月2日，收复和田。住在山中的布鲁特（今柯尔克孜族）十四个部落，争相内附。至此，这场由英、俄两国支持的阿古柏之乱乃告平息。左宗棠收复了除伊犁以外的新疆领土。清廷嘉其功，诏封二等恪靖侯。新疆各地也于大小村镇建立左公祠，烧香礼拜。

光绪四年，左宗棠多次上书朝廷，讨论在新疆设省以及收回伊犁，引渡胡里、白彦虎等事宜。他也与俄国方面有所交涉，并曾致书俄国土耳其斯坦总督康斯坦丁·彼得洛维奇·考夫曼，但无果。清廷派遣崇厚为全权大臣出使俄国进行谈判。然而谈判中，沙俄条件苛刻，且一边谈判，一边不断武装侵扰中国边境。

光绪五年，在沙俄的威逼下，崇厚签订《里瓦几亚条约》。左宗棠闻讯，向清廷陈奏分析利弊，清廷被说服，于是治崇厚罪。

左宗棠在哈密生活了四个月，为了减轻内地长途调运军粮的困难，改善天山运道，修筑盘曲山路；筹集粮秣，发动军民屯田垦荒，兴修水利，增粮积谷。并在哈密大本营加紧训练，提高部队战斗力。光绪六年，清廷派曾纪泽出使俄国，重议条约。

左宗棠兵分三路向伊犁方向挺进：命金顺部出精河为东路；命张曜部驻特克斯河畔为中路；命刘锦棠部出布鲁特游牧地为西路。左宗棠认为"壮士长歌，不复以出塞为苦也，老怀益壮"，抱着此去无回，以死报国的雄心壮志，抬上了一口大棺材放在出征将士面前，左宗棠

是为了"安定边疆秩序"，"只因回乱未靖，代为收复，权宜派兵驻守，俟关内外肃清，乌鲁木齐、玛纳斯各城克服之后，当即交还"。但不料清军果真收复了乌鲁木齐、玛纳斯等城，被落了口实。左宗棠借此强调俄方有归还许诺在先，所以要先通过外交途径和平解决伊犁问题。

慷慨激昂地说，老夫年已65岁，此去收复新疆，抱定不成功誓不归的决心，无论是战死还是病死，愿埋在新疆，守卫国土，以死报国。在场的湘军子弟听了无不感动，纷纷表示，愿为国家死战，一定收复新疆，赶走侵略者。遂携棺材由肃州出发入疆，坐镇哈密亲领后路声援，并表示收复伊犁血战到底的决心。

沙俄闻讯，火速增兵坚守伊犁，并派出舰队游弋在海上，中国沿海省市天津、奉天（今辽宁）、山东先后警报，都处于戒备状态。清廷在此情形下，召回左宗棠，左宗棠交棒刘锦棠，踏上回京之旅。当时正值俄土战争结束后不久，沙俄相对虚弱，加之其他的种种考虑，不欲开战，闻知左宗棠入京，反而担心中俄全面决裂，在谈判桌上终于让步。

1881年2月24日，曾纪泽与俄方代表订立了《中俄伊犁条约》和《陆路通商章程》。新疆的收复，维护了国家领土完整，功在当时，泽被后世。

光绪七年，左宗棠应诏至北京任军机大臣兼在总理衙门行走，管理兵部事务，在此期间参与练兵、治河、禁烟等事。但他与同僚不和，自己也不习惯于任职中枢。同年九月，左宗棠调任两江总督兼南洋通商大臣。两江总督任上，左宗棠兴办水利，改良盐务，支持洋务，重视海防。是年，沙俄正式交还伊犁，左宗棠第五次向清朝政府奏请新疆建省，提出乘新疆收复伊始和西征大军未撤之威，不失时机地建省设县。这样顺应民心，有利于百废待举，恢复元气，实行切实有效的管理。左宗棠恳切陈词说服了清朝政府，同意着手在新疆建省（经过筹划，光绪十年，新疆省正式建立）。

光绪九年十一月十二日，法国侵略军6000人在孤拔统领下进攻越南山西地区的中国军队，中法战争爆发。左宗棠上奏分析局势，自请赴边督军，并令王德榜招募士兵组成恪靖定边军，准备作战。清廷同意了左宗棠的部分请求，但未同意其亲赴前线。

十二月，左宗棠因目疾请求回籍调治。光绪十年三月，因中法战争战事紧张提前销假。闰五月初一日，法军在谅山附近与中国军队发生冲突，被打死22人，史称"谅山事件"。法军认为清政府软弱可欺，反而借口"谅山事件"

（即"北黎事件"）的发生，诬蔑中国背约，要求中国赔款八千万法郎，十年付清。左宗棠奉召入京，任军机大臣，并管理神机营事务。

光绪十年七月初三，法军舰突袭福州马尾，福建水师军舰损失殆尽。七月初六清廷宣布对法战争。中法战争由此正式爆发。左宗棠日夜忧思，毅然向醇亲王奕譞请缨，赴福建督战。慈禧接到醇亲王奕譞的禀告之后，赶紧召见左宗棠。七月十九日，清廷任命左宗棠为钦差大臣、督办福建军务委，并修顿福建水师。七月二十六日左宗棠离开京师后，经一月"水陆兼程"，八月抵达江宁（今南京市）。

九月十三日，左宗棠自己率领旧部5000人由江西进入福建。十月二十七日抵达福州，设于行馆福州北门黄华馆。此时，福州城内正因此前马尾之败和法军又于八月十三日攻占台湾北部的基隆而人心惶惶，一片混乱。左宗棠的到来，使福州人心大定。

由于福建水师覆灭之后，东南海防如同虚设。重整闽江防务是左宗棠第二大举措。闽江海口有一大岛曰琅岐岛，岛上的金牌与北岸的长门"为入口最要之地"。左宗棠派福建按察使裴荫森、道员刘倬云等"星夜督工，就该处竖立铁桩，横以铁缏，没入水中，安设机器，随时捩转起落，以便我船出入，敌船至则起缏以阻之"。随后，他又于"距省城三十里之林浦、魁岐及闽安右路（南港）出海之梅花江，概经垒石填塞，仅容小舟来往"。并在"以上各处均建筑炮台，安放炮位，派兵驻守，可资捍卫而遏敌冲"。左宗棠还与帮办福建军务的闽浙总督杨昌浚、福州将军穆图善会商"妥筹一切"，决定"将海口水道标识立即撤去，并督饬水雷教习将各雷火药装齐，沿港遍布"。左宗棠把长门、金牌各炮台视为"闽港第一关键"，部署穆图善驻军于此。穆图善把从马江中起出的被击沉军舰上的大炮"迅催安妥"，"又将原设各炮次第修备，督同各将弁昼夜巡守。敌船如敢来犯，立予轰击"。被左宗棠视为"第二重门户"的"闽安之南北岸，亦关系紧要，原设备炮台被敌轰毁之后，正在修整。原设各炮亦有数门可以开放"。这样，安放在闽江出海口的铁缏，犹如一把铁锁，而长门、金牌炮台和闽安南北岸炮台则宛如两道铜关，可谓铁锁铜关，互为表里。十二月二十六至二十七日，左宗棠同杨昌浚先后出省城，到南台、林浦、马江、闽安南北岸"遍加巡视"。二十八日同到长门、金牌，"各营将士均站队试枪，军容甚肃，各炮台可放之炮亦皆演放数过"。左宗棠通过检查防务情况，满怀信心地说："如狡寇果来，势难插翅飞过。"福建前线的防务大为增强，5个多月前马尾之战的悲剧此时已不可能再重演了！

此外，左宗棠还拣派勤练明干之员分赴福州、福宁（今霞浦市）、兴化（今莆田市）、泉州四府各海口设局，会同地方官及本籍绅士办理渔团，择渔户中骁勇善水者作为团长，"勤以步伐，犒以资财，动以功名"，借助民力"而御外侮"。

我方虽无军舰，但法舰亦无法驶入，更有长门、金牌、闽安南北岸炮台严守把关，法军一时也无法贸然进攻。

法国侵略者在中国东南沿海受挫后，又把进攻的重点转移到中越边界的陆路战场。光绪十年十二月二十日，法军向谅山一带的清军发动攻势。广西巡抚潘鼎新节节败退，甚至自动放弃谅山和镇南关（今友谊关），一直逃回广西龙州。光绪十一年正月初九日，法军占领了中越边境上的重镇镇南关。遂焚掠镇南关后退回谅山。镇南关失守后，清廷将潘鼎新革职。两广总督张之洞奏荐冯子材任广西关外军务帮办，接替镇南关前敌指挥权。二月初七日，法军分兵三路猛攻镇南关，被冯子材率军打退。次日，法军再攻镇南关，冯子材会同王德榜的"恪靖定边军"坚决抗击，将法军逼离长墙，压下山谷。初九日，冯子材下令各军反攻，各路清军勇猛冲杀，法军全线溃退。初十日，冯子材、王孝祺率军夺回文渊州。十二日，冯子材、苏元春、王德榜三路夹击谅山，于第二天克复谅山，大败法军。这就是威震中外的镇南关—谅山大捷。

此刻，左宗棠在福建、张之洞于两广，都在抗击法国侵略的斗争中取得了明显的成效。特别是法军在镇南关、谅山大败后，茹费理内阁因此而垮台。战局对中国来说不仅有利，且大有可为。就连把持中国海关总税务司职务的英人赫德私下也不得不承认："中国如果真能打到底的话，她（按指慈禧太后）会赢的！"但是，就在镇南关—谅山大捷即将取得之际，清廷于二月二十二日下令前线停战和撤回前线的军队返回关内，并公开向战败的法国求和。并于三月二十九日派李鸿章在天津与法使巴德诺开始谈判，以签订正式条约。

面对清廷停战、撤兵与议和的"谕旨"，左宗棠痛感失望和愤懑不平，他上奏《密陈要盟宜慎防兵难撤折》，与左宗棠有同感的张之洞在接二连三地提出反对撤兵、议和的建议后，自知"人微言轻"，便致电左宗棠希望他能力挽狂澜。但没能改变清廷的方针。四月二十七日，李鸿章奉慈禧太后之命，在天津与巴德诺签订了《中法会订越南条约》（又称《中法新约》），战争的结局是以法国不胜而胜，中国不败而败的事实收场了。

由于潘鼎新、刘铭传等攻击"恪靖定边军"首领王德榜、台湾道刘璈，使他们失去兵权。左宗棠上书朝廷为属下鸣冤叫屈，五月初六日，左宗棠以"身体羸瘦、饮食锐减"，"头晕眼花"，"咯血时发"的实情向清廷上奏请求告退。六月十七日，他再次上奏恳求交卸钦差差使回籍，并陈述了自己的肺腑之言："微臣衰朽残年，谬膺重寄，成功未奏，方切疚心。"

中国不败而败，在7月29日，病重的左宗棠连上两折，对保卫台湾和加强海防提出了颇有见地的建议，其一请求专设海防大臣，其二请求将福建巡抚改为台湾巡抚。他认为："台湾孤注大洋，为七省门户，关系全局，请移福建巡抚驻台湾，以资镇摄。"清廷对此予以采纳，于光绪十一年九月初五日改福建巡抚为台湾巡抚，福建巡抚事务由闽浙总督兼管，台湾设立行省，刘铭传为首任巡抚。左宗棠还在专设海防大臣的奏折中提出"师船宜备造""巡守操练宜定例""铁路宜仿造""士气宜培养"等意见，并指出由新设的海防大臣"驻扎长江，南拱闽越，北卫畿辅"。在台湾设行省的同一天，清廷下令设立海军事务衙门，命奕䜣总理海军事务，这与左宗棠的建议也有密切的关系。

七月二十七日，业已73岁的左宗棠在两日前接到了清廷"俯如所请"的"上谕"，但耗尽了毕生心血的他再也无力返回湖南老家了，这一天他病逝于福州，享年73岁。临终之前，他在口授遗折中说："而越事和战，中国强弱一大关键也。臣督师南下，迄未大伸挞伐，张我国威，怀恨平生，不能瞑目！"

左宗棠死后，清廷发布"上谕"，追赠太傅，加恩予谥"文襄"，左宗棠葬于长沙县跳马乡白竹村。入祀京师中的昭忠祠、贤良祠。

左宗棠著有《楚军营制》（附条规）、《朴存阁农书》（失传）等。其奏稿、文牍等于清末辑为《左文襄公全集》；20世纪80—90年代岳麓书社与湖南省社科院又编纂了《左宗棠全集》，内容增较前书加了三分之一。《晚晴簃诗汇·卷一三七》亦收录有其诗。

左宗棠自负，自诩为诸葛亮，常以"今亮""老亮"（与被称为"新亮"的郭昆焘相对）等自称，时人也常以诸葛亮比之。（刘传标）

下册 近代卷

九、1912—1949

陈季良

陈季良（1883—1945年），原名世英，字季良（庙街事件后改名为陈季良）。福建省福州府侯官县（今福州市）文儒坊人。生于清光绪九年九月十三日。

光绪三十一年二月（1905年3月），毕业于江南水师学堂第四届驾驶班。宣统三年八月十九日（1911年10月10日）武昌起义爆发后，随"海容"舰抵达武昌，因同情革命，于九月二十三日调转炮口支持革命军。

1912年1月1日，中华民国临时政府成立，"海筹"管带黄钟瑛任海军总长兼海军总司令，1月12日调拨"海容""海琛""南琛"组成北伐舰队，随"海容"舰参加北伐。北伐结束后，因功升任"湖鹗"鱼雷艇管带。

1913年6月17日"二次革命"爆发，管驾"湖鹗"鱼雷艇参加"湖口之役"。1914年10月25日调任"江亨"炮舰中校舰长。

第一次世界大战结束，要求收回被帝俄侵夺的黑龙江、松花江航权的呼声高涨。海军部视察王崇文研拟了"收回黑龙江、松花江航权办法及江防建设规划"，向海军部建议在哈尔滨建立海军吉黑江防司令部，请求在东北建立江防舰队，永久性驻扎黑龙江上。海军总司令部下令组建"靖安"（舰长甘联璩）、"江亨"（舰长陈世英）、"利通""利捷"（舰长林培熙）、"利绥"（舰长毛钟才）北上舰队。7月21日北上舰队启航，8月8日抵达海参崴，8月25日抵达庙街（位于黑龙江入海口附近，也称"尼港"）。9月1日重组北上护航舰队，"江亨"舰长陈世英（季良）为舰队长。10月22日舰队自庙街溯黑龙江上驶，计划开赴哈尔滨。10月23日午后途经过伯力大桥时，遭到日军炮击，各舰被迫回航庙街过冬。10月28日，苏联红军游击队向庙街地区白俄军队发起进攻。白俄军队溃逃，一些躲在日本领事馆。日本领事馆防御坚固，红军游击队没有重型火器，久攻不下，便派代表拜会陈世英，要求借炮两尊。舰队长陈世英借舰炮给苏联红军，苏联红军利用舰炮一举攻克日军领事馆，击毙日军数十人，俘虏

130多名日军官兵，史称"庙街事件"。1920年3月下旬，庙街的江面开始解冻，陈世英决定将"江亨"等四舰开往马街港，此时日本调来军舰20余艘，同时白俄的浅水炮舰也从上游顺流而下，监视中国海军舰艇，并派特务头子土肥原等数名军官到"江亨"军舰，指责中国海军借舰炮给红军游击队，扬言"如果一星期内不把暗助红军的凶手交出，则对中国军舰发动攻击"。为此，陈世英做好了拼死抗敌准备，下令：各舰都检查舰底水塞，一旦敌舰开炮，打开舱底水塞，与舰共存亡。数日后，日本政府就"庙街事件"向中国政府提出交涉，提出要中国"道歉"等4条无理要求。软弱无能的北洋政府，屈从于日本人的要挟，责令"吉黑江防筹备处"处长王崇文协助调查处理。4月13日中日双方代表抵达庙街，组成中日联合调查组，经历18次的调查取证，最后中日双方在奉天组成"特别法庭"审理此案，陈世英成为"被告"接受审查。日方始终没有找到任何中国四舰协助苏联红军打日军的证据，最后以"因冻江期迫，恐延搁各舰航期，从权解决，舰炮误由白党落于红党之手，舰长未及追究为憾"为由，此案遂告结。但日方又采取外交欺诈的手段，逼迫北洋政府给陈世英以严厉处分。12月28日，北洋政府在日方的威逼下，1921年1月20日陈世英被免去"江亨"舰长之职。陈世英在"庙街事件"中又表现出了凛然的气节，受到海军同仁的同情和钦佩。经当时海军部署理总长之职的李鼎新呈报，7月14日陈世英更名为"陈季良"，11月11日被任命为海军长江游击队中校队长。1922年2月1日升任"楚观"舰中校舰长。6月27日升任"海容"舰长。

1924年4月16日，陈季良奉海军练习舰队司令杨树庄兼摄"闽口厦门警备司令"之命率领"海容"，协同"应瑞"等舰及海军陆战队第一混成旅第一团（团长马坤贞），驱逐北洋军阀臧致平部。5月5日陈季良因战功晋升为海军少将。

1925年2月6日，陈季良升任海军第一舰队司令兼"闽江海军警备司令"司令。1926年7月4日，中国国民党中央执行委员会通过《出师北伐宣言》，国共合作北伐。北伐东路军向敌

兵空虚的浙闽进军。12月10日，陈季良率领驻泊福州马尾等地的海军第一舰队易帜归附国民革命军，配合北伐军东路军夹击北洋政府军张毅部，北洋军阀统治福建告终。12月15日国民政府福建政务委员会成立，陈季良任政务委员。12月30日国民革命军海军司令部成立，陈季良任司令。

1927年3月14日海军总司令杨树庄通电易帜，加入国民革命军。3月28日陈季良率归附北伐军的第一舰队的"海容""海筹""应瑞"北上，进入长江掩护北伐军作战，并负责吴淞至江阴防务，掩护陆军渡江追敌。7月6日，南京政府特任陈季良为"国民政府军事委员会"委员，10月19日任国民革命军海军委员会委员。11月1日南京政府任命杨树庄为国民革命军海军总司令（兼福建省主席），陈季良为国民革命军海军第一舰队司令。由于杨树庄兼福建省主席在福建主持政务，海军总司令部日常事务由陈季良代摄。

1928年9月1日，陈季良被选为国民政府侨务委员会委员。10月，陈季良协同第二舰队司令陈绍宽等向军事委员会辞职，对蒋介石施加压力，迫使蒋介石于12月5日在军政部下设一个海军署，以陈绍宽为署长，陈季良等任委员。同月，陈季良出任代理海军总司令。

1929年1月22日，张学良正式宣告归附南京国民政府，东三省易帜，全国"统一"后，召开编遣会议，取消海军部，设"海军编遣区办事处"，海军总司令杨树庄为"海军编遣办事处"主任委员（未到任以前由陈季良代理），陈季良为"海军编遣办事处"委员。6月1日海军部正式成立，杨树庄任部长，陈季良任常务次长兼第一舰队司令。1930年4月10日，南京政府下令讨卢兴邦，陈季良兼任"海军陆战队总指挥部"总指挥，1934年3月4日因肝病发作而辞去"海军陆战队"总指挥部之职。

7月10日，海军部在马尾创办海军大学，培训在职舰长，抽调海军各舰艇长入学受训。12月6日以"应瑞"舰长林元铨等23位舰长向国民政府和军事委员会指控陈绍宽重用亲日分子李世甲和聘用两个日本人为教官，"将海军军事教育大权委诸敌人"。12月20日陈绍宽自行辞职，请陈季良赴南京"代拆代行"部长之职。1935年2月15日，海军部代理部长陈季良着手处理23个反对陈绍宽的上中校舰长，反对陈绍宽的风潮平息。8月1日，"福州海军艺术学校"停办，福建省教育厅准将"海军艺术学校"改为"私立勤工初级机械科职业学校"（"勤工学校"），聘马尾造船所工务长萨本忻为校长，设校董会，以萨镇冰为名誉董事长，陈绍宽为董事长，陈季良等为董事。

1937年"七七事变"爆发时，海军部长陈绍宽作为副使，与正使孔祥熙出访未归，陈季良代行海军最高指挥官大权，主持布置江阴水道封锁线，积极投入备战。他坐镇"平海"旗舰上指挥，与日本海空军，展开浴血奋战。"平海"被炸沉后，他移驻"逸仙"号。9月25日敌机猛攻陈季良"逸仙"，弹片击中了陈季良腰部，陈季良摔倒在甲板上，顽强战至"逸仙"舰被炸沉。负伤后的陈季良依然不下火线，继续移驻"定安"舰，再次升起司令旗，指挥与敌作战。血战至10月23日，虽然陈季良所率的中国海军主力舰损失殆尽。鉴于季良指挥作战五十多天，改派第二舰队司令曾以鼎接江防司令之职，令季良下火线到后方医治疗养。时电雷学校校长欧阳格竞向蒋介石谎报："陈季良临阵脱逃"，蒋即批示"革职法办"，后因陈绍宽部长力保及德国顾问及江阴炮台上观看海空战斗情况的人出来作证，才幸免于被陷害。12月初，陈季良将第一舰队司令部设于万县，带伤坚持抗战工作。

1938年1月1日，海军部改制为海军总司令部，陈绍宽任总司令。1944年6月15日，海军总司令部中将参谋长陈训泳在重庆病故，第一舰队司令陈季良兼海军总司令部参谋长。1945年春，陈季良腰伤复发，又得了伤寒。4月14日遗言："我深恨未能将日寇赶出中国。我死后，不要让我入土，我要看着日本人被打败。等打败了日本人，你就往我的棺材里倒几杯酒，我也要好好庆贺一番。"带着对东瀛日寇的满腔仇恨，在四川万县离开了人世，终年63岁。

4月17日，陈季良的夫人遵照陈季良遗言，为陈季良制了一口水泥棺放在重庆山坡上的稻

田里。9月10日追赠为海军上将。抗战胜利后，陈季良的水泥灵柩被运回老家福州。福州人为陈季良举行隆重公祭。（刘传标）

陈嘉庚

陈嘉庚（1874—1961年），又名甲庚，字科次。福建省泉州府同安县仁德里集美社（今厦门市集美区）人。著名的爱国华侨领袖、企业家、教育家、慈善家、社会活动家、"马来西亚橡胶王国四大功臣"之一。生于清同治十三年九月十二日，光绪十六年赴新加坡，随父经营商号顺安米店。顺安商号因父亲经营不善关门，陈嘉庚以7000元资本重新起家，此后创立黄梨罐头厂、黄梨种植园、米行、米厂等。光绪三十二年，涉足橡胶种植业。

陈嘉庚虽身处南洋，但一直心系中国，积极支持中国国内的革命活动。在宣统二年加入同盟会，并积极支持孙中山的革命活动。辛亥革命后，陈嘉庚担任福建"保安会"会长，筹款支援福建，稳定了当地局势。1913年，陈嘉庚回家乡，在同安县集美先后创办了小学、中学、师范、水产、航海、商科、农林等10所，及幼稚园、医院、图书馆、科学馆等（统称集美学校，"集美学村"之名由此而来）。此外，资助闽省各地中小学70余所。1919年，陈嘉庚回国筹办厦门大学。认捐开办费100万元，常年费分12年付款共300万元。陈嘉庚独力维持厦门大学16年。

1928年中国济南惨案发生后，南洋华侨掀起了声势浩大的声援运动，陈嘉庚担任"山东惨祸筹赈会"主席，积极筹款救济难民，还发起抵制日货运动。

1937年抗日战争全面爆发，南洋华侨筹赈祖国难民总会（简称"南侨总会"）在新加坡成立，陈嘉庚被推选为主席。他自己带头捐款，还组织各类活动。从卢沟桥事变到太平洋战争爆发的4年半期间，共计捐款约15亿元，极大地支援了中国国内的抗日力量。

1938年10月，广州、武汉相继失守后，我国对外交通濒于瘫痪。新修建的滇缅公路成为最主要的军运大动脉，需要大批军运汽车和大批熟练的司机、汽车修理工。陈嘉庚一方面号召华侨捐款捐物，购买大量汽车和军需物品，另一方面还亲自到南洋各埠演说动员，招募司机和修理工（通称"南侨机工"）。广大华侨青年热烈响应、纷纷报名参加。1940年3月，陈嘉庚率领南侨总会组织的"南洋华侨回国慰劳考察团"，慰劳抗日前线的将士与后方的军民。1940年5月31日抵达延安。他在延安多住了四天，同毛泽东、朱德和其他党政领导人多次会晤，深入交谈；参观了中国女子大学、抗日军政大学、延安市容和安塞钢铁厂、印刷厂；与财政、公安、司法负责人谈话；广泛接触集美学校和厦门大学的校友；并同延安各界人士和归国华侨青年进行了多次接触和座谈；出席延安各界的欢迎会和欢送会。经过实地考察，亲眼看到边区军民一致，官兵一致。通过这次访问坚定了他对抗战胜利的信心，断定"中国的希望在延安"。

1946年国共内战爆发后，陈嘉庚反对美国援助蒋介石，以南侨总会主席名义致电美国总统和国会表示抗议。并且抵制蒋介石召开的国民大会。1947年，又组织"新加坡华侨各界促进祖国和平民主联合会"（简称"民联社"），积极声援民主党派关于制止内战的斗争。

1949年5月，陈嘉庚应毛泽东的邀请，回国参加中国人民政治协商会议筹备会议。当年9月，以华侨首席代表身份参加中国人民政治协商会议。10月1日，在天安门城楼参加了中华人民共和国开国大典。此后，陈嘉庚历任中央人民政府委员，中国人民政治协商会议第一届全国委员会常务委员，中央华侨事务委员会委员，华东行政委员会副主席，中华全国归国华侨联合会主席，第一届全国人大常委会委员，政协第三届全国委员会副主席等职务。

1961年8月12日，陈嘉庚病逝于北京，享年87岁。后安葬于集美鳌园。

陈嘉庚不仅是伟大的爱国者、著名的实业家，而且也是一位毕生热诚为国兴学育才的教育家。一生为辛亥革命、民族教育、抗日战争、解放战争、新中国的建设作出了卓越的贡献。

1990年3月11日，国际小行星中心和小行星命名委员会把一颗编号为2963的小行星命名为"陈嘉庚星"。（谭敏）

杜锡珪

杜锡珪（1874—1933年），字慎臣、又字慎丞，号石钟。福建省福州府侯官县（今福州市鼓楼区）南营道山路二营巷人。生于清同治十三年十一月初四日。光绪二十八年二月，毕业于南京江南水师学堂第三届驾驶班，历任"海圻"巡洋舰驾驶大副、"辰字"鱼雷艇哨官、"辰"字鱼雷艇管带、"建安"炮舰代理管带、"甘泉"炮舰管带、海军警卫队步兵第一营管带、"江贞"炮舰管带。

宣统三年八月十九日，武昌起义爆发后，杜锡珪随舰队参加攻打革命军的长江战役。在武昌战斗中，倾向革命，率舰在九江易帜起义，充任"海容"巡洋舰代理管带（因满人管带喜昌离开"海容"）。

1912年1月1日，南京临时政府建立，新成立的海军部奉命调拨"海容""海琛""南琛"3舰组成北伐舰队，杜锡珪督驾"海容"参加北伐。

2月12日溥仪下诏宣布退位。2月13日孙中山在袁世凯通电赞成共和后，提出辞职。北伐军遵令终止北伐作战。11月25日被北洋政府海军部正式委任为"海容"舰长，被授予海军上校。1914年3月25日被授予海军少将。袁世凯复辟后，为笼络海军，特册封"海容"舰长杜锡珪"一等轻车都尉"爵位。12月25日调任"肇和"舰少将舰长。1917年8月28日升署海军第二舰队司令之职。

1922年4月29日，第一次直奉战争爆发，杜锡珪依附直系军阀，派"海筹""海容"等军舰赴秦皇岛海面助直系军队攻击奉军。因助战有功，6月16日升任海军总司令，9月19日被授予海军中将加上将衔。10月10日，北洋政府大总统曹锟明令特封杜锡珪为"瀛威将军"。11月17日，北洋政府大总统曹锟特任杜锡珪为海军总司令。

1924年3月26日，北洋政府大总统明令授予杜锡珪为海军上将。9月17日，北洋政府大总统曹锟特任杜锡珪为海军总司令。

9月18日，直系军阀与皖系军阀间的"江浙战争"（又称"齐卢战争"）正酣，依附于直系的海军总司令杜锡珪和依附于皖系的沪队海军领袖林建章分别指挥舰艇参战。杜锡珪命令李景曦率第二舰队沿江而下，驻闽海军舰艇北上进入吴淞口，在吴淞浏河为直系齐燮元助战，炮轰皖系卢永祥所部。9月30日，北洋政府大总统曹锟明令特派海军总司令杜锡珪兼讨逆军总司令。10月31日，北洋政府内阁改组，杜锡珪任海军总长。12月7日，杜锡珪辞去海军总司令之职，任内军阀混战连绵不断，海军也随之四分五裂。1925年2月6日，北洋政府临时执政段祺瑞明令免去海军总司令杜锡珪之职。

11月24日，中华民国临时执政府在北京成立，段祺瑞就任"临时总执政"。内阁改组，杜锡珪辞去海军总长之职。12月31日，北洋政府内阁改组，杜锡珪复任海军总长。

1926年1月8日，杜锡珪下令恢复驻闽海军陆战队第一混成旅规制，委任林忠为海军陆战队第一混成旅旅长。

6月22日，内阁总理颜惠庆辞职，杜锡珪以海军总长身份组阁，任国务代总理。因张宗昌不满于海军总长杜锡珪任代理内阁总理，指使宪兵司令王琦派兵围困北洋政府内阁代理总理、海军总长杜锡珪和财政总长顾维钧两昼夜，最后以75万元始解围。10月1日杜锡珪辞去代总理之职。

1927年3月6日，海军总长杜锡珪离职。3月14日，海军总司令杨树庄正式通电易帜，加入国民革命军。

1929年10月14日，南京国民政府特派杜锡珪为考察欧、美、日海军专员。1930年10月18日，杜锡珪等考察欧、美、日本各国海军航空事业结束，乘日本邮船抵达上海。11月，杜锡珪编纂《考察欧美日本海军报告书》。

1931年8月1日杜锡珪任福州马尾海军学校校长（以海军上将衔）。12月12日，杜锡珪被南京政府海军部聘为高等顾问。1932年1月1日，杜锡珪被南京政府聘为"国难会议委员"。8月29日因病呈请辞去福州马尾海军学校校长之职。

1933年12月28日，杜锡珪病逝于上海寓所，终年60岁。1934年冬，杜锡珪归葬于福州西门外西边村。（刘传标）

高而谦

高而谦（1863—1919年），字子益。清末民国时期外交家。祖籍福建省福州府长乐县二难乡崇圣里二都（今航城街道）龙门村，清同治二年生于侯官县（今闽侯县荆溪镇）桐口村。光绪八年，考入福建船政前学堂第三届制造班，专攻法语和造船专业。光绪十一年四月，毕业于船政前学堂第三届制造班。船政选派第三届留学生，获得选派。光绪十三年秋，入巴黎大学法学部律便大书院法学系，学习万国公法、法语，专攻法律学并专修法文。光绪十六年四月留学期满，结业回国。光绪三十一年六月十五日，清廷派以载泽为首的王公大臣出洋考察政治，高而谦充任随员。光绪三十二年五月，清廷成立了"考察政治馆"。考察政治馆作为政务处的隶属机构，受政务处王大臣督饬。光绪三十三年七月，"考察政治馆"改为"宪政编查馆"，高尔谦充任"宪政编查馆"一等谘议官。同年调任清廷外务部右参、云南交涉使、汴洛铁路总监督、京汉铁路总监督。

宣统元年五月二十八日，中葡双方于香港开始了澳门勘界谈判。高而谦任清政府划界大臣，作为中方代表。宣统二年任清廷外务部右丞。宣统三年任四川布政使。

1913 年 12 月，被北洋政府任命为驻意大利全权公使，曾出席联邦大和会，力争中国主权。1915 年 2 月 23 日被袁世凯政府授予"少卿"。9 月辞去驻意大利全权公使之职。

1917 年 3 月 31 日，任北洋政府外交部次长；7 月张勋复辟时，被任命为外交部右侍郎（未赴任）。1918 年 5 月 4 日辞去北洋政府外交部次长之职。

1919 年 10 月，病逝于上海。终年 55 岁。

著有《魄室先生事略》等。（刘传标）

高 鲁

高鲁（1877—1947 年），谱名孔浩，字曙青，号叔钦。福建省福州府长乐县二难乡崇圣里二都（今航城街道）龙门村人。天文学家，为中国现代天文学奠基人之一、中央研究院天文研究所所长、中国天文学会创始人。生于清光绪三年五月十六日。光绪二十四年，高鲁考入福建船政前学堂第六届制造班。光绪三十年，高鲁以优异成绩保送出国学习。翌年，选派入比利时布鲁塞尔大学攻读工科。留学期间，研

究中国古代天文学，第一个编制了以立春为岁首的《长春历书》）。

宣统元年，高鲁的力学计算方面的论文获得比利时布鲁塞尔大学工科博士学位，奉派考察德、法各国工厂。同年在法国巴黎加入同盟会，联络与发动在比利时留学生参加同盟会。

1912 年，高鲁任南京临时政府秘书、教育部编纂、江苏省政府委员、大学院中央研究部秘书兼内务部疆理司司长。

1913 年，高鲁任北京中央观象台第一任台长，创办《气象月刊》（1915 年此刊改为《观象丛报》，1930 年更名为《宇宙》），普及气象学和天文学知识。并在北京女子高等师范学校和北京大学任教。高鲁打破中国气象事业由外国人把持的局面，创办气象训练班，培养自己的气象观测人员。同年，高鲁赴日本考察天文、气象事业。回国后，致力于北京天文台的筹建工作，正式测定北京经纬度，以中央气象台名义颁发国际通用按月份排定历书，为中国天文气象研究奠定基础。

1914 年，高鲁出席在东京举行的东亚气象台台长联席会议。回国后，创办《气象月刊》，后改为《观象丛报》。在《丛报》上发表通俗的天文学文章《晓窗随笔》，普及天文知识；还在中央观象台内设立历数、天文、气象、磁力等 4 科。在北京筹建大型天文台，购置先进的仪器、仪表，测定北京的经纬度；在库伦（今乌兰巴托）附设测候所，为中国现代天文气象研究打下基础。

1915 年冬，袁世凯阴谋窃国称帝，筹安会的骨干分子企图借重中央观象台以天象名义，发起向袁氏上书"劝进"，遣人说服高鲁。高乃笑告曰："日月合璧，非日蚀即月蚀，乃凶兆非吉兆也，5 星连珠有定期，在事前可以算定，空中 45 度内五星联珠之现象，偶逢喜事，虽亦有之，但终以不祥者为多。"高鲁拒绝在历书卷首印"洪宪帝像"。

1918 年，出席在巴黎举行的时辰统一会议。在会上详细地介绍他所设计的中国天璇式中文打字机的图样，引起与会学者的重视，并获得巴拿马国际博览会奖章，事后出任中国留欧学生监督。

1921 年，高鲁回国后仍任中央观象台台长。

1922年，高鲁发起成立中国天文学会，当选为第一任会长和总秘书。编译天文图书，观测星变，交流学术与评奖。1926年，高鲁南下投奔广州国民政府。1927年，高鲁任教育行政委员会秘书、大学院秘书，参加南京紫金山天文台的选址测量与筹建工作。

1928年，中央研究院成立，高鲁任国立中央研究院天文研究所所长。是年冬，完成南京紫金山天文台的测量工作。10月12日，高鲁任中国驻法国公使。在驻法公使任内，为全权代表与爱斯托威亚签订通商条约及签订《中希（腊）友好条约》。曾偕同王宠惠、蒋作宾、伍朝枢诸节使，联袂赴日内瓦，出席海牙国际法庭，运动撤废在华领事裁判权，获得原则通过，另订办法实施。在法期间，关心注视天文界最新研究成果，对日食做进一步观察，证明了广义相对论，得相对论创始人爱因斯坦的赞赏。

1929年，高鲁发明天璇式中文打字机，送巴拿马国际博览会展出并获奖。1931年7月，高鲁奉召回国任教育部长，未抵国门，8月改任监察院监察委员。1937年，高鲁受世界社编辑部的委托，主持《世界百科全书》中《天文学全书》编辑工作，负责编写《中国天文学史》，惜在抗日战争中散失。1942年他由国民政府监察员改任闽浙监察使，居住于福州文儒坊12号。1943年元旦，在福州各界人士纪念上海"一·二八"事变11周年的大会上，高鲁不顾身患轻度脑溢血症，发表了慷慨激昂的《誓与日寇血战到底》的演说，在演说快结束时，晕倒在讲台上。

1944年10月，福建沿海八县光复，善后工作百废待举，高鲁出巡辖区，得知日军犯闽时沿海驻军多不战而退，毅然不惧权势，向监察院提出弹劾当时第三战区司令长官顾祝同抗战不力，结果反而被免去职务。旋因社会舆论的指责，国民党政府不得已又任命他为监察院委员兼军事委员会军风纪第一巡察团委员。1945年6月，高鲁返回福州，7月再度中风加上感染肺炎。身体每况愈下，临终时家境贫困，后来到了典当家中房屋、衣物。

1947年6月26日，患肺炎并发症，在福州病逝，终年71岁，临终时家境贫困，中央社福建分社报道："高鲁家中竟无以为殓。"

2007年，为纪念高鲁先生130周年诞辰，长乐市筹资在高鲁故里龙门村东南隅的山头上建立"高鲁天文馆"。

著有《中国天文学史》《空中航行术》《图解天文学》《最近欧洲外交史》《世界联邦论》《相对论原理》《积分释义》等。（刘传标）

高梦旦

高梦旦（1870—1936年），原名凤谦，字梦旦。福建省福州府长乐县二难乡崇圣里二都（今航城街道）龙门村人，生于清同治八年十二月二十八日。光绪十六年，高梦旦的表兄魏瀚任马尾船厂总监工，请高梦旦为家庭教师。时船厂技工多系英、法留学生，高梦旦经常和他们交往，大量阅读西方译书。

光绪二十二年，高梦旦随长兄高凤岐赴杭州入林启（迪臣，福州人）幕府，创办"求是书院"和"蚕业学校"，时值康有为、梁启超等人提倡变法维新，高梦旦十分赞成。他讲究新政新法养蚕，蚕业学校办得很有成绩。

光绪二十八年，"求是书院"扩展为"浙江大学堂"，高梦旦任教习。光绪二十九年，浙江大学堂选派学生赴日本进修，高梦旦任留日学生监督，乘便考察日本明治维新后政治、文化、教育诸设施。

同年冬，高梦旦自日本回国。上海商务印书馆编译所所长张元济聘梦旦入馆任编译所国文部部长，继而委任高梦旦为编译所所长。高梦旦接任后，大力扩展编译业务，多方延聘人才，依据颁定的学制，分科编辑中、小学和师范学校的教科书，并相继出版。在高梦旦等努力下，编译所最盛时下设二十多部，职工多达数百人，成为国内规模最完备、影响最大的编译单位。高梦旦在编撰课本的过程中，再次感到汉字笔画结构过繁，不易认不易写，很难普及，曾就其形体繁简异同进行比较，评定优劣，试行取舍，进而与劳乃宣、王照二人研究汉字改革方案。

高梦旦在编写字书、词书的同时，决心革新《康熙字典》用部首偏旁检字的方法。经过长时间的苦思冥想，他根据汉字以形为主的特点，就旧字典所列214个部首，把形体相近的合并为80个部首，确定了它们上下左右的部属，成为后来"四角号码"的雏形。

高梦旦根据宋沈括在《梦溪笔谈》中关于更改历法的倡议，改写成的《改历私议》旧稿——《十三月新历法》。

1919年"五四运动"爆发，高梦旦推举王云五接任编译所所长，自己转任出版部长。

1924年11月，得悉王云五开始研究汉字号码检字法，高梦旦便毫无保留地把自己长期刻苦钻研的资料、稿件送其参考。王云五据以改进补充，最后创出"四角号码检字法"。

1928年，高梦旦辞去出版部长之职，只任董事会董事。高梦旦一生淡泊名利，以事业为重，在商务有极高的威望。商务印书馆所以成为旧中国规模最大的编辑出版机构，与高梦旦的劳瘁是分不开的。

1936年7月23日，高梦旦病逝于上海，享年67岁，葬于虹桥路万国公墓。（刘传标）

何振岱

何振岱（1867—1952年），字梅生，又字心与、觉庐、悦明，60岁之后改字"梅叟"。"同光体"闽派的殿军人物。福建省福州府侯官县（今福州市）文儒坊大光里人。生于清同治六年，自幼聪颖勤学，七八岁便能诗，因家贫，父亲曾多次要他到店馆当学徒。何振岱坚决不肯，母亲也不赞成，自愿做女工挣点零钱供儿上学。十二三岁便读遍经史，下笔千言。

16岁做童蒙师，光绪十七年进秀才，光绪二十三年何振岱中第四名举人。第二年入福州致用书院，师从谢章铤（枚如），"受恩深笃"，并视谢为"毕生不忘者也"。还应高伯谨聘做高家西席三年。此间他所做的每一篇文章，阖市均争相传诵，文名鹊起，与陈成侯（仲奋）、陈聚星（晴川）齐名。

光绪三十一年科举废止后，被时任江西布政使沈瑜庆（沈葆桢之子）聘为藩署文案（秘书）。公余，沈何二人常作诗唱和。沈离职后何振岱到上海柯鸿年家司笔墨兼教读其子女。不久，结识了老乡、同光派诗人陈衍。

光绪三十四年，何振岱好友柯鸿年在上海创办呢织厂，聘何司笔墨并教读，偶为商务印书馆所办的杂志撰写文艺。

宣统元年，以诗名享誉全国。辛亥革命后，与陈衍同回福州。何振岱应聘为福建省盐运使刘鸿寿西席，居住光禄坊与陈衍对门，两人来往非常密切，陈衍极力推崇何振岱，称赞其为海内有数的诗家，并在他所编的《近代诗抄》中大量选入何振岱的诗篇。他认为"君诗语能自造，而出以自然，无艰涩之态"。人们也公认在近代诗歌史上，何振岱是同光派闽派殿军。

1915年，福州西湖疏浚工程完工后，时任水利局局长林炳章（林则徐曾孙）以清乾隆年间知县姚循义修纂的《西湖志》"记载简略，版字漫漶"，倡议重修《西湖志》，并推荐何振岱为总纂。

1916年，福建省督军兼省长李厚基决定重修《福建通志》，聘沈瑜庆名义总裁，陈衍为总纂。何振岱应聘编撰《福建通志》的《艺文》和《列传》部分。

1922年秋第二次闽粤战争爆发，何振岱避往上海。次年冬应柯鸿年之邀，举家赴北京教其子女，并与"末代帝师"陈宝琛相交，陈视何为谢章铤继承人，对其极为赞赏，并常请何为之代笔，代其为他人撰寿、诔及墓志铭以及族谱、文集之文，并给予高度评价："大作清婉，读了口角生香；或说大作平实坚致，而出以冲夷，醇乎醇乎，哀朽心所向往而不能至，循诵再三，无可增损。"在此期间，何振岱与同光派诗人陈宝琛、郑孝胥、陈衍、陈三立等均有交游。

1936年冬，日本侵扰北京，时局紧张，何振岱回福州。抗日战争中，福州两度沦陷，何振岱贫病交加，几至断炊，日军曾托人聘他为顾问，均被严词拒绝。并与沦为汉奸的郑孝胥、陈曾寿、梁鸿志等人断绝关系，即使是过去与他们唱和投赠的得意作品也全部摒弃，不录入诗集中。

1942年，8位才女在何振岱主持下合出大16开本、木版、线装的《寿香社词钞》，按年龄排序为：王德愔（珊芷）、刘蘅（修明）、何曦（健怡）、薛念娟（见真）、张苏铮（浣洞）、施秉庄（浣秋）、叶可羲（超农）、王真（道之）。《词钞》两册共收8人词362首，一时盛传省内外，作者被誉为"福州八才女"。后来从外地回榕的王闲（坚庐，何振岱的儿媳）和洪璞（守真）也参加为结拜姐妹，尊何振岱为师，合称

"十才女"。

抗战胜利后，何振岱对国民党政府的褒奖避而远之，并以病推辞为蒋介石60岁生日寿文作序。

1952年2月，何振岱逝世，享年86岁。

著有《觉庐诗草》7卷、《我春室文集》4卷、《榕南梦影录》2卷、《心自在斋诗集》1卷、《寿春社词抄》8卷、《西湖志》24卷传世，尚有《易学录》《明诗话》《词话》和《笔记》等未出版。

何振岱一生安贫、勤学，靠教书与卖文为生，弟子众多，且颇有才华。何振岱同时还是一位教育家。一生所收的弟子极多，革命烈士吴石等均师从其门，何振岱以其高尚的人格深受弟子的爱戴。

何振岱擅画能琴，书法融碑帖于一炉，功力深厚；其诗的成就最高。何振岱的诗以清净、冲澹、幽逸、富有神理见长，但语言"自然，无艰涩之态"，在晚清闽人中独树一帜，是"同光体"闽派的殿军人物。其诗作有《姑留稿》《心自在斋诗集》《觉庐诗存》《我春室集》等，还编有《榕南梦影录》《寿春社词抄》等以及未刊行的《易学录》《明诗话》《词话》与《笔记》等。福建旧体诗的创作经久不衰，与何振岱等的私家传授及其产生的影响是分不开的。陈衍曾评价他的诗"语能自造而出以自然，无艰涩之态"。（潘健）

黄乃裳

黄乃裳（1849—1924年），字绂丞，又名九美、慕华，晚号"退庵居士"。清末民初的华侨领袖、民主革命家、教育家。福建省福州府闽清县六都湖峰村（今坂东镇湖头村）人。生于清道光二十九年六月初六日，初入私塾，靠半工半读开始读书识字。同治三年，基督教传入闽清。同治五年，黄乃裳由美国牧师薛承恩介绍入教。此后，他学英文，因精通英汉两国文字，被派到福州东街福音堂，负责编辑《年会录》，曾分别与牧师薛承恩、蔚利高合译《天文图说》《大美国史略》，并独自用福州方言翻译基督教圣经《旧约全书》。

同治十三年，任《郇山使者报》编辑。光绪元年，与人合撰写革除缠足等5篇，并印发宣传。次年，与友人在福州合办英华、福音和培元三所书院（为福州第一批新型学校），且亲自授课。

光绪三年，考中秀才，光绪二十年，考中举人。

光绪二十一年三月二十三日，李鸿章与日本首相伊藤博文在日本国马关春帆楼签订了丧权辱国的《马关条约》，瓜分危机更是迫在眉睫。康有为趁入京应试的机会，联合各省应试举人1300余人，于四月初八日联名请愿，发动"公车上书"，黄乃裳时正在北京参考会试，参加康有为发起的"公车上书"。

光绪二十二年，在福州自筹资金创办《福报》（福建最早发行的一份报纸），黄乃裳常在报上鼓吹政治改革，提倡"格致"之学，上书《请行切音析》条陈，倡议采用新的切音法以普及语言文字教育，主张简化汉字，成为中国近代文字改革的先驱。后来又主编出版《福州音普通字教科书》2册，为福州方言区推行普通话教育做出了贡献。

光绪二十三年，黄乃裳积极寻求变革时政、救国救民的思想。为了配合康梁维新派的政治活动，曾向清廷上书8次，请求废科举及改革文字等。戊戌变法失败后，黄乃裳逃过了清廷的追捕回到福建，寄望清廷施行新政的幻想完全破灭，此后他开始把精力用在解决乡亲的温饱问题止，为家乡父老办不少公益事业。

光绪二十五年秋，黄乃裳携眷到南洋，先在新加坡《星报》工作，后又到马来西亚沙捞越州从事拓荒垦殖。光绪二十六年，黄乃裳与沙捞越王正式签订垦约，以"港主"的身份，承包了诗巫的垦殖权，并把这块地方命名为"新福州"垦场，同时成立新福州开垦公司。他一面筹办公司，一面又亲自回国，前后3次回到福建的闽侯、闽清、古田、永泰、屏南、福清等地，招募以农民为主，包括手工业工人、商人、医生、牧师等各种人才共计1118人，组成垦殖团体，分3批来到诗巫。开发"新福州"垦区任务非常艰巨，黄乃裳以身作则，和垦民们"食与共席，睡与同榻，凡平生所未尝之苦楚，无弗尽尝"。垦区初期只种植甘薯、杂粮、蔬菜之类的农作物，后来大量引种橡胶成功，使垦区的经济得到飞跃的发展，从此"新福州"

垦区成为南洋群岛的一个主要橡胶产地。

光绪二十六年七月，黄乃裳回国途经新加坡时见到了孙中山。在孙中山的指引下，黄乃裳认识到"非革命不足以救亡拯毙"。

光绪三十年，黄乃裳因不让在垦区内贩卖鸦片和开设赌场而违抗了当地政府的旨意，被驱逐回国。但"新福州"垦区仍然继承黄乃裳艰苦创业的精神，进一步发展壮大起来，而且源源不断从中国吸引来大批华侨新垦民[①]。黄乃裳在新加坡为《图南日报》进行编撰工作，将邹容的《革命军》改名为《图存篇》，印发1万册，黄自携5000册回到国内，在广东、福建的一些城市散发。

光绪三十一年，黄乃裳在厦门主办《福建日日新闻》报，开展革命工作。他虽是基督教徒，但在维护国家主权、民族尊严这一大事上从不含糊。当时美国曾向我国要求续订歧视华工的条约，黄乃裳便在《福建日日新闻》上给予强烈的抨击，号召同胞们团结起来，"以其人之道还治其人之身"。

光绪三十二年，黄乃裳加入孙中山在新加坡成立的同盟会，成为南洋华侨中最早的同盟会员之一。

光绪三十三年，黄冈起义失败后，黄乃裳回到闽清，在闽清倡议办"教育会"，被推举为会长。后筹资创办"简易师范学堂"，推动新式学校发展，并被选为"福州基督教青年会"会长和英华、福音和培元三所书院的教务长。黄乃裳作为福建新型学堂的最早创办人之一，推动近代福建教育的发展。

并组织民船公会，鼓励家乡人民从事民船运输，从闽北运米到福州销售，使闽清的经济状况一度好转，也解决福州各地的粮食问题。

宣统三年八月十九日，武昌起义爆发后，为推翻清政府在福建的统治，黄乃裳发动英华、福音、培元3书院的学生30多人，组成学生炸弹队，以配合福州的武装斗争。在福州光复那天，黄乃裳高举"国旗"进城，并将"国旗"升在武备大学堂的旗杆上。

[①] 今天的诗巫已发展成为马来西亚沙捞越的重要都市。后人为纪念黄乃裳的功绩，把诗巫市的一条街命名为"黄乃裳街"，并设立黄乃裳中学，还给他立了塑像。

福建省军政府成立初期，黄乃裳曾一度出任交通司司长。时福建地方财政十分困难，他以私人名义通电南洋华侨募捐70万元，并再向富商筹款百余万元，使军政府度过了光复初期的经济难关。不久，黄乃裳因不满省政府政务院院长彭松寿的倒行逆施，愤而辞职，回到闽清。

1914年初，福建政权由袁世凯爪牙汪声玲把持，汪疯狂镇压反对派，还以"怂恿种鸦片"的莫须有罪名判黄乃裳无期徒刑。黄乃裳被捕的消息传出后，南洋各埠舆论大哗，营救黄乃裳的各地代表聚集新加坡，严词责问中国领事馆，强烈要求释放黄乃裳，终于迫使袁世凯爪牙让步。

黄乃裳获释后，革命意志益坚。1916年，他创办《伸报》，继续宣传民主共和，不久因军阀段祺瑞的压力而不得不停刊。此后他一直为闽清家乡人民兴办教育、水利等公益事业，如发动开辟长达26里的"福斗圳"，使家乡许多"望天田"得到灌溉。

1921年4月7日非党国会通过组织政府大纲，选举孙中山先生为非常大总统，5月5日中华民国正式政府（总统府）成立。黄乃裳不顾年迈体弱，应孙中山的邀请，赴广州就任大元帅府[②]高等顾问。1923年因病重而辞职回闽清

[②] 1917年7月14日，段祺瑞到北京重掌政府大权后，虽然声称"再造民国"，但他拒绝恢复国会与约法。因而孙中山在上海号召全国护法讨逆，以图建立"真共和"。9月1日，国会非常会议选举孙中山为广州军政府海陆军大元帅，次日，又选唐继尧、陆荣廷为元帅。9月10日护法军政府成立，孙中山就任军政府海陆军大元帅。由于西南的局势纷繁复杂，极难达成统一。孙中山成了"命令不能出府门"的空头元帅。1918年5月，由于受盘踞在广东的桂系军阀及政学系的破坏和干扰，孙中山辞海陆军大元帅职离开广州，护法运动以失败而告终。1921年4月7日非党国会通过组织政府大纲，选举孙中山先生为非常大总统，5月5日中华民国正式政府（总统府）成立。1922年6月16日晨3时，陈炯明发动叛乱，占领石井兵工厂，围攻炮击观音山（今越秀山）总统府及孙中山住所的越秀楼。8月19日下午，孙中山因北伐军回师平叛无望，在居正和程潜的劝说下偕蒋介石、陈群等陪同下乘英国炮舰"摩汉"号，离开广州赴香港。1923年2月孙中山重返广州，建立陆海军大元帅大本营，在共产国际和中国共产党的帮助下，改组国民党、实现国共合作、开展国民革命。1924年11月孙中山应邀北上商谈国是，于次年3月12日在北京病逝。

休养，又任福建省政府高等顾问。

1924 年 9 月 22 日，黄乃裳在闽清县城逝世，享年 76 岁。

黄乃裳组织的移民垦殖影响深远，开创贫困农民集体移居海外的先河。黄乃裳作为辛亥革命起义的福建主要领导人之一，进行福州起义实现光复，福州成为全国光复起义最快、伤亡最少的省会城市。福建军政府成立，黄乃裳任交通部长和筹饷局总办。后来在福州东街创办织工女校，黄乃裳是中国近代最早倡导妇女职业教育的人。（刘传标）

黄钟瑛

黄钟瑛（1869—1912 年），原名良铿，又名鉴，字赞侯，号建勋。福建省福州府长乐县善政乡廉风里十一都四图（今古槐镇）青山下村鹏上黄厝里人。生于清同治八年九月二十日。光绪十三年毕业于船政后学堂第十一届驾驶班。毕业后充"济远"驾驶三副，光绪二十年，随舰参加中日甲午海战。甲午战争后重建海军，历任"飞鹰""福靖""海天""海筹""海琛"枪炮副、驾驶副、帮带大副等职。光绪末年任"镜清""飞鹰"管带（舰长）。

宣统元年，日本商人西泽吉次侵入我国东沙岛，盗鸟粪，并将岛上中国人的"海神庙"等拆毁。为了摸清情况，"飞鹰"舰管带黄钟瑛奉令率领"飞鹰"舰远航东沙取证，收集了渔民们证词，还顺道巡视西沙群岛。

宣统二年十一月初三日，清廷改筹办海军事务处为海军部，黄钟瑛充任海军部参赞厅三等参谋。

宣统三年初，黄钟瑛回任"海筹"舰管带。八月十九日武昌起义爆发。革命军连克武汉三镇，成立了湖北军政府，引起了清王朝的震恐。八月二十二日陆军大臣荫昌率北洋军两个镇兵力由京汉路南下武昌，海军提督、舰队统制萨镇冰接到赴援的命令后，电令驻守粤洋的黄钟瑛督带"海筹"连夜北上驶往武昌协助。九月二十一日，上海等地光复后，萨镇冰以"身体有病必须赴沪就医"为由，自行引退，离舰出走。临行前，指定"海筹"管带黄钟瑛为舰队队长，率领"海筹""海容""海琛""江贞""江利""楚同""楚豫""湖隼""湖

鹗""湖鹰"易旗，归顺革命军。海军在九江、镇江、上海相继起义后，公推黄钟瑛为临时舰队司令。十月初七日，清军攻入汉阳，武昌危如累卵。黄钟瑛率领舰队溯江北上救援汉阳，防止北岸清军渡江偷袭。十月十一日，黄钟瑛率第一舰队攻击固守南京张勋所部清军，北洋军张勋所部怵于"海筹"等舰炮威力，仓皇北渡，南京遂告独立。十月十二日，黄钟瑛率领"海筹""海琛""海容"三舰每日轮流前往轰击"北军南下必经的第一、第二两道铁桥"。由于舰队的援助，武汉三镇局势得以稳定。十月十六日，各地海军起义代表在上海集会，公推程璧光为海军总司令，黄钟瑛为副总司令。因程璧光率"海圻"舰在英国未回，就以黄钟瑛为代总司令。

1912 年 1 月 1 日，中华民国临时政府成立后，孙中山任命黄钟瑛为南京临时政府海军总长兼总司令。1 月 8 日，南京临时政府授予黄钟瑛大将军。当时，海军百废待兴，黄钟瑛夜以继日工作，孙中山手书"公而忘私"横幅，赠予黄钟瑛。北洋政府唐绍仪内阁成立，黄钟瑛患肺病辞去海军部总长之职，专任海军总司令，全力整顿和建设海军，终因操劳过度，积劳成疾。11 月 6 日，黄钟瑛被授予海军中将衔。12 月 4 日，黄钟瑛因操劳过度，诸症并发，医治无效去世，终年 44 岁。黄钟瑛病逝后，孙中山从杭州赶到上海主祭，发表演说，对黄钟瑛的一生给予很高评价。北洋政府临时大总统袁世凯明令照海军上将例优恤，以彰勋绩。

1913 年 1 月 12 日，黄钟瑛灵柩由军舰护送回福州故里安葬。9 月 24 日，钟瑛的灵柩葬于福州西门外梅亭天财山他父母的坟旁。（刘传标）

蒋 斌

蒋斌（1890—1937 年），字乃时。福建省福州府长乐县善政乡廉风里十一都三图（今古槐镇）屿头村人。生于清光绪十六年。

光绪二十四年，考入天津水师学堂。因光绪二十六年八国联军侵略中国，学堂师生"星散"。光绪二十九年南北洋海军提督叶祖珪为培养海军人才，在烟台海军练营的"崇武军"旧址创办北洋烟台水师学堂，蒋斌等 4 名原天津

水师学堂学生转入第一届驾驶班学习。光绪三十四年二月毕业，充任"海容"枪炮三副。

宣统三年八月十九日，武昌起义爆发，连克武汉三镇，清廷震恐。海军提督、舰队统制萨镇冰奉令，率领海军赴武昌协助弹压，蒋斌随"海容"赴武汉，与大副饶涵昌、枪炮大副陈季良等人策动"海容"易帜起义，蒋斌升任"海容"舰帮带大副，协助管带杜锡珪督驾"海容"截击沿京汉线南下的清兵援兵车，炮击北军南下必经的第一、第二两道铁桥。

1912年1月1日，中华民国南京临时政府成立，袁世凯向南方发出战争威胁。为彻底推翻清政府，孙中山亲自担任北伐总指挥。临时政府海军部长黄钟瑛调拨"海容""海筹""海琛""南琛""通济"等舰组成北伐舰队，蒋斌升任"海容"舰副舰长，督带"海容"随舰队北伐。北洋政府时期，蒋斌历任"建康""永绩"舰长。

1923年4月8日蒋斌督驾"永绩"参加"海军沪队"，反对投靠直系军阀的海军总长杜锡珪，拥戴投靠皖系军阀原海军第一舰队司令林建章为海军领袖。1924年9月22日，江浙战争以皖系战败而告终。上海海军领袖处因所依靠的卢永祥战败而解散，蒋斌因参加沪队，投靠皖系被迫离舰。9月27日，遭到"褫夺官勋，通缉讯办"。

鉴于海军内部纷争不已，蒋斌脱离海军，入保定军官学校交通通讯科学习，1926年毕业后蒋斌投靠东北张作霖。历任东北军连长、营长、秘电处处长、交通旅旅长。1928年6月，蒋斌主持从苏联手中收回了东北三省的电话、电报等电讯主权。张学良委派蒋斌负责收回东北电信主权。蒋斌豪迈地写下"还我主权"，并出任东北电政交通监督。蒋斌在中国现代电信史与铁路交通史上建立了不朽的功勋，曾有"南丘北蒋"之誉。

1930年10月9日，张学良就任中华民国陆海空军副司令，蒋斌任东北军电台总台长。1931年4月，东北边防军司令长官公署改组并建立陆海空军副司令行营。5月1日，东北军进行改编。张学良代理陆海空军总司令，蒋斌任"北平军分会交通委员会"委员长。

1931年"九一八"事变后，张学良下野。

1933年3月12日，张学良出国后，蒋斌借口以回老家祭祖为名避权势之争。1933年11月20日，驻守福建的第十九路军将领陈铭枢、蒋光鼐、蔡廷锴，公开宣布与蒋介石决裂，在福州召开了中国人民临时代表大会，决定成立中华共和国人民革命政府。这就是著名的"福建事变"（简称"闽变"）。福建事变发生后，蒋斌被蔡廷锴等任命为福建省电政管理局局长。

1934年2月7日，张学良为豫鄂皖三省"剿共"副总司令。蒋斌随即又回到张学良身边，任总司令部参谋处少将副处长、交通监督、北平电信局局长等职。10月2日，国民政府军事委员会任命张学良为"西北剿总"副总司令，张学良任命蒋斌为"西北剿总"交通处（掌管军队的电讯，地方电讯以及交通运输等）少将处长，专负西北方面的有线无线通讯，兼任陕西省西安市电信管理局局长和东北军无线电台总台长。1936年1月31日，蒋斌被授予陆军中将。12月12日凌晨，张学良发动"西安事变"，蒋斌主持"西安事变"通电工作。

事变后，张学良把主控电讯及交通运输方面的重任交给了蒋斌。蒋斌在"三位一体"组成的"西北抗日联军军事委员会"任交通委员会主任。"西安事变"和平解决后，张学良独闯南京，被扣押在南京。蒋介石企图以武力胁迫东北军和西北军就范，大兵压境，编遣东北军和西北军。东北军内部分化为以王以哲、何柱国、于学忠以及蒋斌、高崇民等为首的高级将领，主张"避免内战，一致对外"，认为"一切都应从大局考虑，反对贸然开战，并愿意接受和谈条件，从潼关撤兵"；以孙铭九、应德田等人为首的中下级军官组成的"少壮派"，则坚决主张"南京必须先放张学良回陕，然后东北军才可以撤兵"，否则便与中央军拼个你死我活。"主战派"与"主和派"争执愈演愈烈，两派剑拔弩张，"形同水火"。

1月31日晚，杨虎城、于学忠、王以哲、何柱国和周恩来，分别代表十七路军、东北军和红军，在王以哲家举行最高军事会议，会议议决"和平解决"，下达了"撤兵令"。在此情况下，少壮派群情激愤，孙铭九等36人于2月1日晚聚会，密谋发动兵变，夺取东北军指挥权，阻止撤兵。2月2日凌晨，于文俊带领一排人奇袭王以哲住所，枪杀王以哲，蒋斌被扣押，于2月2日上午在东城门楼被枪杀，埋在城墙脚下，时蒋斌年仅47岁。

2月18日，蒋斌的灵柩由西安专车启程运往北平，蒋斌被追认为陆军上将。（刘传标）

柯鸿年

柯鸿年（1867—1929年），字贞贤，号珍岑、晚号"澹园居士"。福建省福州府长乐县昌化乡弦歌里十四都一图南阳下屿柯下寨（今漳港镇百户村）人。生于清同治七年。柯鸿年少时有殊才，读书致志，记性极佳，每览籍阅篇，都一一记明，诵以不讹。13岁应童子试，16岁入船政前学堂。光绪十一年四月毕业于船政前学堂第三届制造班。光绪十三年奉派赴法国留学，初在巴黎桑·巴利博私立中等学校补习法语和普通科，后入巴黎大学法学部律便大书院法学系，学习万国公法、法语，专攻法律学并专修法文。光绪十六年四月留学期满回国，供职于船政局工程处。因擅长心算口算，有"马尾算"之誉。

甲午战争后，清政府认为缺乏铁路是导致中国战败的重要原因之一，决定大力修筑铁路，并决定首先修筑津卢即天津至卢沟桥、卢汉即卢沟桥至汉口两线。光绪二十三年，调到在北洋船政办理铁路，任卢汉铁路公司法文参赞候选道。

光绪二十四年，卢汉路开工兴建。柯鸿年具体负责卢汉铁路修筑。卢汉线工程较大，清政府原拟向富商招股，实行官督商办，但商人对官府疑虑很深，不愿投资。清政府遂采纳盛宣怀提出的借洋款筑路的建议。美、英、法、比等国竞相争夺贷款筑路权，谈判历经波折，拖延了一年多时间，由于李鸿章、张之洞主张向比利时借款，最后清政府与比利时公司陆续签订了《卢汉铁路借款合同》（1897年5月27日）、《卢汉铁路借款续增合同》（1897年7月27日）、《卢汉铁路行车合同》（1898年6月26日）。合同规定，保定至汉口全线由比利时公司代雇总工程师监造（卢沟桥至保定段已由清政府自筹资金兴建），所需进口器材设备"皆归比公司承办"。铁路建成后，"由比公司选派妥人，将该路代为调度经理，行车生利"。光绪二十四

年至二十八年（1898—1902年），卢沟桥至保定，汉口至信阳段先后通车。光绪三十一年，卢汉铁路全线贯通。清廷派张之洞与直隶总督袁世凯共同验收，并改称"京汉铁路"。京汉铁路通车以后，营业发达，余利很多。由于京汉铁路是向比利时借款而被比利时所控制。时正值收回路矿利权运动高涨之日，朝野一片收回京汉铁路的呼声。1907年5月29日，陈璧出任邮传部尚书，其赎回京汉铁路的态度更为积极。在铁路局局长梁士诒等人的策划下，陈璧于这年8月上奏清廷，正式提出收回京汉铁路路权。

收回京汉铁路路权风波，柯鸿年招污蔑，愤而辞职，南下到上海。光绪三十四年，柯鸿年在上海创办呢织厂，聘何振岱司笔墨并教读。

1916年任华北银行总经理等职。1925年被选为中国天文学会名誉会员。1925中国天文学会接受柯鸿年捐助，设立"淡园奖金"。

1929年病逝，柯鸿年63岁。陈宝琛写了《柯君贞贤哀诔并序》一文悼念他，情深意笃，敬重之情溢于言表。

柯鸿年才华横溢，深谙律学，精于路政，功勋卓著。公务之余，他著书立说，著有《中华债法论纲》《法律实用丛书》《中华物权法》等书。为中国法学开山之祖。柯鸿年遗著有《澹园居士遗稿》（陈宝琛、何振岱等名流为其题笺、撰序，1929年北平铅印本行世），并与柯彭年合修《福建福州长乐柯氏家谱》。（刘传标）

李登辉

李登辉（1872—1947年），字腾飞。近代著名教育家。祖籍福建泉州府同安县（今厦门市同安区），清同治十一年出生于荷属爪哇岛（今印尼）。光绪九年，赴新加坡读书。光绪十七年，赴美国留学，入威斯雷阳大学，旋转入耶鲁大学。

光绪二十五年，获得美国耶鲁大学文学士学位后回南洋任教。时孙中山等同盟会常在南洋先生集会提倡革命。在其感召下，于光绪三十一年返国来上海。时在震旦学院主持教务的教育家马相伯因与法国人意见不合愤而出走，创立复旦公学，因为在南洋有过教育经验的缘故，李登辉被马相伯专程登门拜访，聘请为教务长兼学校的英文、法文和德文等科目的授课

老师。

辛亥革命以后，马相伯受孙中山之邀，前往南京担任市长。1913年，在孙中山先生的推荐下，李登辉担任了复旦公学校长。当时宋教仁被刺，国民党兴兵讨伐袁世凯，局势陷入动乱，学校经费又没有了来源，连买粉笔的钱都没有了。这时候好友建议李登辉到国内另外一所名校当校长，薪水是复旦的两倍。但李登辉拒绝说："我是校长，是一军主帅，军队到了生死关头，主帅怎么能临阵脱逃，那样会一辈子良心不安。"李登辉在学校教职员工的会议上说出了一段掷地有声的话："国家现在有难，不能提供支持，我们自己办，把复旦变成私立学校。但复旦身份不管怎么变，我们为国家培养人才的初衷不变，有我在就有复旦在。"李登辉顶着凛冽的寒风，星夜启程去了南洋，以复旦大学校长的身份赴南洋各地向华侨募捐。南洋的侨胞景慕其盛名，纷纷动员自己的子弟去复旦上学，所以他只用了不到半年的时间就在南洋募得巨资。募得款项回国后，力排众议为学校购地建造校舍。1920年在上海江湾购得土地七十余亩，1922年学校初具规模，开始上课。新增商学，并开中国风气之先河，招收女学生。

1931年"九一八事变"爆发，日寇的铁蹄踏进了上海，复旦大学不得不搬到徐家汇，李登辉校长召集全校师生开声讨大会，并在校内成立军事训练委员会，开始对学生进行军事训练。在李登辉的组织、支持下，复旦学子三次赴南京请愿，敦促国府抗日。有一百多名复旦学子甚至加入了十九路军，从事宣传、后勤等抗敌辅助工作。1936年，南京当局出动五六百名军警去校园抓捕爱国学生，已经64岁的李登辉因为挺身而出保护学生遭到殴打，后来不得不在威逼之下辞去校长职务，结束了长达23年的校长生涯。

李登辉在复旦担任校长长达23年，为教育事业鞠躬尽瘁，殚精竭虑。复旦发展成为一所培养商科、经济、新闻、教育、土木等应用型人才的私立大学，形成了从中学到研究院的完整的办学体系。他任校长期间，复旦大学培养的学生多学有所成，其中担任大学校长的至少有26人，而被世人誉为"人伦师表"。

全面抗战期间，复旦大学其中一部分西迁到大后方重庆，在北碚黄桷树建校。这时候很多师生因各种因素无法同行，李登辉先生陷入了两难的境地。于是他毅然决然留在了上海复旦，坚持教学。在日寇占领上海期间，他对外宣布自己将坚持"三不"原则：不与敌伪来往，不接受敌伪津贴。

1947年11月19日，李先生因脑溢血在上海逝世，享年75岁。（刘传标）

林白水

林白水（1874—1926年），原名林獬，又名万里，字少泉，号宣樊，又号"退室学者""白话道人"。中国近代史上著名的记者、报人、新闻工作者。福建省闽县积善里（今闽侯县青口镇）青圃村人。生于清同治十二年十一月二十九日，早年就读于福州书院，师从高啸桐。

光绪二十四年，应林启之邀，赴杭州参与创办"求是书院""养正书塾""东城讲舍""蚕学馆"4所新式学堂，任"求是书院"总教习。

光绪二十七年六月，林白水任《杭州白话报》主笔，提倡创办学校，普及教育；提倡全国各地普遍创立报社。宣传禁烟，倡导破除迷信，开维新风气之先。

光绪二十八年一月，林白水返福州，与表兄弟黄翼云、黄展云等创办全省第一所新学"福州蒙学堂"，在校秘密组织"励志社"。同年夏返沪，与蔡元培等创办《俄事警闻》（光绪三十年改为《警钟日报》），任主编。十二月林白水又独立创办了《中国白话报》，并给自己起了一个"白话道人"为笔名公开鼓吹以暴力推翻帝制。

林白水是光复会早期会员之一，光绪二十九年，赴日本留学，入东京早稻田大学主修法政，兼修新闻，有人说他是"中国留学外国学新闻学的第一人"。先后与宋教仁、孙中山结识，加入了同盟会。

辛亥武昌革命爆发后回国，福建宣告独立，林白水回乡任福建都督府政务院法制局局长和共和党福建支部长。

1913年，当选国会众议院议员，被聘为总统府秘书兼直隶省督军署秘书长。

1915 年，再度入京，附和袁世凯称帝，被袁委为参政院参政。1917 年，帝制取消，重操旧业，与友人合办《公言报》，任主笔，敢于讲真话、揭露真相，在社会上影响很大。1919 年初，在上海创办《平和日刊》。1921 年春，在北京创办《新社会报》，自任社长，以"白水"为笔名，发表政论文章，揭露军阀政客的黑幕丑闻。翌年遭查封，入狱 3 个月。出狱后，《新社会报》改为《社会日报》出刊。

1923 年 10 月，因刊登揭露曹锟贿选总统丑闻的文章，报馆又遭封闭，林白水再次入狱。

1926 年 8 月 5 日，登载《官僚之运气》一文，揭露潘复与张宗昌相互勾结、狼狈为奸的丑闻。当晚遭军阀张宗昌逮捕，翌晨被杀害于天桥。北伐成功后，由林森等资助扶柩回乡安葬。

著有《林白水先生遗集》。

林白水是近代福州教育革新的重要推动者，更是中国革命的先驱，他以办报撰文为手段宣传爱国、民主与革命思想，坚守新闻人之操守，为揭发反动军阀、警醒中国人民奉献了自己的生命。

1985 年，中华人民共和国民政部将林白水追认为革命烈士。（梁珊）

林葆怿

林葆怿（1863—1930 年），字悦卿。孙中山护法运动柱石。福建省福州府侯官县南后街酒库弄（今福州市）人。生于清同治三年十一月二十二日。光绪六年，考入船政后学堂第九届驾驶班。光绪十一年毕业，历任北洋水师兵船二副、"镇东"炮船帮带大副。

光绪二十年随舰参加中日甲午黄海之战。由于清政府腐败，避战保船而处处受制于敌，光绪二十一年元月北洋水师全军覆灭。四月初四林葆怿被革职。

光绪二十三年清廷重建北洋海军，林葆怿等海军将士奉召北上，光绪二十四年六月初九日奉派赴英接带"海容"舰，充任"海容"巡洋舰二副。光绪二十五年三月八日擢"海容"驾驶帮带大副。宣统二年二月二十九日，升任"海容"巡洋舰管带。随着革命党人不断发动反清起义，清廷为控制海军，改派满族贵胄子弟在海军学校"京师昆明湖水师学堂"毕业生吉昌接替林葆怿出任"海容"管带之职。宣统二年夏，奉派赴英国阿摩士庄船厂监造"肇和"。十一月初三日，清廷改筹办海军事务处为海军部，林葆怿充海军部军法司司长。

宣统三年五月，英皇乔治五世行加冕礼，清廷派程璧光为副使，率"海圻"巡舰赴英国致贺，林葆怿奉召随"海圻"出访。

1912 年 1 月 1 日，中华民国政府成立。9 月 5 日任海军部参事。9 月 27 日被授予造舰总监。1913 年 7 月 18 日，海军部编组海军练习舰队，林葆怿任海军练习舰队司令。8 月 15 日第一舰队司令沈寿堃因病辞职，林葆怿署理第一舰队司令之职。

1916 年 3 月 22 日，在全国人民的一片讨伐声中，袁世凯被迫下令撤销帝制。6 月 6 日袁世凯忧郁而死，段祺瑞假"大总统告令"，宣布依照新约法，不肯恢复《临时约法》和国会。6 月 25 日林葆怿率领第一舰队抵上海，在吴淞口外宣布"海军独立，加入护国军"，拥戴李鼎新为护国军总司令。林葆怿等人率海军第一舰队独立，有力地打击了段祺瑞之北洋政府，迫使段祺瑞宣布恢复《临时约法》并同意召开国会。7 月 15 日林葆怿宣布海军取消独立。

1917 年 7 月 1 日，长沙巡阅使张勋扶植溥仪复辟。段祺瑞在马厂誓师，组织"讨逆军"，击败张勋，以"再造共和"自居，重任国务总理，公开宣布"一不要约法，二不要国会，三不要旧总统"。面对段祺瑞倒行逆施，林葆怿决心南下护法讨逆。7 月 21 日借赴"象山港演习"为名，率领"海圻"等 10 舰南下广东参加孙中山领导的护法斗争，并通电全国"拥护约法，恢复国会，惩办复辟祸首"等三项主张。

林葆怿率领主力南下护法之举，"实夺全国护法之第一声"，使护法声势加大，使国会议员也相继云集广州。9 月 1 日，国会非常会议选举孙中山为广州军政府海陆军大元帅，成立护法军政府，委任授林葆怿为海军总司令，中将加授上将衔。

1918 年 2 月 26 日，护法军政府海军总长程璧光在广州海珠码头被刺杀身亡，林葆怿继任护法军政府海军部部长。5 月 4 日西南的滇、桂军阀迫使非常国会通过"修正军政府组织大纲"，改大元帅制为总裁合议制，选出岑春煊、陆荣廷、唐继尧、孙中山、唐绍仪、伍廷芳、林葆怿等7人为"政务总裁"。

1919年护法海军内部矛盾日益激化，非闽籍支持孙中山，而闽籍中下层则支持桂系。1920年8月11日"粤桂战争"爆发。8月16日粤军陈炯明部奉孙中山之命回师讨伐桂系。9月27日林葆怿与岑春煊联手出面调停粤桂战争，周旋于各派系之间，力求局势能平稳协商解决。

因广东局势日趋动荡，海军军饷无继，各舰年久失修。10月11日，林葆怿与北洋政府海军总司令蓝建枢、练习舰司令蒋拯在厦门商洽，初步达成护法舰队归队及经费等事宜。10月14日广州海军中下层军官和士兵200余人在黄埔公园集会，质问林葆怿，要求宣布"南北统一"条件。

随着粤军的军事胜利，从根本上推翻了"七总裁"体制。10月24日林葆怿辞去总裁之职。11月1日孙中山以大元帅名义，下令免去林葆怿本兼各职。11月10日，林葆怿"愤将余存的税款悉数发给官兵"，发表一份拥护中央（指北京）的个人声明而离开广州。11月30日，北洋政府大总统徐世昌明令授予林葆怿海军中将加上将衔。

1921年7月29日北洋政府特任林葆怿为"葆威将军"。12月，林葆怿自广州北返福州，因手无兵权及舰艇丧失已尽，北洋政府对他1917年"南下护法之举"终不能原谅，也不敢授以实职，使林葆怿长期闲居上海。

1930年9月14日，林葆怿病逝于上海寓所，终年67岁。

1931年1月9日，南京国民政府明令按海军上将例议恤。（刘传标）

林长民

林长民（1876—1925年），幼名则泽，字宗孟，自称"苣苳子""苣苳"，号"桂林一枝室主"，晚年号"双恬庐主人"。清末民初政治家、外交家、教育家、书法家。福建省福州府侯官县南后街杨桥巷（今福州）人。其堂弟林觉民为"黄花岗七十二烈士"之一，著有《与妻书》。其父林孝恂（清朝光绪年间进士，入选翰林，后在浙江各地为官）。林长民之女婿即为梁启超之子梁思成，其女林徽因，为建筑学大师。

林长民早年曾受业于闽中名士、翻译家林纾。光绪二十五年中秀才。光绪二十七年与林纾、魏易等主编《译林》月刊。光绪二十九年译成《西方东侵史》。

光绪三十二，赴日留学，旋回国，入杭州东文学校学习，毕业后再赴日本，入早稻田大学政治法律专业学习，林长民是日本留学生中公认的明星式人物。他热心社会公益，乐于为人排难解纷，一度还担任留学公会会长。推举他的人一致认为林长民身兼数长：一有才，不仅学识渊博，且"善治事"；二有口才，善于辞令，因此当堂弟林尹民、林觉民慷慨陈词，宣扬革命的宗旨时，林长民则注重于广泛的交流结纳。

宣统元年，林长民获日本政治法律学士学位。回国后任福建官立法政学堂教务长兼谘议局书记长，兼福建法政学堂教习、教务长。在此期间，他厘定学则，革除积习。后来，林长民赴北京，与徐佛苏等组成"宪友会"鼓吹宪政。

宣统三年，与同学刘崇佑创办私立法政学堂（后改为福建大学，今福建师范大学前身之一）。

武昌起义爆发后，林长民赴上海，以福建省代表参加独立各省临时会议。

1912年1月1日南京临时政府成立，林长民被举为福建代表，临时参议院成立，为秘书长，参与起草了《中华民国临时约法》，临时参议院迁往北京后，被推为秘书长。5月参与组织共和党，为干事之一。

1913年，被推为众议院议员，4月任秘书长。5月参与将共和党与民主党、统一党合并为进步党，任政治部部长，拥戴袁世凯为正式大总统。次年任北洋政府国务院参事。

1915年，林长民任国务院秘书长。

1917年2月16日，段祺瑞力主加入协约国，黎元洪表示反对，因对德宣战问题府院发生激烈冲突，段祺瑞主张宣战，黎元洪不同意，争执不下，段祺瑞去职。6月14日张勋复辟。6月12日段祺瑞赶走张勋。7月15日，段祺瑞组成新内阁，林长民任段祺瑞内阁司法总长，11月辞职。

1918年，总统徐世昌委任林长民之"外交委员会"事务长，参与巴黎和会相关事宜。

1919年2月12日成立的国际联盟同志会，以林长民为总务干事；四天后宣告诞生的国民外交协会，也推举林长民任理事。

5月2日，因不满当局在巴黎和会外交上的软弱，林长民在《晨报》发表"外交警报敬告国民"的新闻，虽仅300余字的新闻一经发表，其效力却不啻一枚重磅炸弹。5月4日下午，北京十二所学校的三千多名爱国学生举行示威游行。

五四运动由此爆发。总统徐世昌怀疑林长民就是学生运动的幕后主使，将他召到总统府严加训斥。在随后的事态发展中，林长民仍一本初衷，坚持维护国权的民间立场。5月4日晚，林长民即与汪大燮、王宠惠一起面见徐世昌，次日又具呈警察厅，要求保释被捕学生。两请虽未得允，各校各界掀起的联名具保活动，却最终迫使当局提前放人。5月6日，因北洋政府有阻止"五七"大会之说，林长民专门入总统府见徐世昌，提出三项要求：请政府对于山东问题表示一种决心，以维民望；请将被捕各学生保释，免再激生风潮；七号必开国民大会，请饬军警勿用强力解散或无理干涉。

由于林长民在反对和约中态度鲜明，亲日派固然视之为眼中钉，"说这回北京市民的公愤，全是外交协会林长民等煽动起来的"（《一周中北京的公民大活动》，《每周评论》21号），日本政府更是对其恨入骨髓。5月21日，日本大使小幡酉吉竟然照会中国外交部："外交委员会委员、干事长林长民君，五月二日《晨报》《国民公报》等特揭署名之警告文，内有'今果至此，则胶州亡矣！山东亡矣！国不国矣！……愿合我四万万众誓死图之'等语，似有故意煽动之嫌。"文末专门列举了日本报纸中有关日对山东拥有权利的言论，要求训令驻日大使质问抗议。对小幡的指责，宗孟先生也严辞批驳，所谓"愤于外交之败，发其爱国之愚"，"激励国民，奋于图存，天经地义，不自知其非也"；

并郑重声明："势力侵凌，利权日失，空拥领土，所存几何？山东亡矣，国不国矣，长民尚欲日讨国民而告之也。若谓职任外交委员，便应结舌于外交失败之下，此何说也？"这封辞职信义正辞严，充分展示了一片拳拳报国之心。

为此，日本公使要求中国政府禁止此类言论之发表，并威胁说："若果放置此等风潮，不特有酿成贵国内治意外之扰乱，怕有惹起两国国际重大之事态。"对于日本的挑衅，林长民当即给以回击。5月25日，林长民上书总统徐世昌，请求辞去外交委员会职务。

此后不久，林长民又以曾经赴日者的身份，在《国民公报》发表《敬告日本人》一篇长文，反复开导"吾亲爱之日本人"，详细陈述中方愿望。文中逐一驳斥了日本人关于山东问题的主要论调，提出处理国际关系应遵守同一准则："正义人道一涉本身利害问题，便设许多例外，吾不能不为正义人道哀。此当向世界各国今日所号称强国者进一忠言，勿为伪善，尤望亲爱之日本人毋自欺以欺人。"

1920年3月12日，林长民携带16岁的女儿林徽因到欧洲考察。

10月，林长民回国与蔡元培、王宠惠等联合上书，向政府建议恢复国会，完成宪法。1921年居伦敦时曾以中国首席代表的身份出席世界国联总会，回国后被选为"宪法起草委员会"委员，直接参加了制宪工作。他试图把自己在欧洲考察的所学所得——实践于中国政治。在制宪过程中，他提出应把"劳工制度订入宪章"，还关注生计制度的议定，并被推举为"生计章起草委员会"委员长

1925年，任"国宪起草委员会"委员长，提出"国家预算中的教育经费不得少于政府全部支出的20%"。

时张作霖依靠日本政府的支援，组织"镇威军"，自任总司令，将奉军编为6个军；总兵力约15万人，于9月15日分路向榆关（即山海关）、赤峰、承德方向进发，第二次直奉战争爆发。第二次直奉战争之后，心系革命的奉系土派郭松龄因与另一名奉系高层人士洋派杨宇霆间隙越来越大，再加上看不惯张作霖的军阀作风，故而下决心推倒张作霖，清除杨宇霆，

并联合冯玉祥、李景林，于 1925 年 11 月 23 日，班师回奉，向全国发表《反奉通电》，并将原奉军第三方面军改称为东北国民军，并要求张作霖下野，查办杨宇霆，拥护张学良为总司令（仅为名义上拥护）。25 日，郭率所部 7 万余人向山海关进攻，占领山海关。郭松龄起兵后，托人游说林长民出关。林长民感念郭松龄知遇之恩，11 月 24 日入奉军郭松龄幕。11 月 30 日晚乘郭松龄专车秘密离京，途中受到奉军王永清部的袭击。与郭松龄同行的林长民下车躲避时被流弹击中身亡，终年 49 岁。

著有《铁路统一问题》。

林长民善讲演，书法造诣尤佳，以章草为主，中南海"新华门"匾额即他的手迹。所藏"双栝庐"图书，赠予乌山图书馆（今福州图书馆）。（李佳丽）

林建章

林建章（1874—1940 年），字增荣，又字述瑞。福建省福州府闽县光俗里（今长乐区航城街道）泮野村人。生于清同治十三年。光绪十六年，考入南京江南水师学堂第一届驾驶班。毕业后历任"寰泰"练习舰驾驶三副、二副、"南琛"练习舰帮带大副、"宿"字号鱼雷艇管带、"飞鹰"驱逐舰管带、"通济"练舰管带、"南琛"练船管带。

宣统三年八月十九日武昌起义爆发后，奉命督驾"南琛"赴援武汉，同情革命易帜起义。随后，林建章督驾"南琛"舰装运军火，上驶接济民军。

1912 年 1 月 1 日，南京临时政府建立，孙中山当选为临时大总统。1 月 11 日，孙中山决定北伐。海军部长兼总司令黄钟瑛组建北伐舰队，林建章督驾"南琛"协同"海容""海筹""海琛""通济"等舰从上海出发，直赴烟台。2 月 12 日，溥仪在养心殿下诏宣布退位后，北伐军遵令终止北伐作战。林建章督带"南琛"随舰队南下到上海。12 月 22 日调任北洋政府海军部视察，12 月 29 日调任"肇和"巡洋舰舰长。

1914 年 10 月 25 日林建章复任"南琛"舰长。1915 年 7 月 24 日林建章督带"南琛"由芜湖开往南京途中，行驶至乌江下游搁浅，受"停升一年"的处分。1917 年 3 月 22 日调任"海容"舰长。

俄国十月革命后，1918 年 4 月 5 日，日、英、美等 14 个国组成干涉军，在符拉迪沃斯托克（海参崴）登陆。北洋政府发表出兵西伯利亚宣言，令海军部派遣军舰前往海参崴。海军总司令部令"海容"舰长林建章率舰赴海参崴。6 月 1 日，北洋政府任命林建章为驻海参崴海军代将，在海参崴设立中国驻沿海州海军指挥处（简称代将处）。8 月 13 日，"海容"南下维修，"海筹"接防，林建章任巡洋舰舰长。10 月 31 日被授予林建章海军少将。林建章处变不惊，在各协约国列强中斡旋，不亢不卑，维护中国政府的尊严；同时他严肃军纪，不许士兵趁火打劫，维护当地的治安与交通，受到老百姓称赞。

1919 年 6 月 3 日林建章回任"海容"巡洋舰舰长。1920 年 1 月 10 日，《凡尔赛和约》正式生效。5 月 31 日北洋政府海军部下令驻海参崴海军代将林建章，取消节制陆军，裁撤岸上办公处，移往"海容"，仍以代将名义驻海参崴。10 月 25 日，北洋政府海军驻海参崴海军代将处奉令撤销，仍留"海容"军舰驻海参崴保护侨商。

1921 年 12 月 29 日林建章任海军第一舰队司令。直奉第一次战争爆发后，第一舰队司令林建章被迫下台。1922 年 6 月 30 日林建章为将军府参军。1923 年 4 月 8 日，因直系军阀吴佩孚企图武力统一中国，闽籍部分海军将领"海筹"舰长许建廷、"永绩"舰长蒋斌联合原驻泊上海高昌庙的海军，江南造船所所长刘冠南、"建康"舰长严寿华、"列"字鱼雷艇艇长彭瀛等联名发出"庚电"反对杜锡珪，拥戴林建章为海军领袖，宣告海军沪队独立。沪队独立后，受到孙中山领导的广州军政府的响应与支持。9 月 18 日直系军阀与皖系军阀间的江浙战争（齐卢战争）爆发，林建章派第一舰队驻防吴淞口，支持卢永祥。北洋政府海军总司令杜锡珪投靠直系。9 月 21 日在杨树庄所率的闽厦舰队协力配合下，皖系卢永祥所部被打垮，逼使停泊在黄浦江的林建章"海军独立舰队"归附杜锡珪。9 月 27 日北洋政府海军总司令杜锡珪呈报大总统曹锟：林建章等逆迹昭彰，请褫夺官勋，明令缉办。

11月24日中华民国临时执政府在北京成立，段祺瑞就任"临时总执政"，林建章任海军总长。12月1日被授予海军中将加海军上将。

1925年12月31日北洋政府内阁改组，林建章辞去海军总长之职，改任海军部军事顾问，寓居上海。1926年3月12日林建章转任北京海军总司令公署顾问。1929年6月1日南京政府海军部正式成立，林建章任海军部高级顾问。

1937年8月13日上海沦陷，林建章滞留上海。1938年1月1日因应抗战需要，海军部改制为海军总司令部，林建章充任海军总司令部高级顾问。因林建章滞留沦陷区上海，日伪威逼林建章出任伪职。林建章誓死不从，靠变卖家中旧物维生。忧愤成疾，于1940年6月14日在上海去世，终年66岁。（刘传标）

林　森

林森（1868—1943年），字子超，号长仁，又号天波，晚年别号"青芝老人"，别署"百洞山人""啸余庐主人""凤港渔翁""虎洞老樵"。福建省福州府闽县积善里（今闽侯县青口镇）尚干村人。生于清同治七年，林森幼居福州，光绪七年，入福州鹤岭英华学堂，因反清被开除，后参加反割让台湾斗争，并加入兴中会；中国同盟会成立时率会加盟。

光绪九年，考入台湾中西学堂电科。次年，在台北电信局工作。

光绪二十一年三月二十三日，李鸿章与日本首相伊藤博文在日本国马关春帆楼签订了丧权辱国的《马关条约》，台湾被割让日本，瓜分危机更是迫在眉睫。康有为趁入京应试的机会，联合各省应试举人1300余人，于四月初八日联名请愿，发动"公车上书"。林森参加抗日军，抗争失败后回闽侯入母校英华书院任教。

光绪二十四年，再度赴台湾，加入兴中会，又考取台南地区法院嘉义支部通译，联络岛上爱国志士，进行反清抗日活动。

光绪二十五年，因遭到日本侦捕而返回福建闽侯。

光绪二十八年，考入上海海关，

光绪三十年冬，考入上海江海关任职，受孙中山革命思想影响，组织旅沪福建学生会，开始反清活动。

光绪三十一年，创办福州阅报社。

宣统元年，由上海调往江西省九江海关供职后，就开始了革命宣传和策动工作。他和吴铁城等组织"浔阳阅书报社"宣传革命，利用工作上的人脉关系创立"九江商团"，举办军事训练班，联络和策反清新军。

宣统三年10月10日武昌起义爆发。10月23日，全力策动九江响应武昌起义，任九江军政府民政长。并通过同乡关系促成清海军易帜起义，派兵援鄂、皖，稳定革命大局。军政府成立后，任民政部副部长，拟定统一江西和援鄂、援皖计划。

1912年1月1日中华民国临时政府成立，1月29日被选为临时参议院议长。在他的主持下，修正通过了《关于清帝逊位后优待条件》，并在3月11日公布实施《中华民国临时约法》。4月29日临时参议院迁至北京，次日林森辞职回到福建，遵照孙中山的指示组织国民党福建支部。

1913年4月，中华民国第一届国会在北京开幕，林森作为福建省推选的参议员出席大会，当选参议院的全院委员会委员长。反对袁世凯"二次革命"爆发，国民党议员离京南下。"二次革命"失败后，于12月赴日本，在东京加入中华革命党。

1914年春转赴旧金山，任国民党美洲支部副支部长及民国维持会会长，赴美洲大陆开展党务工作和向侨胞募捐活动。

袁世凯在众叛亲离的情况下，于1916年3月22日宣布取消帝制，可还以大总统自居。但全国各地纷纷组织武装起义，挂起护国军的旗帜，要求惩办袁世凯。袁世凯恼羞成病，于1916年6月6日在全国人民的唾骂声中死去。6月29日，继任总统黎元洪申令恢复民国元年约法和恢复国会。7月，林长民离美回国参加国会，8月1日，国会在北京重行开幕。黎元洪宣誓就任总统。冯国璋被选举为副总统。参议院议长王家襄，副议长王正廷，众议院议长汤化龙，副议长陈国祥。

1917年5月发生府院之争，总理段祺瑞被黎元洪解职，众议院议长汤化龙也跟随辞职，吴景濂继任众议院议长。6月黎元洪邀请督军团首领张勋进京调解，张勋逼迫黎元洪于6月13日解散国会。数日后张勋复辟满清帝制并失败，但段祺瑞主张"再造共和"，拒绝恢复国会，重新建立"临时参议院"，另行选举"安福国会"。

1917年7月1日，长沙巡阅使张勋扶植溥仪复辟。段祺瑞在马厂誓师，组织"讨逆军"，击败张勋，以"再造共和"自居，重任国务总理，公开宣布"一不要约法，二不要国会，三不要旧总统"。面对段祺瑞倒行逆施，孙中山在广州推动护法讨逆运动，林森等响应护法号召南下广州，吴景濂、王正廷等响应孙中山护法号召，率领130多名议员南下广州。8月25日，在广州召开国民非常会议。选吴景濂、褚辅成为正副议长。9月1日，选举孙中山为大元帅，唐继尧、陆荣廷为元帅，成立护法军政府。林森任护法军政府外交总长。

1918年5月4日西南的滇、桂军阀迫使非常国会通过"修正军政府组织大纲"，改大元帅制为总裁合议制，选出岑春煊、陆荣廷、唐继尧、孙中山、唐绍仪、伍廷芳、林葆怿等7人为"政务总裁"。10月，林森当选护法国会参议院议长兼宪法会议议长。

1919年"五四运动"爆发后，在林森的推动下，广东国民外交后援会组织了11万人参加的国民大会，声援北京学生的爱国行动。

1921年1月，非常国会在广州复会。林森被推为非常国会议长，提议选举孙中山为非常时期大总统。4月7日非党国会通过组织政府大纲，选举孙中山先生为非常大总统，5月5日中华民国正式政府（总统府）成立。

1922年6月16日，陈炯明与孙中山决裂，发动叛乱，炮轰越秀山总统府，孙中山被短暂逐出广东。

10月，林森被广州非常大总统孙中山任命为福建省长，11月8日，林森正式就任福建省长①。12月，北洋政府命令孙传芳、周荫人为福建援军正副司令，屯兵于福建边境。1923年8月8日福建各界推举萨镇冰为自治省长，林森

① 1922年10月13日被黎元洪总统特派为会办福建军务和福建省长。

被迫辞职。

1923年2月21日，陈炯明被逐出广州，孙中山由上海回广州，在广州设立海军大元帅大本营（第三次建立政权），孙中山自任大元帅。林森被召回任大本营建设部部长兼治河督办。

10月25日，孙中山委托廖仲恺、邓泽如在广州召开国民党改组特别会议，讨论改组计划。10月28日，廖仲恺在会上宣布孙中山的意见：指派廖仲恺、胡汉民、林森、谭平山、邓泽如、杨庶堪、陈树人、孙科、吴铁城等9人为临时中央执行委员，与胡汉民共同全面负责国民党改组事宜。

1924年1月1日，在中国国民党第一次全国代表大会在广州举行，被选为中央执行委员，任命为国民党海外部部长。但反对孙中山"三大政策"。

1925年3月12日，孙中山逝世，林森赴北京主持安葬祭奠及陵园监工。同年7月广州国民政府成立，当选常委，多次被选为西山会议派中央常委兼海外部部长。11月与邹鲁等在北京西山碧云寺非法召开所谓的"国民党一届四中全会"，通过了反苏、反共、反对国共合作的《取消共产派在本党之党籍案》《顾问鲍罗廷解雇案》，并发表《对时局的宣言》，为西山会议派领袖之一。

1926年元旦，国民党"二中"全会召开，通过《弹劾西山会议决议案》，受警告处分。会后不久，赴南京主持中山陵建设。

1927年"四一二""七一五"反革命政变后，9月宁汉沪合流，被推为南京国民政府委员，但没有到职。

1928年9月，林森被选为国民政府中央政治会议委员，10月当选为立法院副院长，接着又被选为国民政府委员、侨务委员会委员长、中国国民党中央监察委员。

1929年1月，任国民政府任务委员会委员长、国民党中央监察委员。

1931年1月21日，任国民政府主席。2月，赴菲、澳、美、英、德、法诸国慰问侨胞并视察党务。3月，林森还在国外，国民党中央常委会选其为立法院院长。4月，国民党中央4名监委通电弹劾蒋介石，时林森虽在国外，也

列名其中。

12 月 23 日，接替因"九一八事变"下野的蒋介石而任国民政府代理主席，并确定主席为国家元首，不负实际政治责任。

1932 年 1 月 1 日，林森宣誓就任国民政府主席。一·二八淞沪抗战后，林森主持召开国难会议，强烈抗议日本承认伪满洲国。

1935 年 11 月召开的国民党第五次全国代表大会上，被推选为常务监察委员。次年（1936年）12 月 12 日"西安事变"时，代理国民党中央政治委员会主席，明确表示"讨伐令不可下"，力主和平解决，认为"张学良部队是爱国的"，促成西安事变和平解决。

1937 年 1 月 4 日、2 月 18 日，以主席名义连下赦免令、复权令，但蒋介石拒不执行，反而长期幽禁张学良。7 月 7 日，日本侵略者制造七七事变，全面发动侵华战争，号召"全民奋起，全力抵抗"日本的侵略，宣布迁都重庆。10 月，国民政府西迁重庆，林森随之只身入蜀，11 月底抵达重庆。不久，北平、南京相继成立伪政权，林森发表严正声明，并发布明令通缉汉奸头目。

1938 年 3 月，赴武汉主持国民党临时全国代表大会，通过《抗战救国纲领》。7 月，国民参政会召开，为之致辞，手书"抗战必胜"来激励全国军民。12 月，汪精卫叛逃投敌，以国民党中央监察常委身份力主开除汪精卫党籍，并明令通缉。

1941 年 12 月 9 日，林森以国家元首名义向德、意、日三国宣战，并于此后致力于废除中国和美国、英国等列强签订的不平等条约。

1943 年 1 月，中美、中英新约签署，林森不胜欣喜，特邀宋庆龄、于右任等国民党元老合影。5 月 12 日林森从林园家里坐车进城，去接受加拿大驻华大使呈递的国书。在途中与一辆美国卡车相撞，林森当场受伤被送进医院，经抢救无效，于 1943 年 8 月 1 日在重庆一所医院去世，终年 75 岁。

弥留之际，林森嘱咐蒋介石等人务必要光复台湾。同月，国民政府为林森举行隆重国葬，将林森安葬于重庆市歌乐山南麓"林园"内。

林森虽然追随孙中山多年，却不赞成孙中山的三大政策和新三民主义，尤其反对联俄联共；虽对蒋介石的专制、独裁不满，却服膺国民党的"一个党、一个主义、一个领袖"的宗旨，强调"思想统一""言论一致"而支持、拥护蒋介石的统治；他洁身自好、以身作则，却又明哲保身。1979 年中共中央在评价林森时，认为林森是"著名的老一辈民主革命家"。（潘健）

刘冠雄

刘冠雄（1861—1927 年），字资颖，又字子英，号敦诚。福建省福州府闽县积善里（今闽侯县青口镇）前洋村透头自然村。生于咸丰十一年四月二十九日。光绪元年春，考入船政后学堂第四届驾驶班。光绪六年六月毕业后充"扬威"二副、北洋水师"镇南"炮船管带、"扬威"帮带（副舰长）。

光绪十一年三月初三日，船政选派第三届出洋留学生，刘冠雄等 20 人被选派。刘冠雄等抵达英国后，登英国海军"爱伦求克"兵船"学习操放大炮枪队阵图大副等兼驾驶铁甲兵船"。10 月，刘冠雄与黄鸣球、邱志范等 3 人又奉派到英国军舰"额格士塞兰德"号上学习炮术。第二年转入"抱土穆"和"武理士炮厂"学习制造枪炮和火药等。

光绪十三年，清政府向英国和德国订造的"致远""靖远""经远""来远" 4 舰建成，北洋派邓世昌、叶祖珪、林永升、邱宝仁等往英国、德国接带，正在英国留学的刘冠雄奉命参加接舰工作。刘冠雄被安排在"靖远"任大副。光绪十四年三月驶抵天津大沽。十一月十五日正式组建成军，刘冠雄任"靖远"帮带大副。

光绪二十年正月，朝鲜爆发东学党农民起义，清政府应朝鲜政府之邀出兵协助弹压，久蓄侵华野心的日本也趁机出兵朝鲜。六月二十三日本海军联合舰队在丰岛海面偷袭北洋水师的"济远""广乙""操江"等舰及运兵船"高升"号，中日丰岛海战爆发。八月十八日，北洋水师与日本联合舰队在黄海大东沟附近开战。刘冠雄随"靖远"参战，"靖远"中弹起火，且战且退至大东沟西南的大鹿岛附近，灭火及修补漏洞。下午 5 时左右"靖远"舰抢修毕，带伤归队再战。时旗舰"定远"号船桅折断，无旗宣令变阵。舰队指挥失灵，形势危急。刘冠雄建议"靖远"舰上升起令旗，负起指挥舰队行动的重任，获得管带叶祖珪认同。各舰在"靖远"舰的指挥下，又重新列队迎敌，迫使日本舰队撤离。

黄海海战，北洋舰队虽损失惨重，但中国官兵英勇战斗，粉碎了敌人"聚歼清舰于黄海中"的狂妄计划。刘冠雄在大东沟海战中建议"靖远"升帅旗召各舰再战，获得"英勇巴图鲁"勇号。

由于李鸿章采取避战保船方针，北洋舰队龟缩威海卫港内，而陷于被动挨打。光绪二十一年正月十六日被困威海卫港的北洋舰队弹尽粮绝，被迫向日军投降，北洋水师全军覆没。四月初四日，劫后余生的北洋海军军官绝大多数被革职遣返，刘冠雄遭"革职留营效力"处分。同年五月，经北洋大臣袁世凯举荐，赴德国伏耳铿厂接带"飞鹰"舰回国，充任管带，督驾"飞鹰"安抵天津大沽。

光绪二十四年八月初六日，慈禧太后发动宫廷政变（史称"戊戌政变"），康有为等领导的戊戌变法遭到残酷镇压。政变的当天，维新领袖康有为逃亡天津，在李提摩太牧师协助，于上午11时登上了一艘名为"重庆"号的英国轮船，起程前往上海。慈禧太后一面电令烟台和上海方面在康有为登岸时将他捉拿，一面命天津火速派出军舰追赶"重庆"号英国轮船。因"飞鹰"新从德国购进，时速度为三十海里，超过"重庆"号英国轮船的一倍，刘冠雄督带"飞鹰"奉令追捕康有为。如果开足马力，要追上"重庆"号，简直易如反掌。但是，刘冠雄对康有为、梁启超的维新变法颇感同情。追至中途，刘冠雄声称舰上煤尽而返回天津。在危难时刻，救了康有为。

光绪二十五年二月，意大利企图强租浙江三门湾，派出三艘军舰来中国芝罘（烟台）炫耀武力，并向清政府发出"哀的美敦"（最后通牒）书，胁迫清廷，清廷征询海军意见。时中国大吨位的"海天""海圻"已回国，刘冠雄任"海天"管带。刘冠雄向统领叶祖珪进言说："意大利人远涉重洋而来，一定疲惫不堪，

补给也十分困难，其劳我逸，形势对我们有利。况且，我军现有"海天""海圻""海容""海筹""海琛"五艘新购的巡洋舰，完全有实力与意舰一战。不宜受其恫吓。"叶祖珪十分赞同刘冠雄的分析，并将他的意见向清廷陈述。清政府得到海军的答复后，断然拒绝了意大利的最后通牒，将"哀的美敦书"掷还。意大利看到中国方面的态度强硬，只好放弃租借三门湾的无理要求。意大利武力迫使清政府就范的阴谋破产。

光绪二十六年，英、美、俄、德、法、奥、意、日等八国联军入侵中国。海军提督叶祖珪驻"海容"舰被困于大沽口，"海龙""海犀""海青""海华"4艘鱼雷艇被夺，"海华"管带饶鸣衡战死。当时刘冠雄督带"海天"泊于山东庙岛，山东巡抚袁世凯要求"海天"等9舰驶入长江"以避敌锋"。两江总督刘坤一、湖广总督张之洞等在美、英等国的支持下，与驻上海的各国领事订立《东南保护约款》。海军加入"东南互保"，刘冠雄扮演了一个重要角色，引起了各方的关注。

光绪三十年正月，日俄战争在中国领土上爆发，清廷宣布"中立"。三月初八，清政府以中立筹备防守，急需军火。命刘冠雄率"海天"舰由秦皇岛赶赴江阴装运军火，限期接运军械以济辽西军需。"海天"在海上遇上大雾天气，驶至长江口外舟山鼎星岛附近撞礁石沉没，引起朝野震动。"损毁巨舰，按律当斩"，袁世凯出面力保。光绪三十年三月清廷仅以"革职"处分了事。刘冠雄被革职以后，离开了海军，投在袁世凯的门下，成为袁世凯的亲信。不久派赴日本验收炮舰，光绪三十一年春回国，海军统领叶祖珪委以"咨议"之职。光绪三十二年，刘冠雄充任山东德州兵工厂总办。

光绪三十三年四月二十七日，清廷陆军部海军处成立，刘冠雄充海军处第一司驾驶科科长。宣统二年十一月初三日，清廷"筹办海军处"改为"海军部"，刘冠雄充任海军部军制司驾驶科科长，宣统三年三月二十四升署海军部军学司代理司长。

宣统三年闰六月二十七日，刘冠雄调任广东水师营务处总办。八月十九日武昌起义后，

各省纷纷响应。九月十七日广东宣布独立。因当时广东形势复杂，刘冠雄离开广东北上，避居上海。上海都督陈其美聘刘冠雄为沪军都督府海军高等顾问。十月十六日上海都督陈其美电告武汉军政府：海军全权，亟待统一。各地海军起义代表在上海集会，商讨建立统一的海军指挥机构及人事安排。海军各处代表公举程璧光为海军总司令，黄钟瑛为副总司令。因程璧光率"海圻"舰在英国未回，黄钟瑛代总司令之职。刘冠雄被黄钟瑛聘为顾问。

1912年1月1日，南京临时政府成立，黄钟瑛任南京临时政府海军总长兼海军总司令，刘冠雄为海军部顾问。2月13日，南北和谈，南京临时政府派教育总长蔡元培等人为迎袁世凯专使，赴北京迎接袁世凯南下就职。刘冠雄随同前往。3月10日，袁世凯在北京就任第二任临时大总统，刘冠雄留北京，归附袁世凯，受袁世凯信任和倚重，参与了最高军事决策机关。袁世凯当政期间，内阁更换了好几届，刘冠雄始终被委任海军总长之职。在北洋政府的前十一届内阁中，刘冠雄出任了九届内阁的海军总长：

3月30日，唐绍仪组阁，任海军总长。6月27日兼代交通总长。7月16日海军部增设参谋厅，兼参谋长。7月31日，熊希龄组阁，任海军总长。9月25日，赵秉钧组阁，任海军总长。11月4日被授予海军上将。1913年1月28日兼代教育总长。7月31日，熊希龄组阁，任海军总长。9月11日，熊希龄组阁，任海军总长。1914年2月12日，孙宝琦组阁，任海军总长。5月1日徐世昌组阁，再任海军总长。1915年12月21日，陆征祥组阁，任海军总长。1916年元旦袁世凯称帝，众叛亲离，被迫于3月22日宣布"取消帝制"。徐世昌组阁，任海军总长。4月20日，段祺瑞阁组改，任海军总长。6月6日，袁世凯忧愤而死，黎元洪继任大总统。6月29日内阁改组，段祺瑞组阁，程璧光任海军总长，刘冠雄改任总统府顾问。1917年7月1日，长沙巡阅使张勋扶植溥仪复辟，7月14日段祺瑞击败张勋，以"再造共和"自居，重任国务总理，并推举副总统冯国璋代理大总统。7月15日，段祺瑞组成新内阁，复任海

军总长。7月21日海军总司令程璧光、第一舰队司令林葆怿率领"海圻""永丰""福安""飞鹰""同安"等10舰南下广东参加护法。7月23日北洋政府下令免去程璧光海军总司令之职，刘冠雄以海军总长身份兼海军总司令之职。12月1日，王士珍组阁，任海军总长。1918年3月26日，段祺瑞组阁，任海军总长。9月4日，钱能训组阁，任海军总长。1919年1月11日，钱能训组阁，任海军总长。6月13日，龚心湛临时内阁成立，任海军总长。9月24日，靳云鹏组成临时内阁，任海军总长。11月5日，靳云鹏组阁，任海军总长。12月3日，靳云鹏组建第十二届内阁，刘冠雄辞职。大总统徐世昌特任萨镇冰为海军总长。1921年6月25日，任福建查勘烟禁大员闲职。

1922年11月10日，黎元洪特派刘冠雄为福建镇抚使。11月17日刘冠雄发表《入闽通告书》。11月23日刘冠雄乘"通济"舰自南京抵马江，设临时镇抚使署。国民党福建支部长兼福建盐运使、自治军总指挥黄展云与闽海道尹陈群等通过学生会首领等连日发动举行福建各界各团体大会，纷纷通电拒绝刘冠雄入主闽政。

1923年4月3日，北洋政府委任刘冠雄为闽粤海疆防御使。10月16日北洋政府大总统曹锟明令特授予刘冠雄为"熙威上将军"。11月26日刘冠雄辞"闽粤海疆防御使"之职，定居天津。

1927年7月22日在天津家中病逝，终年67岁。

刘冠雄病逝，北洋政府军事部呈请从优给恤，大元帅张作霖明令着交该部"照上将例从优给恤，生平事迹宣付国史立传"。

刘冠雄接任海军总长之初，海军建设百废待兴。即着手整顿部务，海军教育，建章立制。先后制定海军部体制、官制、海军司令处、舰队司令以及地方调用军舰等各种条例、海军学生考选章程、海军留学生管理规则。制定了民国，接收各地海军机构，集海军大权于中央海军部，推动海军建设与统一。因政局动荡，整顿海军的工作时断时续，最终陷于停顿。在刘冠雄的领导下，海军最终成为袁世凯在内战中的一个重要工具。（刘传标）

庐隐

庐隐（1898—1934 年），本名黄淑仪，又名黄英。福建省福州府闽县（今闽侯县）南屿乡人。与冰心、林徽因并称为"福州三大才女"。生于清光绪二十四年闰三月十四日，光绪三十四年，入教会学校"慕贞学院"学习。1912 年，庐隐考取女子师范学校预科。1916 年被北平公立女子中学聘为体操、家事园艺教员。1917 年，应在安庆省立安徽女师附小当校长、原北京慕贞学院同学舒畹荪女士的邀请，前往安庆任教。后在母校校长的推荐下，到开封女子师范教员。1919 年秋，庐隐到北京高等女子师范国文系作旁听生，经过学期考试后，升为正班生。在学校，她被选为学生会的干事，积极做些社会工作。庐隐和十几个志趣相投的人组织了一个秘密团体"社会改良派"。

1921 年加入文学研究会，1923 年，写出了《胜利以后》《父亲》《秦教授的失败》等短篇小说。1925 年 7 月，她出版了第一个短篇小说集《海滨故人》，回福州后写了《寄天涯一孤鸿》《秋风秋雨》和《灵海潮汐》等短篇和散文。1930 年秋，东渡日本，寄居在东京郊外。后回到杭州，寄居西子湖畔。她写了一部十万字的长篇《象牙戒指》短篇集《玫瑰的刺》。1931 年夏天，到上海进工部局女子中学任教。她一面教书，一面写文章，先后创作了中篇小说《地上的乐园》和《火焰》。1934 年 5 月，庐隐因难产手术，开刀后流血不止，高烧不退，于 5 月 13 日逝世于上海大华医院，年仅 36 岁。

庐隐是一个坚持用心灵写作力图超越自我的个性女作家，其小说基调，深受中国古典言情小说和婉约派诗词影响，风格感伤，基调悲戚，可与同时期的郁达夫媲美；她的作品带有浓厚的自叙色彩，大多数采用日记或书信或讲故事的形式，这在"五四"小说家中可谓首屈一指；她的语言流利、自然、真切，纤细而不失酣畅；她小说的结构趋向散文，在缺少约束的行文中浸透着浓郁的感情，细腻蕴藉，沉哀入骨，前期作品结构松散，辞藻华丽，后期有长足的进步。（郑斯扬）

鲁迅

鲁迅（1881—1936 年），曾用名周樟寿，后改名周树人，字豫山，后改豫才，"鲁迅"是他 1918 年发表《狂人日记》时所用的笔名，也是他影响最为广泛的笔名。文学家、思想家，中国现代文学的奠基人。浙江省绍兴府绍兴县人。生于清光绪七年八月初二日，光绪二十四年，进入金陵的江南水师学堂，改名为周树人。第二年转入江南陆师学堂附设矿路学堂。

光绪三十二年秋天鲁迅携二弟周作人赴日本，日本仙台医科专门学校（肄业）。鲁迅在医校学习一年以后，便从学校退学。弃医从文，希望用文学改造中国人的"国民劣根性"。光绪三十四年师从章太炎，加入光复会。宣统元年，鲁迅从日本回到中国，在浙江两级师范学堂（今杭州高级中学）任生理学化学教员、绍兴中学堂教员兼监学、绍兴师范学校（今绍兴文理学院）校长等职务。

1912 年，受蔡元培之邀，到北京政府教育部工作，历任教育部社会教育司第一科科长、教育部佥事。后受钱玄同影响，重新投身新文化运动，并兼任北京女子高等师范学校教授和北京大学兼职讲师。

1918 年，首次用"鲁迅"为笔名，在中国杂志《新青年》上发表中国现代文学史上第一篇用现代体式创作的短篇白话文小说《狂人日记》。1921 年 12 月，他还生动地塑造了阿 Q 形象，发表中篇小说《阿 Q 正传》。1924 年，鲁迅、周作人、钱玄同、林语堂等人创办同人周刊《语丝》。

1926 年 8 月，鲁迅因支持北京学生爱国运动，抗议三一八惨案，于是南下厦门大学任文科教授。

1927 年 1 月 16 日，鲁迅离开厦门赴广州任中山大学文学系主任兼教务主任。10 月，鲁迅辞去中山大学职务到达上海。1930 年起先后加入中国自由运动大同盟、左翼作家联盟和中国民权保障同盟。1927 年到 1936 年间，鲁迅创作了很多回忆性的散文与大量思想性的杂文，翻译、介绍外国的进步文学作品。

1936 年 10 月 19 日清晨五点二十五分鲁迅在上海因肺结核病去世，年 55 岁。他的死讯引起全中国的注意，在上海上万民众自发为他一个文艺界人士举行前所未有的隆重的葬礼，民众代表在其灵柩上覆盖写有"民族魂"的白旗，轰动一时。第一次从万国殡仪馆启灵时的抬棺人共12人，分为左右两排，最前面的两个是巴金、鹿地亘，后面依次为胡风、曹白；黄源、张天翼；靳以、姚克；吴朗西、周文；萧军（田军）、黎烈文。葬于上海虹桥万国公墓。1956年，鲁迅墓迁移重建于上海虹口公园。

鲁迅一生在文学创作、文学批评、思想研究、文学史研究、翻译、美术理论引进、基础科学介绍和古籍校勘与研究等多个领域具有重大贡献。他对于五四运动以后的中国社会思想文化发展具有重大影响，蜚声世界文坛，尤其在韩国、日本思想文化领域有极其重要的地位和影响，被誉为"二十世纪东亚文化地图上占最大领土的作家"。毛泽东曾评价："鲁迅的方向，就是中华民族新文化的方向。"（游丽江）

潘飞声

潘飞声（1858—1934年），字兰史，又字公欢，40岁时更字为"老兰"，号剑士，别署"独立山人""说剑词人""水晶庵道士"等。近代著名词人、诗人、书画家。祖籍福建省漳州府龙溪县，先祖于乾隆年间迁居广东，遂落籍广东省番禺县（今广州市番禺区），生于清咸丰七年十一月十七，自幼承名师家学，拜乡贤叶衍兰为师，又得陈良玉、何蓼青指教，未弱冠便以词名世，才名籍甚，是广州学海堂高才生，被陈璞誉为"桐圃凤雏"。

德国柏林大学在铁血宰相俾斯麦的推动下正式创办东语学堂。光绪十三年五月二十四日，应德国柏林大学之请赴德国。1887年10月27日，参加东语学堂成立典礼，并受聘于柏林大学东语学堂，从事中文教学工作，协助德国汉学家阿恩德进行"中文（粤语）实践练习"课程教学的同时，潘飞声还受聘博物馆鉴定中国藏品。他在与包括东语学堂学生、国外友人、德国知识女性等域外人士的频繁交流中，介绍中国知识，吟诵、赓和中国诗词，赢得了域外人士的关注与赞誉。潘飞声亦因此成为值得铭记的清季旅外士人域外传播中国文化的佼佼者。

光绪十六年五月二十五日归国，定居广州

龙溪花雨楼。期间，外交家罗丰禄（稷臣）曾奏保国子监典籍，因父丁忧，未就。

光绪二十年，香港《华字日报》，聘潘飞声赴港任主笔，潘欣然前往，通过报纸针砭时弊，凡事关华人，便力与西政府争，名著海外。光绪二十四年，清廷开经济特科以取士，未及成行便因"戊戌政变"而取消特科，自此绝意仕进。后创《实报》刊，对清政府立宪新政发表政论。

光绪三十二年，潘飞声辞去报务，返回广州。后游迹于上海、杭州、北京多地，广结好友。

宣统二年后，寓居上海。曾出任上海务商中学校董，历任寰球、招商、福建等校教员。

1912年加入南社，与傅屯根君剑，高天梅钝剑、俞锷剑华，并称"南社四剑"。又入"淞社""沤社""海上诗钟社""题襟金石书画会"等。晚年虽生活贫困，常鬻文画以维持生计。1934年4月9日病逝，终年77岁。

潘飞声长于书画，善行书，画折枝花，但最擅长的还是诗词创作。一生著作颇丰，有诗文词总集《说剑堂全集》（包括《花语词》《珠江低唱》《海山词》《长相思词》《西海纪行卷》《柏林竹枝词》《天外归槎录》《游樵漫草》《海上秋吟》《悼亡百韵诗》《香海集》《论岭南词绝句》《游撒克逊日记》等十四种），词集《说剑堂词集》《饮琼浆馆词》等，选编广东词人词集《粤东词钞三编》，诗词评类著作《在山泉诗话》《粤东词钞》等。

潘飞声早年创作的《花语词》与《珠江低唱》多为闲情词，以日常生活为对象，注重内心抒发，有"少年不识愁滋味"之感，婉转清丽，《西海纪行卷》与《天外归槎录》分别记载前往德国与归国途中的见闻，《柏林竹枝词》《游撒克逊日记》专门记载柏林的异域风光，《海山词》作为近代第一部创作于欧洲的词集。词中引入许多新奇意象，将新世界的新鲜事物与中国传统文体进行巧妙结合，突破了中国传统词作的题材限制，通过词中所写打开国人视野，为进一步引入开放文明提供借鉴，极大地拓展了词的表现范围，开拓了词的意境，对词的发展起到积极的革新作用。潘飞声书写域外新风情新事物、展现新思想新意境的诗篇，有效地丰富了旧体诗词的题材内容与审美想象，拓新了旧体诗词的审美意境与艺术风格，增强了旧体诗词的陌生化审美效果，使旧体诗词别开生面，焕发出新的生命力。

潘飞声整理研究岭南词学文献，对构建岭南词史作出较大贡献，为尚处于主流词坛边缘的岭南词坛扩大影响力，搭建起岭南词学对外交流的桥梁。潘飞声在前人梳理研究基础上，编选完成《粤东词钞三编》，选录了清代十七位广东词人共计一百二十九首词作，以"雅正"为选录取向，在保存粤地词学文献上具有重要价值。《粤雅集》选评了五代及宋时粤东一代词人作品，一共二十六则，记载了粤东词人黄损、崔与之、李昂英、刘镇、葛长庚、陈纪、赵必象七人的作品与雅事，采用人品与词品相结合的词评模式，使词论集表现出颇具历史深度的品格。本集体现出鲜明的区域词学观念与词史意识，系统梳理了宋代岭南词的渊源流变与时代特色，进一步推动了岭南词学的研究，为确定岭南词坛在各代词学中的历史地位提供参考，有效扩大了岭南词学的影响力。粤人将之与罗瘿公、曾刚甫、黄晦文、黄公度、胡展堂合称为"近代岭南六大家"。（薛静）

丘菽园

丘菽园（1874—1941年），名炜萲，字蘐娱，号菽园，自号"星洲寓公"。福建漳州府海澄县（今厦门市海沧区）新垵村惠佐人。生于清同治十三年，8岁随其父到新加坡。光绪二十年15岁回到福建参加乡试，中解元。光绪二十一年，又到新加坡继承家业而定居，在新加坡创立"丽泽社"。同年，丘菽园又北上京师参加会试。

因中日甲午战争中国战败，光绪二十一年三月二十三日，李鸿章与日本首相伊藤博文在日本国马关春帆楼签订了丧权辱国的《马关条约》，割让台湾给日本。康有联合各省应试举人1300余人，于四月初八日联名请愿，发动"公车上书"，丘菽园时正在北京参考会试，起初亦参与联署，反对与日本签订的《马关条约》。但在冷静细思之后，丘菽园认为大部分举子所主张之"拒和主战"并不可取，于是撤回了自己的署名。

光绪二十二年，创立"乐群社"，以"能将文化开南岛"自许，以在新加坡传播中华文化为己任，同林文庆等人提出在新加坡建孔庙、设学堂、复兴儒学，推动了新加坡华文教育的发展和汉学的普及。

光绪二十三年，在新加坡创办了维新派东南亚地区的喉舌《天南新报》，自任总理（即社长）兼总主笔，刊登了在新加坡复兴儒学的言论和宣传儒家思想的文章，宣传维新救国思想。《天南新报》创办半个月后，丘逢甲的诗文就开始在《天南新报》陆续刊登，其《星洲宜建孔子庙及大学堂》，以及广东学者王晓沧的《劝星洲粤乡人合建孔子庙及大学堂》两文，一时"造成了颇大的震撼"。

光绪二十五年，丘菽园首倡"星洲上书"，旗帜鲜明地反对慈禧太后废黜光绪皇帝、另立新君的图谋，大大强化了海外华侨与祖国内地的政治关联。此外，他还曾与另一华侨领袖林文庆一起，合作创设新加坡华人女子学校，又联合丘逢甲等兴创尊孔学堂，是东南亚儒学运动的先行者。以"能将文化开南岛"自许，以在新加坡传播中华文化为己任，同林文庆等人一起提出在新加坡建孔庙、设学堂、复兴儒学。在殖民统治下的东南亚掀起一股"儒学热"，激起了复兴中华之学、寻找文化之根的热潮。

光绪二十七年，戊戌变法失败，康有为逃亡日本而被日本拒绝登岸入境，不得不退居香港。丘菽园柬诗并赠以千金，力邀康有为往游新加坡。同年底，康有为过海赴新加坡，之后在星洲游历共七阅月，而入住丘菽园的客云庐则有将近两月。在此期间，康有为成立了保皇会新加坡分会，即请菽园出任会长。康有为筹划"庚子勤王"时期，是丘菽园与其交游最为密切的阶段。

光绪二十七年丘菽园因资助唐才常起义为清廷通缉，"海澄邱族已为闽吏围捕，祖兆宗祠，刨焚殆尽"，张之洞又通过新加坡领事对丘菽园软硬兼施，进行策反。这给丘菽园造成了巨大的压力。他不得不在《天南新报》上发表《论康有为》一文，极力撇清与康有为之关系，否认参与庚子勤王起事。但考究其实，丘菽园此举当是为了自保及保护尚在闽地的族人。此后数年内，丘菽园与康有为几无联系。直至宣统二年，康有为重履新加坡，当时丘菽园已落入穷籍，赁庑而居。

1913年，丘菽园承办《振南日报》。与堂弟丘国瓦加入共和党，以扶持国民进步。同时，在进步党的党报《振南报》上初撰文拥护袁世凯，到力诋袁世凯，再到反对张勋复辟，丘菽园的政治觉悟在一次又一次的时代潮流中逐渐走向成熟。而康有为则依然"自域于保皇"，支持张勋复辟，反对共和。

丘菽园是新加坡早期华侨政治运动和文化事业的重要领袖及著名诗人。为我们留下了许多政治、文化业绩，更为我们留下了大量宝贵的文学遗产。有"南洋才子"和"南国诗宗"之誉。

丘菽园汉学著述非常丰富，已刻著作包括《菽园赘谈》《五百石洞天挥尘》《赘谈拾遗》《新小说百品》《新出千字文》《读〈黄帝本纪〉》等；诗集有《丘菽园居士诗集》《啸虹生诗钞》等；笔记有《菽园赘谈》《庚寅偶存》《五百石洞天挥麈》；并曾编订西诗中译《海曳韵辞》一册。（张慧）

萨本栋

萨本栋（1902—1949年），字亚栋。物理学家、电机工程专家、教育家，中央研究院第一届院士，国立厦门大学第一任校长。福建省福州府闽侯县（今福州市）人。生于清光绪二十八年六月二十日，1921年毕业于北京清华学校。1922年赴美国留学，入斯坦福大学学习机械工程，1924年获工学士学位。1924年转入伍斯特理工学院学习，翌年获电机工程学士。旋即转习物理，1927年获得伍斯特理工学院理学博士学位后，任伍斯特工学院研究助理、西屋电机制造公司工程师。在这期间，萨本栋先后在美国电气工程师学会学报上发表了《关于空气中的火花的研究》及《三相系统的非平衡因素》两篇论文，二十五六岁就已经蜚声学术界了。

1928年，萨本栋应清华大学物理系主任叶企孙之聘请回国任物理学教授，讲授普通物理学、电磁学、无线电物理，及研究院课程向量与电路论，并从事电路和无线电方面的科研工作。

萨本栋在清华大学任教的9年中，在研究电路、电机工程以及真空管性能方面，也取得了丰硕成果。他创造性地将并矢方法和数学中的复矢量应用于解决三相电路问题，先后撰写了10多篇论文，深得物理学界前辈的推崇，并由此被清华大学教授会推选为评议员。

1935年9月，应邀为美国俄亥俄大学电机工程系客座教授。1936年8月，他将讲授的应用并矢方法解决电路的计算和分析加以总结，在美国电气工程师学会学报上发表了论文《应用于三相电路的并矢代数》，引起国际电工理论界的强烈反响，被认为是开拓了电机工程的一个新研究领域。美国电气工程师学会（AIEE）随即将这篇论文列为当年冬季会议（1937年1月25日至27日）的讨论课题。会后，经评选，该文获得美国的"1937年度理论和研究最佳文章"荣誉奖。在此基础上，他又汇进了同类问题的其他研究心得，并加以系统整理，用英文写成一本专著《并矢电路分析》，该书一出版，立即被选入《国际电工丛书》，并获"中国电机工程师学会"第一次荣誉奖章。由于萨本栋在电机工程学上的突出成就，被美国电气工程师学会接纳为外籍会员。

1937年3月，萨本栋从美国讲学载誉归来，回清华大学任教。其时，爱国华侨领袖陈嘉庚先生因经营橡胶失败，资财亏蚀殆尽，遂将其所创办的厦门大学献给国家。7月1日厦门大学由私立改为国立。7月6日，萨本栋被任命为任国立厦门大学第一任校长。

厦门大学刚改为国立时，"国、省库经费迄未领到"，教职员工资无法照发。为克服困难，萨本栋发出布告，规定预支标准："校长薪俸按三成五支领；教授及高级职员薪俸在200元以上者按六成支领；副教授、专任讲师、助教及其他职员薪俸在101元至200元者按七成五支领；在51元至100元者按九成支领；在50元以下者按全数支领"，克己奉公。

9月3日，日本侵略军开始轰炸厦门，为了师生的安全起见，翌日学校暂迁到当时的公共租界鼓浪屿，借用英华中学及闽南职业学校的部分校舍上课。10月间，萨本栋经与有关方面研究后，决定将厦门大学内迁到山城长汀，于

1938年1月17日在长汀复课。当时萨本栋兼任数理系主任。

当时国家十分需要大量的土木建筑、机械、电机、航空等方面的人才，而福建省却没有一个工学院，即使厦门大学也缺乏开办工科各系的必要设备和师资力量。为适应抗战需要，萨本栋四面奔波、各方筹措，于1937年，创办了土木工程系（归属于理学院）并暂兼系主任。1940年，萨本栋又增加了机电工程系，许多重要课程如电工原理、交流电路、交流电机、无线电工程等，均由萨本栋亲自讲授。1940年他把理学院扩充成理工学院。

萨本栋十分重视基础学科的教育，他要求学生除能熟练地掌握本国语言外，还要较熟练地掌握一国以上的外语。在萨本栋的倡议下，对学生举行了语文特殊试验（即今考试），分国文及英语两科，不及格者不能毕业。他要求文科学生要有一定的自然科学知识，理科学生也不能没有社会科学知识；他提倡名教授要教基础理论课，并身体力行亲自讲授大学一年级的微积分。他为教好理工科基础课而编写的《实用微积分》，受到该校师生的普遍欢迎和各校的采用。萨本栋言传身教，厦门大学在长汀时期形成了勤奋、朴实、严谨、和睦的好风气，校务蒸蒸日上，学生的学业成绩显著提高。厦门大学成为祖国东南区唯一最高学府，且为国内最完备大学之一。

1944年5月，萨本栋被国民政府授予"三等景星勋章"。6月，萨本栋接受美国国务院邀请，再度赴美讲学，先后在麻省理工学院、密西根大学、哈佛大学、伊利诺伊大学等处做了多场报告。他首先提出了"用标么值系统"来分析交流电机，引起工程学界的强烈反响。他根据在厦门大学讲授电机学所积累的资料，再加上在斯坦福大学授课的新材料，用英文撰写成专著《交流电机基础》，提出了许多新的论点和论据，"言前人之所未言"（该书于1946年在美国出版，受到英、美各国科学界的极高评价，被誉为物理学、电机学巨著）。

1945年5月，萨本栋完成在美国讲学任务后，转道赴英国，进行短期讲学，受到英国科技界的高度赞誉。9月抗战胜利后，由伦敦回到重庆，应中央研究院院长朱家骅之聘，任中央研究院总干事。他领导了中央研究院迁回南京的各项工作。为在南京建立物理研究所、数学研究所而四处奔波。

1948年，萨本栋当选为中央研究院院士。同年底，病情恶化，赴美国治疗。1949年1月31日在美国旧金山加州大学医院逝世，享年47岁。

萨本栋是一个著名的物理学家，也是一个杰出的电机工程专家和教育家。他的非凡学识、才智为世人所景仰，"俯首甘为孺子牛"的服务精神更使人难忘。他在科学技术上率先把并矢方法应用到电机工程中去；抗战的艰苦时期发展壮大了厦门大学，发扬光大了陈嘉庚的爱国办学精神。（刘传标）

萨师俊

萨师俊（1896—1938年），字翼仲。福建省福州府闽县（今福州市鼓楼区）朱紫坊人。生于清光绪二十一年，海军宿将萨镇冰的侄孙。

光绪三十四年，考入烟台海军学堂。1913年7月，萨师俊毕业于烟台海军学校第八届航海班，1916年转入南京鱼雷枪炮学校。毕业生后历任海军部副官、第一舰队参谋、第二舰队司令部（司令李景曦）上尉正副官、练习舰队司令部（司令李景曦）少校副官、海军闽厦警备司令部副官处少校处长。

1926年7月4日，中国国民党中央执行委员会通过《出师北伐宣言》，国共合作北伐。随着北伐军节节胜利，11月26日随厦门海军警备司令林国赓易帜，归附国民革命军。参加国民革命军后，历任第二舰队"江贞"炮舰副舰长、"建安"炮舰副舰长、"公胜"炮艇艇长、"青天"测量舰舰长、"顺胜"炮艇艇长、"威胜"炮艇艇长、海军第一舰队司令部（司令陈季良）参谋、"楚泰"炮舰舰长。

1934年7月10日，陈绍宽在马尾创办中国第一所"海军大学"，以培训在职舰长，聘请日本海军大佐寺岗谨平和海军法律顾问法学博士信夫淳平讲授军事和国际公法。高宪申、林元铨等23位上中校舰长，联名向国民政府主席林森指控陈绍宽私聘日本海军教授。为此陈绍宽

于 11 月 28 日呈请辞去本兼各职。1935 年 2 月
12 日，代理部长陈季良将"中山"舰舰长罗致
通调任"通济"号练习舰舰长，派"楚泰"舰
舰长萨师俊"中山"舰中校舰长。

1937 年 7 月 7 日，"卢沟桥事变"爆发后，
萨师俊率领"中山"舰沿江防御待命。1938 年
2 月 1 日，中国海军在湖南岳州组建特务队，
"中山"炮舰舰长萨师俊兼任特务队队长。6 月，
侵华日军陆海空联合进攻武汉，"中山"舰参加
武汉保卫战，负责施放水雷及运输工作。8 月
初，国民政府决定撤离武汉。"中山"舰奉命从
岳阳开赴武汉外围，负责保护军民转移安全巡
逻。10 月初，"中山"舰从岳阳开到武汉外围的
金口新堤一带巡弋。双十节过后，汉口军民向
长江上游撤离的人员和物资甚多。10 月 24 日，
萨师俊率"中山"舰巡防金口新堤（今洪湖市）
一带，遭到日军飞机轮番轰炸，萨师俊在驾驶
台指挥战斗，双腿被炸断，忍住剧痛，坚持指
挥发炮还击。舰上官兵见舰长伤势严重，欲用
舢板载他去岸上医治，萨师俊坚定地说："诸人
员可离舰就医，但我身为舰长，职责所在，应
与舰共存亡，万难离此一步。"军舰即沉之际，
副舰长吕叔奋下令放下两艘舢板，强行将萨舰
长及受伤官兵送下舢板，随即"中山"舰沉没。
"中山"舰沉没后，残暴的日机再度向舢板俯冲
扫射，萨师俊和其他 24 名官兵壮烈殉国。萨师
俊殉职后，被国民政府追认为烈士，同时追赠
他为海军上校，进灵"忠烈祠"。（刘传标）

萨镇冰

萨镇冰（1859—1952 年），字鼎铭，号镇
冰。清末民国初年海军将领。福建省福州府闽
县（今福州市鼓楼区）朱紫坊人。生于清咸丰
九年二月二十六日。同治八年，考入福州船政
后学堂第二届驾驶班，同治十一年以第一名成
绩毕业，充任"海东云"船二副。同治十三年
随船政大臣沈葆桢巡防台湾。光绪二年秋，船
政选派第一批出洋留学生，萨镇冰获选派，入
英国格林威治皇家海军学院，学习行船理法。
光绪四年末，登上英国海军"们那次"舰实习。
光绪六年三月留学期满，回国后充南洋水师
"澄庆"兵船大副。光绪八年三月初调任天津水
师学堂管轮学堂正教习。光绪十二年擢升北洋

水师"威远"兵船管带，光绪十三年二月调署
"康济"号练习船管带。

光绪二十年中日甲午战争爆发，督带"康
济"船担任后方勤务（运送粮食、兵员）。黄海
海战后，李鸿章采取"避战保船"妥协政策，
令北洋幸存各舰艇迁避于威海卫，丁汝昌调萨
镇冰率"康济"30 名水手守卫南口日岛炮台，
扼守威海港入口咽喉。光绪二十一年正月十三
日日军舰队大举进攻，萨镇冰指挥日岛炮台守
兵，奋勇抵御日军的水陆两路攻击，苦战 10
天。正月二十三日威海被日军占领。督驾"康
济"练舰载着丁汝昌、刘步蟾、林泰曾、杨用
霖、戴宗骞等的灵柩及海陆官兵和洋员千余人。
四月初四日，北洋水师幸存官兵受革职处分，
萨镇冰回福州执教，以教习西学为生。

光绪二十二年初，应湖南总督张之洞之请，
任湖南自强军吴淞炮台总台官，同年秋升任自
强军帮统。光绪二十三年萨镇冰调署"通济"
管带，光绪二十四年六月初九日调署"海容"
管带。光绪二十五年三月初八日慈禧太后下旨
开复原北洋水师官佐，萨镇冰"开复"原官职
并赏加总兵衔，任北洋水师帮统兼"海容"管
带。光绪二十六年四月初一，以北洋海军帮统
身份兼"海圻"巡洋舰管带。光绪二十九年六
月初五日实授广东南澳镇总兵。

光绪三十年十二月十三日水师提督叶祖珪
统领因病辞职（返沪医疗已无效于六月二十七
日病逝上海军次），四月十三日萨镇冰继任广
东水师提督，授南澳镇总兵，总理南北洋海军
（统领）兼任海军江南船坞督办，担负起重组北
洋水师的重任。

宣统元年五月二十八日，郡王衔贝勒载洵
任筹备海军事务处大臣，海军提督萨镇冰为筹
办海军副大臣。六月二十九日，萨镇冰升任海
军提督。七月二十八日经清廷谕准，萨镇冰将
南北洋海军大小舰艇四十余艘统一编为巡洋、
长江两舰队。在"巡洋""长江"两舰队之上设
统制部，萨镇冰兼署统制部统制官。萨镇冰被
授予副都统加正都统衔为巡洋、长江舰队统制
（相当于海军总司令）。统制巡洋、长江两个舰
队，司令部在上海高昌庙，主持制定了海军三
等九级制。

宣统二年十一月初二日，清廷海军统制处

改为筹备海军司令处，改统制官为海军提督，萨镇冰任海军提督。宣统三年三月十四日，清政府授萨镇冰海军副都统并赏海军正都统衔（相当于海军中将加海军上将衔）。

八月十九日武昌起义爆发，革命军连克武汉三镇，成立了湖北军政府，引起了清王朝的极度震恐。清廷急令海军提督、舰队统制萨镇冰率领巡洋、长江两舰队溯江而上赴援武汉。八月二十三日萨镇冰率舰队抵汉口，封锁了武昌、汉口的水上交通，配合清陆军行动。九月十二日清军占领汉口后，冯国璋放火焚烧汉口3天。越来越多海军同情革命军，林舜藩以餐桌白布罩代替义旗，升上"策电"舰旗杆，率先宣告"策电"易帜起义，随着即吴淞口、上海等地舰艇相继起义。九月二十二日夜，以身体有病必须赴沪就医为由，自行引退。他化装成商人离开九江，已平安抵达上海，后又转道香港，避归福州。九月二十六日，清廷迫于形势，请袁世凯出面组成责任内阁，袁世凯任命萨镇冰为海军大臣（未就任）。

1912年3月10日，萨镇冰任民国交通部吴淞商船学校校长。12月8日，萨镇冰被北洋政府授予海军上将军衔。1913年8月14日，袁世凯委任萨镇冰为督办淞沪水陆警察事宜，负责上海治安。1914年5月9日被任命为陆海军大元帅统率办事处办事员（参议员）。5月26日任总统府参政院参政，8月兼任上海兵工厂总办。1915年2月25日萨镇冰辞去吴淞商船学校校长职，建议将"吴淞商船学校"改为"吴淞海军学校"。

1916年1月3日，萨镇冰辞去总统府参政院参政之职。6月6日，称帝失败的袁世凯因尿毒症不治而亡，黎元洪继任大总统。8月11日萨镇冰任闽粤巡阅使、海军临时总司令。

1917年5月28日，萨镇冰任海军总司令。6月24日李经羲内阁成立，萨镇冰任海军总长（未就任）。7月1日张勋拥立废帝溥仪复辟，7月2日宣统委任萨镇冰为清廷海军部尚书（未就任）。7月14日张勋战败逃入荷兰使馆。段祺瑞重任国务总理，萨镇冰任海疆巡阅使。7月18日北洋政府在上海设海军临时司令部，萨镇冰兼海军临时总司令。12月14日萨镇冰以病为由辞"海疆巡阅使"之职。

1918年8月11日，海军部委任萨镇冰为"粤闽巡阅使"。9月17日，北洋军阀李厚基所部和广东的陈炯明之间在福建爆发战争，萨镇冰为"福建清乡督办"。

1919年2月24日，萨镇冰任巴黎和会海军代表，赴法国参加巴黎和会。12月3日任，靳云鹏组阁，萨镇冰任海军总长。1920年5月14日萨镇冰以海军总长代理国务总理。1921年5月14日，萨镇冰辞海军总长之职，专任"福建省清乡督办"。

1922年5月25日，北洋政府授萨镇冰为将军府"肃威上将军"。9月2日萨镇冰任"禁烟专员"。10月14日北洋政府特派萨镇冰会办福建军务。10月15日大总统黎元洪明令特任萨镇冰为福建省长，10月25日萨镇冰兼任北洋政府"福建讨逆军"（总司令李厚基）副司令。

1923年2月8日，福州公民大会推萨镇冰为临时省长，3月1日萨镇冰就福建省长职（北洋政府任命）。8月8日萨镇冰就任福建省长之职，11月30日辞去福建省省长之职。

1926年7月4日，中国国民党中央执行委员会通过《出师北伐宣言》，12月2日北伐军东路军迫近福州，福州各界推萨镇冰为福建保安总司令。

1929年4月12日，南京国民政府海军部成立，萨镇冰被聘为海军部高级顾问。1933年11月20日，驻守福建的第十九路军将领陈铭枢、蒋光鼐、蔡廷锴公开宣布与蒋介石决裂，在福州召开了中国人民临时代表大会，决定成立"中华共和国人民革命政府"。史称"福建事变"（简称"闽变"）。11月21日萨镇冰被聘为"人民革命政府"的高等顾问。12月11日"中华共和国人民革命政府"将福建划为闽海、兴泉、龙漳、延建4个省和福州、厦门2个特别市，萨镇冰被委任为"延建省"的省长。

1935年8月1日，福州"海军艺术学校"改制为"私立勤工初级机械科职业学校"（"勤工学校"），萨镇冰被聘为"私立勤工初级机械科职业学校"校董会名誉董事长。

1937年抗日战争全面爆发后，10月萨镇冰应福建省政府之请，前往新加坡、菲律宾、印尼等南洋各地考察，并宣慰侨胞宣传抗日，筹募经费、物资和医药器械支持抗日。1938年1

月 1 日，海军部改制为海军总司令部，萨镇冰充任海军总司令部高级顾问。

1946 年 7 月，萨镇冰回到福州定居，从事社会慈善事业。11 月 22 日国民政府明令授予萨镇冰海军上将并除役。

1947 年初，福建佛教会决定创办"福建佛教医院"，萨镇冰被聘为董事长，分别函电东南亚各国华侨人士，请其捐款，各地侨胞都踊跃捐款、捐物，到年底"福建佛教医院"建成。

1949 年 8 月 12 日福州解放前夕，福建省主席朱绍良力邀请萨镇冰赴台，被萨镇冰拒绝。8 月 17 日福州解放，萨镇冰即与刘通、丁超五、何公敢、陈培锟等社会知名人士联名发出拥护共产党、欢迎人民解放军的安民布告。9 月中旬萨镇冰作为中国人民政治协商会议第一次会议特邀代表到北京，当选为第一届全国政协委员，随后任中央人民政府革命军事委员会委员、中央人民政府华侨事务委员会委员、福建省人民政府委员。

1952 年 4 月 10 日，萨镇冰病逝于福州，终年 93 岁。毛泽东主席、周恩来总理等党和国家领导人均发来唁电，中央人民政府给费治丧，陈毅、张鼎丞、叶飞等党、政、军领导参加萨镇冰治丧委员会，福建人民政府举行公祭，葬于福州西门外梅亭群鹿山。

萨镇冰重视教育，注重培养海军人才，为我国的海军储备了大量的人才资源。

萨镇冰一生扶贫济困，在福州倡设孤儿院、工艺传习所、收容所等安置孤儿、残疾者，提倡医生义诊，广造福祉，被人民大众称为"活菩萨""平民省长"，生前享有隆声，死后享有美誉。

著有《古稀吟集》《客中吟草》《里门吟草》《仁寿堂吟草》等传世。（刘传标）

沈觐宸

沈觐宸（1882—1962 年），字筠玉，号肩红，晚号"卷阿"。福建省福州府侯官县（今福州市）宫巷人。沈葆桢嫡曾孙。生于清光绪七年二月十二日，父沈翊清。光绪二十三年，考入福建船政学堂前学堂第六届制造班。

光绪二十九年，沈觐宸参加恩科会试，中举人。光绪三十年进京应廷试，授内阁中书舍人，充任侍读。光绪三十二年，任监察御史。

1913 年，沈觐宸自费赴法国留学，入法国飞机制造学校，学习舰船及飞机制造。1914 年，沈觐宸被改为官费留学生，入高等飞机制造学校学习飞机制造工程。因第一次世界大战爆发转入瑞士洛桑飞机制造学校，获飞机制造工程师学位。转入法国哈乞开（今译霍奇基思）炮厂实习。

1918 年 6 月，驻英公使施肇基电邀沈觐宸赴英任中国公使馆二等秘书兼巴黎和会中国代表团秘书。

1919 年 5 月 30 日，沈觐宸回国，在北京海军部任技正，被聘为航运厅厅长。开辟我国由北京至北戴河的第一条民航航线。

时因受五四运动影响，福州马尾制造学校学生以学校腐败、学校制度黑暗为由，发动学潮，罢课。因各种原因学生退学者达 124 人。8 月海军部派沈觐宸任福州马尾制造学校代理校长。1920 年 4 月 25 日，沈觐宸任福州海军制造学校校长兼总教官。教授飞机制造、内燃机制造等课程。

1922 年 2 月 1 日，沈觐宸调任北京南苑航空学校校长。10 月 1 日卸职调北京政府海军部，任南苑航空学校校长，代理航空督办。

1925 年 5 月 4 日，北洋政府航空署航运厅成立，北洋政府临时执政段祺瑞明令任命沈觐宸为航空署航运厅厅长。

5 月 14 日，沈觐宸调任海军马尾飞机制造处机械厅长。7 月 15 日晋授海军造械主监（相当于少将）。8 月 13 日航空署厅长沈觐宸调任总务厅长。

10 月 24 日，沈觐宸调任北洋政府海军部技正室技正。

1926 年 5 月 1 日，沈觐宸充任福州海军学校代理校长。

1926 年 10 月，沈觐宸出任中国北洋政府驻丹麦全权公使。

1927 年 8 月 25 日，国民政府定都南京，沈觐宸充任南京海军部任航空署长。

同年马尾制造、飞潜两校并入福州海军学校，改名为具有大学程度的马尾海军学校，沈觐宸任改组后第一任校长。

1928 年 8 月 27 日，沈觐宸任国民革命军海军总司令部编译处秘书长。

1929 年 7 月 15 日，福州海军学校校长沈觐宸奉命主持航海轮机各班学期考试。

10 月 1 日，沈觐宸出任中国南京政府驻越南西贡领事。

1930 年 1 月 3 日，福州海军学校代校长沈觐宸调任南京国民政府海军部技监室上校技正。5 月 6 日，沈觐宸任南京政府海军部少将技正兼编纂处处长，主编《海军杂志》。

1932 年 3 月 16 日，因病恳请辞职。

1933 年 7 月 17 日，被免去海军马尾飞机制造处机械厅长之职。

11 月 20 日，驻守福建的第十九路军将领陈铭枢、蒋光鼐、蔡廷锴联合国民党内李济深（南京政府训练总监）及第三党（中国国民党临时行动委员会）黄琪翔等反蒋派势力，公开宣布与蒋介石决裂，在福州召开了中国人民临时代表大会，决定成立"中华共和国人民革命政府"。史称"福建事变"（简称"闽变"）。因"闽变"，沈觐宸离开福州到南京，继续担任南京政府海军部技正（少将同等）。

1934 年 4 月 7 日，沈觐宸任海军部技正，派编译处办事。1936 年 12 月 12 日因病辞职。1937 年"七七事变"，上海军民淞沪抗战爆发，时年 56 岁办理退休，全家迁入上海租界。

1947 年 11 月 22 日，国民政府授其为海军轮机少将并转为备役。

1949 年 10 月 1 日中华人民共和国成立后回福州定居。1955 年 1 月，沈觐宸被任福建省政协第一届委员会委员。4 月，受聘为福建省文史馆馆员。为响应科学普及号召，曾编写《材料强弱学》（材料力学）工人读本。

1962 年 2 月 19 日（正月十五元宵日）病逝于上海大华医院，享年 80 岁，葬于上海虹桥万国公墓（文革时期被毁）。

著有《红楼梦考证》《海事大事记》《海军编年史》《福州船政编年史初稿》等。（刘传标）

王崇文

王崇文（1875—1935 年），原名兆麟，字子翰。福建省福州府闽县亭江象洋墩（今福州市马尾区象洋村）人。生于清光绪元年。光绪二十一年九月，毕业于天津水师学堂第五届驾驶班。光绪二十二年，充北洋海军练勇队队长。光绪二十八年五月二十八日，清政府在哈尔滨设立邮船分局，王崇文以东三省候补道员身份出任哈尔滨邮船局总办。在任哈尔滨邮船局总办期间，大力扶植民族航运业发展。光绪三十年在王崇文等人的努力下，哈尔滨文报分局建立，黑龙江水系第一家商办航运企业"先登轮船公司"在哈尔滨呼兰成立。第二年，东三省总督徐世昌同吉林巡抚朱家宝创办了"吉林官轮总局"（设在哈尔滨），共购买了俄轮 5 艘，驳船 3 艘。随后又扶植创办了"松黑两江邮船局""亚洲轮船股份有限公司"等等。宣统三年八月十九日武昌起义爆发后，王崇文自东北南下。1912 年 9 月 7 日充任北洋政府海军部视察。1913 年 5 月 16 日调任海军部军需司司长，10 月 27 日任海军部视察。12 月 11 日"政治会议"召开，王崇文被海军部选派为"政治会议"议员（为海军总长刘冠雄的代表）。

1915 年 12 月 17 日，王崇文任中国驻英国公使馆海军武官，兼驻英海军留学生监督处监督兼驻美海军留学生监督处监督。1916 年 6 月驻英国海军留学生监督处裁撤。9 月 14 日王崇文被免去驻英国任中国驻英国公使馆海军武官兼驻英海军留学生监督处监督之职，回任海军部参事。12 月 4 日兼任海军部视察。

1917 年 3 月 8 日，王崇文被授予海军少将军衔。11 月 7 日俄国十月革命爆发，建立了苏维埃政权。西方列强组成干涉军。1918 年 4 月 5 日，英美干涉军在符拉迪沃斯托克（海参崴）登陆，日本以保护侨民为名于 4 月 5 日派"岩见""三笠""朝日"等军舰占领海参崴。12 月 12 日，王崇文向北洋政府海军部提议：中国黑龙江航权为帝俄所夺，应趁此机会收回黑龙江、松花江航权，并保护航权。王崇文的提议获得海军总长萨镇冰的赞同，即委任王崇文为黑龙江、松花江航权视察专员，负责考察黑龙江、松花江航权及边界事宜。1919 年初，王崇文到考察松花江、黑龙江及边界。6 月 20 日，王崇文研拟了"收回黑龙江、松花江航权办法及江防建设规划"调查报告呈报海军部，建议海军部"在哈尔滨建立海军吉黑江防司令部，请求先派军舰数艘前往，再图发展"。此案经海军部呈请国务会议，议决交海军部筹办。海军部即派王崇文到上海，向海军总司令蓝建枢商请调拨军舰事宜。经海军部核准，决定由上海海军总司令公署所属第二舰队抽调"江亨""利捷""利绥""利川"舰等炮舰组成北上舰队，充实吉黑江防。7月2日北洋政府海军部特设吉黑江防筹备处（归海军总司令节制），王崇文为处长，归海军总司令节制。7月18日，王崇文先期率领参谋沈鸿烈、秘书陶友凤等数员赴哈尔滨进行江防筹备工作。1920年5月22日，海军部将"吉黑江防筹备处"改称"吉黑江防司令公署"，直属海军部，王崇文任少将司令。5月31日，北洋政府大总统徐世昌核准《海军吉黑江防司令公署编制令》（草案）。6月4日，海军吉黑江防司令公署在哈尔滨道外十七道街成立。

7月5日，王崇文又以"松、黑两江，绵亘数千华里"，"江亨""利绥""利川""利捷"四舰不足巡防之用，向北洋政府海军部提请增派舰艇。北洋政府海军部电令王崇文自筹解决，王崇文电请向中东铁路局拨借巡船、戊通公司添购商船，改装为军舰。12月，海军部同意吉黑江防处向中东铁路局拨借第6号巡船改名"利济"，并向戊通公司添购商船3艘编充军舰，将该商船之"江宁"，改名"江平"；"同昌"，改名"江安"；"江津"改名"江通"，各配以小炮及重机枪，改作军舰。

1921年5月14日，吉黑戊通航业公司改为官商合办，北洋政府海军部电令吉黑江防司令王崇文派舰切实保护。王崇文奉令派"江亨""利川"等舰轮流为商船护航，并加强江面巡弋，维护商旅安全。

1922年5月12日，张作霖以奉军总司令的名义宣布东三省"独立"。由于当时吉黑江防舰队到此时（1922年）积欠军饷达十多月。5月19日，海军部电令王司令崇文就近商办。6月30日王崇文决定将海军吉黑江防各舰暂归东三省巡阅使张作霖节制。9月22日奉系正式接管吉黑江防舰队，王崇文仍任吉黑江防舰队司令。

1923年3月1日，海军吉黑江防司令公署改名为海军吉黑江防司令办公处。5月17日，沈鸿烈等为夺取吉黑江防舰队领导权，以吉黑江防舰队军费没有按照东北当局的新规章，向张作霖告发。5月28日，张作霖以军费"报销不实"亏空公款之名义将王崇文撤职，吞并江

防舰队。王崇文成为东北海军领导权斗争的牺牲品，黯然离开东北江防舰队。

国共合作北伐，势如破竹。1927年3月14日北洋政府海军总司令杨树庄通电宣告海军第一、第二和练习舰队所属44艘舰艇一律易帜，加入国民革命军。闽系海军易帜，北洋军震骇。6月18日张作霖在北京就任"中华民国陆海军大元帅"，组织安国军政府，改编北洋陆海军队，将海军部陆军部合并为军政部，改设军政部海军署，8月6日王崇文充任海军署高级顾问。

1929年1月22日，东三省举行易帜典礼。6月1日南京政府海军部正式成立，8月30日王崇文充任海军部少将候补员。

晚年王崇文居于北京，后迁居上海，不久回到故乡马尾居住。

1935年，王崇文贫病交加忧郁而逝于马尾，享年64岁。其灵枢海军派军舰专程自马尾运往上海，葬于上海万国公墓。（刘传标）

王寿昌

王寿昌（1864—1926年），字子仁，号晓斋。近代中国著名翻译家。福建省福州府闽县（今福州市）仙塔街人。生于清同治三年五月初七日，其父王羹梅。光绪四年，15岁考入福建船政前学堂第三届制造班，专攻法语和造船专业。光绪十一年四月，王寿昌以第一名成绩毕业于船政前学堂第三届制造班。船政选派第三届出洋留学生，王寿昌等33名获得选派，入巴黎大学法学部律例大书院学习"万国公法"、法语，专攻法律学并专修法文。六年学习期间，他考试成绩名列前茅。光绪十六年四月留学期满，结业回国。光绪十七年十月，回福州供职船政局工程处，充任船政学堂管轮班法文教习。

光绪十八年，调充津海关道洋务委员，随后任盛京将军署洋务随员，湖南抚署洋务文案。

王寿昌爱好文学，兼擅诗、书、画。在法留学期间，阅读了大量西方文学名著。归国时，带回小仲马父子名著等多部法国小说。

王寿昌在马江任职时，见好友林纾中年失偶，憔悴寡欢。为解其忧郁，王便主动与林纾谈起法国文学，向林介绍了法国小仲马的名著《茶花女》，并建议与林合译这本名著。因为林

纾不通法语，合作是由精通法语的王寿昌口述原著情节，林纾笔录的方式完成的。二人合作不到半年时间，此书全部译完，书名为《巴黎茶花女遗事》（经校对后，这部以文言文译成的小说就以王、林二人的笔名"晓斋主人""冷红生"于光绪二十五年二月在福州首版发行了。此后这部小说风行全国，接着各种版本不断出现，计有二三十种之多，"国人见所未见，不胫走万本……一时纸贵洛阳"。这本译作令国人读后大开眼界，不少读者为主人公的不幸遭遇洒下同情的泪水。林纾据以成书，问世后，轰动一时，从而促使林纾以不懂外文而成就译著事业）。

光绪二十四年，清政府准备自己修筑第一条铁路，王寿昌为全路会办。当时国库空虚，为了修筑卢汉铁路，湖广总督张之洞向清政府提出每年拨款 200 万两银子备修路之用，得到了允诺。

清政府准备向法国借款，王寿昌因精通法文，调任天津洋务局津海关道洋务委员，充任卢汉铁路全路会办、奉天军署总翻译。时铁路初创，借款于法国，折冲周旋，在与法国借款交涉中，他为维护祖国的主权，不遗余力，运用近代国际外交知识，以减少权利损失。

光绪二十四年底，卢汉铁路从南北两端同时开工，光绪三十一年 11 月 15 日黄河大桥建成。光绪三十二年三月初八日全线竣工通车，全长 1214 公里。改"卢汉铁路"为"京汉铁路"。京汉铁路建成，王寿昌调任汉阳兵工厂厂长，为湖广总督张之洞所器重，充经理各国事务衙门章京。

光绪三十四年，王寿昌任上海商办铁路学堂监督等职。

1912 年春，王寿昌回闽。12 月任福建交涉使，负责对外交涉事宜。1913 年 5 月，任北洋政府外交部特派福建交涉员。12 月王寿昌任福建省外交司司长、北洋政府外交部特派福建交涉员。

1923 年，王寿昌任福建省特派交涉员，1926 年 6 月 3 日因病辞职，8 月因肺疾在福州逝世，终年 63 岁。

王寿昌"诗书画三绝"，除了与林纾共译《巴黎茶花女遗事》一书外，还著有《晓斋诗文稿》《晓斋笔记》《晓斋残稿》《计学浅训》（计学即经济学）等。（刘传标）

魏　瀚

魏瀚（1850—1929 年），名植夫，字季渚。近代造舰船专家。祖籍福建省福州府福清县东瀚乡后瀛（今东瀚镇后营村）。清道光三十年生于闽县东门乡（今福州市仓山区洪山镇东门村）。同治十一年十二月，魏瀚以第一名成绩毕业于船政前学堂第一届制造班，毕业后留船政工作。光绪元年春，魏瀚与陈兆翱等奉船政大臣沈葆桢之命测量台东各海口地形和海面形势。同年秋，赴欧洲游历。光绪三年二月十七日，魏瀚入法国削浦官学学习轮机制造，曾被法国皇家律师公会聘为助理员，旋得法学博士。

光绪五年闰三月二十二日魏瀚学成回国。十一月十三日船政船厂将办公所改为工程处，魏瀚充任船政工程处监工，总司制机（即轮机制造总工程师），负责船舰轮机设计与监造。升为游击，赏戴花翎。

光绪六年十二月初九日，直隶总督李鸿章通过中国驻德国公使李凤苞向德国伏尔铿船厂订造铁甲舰"定远""镇远"两艘铁甲舰及一艘铁甲巡洋舰"济远"。光绪七年正月二十二日魏瀚等 7 人奉命赴德国伏尔铿船厂监造。

光绪八年魏瀚回国后，先后参加"广甲""平远""广庚""广乙""广丙""福靖""通济"（原名"建靖"）、"福安"等 10 余艘舰船的设计制造，还参与监造与验收向国外订购的新式舰船。光绪九年十月，魏瀚兼任福州船政前学堂管轮教习。

光绪十年初，广东水师从德国购回水雷数百颗，又订购"雷龙"等 3 艘双管鱼雷艇和"雷乾"等 8 艘单管鱼雷艇，在黄埔设立鱼雷局，魏瀚任广东黄埔鱼雷营总办，招收学生入局学习。

光绪十年闰五月二十二日，法国军舰以"游历"为名闯入闽江口，七月初三日下午，法国侵略军选择退潮时机，向福建水师发动了突然袭击。中法马江海战，福建水师全军覆没。中法战争后，船政局亟待恢复生产。魏瀚和他的同事们，吸取马江之役福建海军覆灭的惨痛教训，深感制造铁甲战舰的必要，建议仿照法国先进的双机钢甲兵船"柯袭德"等舰船式样制造战舰，获得左宗棠等支持。魏瀚、郑清濂、吴德章负责监造船身，陈兆翔、李寿田、杨廉臣负责监造船机。光绪十三年底，魏瀚等独立制造的第一艘双机钢甲舰"龙威"号下水，"创中华未有之奇""万目共瞻，莫不同声称快"。魏瀚在船政期间共主持和参与建造了"开济""横海""镜清""寰泰""广甲""广乙""广丙""广庚""龙威""福靖""通济""福安"等 12 舰。为中国造船工业的发展做出了不可磨灭的贡献。

光绪二十四年，清政府聘请法国人杜业尔任船政总监督。杜业尔依恃法国政府撑腰，任意妄为，魏瀚等遭到杜业尔排挤，于光绪二十四年离开船政，入幕湖广总督张之洞，从事外交、翻译、铁路、制造等工作，曾任汉阳机器厂总办兼督辕翻译。光绪二十九年四月，魏瀚主持河南许州临颍段铁路工程施工、建造。

光绪二十九年五月初七日，清廷以魏瀚为船政会办。六月二十四日魏瀚上任后，巧妙运用国际知识及外交法律手段，援引中西法律，基于杜业尔"专擅立约，暗使船政受亏"予以遣退。既为船政局节省了大笔款项负担，又维护中国的主权和利益。

杜业尔撤回法国后，魏瀚起用第一届留法学生杨廉臣为提调，多方设法振兴船政，船政逐渐恢复往日气象。但光绪三十年五月初二日，魏瀚因拒绝与福州将军崇善"联衔奏请船政开厂铸铜元"之事，崇善"借端参魏"，魏瀚受到清政府革去道员衔、船政会办之职。

光绪三十年六月，魏瀚被两广总督岑春煊延聘到广东总办黄埔造船所并所属中学校及石井兵工厂。先后任黄埔水师学堂兼黄埔船局、黄埔水鱼雷局总办等职。光绪三十一年十月，魏瀚将鱼雷局学堂归并水师学堂，并改名为"水师鱼雷学堂"。学生除学驾驶外，兼学管轮、鱼雷厂课。这是我国海军早期航轮兼宜制度的尝试。光绪三十三年初，魏瀚在同一校合办海军工业学堂，为此，改校名为"广东水师工业学堂"。

光绪三十二年，邮传部成立，岑春煊任邮传部尚书，魏瀚任邮传部"丞参上行走"。五月十三日派充广九铁路总理。

宣统元年正月二十九日，清政府派萨镇冰辅佐载泽、铁良等重建海军，道员魏瀚调任筹办海军处顾问官。十一月初三日，清廷将筹办海军处改为海军部，魏瀚被任命为造舰总监。

武昌起义爆发，各地纷纷响应。张鸣岐宣布广东独立，成立军政府。魏瀚离开广东回福州。1912 年 1 月 1 日，中华民国政府成立，2 月 12 日福建船政归福建都督节制，改称"福州船政局"。10 月 15 日福建镇抚使岑春煊、都督孙道仁电请任命魏瀚为福州船政局局长。1913 年 3 月 16 日，福州船政局局长魏瀚调任汉粤川铁路参赞。1915 年春，魏瀚率部分福州海军学校学生魏子浩、韩玉衡等 10 名赴美国学习飞机、潜艇的制造。5 月 2 日，魏瀚为海军造舰总监（等同海军中将）。9 月 29 日海军部驻英海军留学生监督海军少将施作霖因病请假，驻英留学生总监督由魏瀚暂行代理。12 月 17 日，魏瀚回国充任海军部军事顾问。

1922 年，魏瀚告老休养。1929 年 5 月 30 日，魏瀚在河南省安阳县六河沟煤矿公寓所逝世，享年 80 岁。萨镇冰、叶祖珪、陈绍宽等 24 人联名为其撰写生平纪略，赞其为中国近代造船事业的先驱。1930 年，魏瀚安葬于上海万国公墓。（刘传标）

谢葆璋

谢葆璋（1866—1940 年），字镜如。福建省福州府长乐县芳桂乡从化里十一都一图（今金峰镇）横岭村人，后随着其父谢銮恩迁居福州城内乌石山下道山亭隆普营，生于清同治三年十二月初六日。光绪七年，考入天津水师学堂第一届驾驶班学习。光绪十年十月，以全班第一名成绩毕业。光绪十三年初，随邓世昌、叶祖珪、邱宝仁等赴欧接带"经远""致远""来远""靖远"等 4 舰回国，充"来远"舰驾驶二副。

光绪二十年，中日甲午战争爆发后随"来远"参加黄海海战。黄海海战结束后，北洋水师奉李鸿章"保船避战"之命自旅顺大连基地退避山东威海卫。光绪二十一年正月二十一日，日军派鱼雷艇队在夜幕下潜入威海卫港内进偷袭，谢葆璋所在的"来远"号被敌鱼雷击中沉入海底，舰上官兵 30 多人遇难，谢葆璋凭一身好水性，游上刘公岛死里逃生。正月十八日北洋水师营务处牛昶炳等以丁汝昌名义向日本海军投降。北洋水师覆灭。四月初四日，清廷下令将幸存的北洋水师官兵"释解职查办"，谢葆璋被革职回福州闲居。

光绪二十五年，清政府先后又向德国、英国、法国等订购"海圻""海天""海容""海筹""海琛"等舰陆续回华，谢葆璋奉召赴上海供职。六月北洋海军帮统萨镇冰兼任"海圻"管带，谢葆璋任"海圻"号帮带（副舰长）。光绪二十八年冬，谢葆璋任烟台水师练营管带。光绪二十九年谢葆璋负责筹办北洋烟台水师学堂，谢葆璋兼任首任监督（校长）。

谢葆璋治校，注重品德教育，认为海军军官为必须"品学兼优"，提出"学堂以德育为贵""品必先于学"的教育理念。谢葆璋在烟台水师学堂设立"端品勋章""优学勋章"，分别颁发给品行端正的学生和学习优秀的学生。

谢葆璋在烟台水师率先实施"德、智、体、技"全面发展的先声。

光绪三十一年六月二十七日，南北洋水师统领叶祖珪在上海病逝，萨镇冰继任统领。谢葆璋向萨镇冰建议扩建校舍。光绪三十三年"新学堂"建成，取名为"烟台海军学堂"。

宣统二年十二月在烟台海军学堂春季运动会上，为争夺一项锦标，互相仇视的满汉学生爆发了激烈冲突。登莱青道勒令开除肇事汉族学生，引起汉学生不满，在大街通衢张贴散发传单。清廷令海军部派郑汝成等到烟台海军学堂查办"满汉学生冲突事件"，郑汝成向清廷海军部报告称"烟台海军学堂监督谢葆璋办理不善"，谢葆璋调海军部充二等参谋官。

1912年2月12日，溥仪在养心殿下诏宣布退位。南北和谈，袁世凯出任临时大总统，刘冠雄为海军总长、黄钟瑛任海军总司令。海军总司令黄钟瑛电召谢葆璋回海军供职，充任海军总司令处二等参谋。1913年8月20日被授予海军少将军衔。10月10日被委以海军部军学司司长，负责整顿、管理海军教育事务。1917年3月奉命回福州马尾协助福州海军学校校长王桐筹划福州海军学校改建工作。7月31日谢葆璋改任海军部参事兼任总务厅参事帮理。

1926年8月21日北洋政府国务院摄行大总统之职杜锡珪明令任命谢葆璋署海军次长兼管总务厅，编纂委员会会长。时广州军政府国共合作北伐，势如破竹。杜锡珪与谢葆璋次长就海军发展及未来走向问题多次进行秘密协商，并暗中授意海军总司令杨树庄及驻闽厦海军第一舰队司令陈季良与北伐军联系，促成闽系（中央系）海军易帜起义做出贡献。

1927年1月27日，被授予海军中将军衔。3月25日，北洋政府国务院摄行大总统之职顾维钧明令任命谢葆璋兼领海道测量局局长，9月1日谢葆璋兼代全国海岸巡防处处长。11月28日，谢葆璋应南京政府海军总司令杨树庄之请南下。12月1日北洋政府大元帅张作霖明令免去谢葆璋本兼各职。

1928年6月28日，谢葆璋出任南京政府海军巡岸防处处长兼海道测量局局长。1929年1月12日辞海岸巡防处处长之兼职，专任行政院军政部海道测量局局长。12月15日，谢葆璋辞去海道测量局长之职，改任国民政府海军部顾问。

1930年8月1日被南京政府海军部聘为高等顾问。

1938年1月1日，因应抗战需要海军部改制为海军总司令部，谢葆璋被海军总司令部聘为高等顾问。

1940年8月4日晨，谢葆璋在北京寓所逝世，终年75年。（刘传标）

严　复

严复（1854—1921年），乳名体乾，初名传初，改名宗光，字又陵，后名复，字几道，晚号"瘝瘝老人"，别号"尊疑"。福建省福州府侯官县（今福州市）仓山阳岐村人。生于清咸丰三年十二月初十日。同治七年，严复以优等成绩毕业于福建船政后学堂第一届驾驶班，被派登"建威"号练船实习。

光绪二年冬，福建船政选派第一批学生出洋留学深造，获得选派赴英国留学，入英国皇家格林尼治海军学院学习，"考试屡列优等"，两年中研读大量西方哲学、社会政治学著作。光绪五年六月，因船政学堂急需海军专业教习，船政大臣吴赞诚便奏请"调回严宗光充当教习"。时李鸿章筹划创办北洋水师学堂，培养自己的海军人才，调前船政大臣吴赞成为总办（校长），并向船政大臣黎兆棠索要严复。七月初八日严复抵达天津，任天津北洋水师学堂总教习兼俄文馆总办，参与北洋水师学堂筹备的各项工作。

光绪十二年，天津水师学堂总办吴仲翔回任福建船政提调，总办一职由会办吕耀斗继任。

光绪十五年，严复升为天津北洋水师学堂会办（副校长）。光绪十六年，严复升为天津北洋水师学堂总办，加叙海军副将。

由于严复始终处于"不预机要，奉职而已"。其间，严复为改变"职微言轻"的状况，1885 年、1888 年、1889 年、1893 年，四度参加乡试均落第。光绪二十年中日甲午战争，北洋水师全军覆没。他从热衷科场转向关注国家的命运。他从人的角度总结中国战败的教训，认为不是因为没有坚船利炮，而是人的素质低下，改变人的素质，唯有教育，在天津《直报》上先后发表《论世变之亟》《原强》《救亡决论》《辟韩》等政论文章，宣扬西方科学技术和自由、平等学说，介绍达尔文进化论和斯宾塞社会学原理，批判韩愈"君权神授"论，提倡鼓民力、开民智、新民德，阐述维新变法、救亡图存的主张；大力宣扬"鼓民力，开民智，新民德"的改革措施。

光绪二十二年，严复协助张元济在北京办通艺学堂，提倡西学。呼吁以西方科学取代八股文章，亲临学堂作《西学门径功用》的演讲，提倡西学；在天津开设我国最早的俄文馆，自任总办，培养俄语外交人才。同年夏季，严复翻译了《天演论》，传达了物竞天择、适者生存、弱肉强食、优胜劣败的生物进化理论。

光绪二十三年十月初一日，严复与王修植、夏曾佑、杭慎修等人"略仿英国泰晤士报之例"在天津租界创办《国闻报》，刊登国内外时事和发表社论，沟通上下中外之情，以开民智。严复在《国闻报》上共发表有《中俄交谊论》《拟上皇帝书》《有如三保》等 27 篇文章，主张学西学与民主自由，鼓吹变法自强。

《天演论》出版后，风行海内，先后再版数十次，不仅为晚清维新变法运动提供了科学的理论依据，更对中国近代的思想启蒙产生了深远的影响。又厘定了"信、达、雅"的翻译标准。

光绪二十四年七月二十九日，严复受到了光绪皇帝的召见，被询问办理海军学堂和办报事宜。九月，又给光绪皇帝上《万言书》，极力倡导维新变法。戊戌政变发生时，严复目睹了这场惊心动魄的政治斗争，写下了《古意》《哭林晚翠》《戊戌八月感事》等诗篇来表达对维新失败的同情。

光绪二十六年五月，八国联军尽毁天津机器局及北洋水师学堂，学生星散，严复仓促避居上海。严复在天津北洋水师学堂从事海军教育长达 20 年之久，以北洋水师学堂为舞台，实践其"体用一致"的海防教育思想和注重系统的技能培养的海军教学模式。力图摆脱传统封建教育的桎梏，打开了一扇向西方学习的窗口。

早在英国留学期间，严复就看到中国人的体质缺陷。当时严复等海军留学生在英国实习筑垒课程时，完成任务的速度往往不及西洋教官和学生。他认为国民体质强弱关系到国家盛衰，海军专业教育训练，志在于培养合格的军人，合格的军人就要有健康的体魄。为此在天津水师学堂率先设置体操（即体育）课。体操训练是每天必修的一课，每天早上 5 点每个学生都要出操。除此之外，在第一节课和第二节课，10 时到 10 时 20 分之间，全体学生还要在操场按班级位置排列，做 15 分钟的课间"柔软体操"。当时的天津水师学堂正式体育课程有：击剑、刺棍、木棒、哑铃、足球、跳栏、竞走、跳远、跳高、爬桅等项。此外还有游泳、滑冰、平台、木马、单双杠及爬山运动等。

天津水师学堂成为中国最早将军事化训练用于教育的学校。为近代中国在思想观念上接受西式身体训练，开了先河。对近代教育产生巨大影响，天津水师学堂毕业生张伯苓，把他在天津水师学堂所学的"军事体育训练课"用在京师大学堂教育上。津海关道盛宣怀于 1895 年奏请创立的"北洋西学堂"第一次将体操田径性质的运动作为比赛项目。1897 年 11 月 26 日，北洋大学堂举行了全校首次赛跑比赛。1902 年，清朝政府颁布由张百熙等人拟定的《钦定学堂章程》吸取了严复在天津水师学堂的经验，对小学至高等学堂课程均规定必修体操，确立了完整的学校体育制度框架，奠定了中国体育专业教育的基础，体育作为一个专门学科的地位由此开始。随后中国现代体育里的"体操"概念逐渐向"体育"转变。

严复认为造成中国积弱的根源在于贫、弱、愚三个方面，并把愈愚的重任寄托于教育，培养人才，提高国民素质。

光绪二十七年三月，严复应开平矿务局督办张翼的邀请，赴天津主持开平矿务局事务，但此时矿务局的产权已以"中外合办"的名义受到了英国的控制，故严复"名为总办，实无所办"。

光绪二十八年，京师大学堂编译书局聘严复编为译书局总办。严复在任两年，亲手制订了《译书局章程》（1903年），编着出版了中国最早的一部英文语法书籍《英文汉诂》（1904年）。

光绪三十年春，严复辞去编译书局总办职务返回上海。年底，因煤矿讼案，清政府责令张翼往伦敦办理收回开平矿务局事务，严复随同赴英，负责起草诉词，翻译公文。光绪三十一年春，在伦敦晤见孙中山，坚持改良，不赞同推翻帝制。5月严复由欧洲回国抵达上海。在上海帮助马相伯创办复旦公学。复旦公学由马相伯任校长，聘严复为总教习。7月24日，复旦第一次招生时，严复与马相伯共同主试。光绪三十二年二月，严复应安徽巡抚恩铭之聘，出任安庆高等学堂监督。11月，马相伯辞去复旦校长职务。严复应马相伯和复旦同学之请，出任复旦公学监督（校长）。

光绪三十四年七月，应直隶总督杨士骧之请，赴天津充任"新政顾问官"。

宣统元年，清廷赐严复文科进士出身，任严复为宪政编查馆二等咨议官、度支部清理财政处咨议官及福建省顾问官。严复被清廷学部审定为"馆总纂"，负责各类图书出版的审核，寓京"供职三年，直至国体改革，始不视事"。

宣统二年，严复充任清廷"资政院"议员。宣统三年，严复充任"宪政编查馆"二等谘议官、清理财政处谘议官、福建省顾问官等闲差。清廷赐予他"文科进士出身"，以"硕学通儒"充任"国家宪政"议员。十一月初三日，严复被清廷简授为海军协都统（相当于少将）、海军部一等参谋官。

1912年2月2日，清廷发出诏书宣布清帝接受优待条例退位。2月13日，南北和谈，袁世凯控制了北方的军政大权，组成代表团与革命党人谈判，严复随团南下武汉、上海，参加了"南北议和"的活动。2月25日，严复被委任为京师大学堂总监督。5月3日，京师大学堂改名为北京大学，袁世凯聘请严复担任北京大学总监督（校长）兼文科学长。10月，因总统府与国务院之间矛盾而造成的种种压力，严复被迫辞职，从而结束了他在教育界的生涯。11月6日，北洋政府海军部设立"海军编译处"，严复任总纂，从事编译外国海军图籍。

1913年初，被袁世凯总统府委任为"总统府外交法律顾问"。同年严复提倡尊孔读经，参与发起北京"孔教会"，极力主张尊孔读经。并翻译卫西琴所著推崇孔子的《中国教育议》一书加以配合。

1914年初，严复任"约法会议"议员。5月，严复任北洋政府"参政院"参政及"宪法起草委员会"委员、并任海军部一等参谋官。

1915年4月，袁世凯阴谋复辟帝制。8月14日，杨度串联孙毓筠、李燮和、胡瑛、刘师培联名发起成立"筹安会"。杨度三次走访严复，邀他为发起人。"筹安会"，反对共和，鼓吹恢复帝制。1916年6月6日，袁世凯病逝，帝制失败，国会要求惩办祸首及筹安会六君子，严复受到通缉，避居天津。

1921年10月27日，严复在福州城内郎官巷寓所逝世，享年67岁。葬于福州盖山镇阳岐村北鳌头山东麓。

著有《严几道文集》《严几道文钞》《愈懋堂诗集》。

译著：赫胥黎《天演论》（1896—1898年），亚当·斯密《原富》（1901年），斯宾塞《群学肄官》，约翰·穆勒《群己权界论》《名学》，甄克思《社会通诠》（1903年），孟德斯鸠《法意》（1904～1909年），耶芳斯《名学浅说》（1909年）等。特别是《天演论》以"物竞天择，适者生存"的进化论观点，唤起国人救亡图存之志，影响极大。

严复翻译态度严谨，他首倡"信、达、雅"

三条翻译准则，至今仍为学术界和翻译界所推崇。（刘传标）

杨树庄

杨树庄（1882—1934 年），字幼京。福建省福州府闽县（今福州市）人，家住城内北后街大官宅。生于清光绪八年三月二十四日，光绪二十年甲午战争英烈杨建洛嗣子。光绪二十四年，考入广东黄埔水师学堂第八届驾驶班，光绪二十九年毕业。

宣统元年任"湖鹰"鱼雷艇管带。宣统三年八月十八日辛亥武昌起义爆发，连克武汉三镇，成立了湖北军政府，清廷令海军提督、舰队统制萨镇冰率巡洋舰队、长江舰队赴鄂。因同情革命，于八月二十六日率领"湖鹰"易帜起义。十月初九日督率"湖鹏"鱼雷艇助革命军作战，江岸上清军轰击而中弹起火。

辛亥革命后，历任"湖鹏""飞霆""永翔""飞鹰""通济""应瑞"舰长。1921 年 11 月 7 日被授予海军少将。

1923 年 1 月 19 日，北洋政府海军部下令复设闽厦海军警备司令部，"应瑞"舰长杨树庄兼任警备司令。5 月 5 日杨树庄署练习舰队司令兼闽江警备司令。7 月 25 日率领"海容""应瑞"等 7 艘战舰和陆战队 2000 多人向盘踞在金门、厦门一带的北洋军藏致平部进攻，英、美、日等国以保护岸上各自商埠为由，调舰阻止杨树庄的海军向岸上发炮轰击。第一次征厦门失败。10 月 10 日大总统曹锟委其为将军府将军。1924 年 2 月 26 日率领"应瑞""海容"等舰再征厦门，迫使藏致平交出厦门。5 月 5 日被授予海军中将。

9 月 3 日，江浙军阀之间爆发"齐卢战争"，奉命率闽厦海军舰队和陆战队参加淞沪浏河战役，打垮皖系卢永祥。9 月 20 日升任海军副总司令兼"海筹"舰长。9 月 27 日被授予"胜威将军"。12 月 21 日海军练习舰队司令杨树庄代理海军总司令之职。1925 年 2 月 6 日，升任海军总司令。10 月北洋政府驻闽海军陆战队第一混成旅缩编为海军陆战大队，杨树庄自兼大队长。

1926 年 7 月 4 日，中国国民党中央执行委员会通过《出师北伐宣言》，国共合作北伐。11 月 26 日，在林知渊策动下驻厦海军警备司令林国赓、海军陆战队队长林忠率部起义归附国民革命军。12 月 10 日驻泊福州马尾等地的海军第一舰队陈季良司令的率领下，宣布易帜归附国民革命军。

1927 年 3 月 14 日，杨树庄通电率领第一、第二和练习舰队所属 44 艘舰艇一律易帜，加入国民革命军，在吴淞口成立国民革命军海军总司令部，任国民革命军海军总司令。4 月福建省政府成立，杨树庄兼任福建省政府主席。7 月 6 日任国民政府军事委员会委员。9 月 15 日杨树庄被公推为中国国民党中央特别委员兼监察委员。

1928 年 8 月 27 日，福建省政府改组，杨树庄为福建省政府委员。12 月 28 日，蒋介石为排除异己，削弱其他派系的军事力量，在南京成立国军编遣委员会。

1929 年 1 月 23 日，任国民政府首都建设委员会委员，1 月 31 日任国民政府财政委员会委员，2 月 1 日任国民政府委员，2 月 9 日任国防会议委员。3 月 16 日，海军总司令部撤销，改设海军编遣办事处，杨树庄为主任委员（称病未到任，由陈季良代理主任委员）。3 月 27 日被选为中央执行委员。4 月 12 日，国民政府正式下令在行政院设立海军部，杨树庄任海军部部长，并授予海军上将。5 月 6 日被选为政治会议委员。

1930 年 1 月 6 日，福建省防军司令林忠、海军马江要塞司令萨福畴等勾结闽北新编第二师师长卢兴邦部的旅长卢兴荣（卢兴邦弟）绑架福建省政府委员林知渊、许显时（兼建设厅厅长）、陈乃元（兼民政厅厅长）、程时煃（兼教育厅厅长）、郑宝菁（兼省政府秘书长）及水上公安局长吴澍等 6 人，以此胁迫福建省政府主席杨树庄，史称"一六事件""六委事件"。杨树庄面子扫地，倦于政事，将福建省政府交由方声涛代理。

1931 年 12 月 30 日，杨树庄辞去海军部部长之职，改任高级顾问，专任福建省政府主席、国民政府委员。1932 年 12 月，杨树庄辞去福建省政府委员兼主席，专任国民政府委员。1933 年 12 月 14 日当选为中国国民党"中央委员"。

1934 年 1 月 10 日晚 10 时，杨树庄因糖尿症转肺疾，药石罔效，病逝于上海忆定盘路 78

号寓所，终年 52 岁。国民政府在《褒扬令》中称杨树庄"十六年北伐之役，首率海军，响应义师，促成统一。嗣任海军部长，又主政闽省，宽猛得中，抚循著绩"。2 月 22 日其灵柩由"通济"舰送回闽，葬于鼓山。1992 年 12 月其墓被福州市郊区（今晋安区）人民政府列为第二批"区级文物保护单位"。

杨树庄生前喜爱读书，存有很多珍贵书籍，大多赠送给福州乌山图书馆（福州市图书馆前身）。（刘传标）

郁达夫

郁达夫（1896—1945 年），原名郁文，字达夫。中国现代作家、新文学团体创造社的发起人之一，为抗日救国而殉难的爱国主义作家、革命烈士。浙江省杭州府富阳县满州弄（现更名达夫弄）人，生于清光绪二十二年十二月七日，光绪二十九年，入私塾读书。光绪三十四年，入富阳县立高等小学。

宣统二年，考入杭州府中学堂，后又到嘉兴府中学和美国教会学堂等校学习。宣统三年，入蕙兰中学读书。

1912 年，考入浙江大学预科，因参与学潮被校方开除。1913 年，郁达夫随长兄郁华（郁曼陀）赴日本留学。1914 年，考入日本东京第一高等学校医科部。1916 年，改读法学部政治学科。1917 年，毕业后进入东京帝国大学经济学部学习。1921 年，郁达夫与同为留日学生的郭沫若、成仿吾、张资平、郑伯奇组创文学团体"创造社"，同年，开始小说创作。1921 年，他的首部短篇小说集，亦是中国现代文学史上第一部白话短篇小说集《沉沦》出版，轰动国内文坛。

1922 年，从东京帝国大学经济学部毕业，获得经济学学士学位。同年郁达夫回国，在安庆法政专校教英语，与当时同为该校教员的陶希圣颇有交往。1923 年，出任北京大学讲师，讲授统计学。1924 年，赴国立武昌师范大学任教。1926 年，任教于广州中山大学文学院，年底辞职，返回上海后，郁达夫开始主持创造社出版工作，发表了《小说论》《戏剧论》等大量文艺论著。1928 年，加入"太阳社"，并在鲁迅支持下主编《大众文艺》。1930 年，中国左翼作家联盟在上海成立，为发起人之一，同年任安徽大学中文系教授。

1932 年，在《现代》（2 卷 2 期）上发表短篇小说《迟桂花》。1933 年，加入中国民权保障同盟，四月，由上海移居杭州，创作大量的山水游记和诗词。1934 年，郁达夫任浙江省政府参议。1935 年，任《中国新文学大系》内的《散文二集》之主编。

1936 年 2 月，应当时国民政府福建省主席陈仪之邀出任福建省参议兼公报室主任。曾受陈仪委派于 1936 年 11 月访问日本并作"学术演讲"，且为福建省政府购买印刷机。12 月归国途中郁达夫访问与福建一衣带水的台湾，会见黄得时、杨云萍等台湾文化界人士。在闽期间，郁达夫虽然纵情山水的文人本性依旧，但是时势紧迫，郁达夫积极号召文化界开展抗日救亡活动。抗日战争初期，郁达夫担任《福建民报》副刊主编。1937 年 8 月，"福州文化界救亡协会"成立，郁达夫被公推为理事长，并与杨骚共同担任《救亡文艺》主编，在 47 天内，郁达夫发表的作品就有 20 篇（其中连续 8 天每天写一篇）。郁达夫于光禄坊寓所为文学青年题词时写下："我们这一代，应该为抗战而牺牲。"

1938 年 3 月，"中华全国文艺界抗战协会"于武汉宣告成立，郁达夫担选为常务理事。值此国共合作全民族抗战时期，郁达夫奔赴武汉，任国民政府军委会政治部设计委员，参加军委会政治部第三厅的抗日宣传工作，会上周恩来和郭沫若相继发表演说，郁达夫并在中华全国文艺界抗敌协会成立大会上当选为常务理事，任研究部主任以及《抗战文艺》编委。

1938 年 4 月台儿庄大捷后，郁达夫受命作为特使率国民政府军委会政治部代表团到台儿庄劳军，巧遇想去台儿庄考察、但未获批准的美驻华武官史迪威。后经郁达夫协调，李宗仁答应史迪威到台儿庄考察。史迪威后来写了一篇关于台儿庄战役的详细报告，在一份军事杂志发表，在美国政府和军方引起了很大反响，促使美国开始对华援助。这次前线考察让郁达夫受到了极大鼓舞，他回到武汉写了一系列文章，热情讴歌了中国军民坚决抗战的英雄气概。赴武汉之后，郁达夫曾经重返福州，并担任福建省政府主席文书。期间曾赴徐州劳军，在各前线参访。

1938年12月，应《星洲日报》之邀郁达夫赴新加坡参加抗日宣传工作，在船上他写下了《岁朝新语》，坚信"中国决不会亡，抗战到底，一定胜利"。到达第二天，郁达夫连生活都没安排好就写下了《估敌》一文，坚信"最后胜利，当然是我们的，必成必胜的信念，我们决不会动摇"。文章引发了强烈反响。在担任《星洲日报》主笔期间，他在南洋期间编四五种刊物，发表了400多篇支援抗日和分析国内外政治、军事形势的政论、杂文、文艺杂论等，宣传抗日，海外华侨纷纷捐款捐物支持抗战，许多华侨回国参加抗战。

1940年，郁达夫与关楚璞、姚楠、许云樵等文人创建新加坡南洋学会。1941年，太平洋战争爆发后，任"星华文化界战时工作团"团长和"新加坡华侨抗敌动员总会"执行委员，组织"星洲华侨义勇军"抗日。新加坡文化界同仁在中共党员《南洋商报》主编胡愈之的领导下成立"星洲华侨文化界战时工作团"，郁达夫任团长兼任干部训练班主任，胡愈之任副团长。1939年，郁达夫便发表了旧体诗《雁》，指出"文化人要做识风浪的海鸥"。同日发表政论文《估敌》，全文三千余字，分析日军动向，剖析敌人虚弱本质，曰"敌国内既无可调之兵，国外亦无存聚之货""最后的胜利，当然是我们的"。

1942年初，郁达夫出席了由陈嘉庚领导成立的"新加坡文化界抗敌联合会"成立大会，被选为新加坡文化界抗日联合会主席。成为新加坡华侨抗日领袖之一。新加坡沦陷后，由于汉奸告密，日本宪兵开始全面调查郁达夫，并准备对郁达夫在内的南下文化界人士实施大屠杀。身处险境的郁达夫安排胡愈之等人先行离开印尼。郁达夫流亡至苏门答腊西部市镇巴爷公务，化名赵廉，在当地华人协助下开设了一家"赵豫记"酒厂谋生。后来日本宪兵得知他精通日语，胁迫他当了7个月的翻译。其间，他暗中救助、保护了大量文化界流亡难友、爱国侨领和当地居民。

1945年9月17日（八月二十九日），由于汉奸告密，郁达夫被日军杀害于苏门答腊丛林。

1952年，中华人民共和国中央人民政府追认郁达夫为革命烈士。1983年6月20日，民政部授其革命烈士证书。（陈美霞）

参考文献

一、著作

1. 张宗云，王金福，傅柒生编：《福建文化遗产精粹》，福建人民出版社，2021年。

2. 杨中启：《福建名书院与名人》，海峡文艺出版社，2021年。

3. 王枝忠编著：《王审知——开闽第一人》，福建人民出版社，2016年。

4. 胡沧泽，胡雯，刘世斌著：《福建海上丝绸之路史纲》，福建人民出版社，2021年。

5. 潘红，蔡云琴，樊梦编著：《福建区域人群概览》，福建人民出版社，2019年。

6. 薛建雄，陈智文编著：《薛令之开闽进士清廉典范》，福建人民出版社，2017年。

7. 路漫编著：《董奉·杏林始祖》，福建人民出版社，2017年。

8. 陈琨著：《杏林始祖董奉》，海风出版社，2005年。

9. 汤毓贤编著：《陈元光》，福建人民出版社，2019年。

10. 路漫编著：《林慎思》，福建人民出版社，2019年。

11. 王铁藩著，福建省文史研究馆整理：《王审知谱志汇编》，福建人民出版社，2015年。

12. 薛建雄，陈智文编著：《薛令之：开闽进士清廉典范》，福建人民出版社，2017年。

13. 杨小敏著：《蔡京、蔡卞与北宋晚期政局研究》，中国社会科学出版社，2012年。

14. 庹永著：《蔡元定、蔡沈父子易学思想阐释》，中国社会科学出版社，2017年。

15. 蔡金发编著：《蔡襄：经邦济众的一代贤臣》，福建人民出版社，2017年。

16. 祝熹编著：《蔡元定：闽学干城》，福建人民出版社，2017年。

17. 政协福州市台江区委员会编：《一代名臣陈文龙》，云南人民出版社，2019年。

18. 金文亨，李福生主编：《刘克庄文化研究》，厦门大学出版社，2019年。

19. 詹淑海著：《刘克庄评传》，海峡文艺出版社，2017年。

20. 罗榕华，罗辉编著：《罗从彦：承前启后的闽学大儒》，福建人民出版社，2017年。

21. 汪征鲁主编：《吕惠卿研究》，福建人民出版社，2002年。

22. [日]桑原骘藏著；陈裕菁译：《蒲寿庚考》，中华书局，1954年。

23. 纵纸著：《法医宋慈》，北京联合出版公司，2018年。

24. 梁杰，梁彦著；南平市建阳区宋慈研究会编：《宋慈洗冤集录法律思想研究》，海峡文艺出版社，2019年。

25. 祝熹编著：《宋慈：世界法医鼻祖》，福建人民出版社，2017年。

26. 管成学：《苏颂精神长青——北宋著名科学家苏颂史料研究》，江苏大学出版社，2020年。

27. 余德予著：《文天祥》，长江文艺出版社，2019年。

28. 闻立基，闻永华著：《文天祥》，江西人民出版社，2019年。

29. 许志刚著；南京大学中国思想家研究中心编：《严羽评传》，南京大学出版社，1997年。

30. 兰宗荣，张品端编著：《杨时：程门立雪，闽学鼻祖》，福建人民出版社，2016年。

31. 游友川编著：《游酢：道学南传先驱》，福建人民出版社，2017 年。

32. 张洪：《张元干传：一战靖边尘》，海峡文艺出版社，2021 年。

33. 余奎元编著：《真德秀》，福建人民出版社，2019 年。

34. 孙先英著：《真德秀学术思想研究》，上海人民出版社，2008 年。

35. 徐有富著：《郑樵评传》，南京大学出版社，2011 年。

36. 高珍华著：《名臣邹应龙》，现代出版社，2016 年。

37. 郑晨寅：《黄道周与朱子学》，中国社会科学出版社，2021 年。

38. 吴泽：《儒教叛徒李卓吾》，华夏书店，1949 年。

39. 容肇祖著《李卓吾评传》，商务印书馆，1937 年。

40. 刘福田著：《一代宗师李卓吾》，团结出版社，2017 年。

41. 许建平著：《李卓吾传》，东方出版社，2004 年。

42. 李斗石：《闽籍唐通事研究》，社会科学文献出版社，2019 年。

43. 燕山刀客作：《大明军神戚继光》华文出版社，2021 年。

44. 冯国权，胡长秀著：《抗倭英雄戚继光传》，华中科技大学出版社，2018 年。

45. 胡长春著：《谭纶评传》，江西人民出版社，2007 年。

46. 漳平市王景弘研究会编：《王景弘研究》，海洋出版社，2019 年。

47. 陈贞寿著：《纵横驰骋越重洋：郑和王景弘七下西洋》，中国大百科全书出版社，2018 年。

48. 张永和，王笑芳著：《王景弘传》，中国文史出版社，2019 年。

49. 张帆著；黄良主编；李灿煌执行主编：《王慎中评传》，厦门大学出版社，2013 年。

50. 林虹著：《王慎中研究》，中国文联出版社，2015 年。

51. 李玉宝著：《谢肇淛研究》，江苏凤凰出版社，2022 年。

52. 王金锋编著：《徐霞客》，国际文化出版公司，2020 年。

53. 何江海著：《姚广孝》，陕西师范大学出版总社，2017 年。

54. 赵莹莹著：《叶向高与晚明台阁体文学研究》，江苏大学出版社，2018 年。

55. 王文杰著：《叶向高传稿》，中国文史出版社，2018 年。

56. 曾纪鑫著：《抗倭名将俞大猷》，宁波出版社，2020 年。

57. 范中义著：《俞大猷传》，线装书局，2015 年。

58. 范中义编著：《俞大猷评传》，解放军出版社，2014 年。

59. 张帆编：《陈宝琛读本》，福建教育出版社，2016 年。

60. 周至杰，陈蓉编著：《陈宝琛：末代帝师》，福建人民出版社，2017 年。

61. 高占祥主编；冯晓著：《陈化成传》，北京时代华文书局，2016 年。

62. 方文图，方友义主编；厦门市社会科学联合会，厦门市开元区金镑公园管理处编：《陈化成研究》，厦门大学出版社，1992 年。

63. 林怡编著：《陈季同：中西文化交流先驱》，福建人民出版社，2019 年。

64. 方鹏：《陈寿祺陈乔枞经学研究》，武汉出版社，2021 年。

65. 严光辉著：《狂儒怪杰辜鸿铭》，团结出版社，2020 年。

66. 钟兆云著：《天生我材辜鸿铭》，上海远东出版社，2019 年。

67. 宋书强著：《辜鸿铭》，陕西师范大学出版，2017 年。

68. 苏黎明编著：《洪承畴：开清重臣》，福建人民出版社，2017 年。

69. 王宏志著：《洪承畴传》，红旗出版社，1991 年。

70. 姜正成编著：《开清首功洪承畴》，中央编译出版社，2014 年。

71. 周鹏飞著：《洪承畴》，北京图书馆出版社，2002 年。

72. 王宏志著：《洪承畴传》，人民文学出版社，2009 年。

73. 鸿雁编著：《红顶商人胡雪岩全传》，吉林文史出版社，2021 年。

74. 于东来等编著：《胡雪岩》，汕头大学出版社，2015 年。

75. 苏黎明，陈钦明编著：《清代名臣李光地》，厦门大学出版社，2021 年。

76. 颜古城编著：《大清名相李光地》，海峡文艺出版社，2018 年。

77. 林华东主编：《李光地研究》，厦门大学出版社，2020 年。

78. 蔡莹涓著：《清代名儒梁章钜述评》，人民出版社，2020 年。

79. 韩朝建，张海鹏编著：《林觉民》，学习出版社，2019 年。

80. 陈碧编著：《林觉民：铁血柔情的黄花岗烈士》，福建人民出版社，2017 年。

81. 郭丹，朱晓慧主编：《林纾研究论集》，九州出版社，2018 年。

82. 林元朱主编：《清代著名文学家林嗣环》，人民日报出版社，2001 年。

83. 张鸿福著：《林则徐》，长江文艺出版社，2020 年。

84. 丁学志著；张海鹏总主编：《虎门销烟林则徐》，南京出版社，2022 年。

85. 严锴编著：《林则徐》，中国民主法制出版社，2016 年。

86. 高占祥主编；杨括著：《林则徐传》，北京时代华文书局，2016 年。

87. 潘剑芬著：《广州十三行行商潘振承家族研究（1714-1911 年）》，社会科学文献出版社，2017 年。

88. 张正著：《鉴湖女侠秋瑾》，北方文艺出版社，2000 年。

89. 沈岩编著：《沈葆桢：中国近代船政奠基人》，福建人民出版社，2017 年。

90. 崔运武著：《中国近代教育的探索者严复》，山西人民出版社，2019 年。

91. 高占祥主编；吴蔚蓝著：《严复传》，北京时代华文书局，2016 年。

92. 洪文庆主编；朱建华，郭奕华著：《伊秉绶》，湖南美术出版社，2009 年。

93. 王林著：《左宗棠》，陕西师范大学出版社，2017 年。

94. 张一湖编：《左宗棠本传》，文化发展出版社，2018 年。

95. 皮明勇著：《左宗棠》，军事科学出版社，2007 年。

96. 左焕奎著：《左宗棠略传》，华中师范大学出版社，1993 年。

97. 福州闽都文化研究会编；晏露芙著：《一代报人林白水》，海峡文艺出版社，2020 年。

98. 王植伦著：《林白水》，福建教育出版社，1992 年。

99. 林立新主编：《报界先驱林白水研究论文集》，福建人民出版社，2008 年。

100. 刘传标著：《船政人物谱》，福建人民出版社，2017 年。

二、期刊与论文

1. 郑礼炬："王守仁福建门人考"，《中国典籍与文化》，2015 第 1 期。

2. 黄熙文："福建俞家棍研究"，江西师范大学硕士论文，2020 年。

3. 郑淑榕："李纲福建踪迹考"，福建师范大学博士论文，2013 年。

4. 林祖泉："宋代福建莆田科举的兴盛及其成因"，《宋史研究论丛》第 16 辑，2015 年。

5. 林如求："欧冶子与湛卢剑"，《炎黄纵横》，2001 年第 5 期。

6. 李乡浏："无诸建立闽越国"，《炎黄纵横》，1998 年第 3 期，P20-21 页。

7. 刘涛："武周时期岭南首领陈元光河东人记载考述"，《大庆师范学院学报》，2022 年第 42 卷第 2 期，第 80-86 页。

8. 杨际平，谢重光："陈元光'光州固始说'证伪：以相关陈氏族谱世系造假为据"，《厦门大学学报（哲学社会科学版）》，2015 年第

3 期，第 115–127 页。

9. 余海涛："韩偓与南安"，《长江大学学报（社会科学版）》，2019 年第 42 卷第 3 期，第 59–62 页。

10. 林振礼："晚唐诗人韩偓的传奇人生"，《炎黄纵横》，2019 年第 5 期，第 38–40 页。

11. 吴在庆："韩偓与闽国王审知及其幕僚关系探赜——从刘后邨、全祖望之说谈起"，《国学》2019 年第 1 期，第 308–322 页。

12. 李倩："韩偓研究"，四川师范大学硕士论文，2010 年。

13. 杨会香："林慎思著作研究"，河北师范大学硕士论文，2012 年。

14. 秦军："林慎思思想研究"，南京师范大学硕士论文，2009 年。

15. 宋友江："八闽儒林一秀木：林慎思其人其事"，《炎黄纵横》，2014 年第 5 期，第 25–26 页。

16. 赵清文："林慎思的天道观及其教化意义"，《郑州轻工业学院学报（社会科学版）》，2009 年第 10 卷第 5 期，第 42–44 页。

17. 黄伟民："留从效政绩考"，《泉州师范学院学报》，1986 年第 4 卷第 1 期，第 59–60 页。

18. 黄昌盛："永春留从效与泉州'海丝'"，《福建史志》，2005 年第 2 期，第 61–62 页。

19. 洪辉煌："欧阳詹与韩愈"，《福建文学》，2019 年第 6 期，第 125–128 页。

20. 汪涛："欧阳詹生平及散文研究"，兰州大学硕士论文，2013 年。

21. 杨为刚："欧阳詹研究"，复旦大学硕士论文，2005 年。

22. 何况："闽南第一进士欧阳詹"，《福建乡土》，2012 年第 2 期，第 41–43 页。

23. 楚欣："不应被漠视的欧阳詹"，《炎黄纵横》，2012 年第 2 期，第 53–55 页。

24. 杨遗旗："欧阳詹生平考辨三则"，《湖南科技学院学报》，2011 年第 6 期，第 41–43 页。

25. 陈超："论王审知的治闽方略及其历史功绩"，《海峡教育研究》，2020 年第 2 期，第 2–6 页。

26. 陈名实："王审知接掌王潮权力之谜"，《福建史志》，2015 年，第 6 期，第 49–52 页。

27. 杨娟娟："统合儒释：王审知治闽方略探析"，《福建论坛（人文社会科学版）》，2009 年第 11 期，第 92–94 页。

28. 张振玉："王审知与福州海上丝绸之路"，《福建文博》，2013 年第 4 期，第 44–47 页。

29. 杨桂丽："王审知与福建海外交通"，《福建论坛（人文社会科学版）》，1999 年第 5 期，第 66–68 页。

30. 黄新宪："王审知的治闽方略考"，《教育评论》，1996 年第 5 期，第 40–42 页。

31. 李军："唐梁之际福建士人翁承赞生平事迹考索"，《唐史论丛》，2021 年第 2 期，第 295–313 页。

32. 黄文山，林晨："建水闽山留足迹：翁承赞事略"，《福建乡土》，2014 年第 4 期，第 12–13 页。

33. 陈超："开闽进士薛令之的廉政思想及其当代启示"，《海峡教育研究》，2020 年第 3 期，第 16–21 页。

34. 王强："闽东廉士薛令之生平事迹考"，《闽江学院学报》，2016 年第 37 卷第 4 期，第 25–29 页。

35. 施智谋："开闽第一进士——薛令之"，《炎黄纵横》，1997 年第 4 期，第 18–19 页。

36. 杨小敏："蔡京、蔡卞与北宋晚期政局研究"，《中国经济史研究》，2015 年第 2 期，第 145 页。

37. 黎陈晋："北宋蔡卞政治活动研究"，华中科技大学硕士论文，2011 年。

38. 顾绍勇："蔡卞研究"，河北大学硕士论文，2007 年。

39. 杨小敏："蔡京盐法改革与北宋中央财政集权"，《中州学刊》，2021 年第 3 期，第 119–125 页。

40. 陈歆耕："蔡京沉浮"，《文学自由谈》，2022 年第 3 期，第 39 页。

41. 郑志强："从范仲淹、王安石到章惇、蔡京——北宋改革警示录"，《山东社会科学》，2020 年第 1 期，第 164–169 页。

42. 林毓莎："蔡襄与蔡京关系考辨"，《莆田学院学报》，2019 年第 26 卷第 1 期，第 27–31 页。

43. 张呈忠："蔡京的'福利国家'"，《书屋》，2019 年第 7 期，第 85–89 页。

44. 孙泽娟："蔡确研究"，河北大学硕士论文，2006 年。

45. 张镜涵："蔡确评传"，《鲤城方志》，1993 年第 3–4 期，第 91–94 页。

46. 辛月："蔡沈的五行学说研究"，吉林大学硕士论文，2021 年。

47. 刘余高畅："蔡沈哲学研究"，湘潭大学硕士论文，2017 年。

48. 樊智宁："蔡沈《书集传》对'伊尹放太甲'的解读与开展——基于人性论与道统论的考察"，《集美大学学报（哲社版）》，2021 年第 24 卷第 3 期，第 18–26 页。

49. 白发红："转道成儒，由《易》而《范》——蔡元定、蔡沈易学思想研究"，山东大学硕士论文，2018 年。

50. 庹永："蔡沈易学中的辩证法思想"，《兰州学刊》，2014 年第 9 期，第 47–51 页。

51. 冒怀辛："朱熹闽学的干城——蔡元定与蔡沈"，《中华文史论丛》，1983 年第 4 期，第 99–122 页。

52. 连静："蔡襄——北宋诗文革新运动的中坚力量"，《学术交流》，2021 年第 5 期，第 166–176 页。

53. 吴昊，陈曦："蔡襄与佛教关系初探"，《莆田学院学报》，2021 年第 28 卷第 3 期，第 59–65 页。

54. 郑瑞："蔡襄与蔡京书法比较研究"，山西师范大学硕士论文，2018 年。

55. 曲斌："蔡襄的儒家思想与书迹研究"，西南大学硕士论文，2018 年。

56. 黄丽媛："蔡渊易学研究"，福建师范大学硕士论文，2011 年。

57. 宋锡同："蔡元定对邵雍先天易学的继承与阐释"，《四川大学学报（哲学社会科学版）》，2022 年第 2 期，第 42–50 页。

58. 窦海元，刘伟："金石之交：朱熹与蔡元定"，《上饶师范学院学报》，2019 年第 39 卷第 4 期，第 7–11 页。

59. 顾宏义："蔡元定谪贬道州原因探析"，《河北大学学报（哲学社会科学版）》，2016 年第 41 卷第 4 期，第 1–7 页。

60. 庹永："蔡元定父子易学思想阐释"，厦门大学博士论文，2011 年。

61. 李树生："蔡元定易学的特色"，湘潭大学硕士论文，2007 年。

62. 蔡铭泽："更约九垓游：论蔡元定对朱熹理学之贡献"，《湖湘论坛》，2013 年第 6 期，第 97–100 页。

63. 杨高凡："宋代陈瓘及其作品考辨"，《河北大学学报（哲学社会科学版）》，2020 年第 45 卷第 1 期，第 11–19 页。

64. 杨高凡："陈瓘年谱"，《宋史研究论丛》，2020 年第 1 期，第 372–407 页。

65. 韩蕊蕊："陈瓘及其文学作品研究"，郑州大学硕士论文，2017 年。

66. 王爱军："陈瓘：忠信担当为己任"，《文史天地》，2021 年第 9 期，第 45–48 页。

67. 黄文翰："陈瓘佛学思想管窥"，《新宋学》，2018 年第 10 期，第 366–378 页。

68. 吴增辉："北宋后期的政治变动与陈瓘晚年由儒而佛的思想嬗变"，《河北科技大学学报（社会科学版）》，2018 年第 18 卷第 4 期，第 66–71 页。

69. 陈秋妮，马茂军："陈瓘及其稽古思想研究"，《安康学院学报》，2014 第 1 期，第 92–97 页。

70. 郭志安："陈瓘研究"，河北大学硕士论文，2004 年。

71. 徐泉海："陈宓哲学思想研究"，南昌大学博士论文，2022 年。

72. 杨柱才，徐泉海："论陈宓的仁学思想"，《南昌大学学报（人文社会科学版）》，2022 年第 53 卷第 1 期，第 40–46 页。

73. 马俊："陈宓理学思想研究"，南昌大学硕士论文，2016 年。

74. 李娟："陈宓研究"，华东师范大学硕士论文，2012 年。

75. 何则贤："蓝水塾笔记：陈所翁画龙"，《文艺杂志》，1914 年第 11 期，第 79-80 页。

76. 陈春阳："陈文龙由抗元英烈到三种神灵研究"，《福建师大福清分校学报》，2007 年第 4 期，第 70-73 页。

77. 栗燕波："何去非《何博士备论》研究"，华东师范大学硕士论文，2016 年。

78. 余奎元："第一个武学博士何去非"，《福建史志》，2007 年第 4 期，第 61-61 页。

79. 柯贞金，谭新红："黄公度行年考"，《云南大学学报 (社会科学版)》，2014 年第 4 期，第 58-66 页。

80. 庞国雄："黄公度词作之思想主旨初探"，《莆田学院学报》，2018 年第 25 卷第 3 期，第 76-79 页。

81. 丁楹："论黄公度谪居肇庆之因及其文学创作"，《肇庆学院学报》，2016 年第 37 卷第 1 期，第 38-46 页。

82. 林祖泉："南宋状元黄公度的坎坷人生"，《福建史志》，2010 年第 6 期，第 37-41 页。

83. 白蔚堂："黄公度外交活动述评"，《许昌学院学报》，1987 年第 4 期，第 42-45 页。

84. 陈绍光："李侗'理一分殊'思想研究"，西南政法大学硕士论文，2017 年。

85. 付良波："李侗思想及其对朱熹影响研究"，曲阜师范大学硕士论文，2014 年。

86. 姚炳成："梁克家与南宋孝宗朝政治"，福建师范大学硕士论文，2021 年。

87. 书云："南宋泉州状元梁克家"，《泉州师范学院学报》，2013 年第 1 期，第 75 页。

88. 林振礼："朱熹与梁克家关系考辨"，《朱子学与文化建设学术研讨会论文集》，2012 年。

89. 杨文新："梁克家与《三山志》"，《闽都文化研究》，2004 年第 1 期，第 517-530 页。

90. 卢美松："梁克家《三山志》与何乔远《闽书》"，《闽都文化研究》，2004 年第 1 期，第 508-516 页。

91. 肖忠生："宋代木兰陂水利工程和它的创建者：钱四娘、林从世、李宏"，《福建史志》，2003 年第 1 期，第 41-42 页。

92. 林龙锋："'南夫子'林光朝家世考"，《莆田学院学报》，2021 年第 28 卷第 4 期，第 63-70 页。

93. 黄新宪："宋明学人视角中的'南夫子'林光朝"，《海峡教育研究》，2017 年第 3 期，第 2-17 页。

94. 林珍发，林煌柏："'南夫子'林光朝述评"，《福建史志》，2015 年第 5 期，第 57-59 页。

95. 朱学博："朱熹林栗纠葛新辨——兼论林栗与道学人士交谊"，《历史文献研究》，2021 年第 2 期，第 274-284 页。

96. 肖满省："先天学说在宋代的接受与被抵制——以朱熹、林栗的争论为中心"，《细读》，2020 年第 2 期，第 184-200 页。

97. 李攀："林栗易学思想研究"，武汉大学硕士论文，2011 年。

98. 朱瑞熙："南宋理学家林栗研究：兼论林栗与朱熹的争论"，《宋代文化研究》，2013 年第 10 期，第 1-49 页。

99. 胡瀚霆："林希逸与道教关系考论"，《宗教学研究》，2022 年第 1 期，第 62-68 页。

100. 汪敏："林希逸与朱熹《老子》观之比较"，《闽台文化研究》，2022 年第 4 期第 64-73 页。

101. 郑天熙："林希逸解庄中的理学思想"，《老子学刊》，2020 年第 1 期，第 96-112 页。

102. 王晚霞："林希逸文献学研究"，福建师范大学博士论文，2015 年。

103. 王晚霞："林希逸生卒年考辨"，《东南学术》，2016 年第 1 期，第 233-239 页。

104. 韦润潼："刘克庄与佛教研究"，上海师范大学硕士论文，2022 年。

105. 顾烨："刘克庄乐府诗研究"，江苏师范大学硕士论文，2020 年。

106. 苏丹："南宋理学家与刘克庄诗学"，上海外国语大学硕士论文，《上海外国语大学》，2018 年。

107. 张境悦："刘克庄赵翼唐宋诗学观异同

研究"，温州大学硕士论文，2018 年。

108. 方彦寿："朱熹为何推崇刘彝"，《炎黄纵横》，2020 年第 6 期，第 14-15 页。

109. 曾辉："北宋水利专家刘彝生平考论"，《闽江学院学报》，2018 年第 39 卷第 1 期，第 10-17 页。

110. 练建安："赣水苍茫龙峰青——北宋水利专家刘彝的历史碎片"，《闽都文化》，2018 年第 3 期，第 72-78 页。

111. 福建省水利史志办编："刘彝"，《福建水利史志资料》，1985 年第 5 期，第 108-108 页。

112. 刘永强："朱熹'出入释老'发微"，《国学学刊》，2016 年第 4 期，第 134-140 页。

113. 刘云超："罗从彦理学思想及其当代价值"，《理论学刊》，2022 年第 5 期，第 162-169 页。

114. 周元侠："论道南学派的构建——以罗从彦和陈渊为中心"，《福建论坛 (人文社会科学版)》，2022 年第 8 期，第 151-159 页。

115. 陈利华："罗从彦受学杨时考"，《武夷学院学报》，2021 年第 40 卷第 1 期，第 1-6 页。

116. 祁玉勇："罗从彦治政思想研究——以《尊尧录》为中心的考察"，河北大学硕士论文，2020 年。

117. 佳道："罗从彦道学思想探察"，《集美大学学报 (哲社版)》，2017 年第 20 卷第 1 期，第 13-18 页。

118. 张天奇："吕惠卿《道德真经传》黄老思想研究"，内蒙古大学硕士论文，2022 年。

119. 梁杰："王雱与吕惠卿《庄子》诠释比较研究"，重庆师范大学硕士论文，2019 年。

120. 郭尚文："吕惠卿研究"，浙江工业大学硕士论文，2010 年。

121. 余彦文："潘大临与其父潘鲠"，《黄冈师范学院学报》，1986 年第 1 期，第 33 页。

122. 陈冬梅："全球史观下的宋元泉州港与蒲寿庚"，《复旦学报 (社会科学版)》，2019 年第 61 卷第 6 期，第 52-57 页。

123. 陈广恩："蒲寿庚叛宋降元主谋非蒲寿宬考"，《中国史研究》，2013 年第 1 期，第 145-158 页。

124. 毛佳佳："蒲寿庚事迹考"，《海交史研究》，2012 年第 1 期，第 29-42 页。

125. 太平："蒲寿庚事迹"，《中国史研究》，1987 年第 2 期，第 106-107 页。

126. 孙桂平："苏颂的理学素养对朱熹的影响"，《学术交流》，2022 年第 2 期，第 5-15 页。

127. 陈玉鹏，刘德荣："苏颂与海上丝绸之路的中医药"，《江西中医药》，2022 年第 53 卷第 12 期，第 15-17 页。

128. 刘旭："北宋中后期宰相苏颂研究"，重庆师范大学硕士论文，2019 年。

129. 汤迎迎："北宋新旧党争视角下的苏颂研究"，华中科技大学硕士论文，2018 年。

130. 李方恩："苏颂：是大宋贤相，更是科学巨匠"，《知识窗》，2022 年第 5 期。

131. 于海根，鲍旦旦："系统观视野下的苏颂科技文化国际传播研究"，《国际援助》，2022 年第 28 期，第 121-123 页。

132. 刘旭："北宋宰相苏颂的为官之道"，《魅力中国》，2019 年第 6 期，第 242 页。

133. 曾纪鑫："苏颂：中国古代唯一的科技丞相"，《福建人》2016 年第 9 期，第 58-63 页。

134. 缪钺："论金初词人吴激"，《中国古代、近代文学研究》，1990 年第 4 期，第 161-166 页。

135. 王庆生："吴激家世生平考述"，《江苏大学学报 (社会科学版)》，2002 年第 3 期，第 43-47 页。

136. 温海清："文天祥殉节与宋亡历史观"，《复旦学报 (社会科学版)》，2021 年第 63 卷第 5 期，第 126-135 页。

137. 温海清："文天祥殉节与宋亡历史观"，《史学史研究》，2021 年第 4 期，第 124 页。

138. 林思翔："郑思肖与谢翱"，《闽都文化》，2020 年第 5 期，第 42-45 页。

139. 胡荣："谢翱研究"，南京大学博士论文，2013 年。

140. 杨晚潜："谢翱交游考略"，《长江丛刊》，2018 年第 34 期，第 196 页。

141. 林石："谢翱事略与地方名人的乡籍之

争"，《宁德师范学院学报（哲学社会科学版）》，2015 年第 4 期，第 55-61 页。

142. 张宝："谢翱生平思想论略"，《湖北社会科学》，2008 年第 1 期，第 145-147 页。

143. 徐进："谢翱生平事迹及交游考辨"，北京大学硕士论文，1995 年。

144. 汤鸣统："谢翱生平新探"，《福建论坛（人文社会科学版）》，1993 年第 6 期，第 68-72 页。

145. 林校生："谢翱事迹考略"，《福建师范大学学报（哲学社会科学版）》，1981 年第 4 期，第 136-142 页。

146. 陈亚："严羽'入神'诗论探究"，湖北民族大学硕士论文，2020 年。

147. 张伟："论严羽的辨体观"，《邵阳学院学报（社会科学版）》，2019 年第 18 卷第 1 期，第 69-75 页。

148. 高菲："严羽诗学思想的成熟和影响扩大"，南京大学硕士论文，2012 年。

149. 胡可涛："杨时的生命哲学探微"，《朱子文化》，2022 年第 1 期，第 16-21 页。

150. 谷继明："杨时易学探义"，《中国文化研究》，2018 年第 1 期，第 84-92 页。

151. 张稼轩："杨时'温柔敦厚'之倡成因探析"，《作家天地》，2022 年第 8 期，第 25-27 页。

152. 包佳道："杨时儒学思想探析"，《南昌大学学报（人文社会科学版）》，2015 年第 46 卷第 1 期，第 31-37 页。

153. 包佳道："杨时的道统观及其文化意涵"，《现代哲学》，2015 年第 3 期，第 107-112 页。

154. 黄艳娜："杨时教育思想研究"，河南大学硕士，2014 年。

155. 李曈："禅宗文献中杨亿形象的变迁"，《学术研究》，2017 年第 4 期，第 36-42 页。

156. 谭洁："北宋文人杨亿的人生际遇及其诗歌创作"，《湖北文理学院学报》，2019 年第 40 卷第 9 期，第 57-63 页。

157. 施懿超："杨亿及其昆体四六"，《中国海洋大学学报（社会科学版）》，2013 年第 2 期，第 118-123 页。

158. 杨洁："杨亿与北宋初期佛教"，中国社会科学院研究生院硕士论文，2009 年。

159. 少木森："杨亿和他的西昆体诗歌"，《文学教育（上半月）》2014 年第 12 期，第 48-49 页。

160. 祝文善："杨亿与西昆体诗"，《炎黄纵横》，2007 年第 8 期，第 P57-59 页。

161. 王伟："游酢哲学思想研究"，中国人民大学哲学院硕士论文，2012 年。

162. 陈芩："游酢：开闽学之先河"，《福建乡土》，2015 年第 5 期，第 P18-19 页。

163. 李昌志："北宋理学先驱游酢家世及其著述考"，《志苑》，2015 年第 4 期。

164. 赵晓阳："游酢哲学思想研究"，南昌大学硕士论文，2008 年。

165. 吴吉民："重评游酢在'道南'中的历史贡献和地位——以朱子理学构建过程的角度来审视"，《朱子文化》，2013 年第 5 期，第 15-20 页。

166. 罗筱云："北宋理学家：游酢"，《福建史志》，2002 年第 6 期，第 41-42 页。

167. 徐炳杰："曾公亮对《孙子兵法》的传承发展运用初探"，《孙子研究》，2021 年第 5 期，第 45-51 页。

168. 赵积优："曾公亮研究"，西北师范大学硕士，2013 年。

169. 杨国栋："曾公亮：利国惠民勇革新"，《海峡通讯》，2013 年第 7 期，第 60-61 页。

170. 史爱君："略论曾公亮"，《史学月刊》，1993 年第 6 期，第 97-101 页。

171. 李新伟："曾公亮与王安石变法"，《湖北师范学院学报（哲学社会科学版）》，2009 年第 5 期，第 82-85 页。

172. 陈培坤："试论曾公亮的历史功绩"，《福建师范大学学报（哲学社会科学版）》，1983 年第 2 期，第 103-109 页。

173. 祝尚书："张元幹事迹与创作考论"，《山西大学学报（哲学社会科学版）》，2022 年第 45 卷第 6 期，第 71-79 页。

174. 王兆鹏："张元幹的家世背景、经历个性和词史地位"，《古典文学知识》，2022 年第 4 期。

175. 吴杰："张元幹儒家思想钩沉"，《社会科学（文摘版）》，2018 年第 8 期，第 453–454 页。

176. 张仲英，郭艳华："两宋剧变对张元幹思想和词风的影响"，《赤峰学院学报（哲学社会科学版）》，2011 年第 9 期。

177. 黄善勇："南宋著名爱国词人张元幹述评"，《福建史志》，2009 年第 4 期，第 48 页。

178. 曹济平："张元幹生平事迹考略"，《南京师大学报（社会科学版）》，1980 年第 2 期，第 44–50 页。

179. 张先强："闽士第一相——章得象"，《福建乡土》，2008 年第 4 期，第 36–37 页。

180. 陈歆耕："苏轼与章惇：'密友'何以成'仇敌'"，《文学自由谈》，2020 年第 6 期，第 59–72 页。

181. 邹金灿："苏轼和章惇"，《南方人物周刊》，2014 年第 14 期，第 102 页。

182. 汪天顺："章惇研究"，河北大学博士论文，2002 年。

183. 郑达炘，翁国珍："章惇与王安石变法"，《福建师大学报（哲学社会科学版）》，1984 年第 1 期，第 126–132 页。

184. 黄锦君："章惇传论：从章惇的宦海沉浮看北宋中后期政治风云"，《宋代文化研究》，2000 年第 10 期，第 283–294 页。

185. 林晖："赵以夫及其词研究"，漳州师范学院硕士论文，2010 年。

186. 王可喜，王兆鹏："南宋词人赵以夫生平及词作编年考"，《词学》，2013 年第 2 期，第 139–160 页。

187. 贾智鹏："真德秀蒙学思想研究"，西北民族大学硕士论文，2019 年。

188. 蒋菲："真德秀与湘学之关系"，《上饶师范学院学报》，2021 年第 41 卷第 1 期，第 16–22 页。

189. 陈君君："真德秀'正心'说研究"，湖南大学硕士论文，2017 年。

190. 颛静莉："真德秀民本思想研究"，《宋史研究论丛》，2021 年第 1 期，第 271–283 页。

191. 陈晓杰："真德秀的君主论"，《学海》，2014 年第 4 期，第 73–80 页。

192. 杨康贤："南宋后期著名理学家真德秀的政治命运解析"，《兰台世界》，2014 年第 21 期，第 27–28 页。

193. 张卫国："'庆元党禁'视域下之朱子学转向：真德秀《大学衍义》研究"，海南大学硕士论文，2011 年。

194. 朱人求："真德秀对朱子诚学的继承和发展"，《哲学动态》，2009 年第 11 期，第 42–47 页。

195. 尹业初："真德秀哲学思想研究"，湘潭大学硕士论文，2005 年。

196. 李郁清："郑樵的学术贡献与创新"，《中国社会科学院研究生院学报》，2008 年第 3 期，第 129–134 页。

197. 侯佳："宋代辨伪第一人——郑樵的辨伪成果、思想、方法及其影响"，河南大学硕士论文，2008 年。

198. 林思翔："郑思肖与谢翱"，《闽都文化》，2020 年第 5 期，第 42–45 页。

199. 何蕾："南宋理学与郑思肖的忠臣情结"，《大理大学学报》，2019 年第 4 卷第 11 期，第 26–32 页。

200. 李海林："相与为一——宋末道士郑思肖地理思想"，《湖南大学学报（社会科学版）》，2016 年第 30 卷第 3 期，第 65–69 页。

201. 卓洪艳："郑思肖《心史》研究"，福建师范大学硕士论文，2008 年。

202. 王建美："史家意识与遗民心态：南宋遗民郑思肖及其《心史》"，《前沿》，2013 年第 6 期，第 145–146 页。

203. 刘君荣："福州宋代郑性之状元第"，《人物》，2012 年第 4 期。

204. 林如求："状元宰相郑性之"，《福建乡土》，2006 年第 4 期，第 18–20 页。

205. 吴用耕："忧乐为国分：记宋朝名宦郑昭先"，《炎黄纵横》，2009 年第 3 期，第 33–34 页。

206. 解茗："朱熹的子学思想"，四川师范大学硕士论文，2011 年。

207. 蔡方鹿，解茗："朱熹的子学思想及其特征和地位"，《哲学研究》，2012 年第 6 期，第 35–41 页。

208. 魏志远："从'格物致知'看朱熹的理学地位——对牟宗三判朱熹为'别子为宗'的反思"，《重庆邮电大学学报 (社会科学版)》，2013 年第 2 期。

209. 曾勇："邹应龙评传"，《三明师专学报 (社会科学版)》，1991 年第 1 期，第 31–33 页。

210. 詹昌政："陈友定：一个忠臣的失落"，《福建乡土》，2008 年第 4 期，第 34–35 页。

211. 邵长满："杨载研究"，福建师范大学硕士论文，2009 年。

212. 丁清华："明初行人杨载身世考辩"，《海交史研究》，2013 年第 2 期，第 117–122 页。

213. 叶嘉馨："蔡复一研究"，浙江师范大学硕士论文，2018 年。

214. 李木隆："蔡复一研究"，福建师范大学博士论文，2017 年。

215. 陈鸿："陈第袭用吴棫音证考"，《语言研究》，2014 年第 34 卷第 3 期，第 67–73 页。

216. 肖满省："陈第易学成就述论"，《闽江学院学报》，2013 年第 1 期，第 13–17 页。

217. 廖楚强："音韵学家陈第"，《福建论坛 (社科教育版)》，1983 年第 2 期，第 108–110 页。

218. 廖楚强："明代连江奇人陈第"，《炎黄纵横》，1998 年第 1 期，第 17–18 页。

219. 刘青松："陈第古音学思想形成探因"，《湛江师范学院学报》，2003 年第 24 卷第 5 期，第 26–28 页。

220. 邹全荣："陈省与武夷山摩崖石刻"，《福建乡土》，2007 年第 6 期，第 46–47 页。

221. 黄大林："明前期漳州理学和教育名家陈真晟述评"，《福建论坛 (人文社会科学版)》，2011 年第 11 期，第 99–102 页。

222. 邢文："曹学佺小品文研究"，西藏大学硕士论文，2022 年。

223. 洪心宁："曹学佺《湘西纪行》诗文叙述研究"，台湾师范大学硕士论文，2020 年。

224. 肖满省："曹学佺易学思想研究"，《闽江学院学报》，2017 年第 38 卷第 4 期，第 19–24 页。

225. 于莉莉："曹学佺家世生平考三则"，《闽江学院学报》，2017 年第 38 卷第 6 期，第 14–18 页。

226. 陈庆元："曹学佺生平及其著作考述"，《福州大学学报 (哲学社会科学版)》，2016 年第 30 卷 2 期，第 72–80 页。

227. 王倩："董应举研究"，福建师范大学硕士论文，2016 年。

228. 李义琼，邱永志："明末钱法、盐法及其财政货币体制问题——以董应举致仕事件为中心"，《明清史 (人大复印)》2020 年第 2 期。

229. 路雅丽："黄道周政治伦理思想研究"，中国计量大学硕士论文，2021 年。

230. 许卉："论黄道周的《孝经》学思想"，《河北大学学报 (哲学社会科学版)》，2019 年第 44 卷第 2 期，第 43–49 页。

231. 刘涛："黄道周杨氏门人考"，《合肥师范学院学报》，2022 年第 40 卷第 2 期，第 6–12 页。

232. 曹圆杰："晚明大儒黄道周书学研究"，福建师范大学硕士论文，2019 年。

233. 孙君恒，关殷颖："黄道周的君子观审视"，《国际儒学论丛》，2021 年第 1 期，第 172–182 页。

234. 姚小芳："黄道周孝道思想研究"，山西大学硕士，2017 年。

235. 许卉，贡森："黄道周《洪范明义》对古代政治合法性的思考"，《燕山大学学报 (哲学社会科学版)》，2021 年第 22 卷第 6 期，第 65–71 页。

236. 李志阳："黄文炤与《道南一脉诸儒列传》"，《闽江学院学报》，2020 年第 41 卷第 1 期，第 10–15 页。

237. 赖双安："以何朝宗为代表的明代德化窑瓷塑艺术特征初探"，《艺术品鉴》，2015 年第 5 期，第 312–313 页。

238. 徐俊东："一代宗师何朝宗瓷塑艺术的文化解读"，《中国陶瓷》，2008 年第 44 卷第 3

期，第63-65页。

239. 杨宇璇："何乔远经史成就略论"，《闽台文化研究》，2019年第1期，第63-69页。

240. 刘松岭："方志学家：何乔远"，《炎黄纵横》，2014年第6期，第31-32页。

241. 张宇，凌影："汀州李世熊"，《福建乡土》，2021年第3期，第38-39页。

242. 张宇："实学思潮与遗民心态：明遗民李世熊散文研究"，福建师范大学博士论文，2020年。

243. 张宇："论李世熊的儒家政治思想"，《闽台文化研究》，2022年第4期，第12-17页。

244. 孙琪："明末遗民李世熊及西学之关联研究"，首都师范大学硕士论文，2007年。

245. 李茜茜："李世熊家世研究初探"，《鸡西大学学报》，2010年第1期，第110-112页。

246. 黄节："李世熊传"，《国粹学报》，1907年第7期，第13-13页。

247. 何典："李世熊：硬颈的客家学人"，《福建乡土》，2006年第4期，第21页。

248. 黄节："明史补传：李世熊传"，《江苏革命博物馆月刊》，1930年第2卷第5期，第1-11页。

249. 南炳文："明朝遗民李世熊生平事迹五考"，《明史研究论丛》，2007年第10期，第228-232页。

250. 吴世光："李世熊传"，《宁化方志通讯》，1986年第6期，第8-8页。

251. 黄节："李世熊传"，《国粹学报》，1908年第44期。

252. 陈晓杰："李卓吾的女性观与明代社会——以'出世丈夫'为线索"，《文史哲》，2022年第5期，第134-141页。

253. 邵祎晗："李卓吾思想的道家特征研究"，杭州师范大学硕士论文，2020年。

254. 张金颖："林之蕃生平及其绘画艺术"，《艺苑》，2019年第6期，第46-48页。

255. 唐颐："史可法与刘中藻"，《福建乡土》，2010年第5期，第49-51页。

256. 邵永乐："戚继光边防军事思想研究"，聊城大学硕士论文，2019年。

257. 陈文辉，葛业文："试论戚继光作战思想"，《军事历史》，2021年第2期，第73-79页。

258. 冯荣："戚继光抗倭与新时代民族精神传承弘扬研究"，《大学教育》，2022年第9期，第151-154页。

259. 张玲玲："谭纶海防思想研究"，吉首大学硕士论文，2014年。

260. 胡长春："明朝名将谭纶的军事思想评析"，《江西社会科学》，2008年第3期，第150-155页。

261. 万揆一："唐泰（担当）出家原因初探"，《昆明师院学报（哲学社会科学版）》，1983年第15卷第3期，第29-32页。

262. 左东岭："论王偁的人格与诗风"，《学习与探索》，2012年第8期，第133-137页。

263. 王晓云："王景弘的祖籍及宗教信仰略考"，《福建师范大学学报（哲学社会科学版）》，2007年第6期，第257-261页。

264. 董芳："王慎中贬杜论研究"，河北大学硕士论文，2012年。

265. 林虹："王慎中研究"，福建师范大学博士论文，2009年。

266. 陈广宏："王慎中与闽学传统"，《文学遗产》2009年第4期，第89-100页。

267. 张懿德："明末名臣王在晋万历年间的仕宦与作为考述"，《河南科技大学学报（社会科学版）》，2022年第40卷第1期，第70-76页。

268. 杨绪敏："王在晋及其军事著述探研"，《社会科学战线》，2014年第7期，第110-114页。

269. 李玉宝："谢肇淛与晚明福建文学"，上海师范大学博士论文，2010年。

270. 黄敏："谢肇淛在史学上的贡献"，《三明学院学报》，2013年第30卷第3期，第43-48页。

271. 陈艳红："谢肇淛及其著述研究"，福建师范大学硕士论文，2007年。

272. 陈庆元："谢肇淛及其著述"，《闽都文化研究》，2006年第1期，第280-306页。

273. 何孝荣，侯振龙："从功臣到'祸首'：明清时期姚广孝形象的变迁"，《南开学报（哲学社会科学版）》，2022 年第 4 期，第 141–152 页。

274. 何孝荣："论姚广孝与'新明朝'的建立"，《史学集刊》，2019 年第 3 期，第 43–56 页。

275. 姚诗聪："姚广孝的历史地位及被丑化原因"，《江苏地方志》，2021 年第 2 期，第 60–65 页。

276. 姚诗聪："姚广孝的功过是非"，《书屋》，2021 年第 1 期，第 47–50 页。

277. 许潇："姚广孝对程朱排佛论的回应"，《福建师范大学学报（哲学社会科学版）》，2017 年第 5 期，第 125–132 页。

278. 姚诗聪："浅谈姚广孝及其相关问题"，《张家口职业技术学院学报》，2020 年第 33 卷第 4 期，第 53–59 页。

279. 陈超："晚明三朝良相叶向高"，《福建史志》，2021 年第 6 期，第 51–54 页。

280. 徐强："叶向高的政治活动与晚明政治生态——以万历后期'国本之争'为中心"，厦门大学硕士学位，2020 年。

281. 魏名庆，卢胜富："内阁首辅叶向高"，《福建乡土》，2020 年第 4 期，第 35–37 页。

282. 林金水："叶向高致仕与艾儒略入闽之研究"，《福建师范大学学报（哲学社会科学版）》，2015 年第 2 期，第 115–124 页。

283. 赵映林："试析晚明困局与困局中的叶向高"，《文史杂志》，2019 年第 4 期，第 78–85 页。

284. 冷东："叶向高与东林党"，《东北师大学报（哲学社会科学版）》，1998 年第 1 期，第 46–56 页。

285. 杨先金："《抗倭名将俞大猷》的军事艺术"，《阅读时代》，2021 年第 12 期。

286. 周孝雷："俞大猷的海防地理思想与海防实践研究"，暨南大学硕士论文，2015 年。

287. 无谷："关于赵本学的《孙子书》"，《文献》，1981 年第 10 期，第 165–171 页。

288. 张国刚："三宝太监与航海王子"，《文史知识》，2019 年第 3 期，第 82–88 页。

289. 何芳川："世界历史上的郑和远航——兼论三宝太监下西洋的动因"，《历史教学》，1992 年第 6 期，第 31–33 页。

290. 苏经强："陈宝琛晚年政治选择研究"，福建师范大学博士论文，2018 年。

291. 游宇明："陈宝琛的风骨"，《各界》，2017 年第 13 期，第 1 页。

292. 何连海："陈宝琛教育思想研究"，福建师范大学硕士论文，2011 年。

293. 陈超："陈宝琛教育改革思想及其成因探析"，《海峡教育研究》，2017 年第 4 期，第 14–19 页。

294. 池雷鸣："陈季同的文化、文学传播意识与晚清'东学西渐'"，《东岳论丛》，2019 年第 6 期，第 115–125 页。

295. 岑红，张希："陈季同与中法文化交流"，《江苏师范大学学报（哲学社会科学版）》，2017 年第 43 卷第 2 期，第 1–9 页。

296. 霍金坡："陈季同思想研究"，陕西师范大学硕士论文，2012 年。

297. 丁琳琳："陈季同——东学西渐和西学东渐的先驱和实践者"，《知识文库》，2017 年第 3 期，第 4–5 页。

298. 李艳艳："晚清外交官陈季同"，《黑龙江史志》，2014 年第 11 期，第 60 页。

299. 贾熟村："赫德与陈季同"，《东方论坛》，2014 年第 1 期，第 1–5 页。

300. 赵天舒："陈季同的翻译实践和他的理想王国"，《东岳论丛》，2010 年第 31 卷第 5 期，第 111–114 页。

301. 刘红："陈季同与中法文化交流"，《法国研究》，2012 年第 3 期，第 38–43 页。

302. 张先清，刘映珏："晚清译书家陈季同与陈寿彭"，《福建史志》，1997 年第 6 期，第 46–50 页。

303. 陈延杰："近代福建译坛的一对伉俪——记陈寿彭与薛绍徽"，《福建乡土》，2005 第 2 期，第 31–33 页。

304. 付爱丽："陈寿祺诗歌用韵研究"，福建师范大学硕士论文，2021 年。

305. 周伟伟："陈修园医学流派研究"，福建中医药大学硕士论文，2014 年。

306. 张敬敬："陈修园临床经验研究"，福建中医药大学硕士论文，2014 年。

307. 池孟轩："陈修园对仲景学术思想继承与发展研究"，北京中医药大学博士论文，2015 年。

308. 廖晓羽："陈修园医学教育思想研究"，福建中医药大学硕士论文，2012 年。

309. 陈瑞，任泓吉："陈修园学术思想浅析"，《中国民族民间医药》，2014 年第 5 期，第 30—32 页。

310. 夏登杰："陈修园的医学教育思想"，《学海》，2009 年第 5 期，第 197—200 页。

311. 袁美丽："邓廷桢的词学思想及其词学史意义"，《中国韵文学刊》，2022 年第 36 卷第 3 期，第 68—76 页。

312. 陈婷婷："邓廷桢诗词研究"，南京师范大学硕士论文，2011 年。

313. 苏利海："邓廷桢词学研究"，《内蒙古大学学报（人文社会科学版）》，2009 年第 1 期，第 18 页。

314. 吴义雄："邓廷桢与广东禁烟问题"，《近代史研究》，2008 年第 5 期，第 37—55 页。

315. 吴义雄："邓廷桢与广东禁烟问题"，《中国近代史（人大复印）》，2009 年第 2 期。

316. 郭金彬："丁拱辰及其《演炮图说辑要》"，《自然辩证法通讯》，2003 年第 3 期，第 79—83 页。

317. 张家瑜："丁拱辰及其《演炮图说》"，《泉州师专学报》，1983 年第 1 卷第 2 期，第 60—64 页。

318. 陈名实："清代回族火炮专家：丁拱辰"，《福建史志》，2003 年第 2 期，第 41—43 页。

319. 禾源："虎将甘国宝"，《福建乡土》，2014 年第 4 期，第 35—36 页。

320. 陆和寿："'超凡入圣'的一代名将：甘国宝的非凡一生"，《炎黄纵横》，2014 年第 4 期，第 36—37 页。

321. 黄益群："龚易图和他的藏书事业"，《炎黄纵横》，2018 年第 7 期，第 56—57 页。

322. 陈亮："清代福建藏书家龚易图研究"，山东大学硕士论文，2012 年。

323. 尤小平："龚易图与乌石山房、大通楼藏书"，《福建师大福清分校学报》，2008 年第 3 期，第 94—97 页。

324. 唐慧丽："'经''权'之辩——辜鸿铭与张之洞的文化分歧"，《读书》，2022 年第 6 期，第 66—72 页。

325. 唐慧丽："'良民宗教'——论辜鸿铭对欧洲现代文明的反思及其解决方案"，《中国文学研究》，2022 年第 1 期，第 190—196 页。

326. 吴礼明："明末叛臣之洪承畴降清的历史作用补缀"，《兰台世界》，2015 年第 9 期，第 81—82 页。

327. 曾纪鑫："千古贰臣洪承畴"，《同舟共进》，2013 年第 12 期，第 57—63 页。

328. 陈国权："洪承畴研究"，香港大学硕士论文，1987 年。

329. 李娜："试评洪承畴'民本主义'思想"，《黑龙江史志》，2013 年第 9 期，第 96 页。

330. 俞栋："胡雪岩：钱庄学徒起家的红顶商人"，《杭州金融研修学院学报》，2022 年第 1 期，第 66—70 页。

331. 孙启杭："儒商文化视野下的'红顶商人'胡雪岩"，《延安职业技术学院学报》，2019 年第 33 卷第 4 期，第 95—98 页。

332. 李小青："黄慎题画诗研究"，集美大学硕士论文，2021 年。

333. 伊雅洁："黄慎的艺术交游研究"，南昌大学硕士论文，2021 年。

334. 温宏亮："黄慎绘画艺术研究"，山西师范大学硕士论文，2021 年。

335. 黄益群："平海策士：黄性震"，《炎黄纵横》，2015 年第 8 期，第 50—52 页。

336. 吕宗敏："何秋涛《朔方备乘》研究"，西北民族大学硕士论文，2010 年。

337. 王建成："何秋涛和他的中俄关系专著"，《炎黄纵横》，2013 年第 7 期，第 45—46 页。

338. 张承宗："张穆、何秋涛对边疆历史地理的研究"，《史学史研究》，1983 年第 3 期，第

18–22 页。

339. 孙海泉："何秋涛与中俄关系史的研究"，《福建论坛（文史哲版）》，1990 年第 1 期，第 68–72 页。

340. 余静，孙海泉："林则徐与何秋涛经世思想异同论"，《徐州师范大学学报（哲学社会科学版）》，2002 年第 28 卷第 4 期，第 86–89 页。

341. 牛海桢："何秋涛及其西北边疆史地研究"，《历史学》，2002 年第 6 期，第 75–76 页。

342. 刘淑君："李光地易学哲学研究"，山东大学硕士，2018 年。

343. 苏韶文，苏黎明："试论李光地的科举改革思想"，《泉州师范学院学报》，2021 年第 39 卷第 1 期，第 99–103 页。

344. 苏黎明，林华东："全球视野下的李光地研究"，《泉州师范学院学报》，2019 年第 37 卷第 3 期，第 5–9 页。

345. 胡彩云："力钧与致用书院"，《通化师范学院学报》，2021 年第 42 卷第 1 期，第 74–78 页。

346. 彭榕华，陈升惠："力钧医案的施治特色及学术主张"，《福建中医药》，2018 年第 49 卷第 5 期，第 43–45 页。

347. 肖林榕，井运梅，刘献祥："力钧：亦官亦医，倡导中西医汇通第一人"，《福建中医药》，2017 年第 48 卷第 3 期，第 44–46 页。

348. 周辉，朱长刚，尹岭："御医力钧生平事迹举隅"，《中华医史杂志》，2010 年第 2 期，第 109–111 页。

349. 刘传标："船政学堂对近代中国翻译的影响"，《福建论坛（人文社会科学版）》，2016 年第 2 期，第 123–129 页。

350. 蔡莹涓："梁章钜研究"，福建师范大学博士论文，2009 年。

351. 欧阳少鸣："梁章钜探论"，《东南学术》，2010 年第 5 期，第 185–192 页。

352. 施晓宇："林长民与林觉民"，《长江丛刊》，2020 年第 4 期，第 45–46 页。

353. 王祖华："林纾研究的新突破及其启示"，《上海翻译》，2021 年第 4 期，第 80–84 页。

354. 吴娟："林纾家书及其当代价值"，《福建工程学院学报》，2022 年第 20 卷第 5 期，第 437–441 页。

355. 贺海琴："林纾的翻译赞助人及其对译作的影响研究"，宁波大学硕士论文，2019 年。

356. 林铭锻，林春明："林嗣环：除暴安良，天赋异禀"，《海峡通讯》，2019 年第 6 期，第 58–59 页。

357. 李宇思："正气佑苍生《口技》传名篇：清代名吏、文学家林嗣环"，《炎黄纵横》，2008 年第 8 期，第 59–60 页。

358. 王旭："鸦片战争之前的林则徐"，《书屋》，2022 年第 5 期，第 74–76 页。

359. 郑丹丹："林则徐法律思想研究"，黑龙江大学硕士论文，2018 年。

360. 张巨保："从重农兴农到促农济农：林则徐农政思想与农业实践"，《农业考古》，2021 年第 3 期，第 107–112 页。

361. 陈友良："清儒雷鋐的理学背景及正学观述略"，《孔子研究》，2015 年第 3 期，第 101–108 页。

362. 严利人："蔡世远与雷鋐的师生情谊及文化传承之研究"，《语言与文化论坛》，2018 年第 1 期，第 151–157 页。

363. 龙登高："广州十三行百年第一人：潘振承"，《清华管理评论》，2016 年第 2 期，第 117–123 页。

364. 颜志端，颜祖侠："十三行闽籍行商家族联姻初探"，《岭南文史》，2019 年第 3 期，第 48–53 页。

365. 赖晨："最后的专职船政大臣裴荫森"，《炎黄纵横》，2014 年第 6 期，第 29–30 页。

370. 王民："裴荫森与福建船政局的重振及发展"，《复印报刊资料（中国近代史）》，1989 年第 12 期，第 43–48 页。

371. 吴永宁："裴荫森与福建船政"，《福建论坛（社科教育版）》，2005 年第 A1 期，第 55–57 页。

372. 江洪："鉴湖女侠秋瑾对近代女性体育运动的影响"，《兰台世界》，2014 年第 7 期，第 150–151 页。

373. 周敏："鉴湖女侠秋瑾与她的女性解放思想"，《学理论》，2015 年第 20 期，第 106-107 页。

374. 黄益群："王寿昌的身前身后事"，《炎黄纵横》，2018 年第 1 期，第 15-17 页。

375. 王宜椿："林纾与王寿昌声泪合译《茶花女》"，《福建史志》，2002 年第 3 期，第 49-50 页。

376. 林庆元："近代爱国造船专家魏瀚"，《史学月刊》，1985 年第 3 期，第 52-57 页。

377. 陈芳华："魏秀仁及其《花月痕》研究"，苏州大学硕士论文，2009 年。

378. 游秀琴："严复文明观研究"，福建师范大学硕士，2021 年。

379. 王丽泽："严复民族救亡思想研究"东北师范大学硕士论文，2020 年。

380. 张爱龙："严复民族国家思想研究"，宁夏大学硕士论文，2020 年。

381. 侯静雅："严复晚年政治思想变与不变的再思考"，山东大学硕士论文，2020 年。

382. 李程："严复科学思想研究"，山东师范大学硕士论文，2019 年。

383. 戚庆雨："严复海权思想研究"，福建师范大学硕士论文，2019 年。

384. 王娟："严复翻译出版的实践框架与历史价值"，《出版广角》，2019 年第 12 期，第 82-84 页。

385. 姚涛："严复教育救国思想评析"，《理论观察》，2021 年第 8 期，第 164-167 页。

386. 秦慈枫，陶李春："论严复翻译出版对晚清中国社会的影响"，《中国科技翻译》，2020 年第 33 卷第 4 期，第 56-58 页。

387. 李恒滨："清代伊秉绶"，《视野》，2021 年第 4 期，第 64 页。

388. 陈吉："伊秉绶的人品与书品"，《艺苑》，2017 年第 4 期，第 50-51 页。

389. 王允健："张际亮的经世致用思想研究"，鲁东大学硕士论文，2022 年。

390. 赵雅丽："张际亮文学研究"，福建师范大学博士论文，2017 年。

391. 赵玉林："近代福建爱国诗人张际亮"，《福建文史》，2001 年第 1 期，第 26-29 页。

392. 陈文忠："爱国诗人张际亮思想的三重历程"，《广东青年干部学院学报》，2002 年第 16 卷第 3 期，第 82-86 页。

393. 邹自振："鸦片战争时期闽籍诗人张际亮"，《福建乡土》，2006 年第 2 期，第 24-25 页。

394. 司徒志雄："清代闽西爱国诗人张际亮"，《福建史志》，1995 年第 5 期，第 55-57 页。

395. 王哲义："左宗棠民族关系思想探析"，烟台大学硕士，2019 年。

396. 董大亮，丁政方："左宗棠在收复新疆之役中的国际视野"，《湖南人文科技学院学报》，2020 年第 37 卷第 3 期，第 20-25 页。

397. 恽文捷："英国干涉左宗棠西征考论"，《社会科学》，2016 年第 12 期，第 145-155 页。

398. 桂翔："浅论乱世中左宗棠的两袖清风"，《现代经济信息》，2019 年第 3 期，第 409-410 页。

399. 周哲玉，周琦："左宗棠政治思想探析"，《长沙大学学报》，2017 年第 31 卷第 4 期，第 77-80 页。

400. 范凤池："治天下者左宗棠"，《百家论坛》，2016 年第 2 期，第 42-44 页。

401. 张江汀："论林白水新闻思想的变化"，《传播力研究》，2022 年第 6 卷第 12 期，第 28-30 页。

402. 王健："奉系军阀杀害报人林白水的缘由"，《兰台世界》，2020 年第 12 期，第 129-131 页。

403. 毛章清："新闻史知识生产视野下的林白水研究"，《现代传播：中国传媒大学学报》，2017 年第 39 卷第 9 期，第 62-65 页。

404. 孙波："浅析林白水评论的特点及借鉴意义"，《今传媒》，2020 年第 28 卷第 9 期，第 124-126 页。

405. 薛宗耀："林白水与福州蒙学堂"，《福建史志》，2019 年第 6 期，第 49-53 页。

406. 郑文婷："林白水教育思想研究"，福建师范大学硕士论文，2013 年。

407. 龙海琳："林白水与中国报业现代化"，湖南师范大学硕士论文，2013 年。

408. 谭娟："林白水政论研究"，湖南大学硕士论文，2009 年。

409. 刘欣："一代报人林白水"，《各界》，2015 年第 5 期，第 85–86 页。

410. 周宇清："清末民初自由报人林白水的办报思想与实践"，《东方论坛》，2014 年第 5 期，第 29–34 页。

411. 艾红红，齐立稳："试论林白水的新闻思想"，《山东大学学报（哲学社会科学版）》，2006 年第 6 期，第 157 页。

412. 施晓宇："林长民与林觉民"，《长江丛刊》，2020 年第 4 期，第 45–46 页。

413. 刘占青："林长民：一身傲骨的民国政治家"，《各界》，2019 年第 3 期，第 76–79 页。

414. 刘占青："林长民：五四烽火的点燃者"，《炎黄纵横》，2016 年第 6 期，第 44–45 页。

415. 欧阳军喜："林长民与五四运动——兼论五四运动的起源"，《复旦学报（社会科学版）》，2003 年第 6 期，第 103–112 页。

416. 汤志钧："丘菽园与康有为"，《近代史研究》，2000 年第 3 期，第 218–228 页。

417. 黄义真："丘菽园诗学研究"，南京大学硕士论文，2005 年。

418. 汪之瑶："潘飞声文学活动研究"，广西师范大学硕士论文，2022 年。

419. 王钧："近代诗词名家潘飞声的旅德中国文化传播活动"，《长江丛刊》，2021 年第 1 期，第 135–138 页。

420. 吴晓樵："关于南社诗人潘飞声掌教柏林"，《外国文学研究》，2014 年第 6 期，第 85–91 页。

421. 谢永芳："潘飞声对本土词学文献的整理研究及其价值"，《图书馆论坛》，2008 年第 4 期，第 171–174 页。

422. 夏志强："谢章铤诗歌研究"，湖南理工学院硕士，2019 年。

423. 曾祥明："谢章铤学术思想述论"，《三明学院学报》，2020 年第 37 卷第 3 期，第 21–26 页。

424. 刘荣平："谢章铤词学思想新论"，《厦门大学学报（哲学社会科学版）》，2010 年第 5 期宾客 98–105 页。

425. 李小凤："谢章铤词学词作研究"，上海大学硕士论文，2008 年。

426. 陈庆元："谢章铤的学术思想及传世稿本"，《福建师范大学学报（哲学社会科学版）》，2001 年第 1 期，第 67–73 页。

后 记

党的十八大以来，以习近平同志为核心的党中央，高度重视文化遗产的历史意义与作用。习近平指出"历史是最好的老师。在漫长的历史进程中，中华民族创造了独树一帜的灿烂文化，积累了丰富的治国理政经验""推动中华文明创造性转化和创新性发展，激活其生命力，把跨越时空、跨越国度、富有永恒魅力、具有当代价值的文化精神弘扬起来，让收藏在博物馆里的文物、陈列在广阔大地上的遗产、书写在古籍里的文字都活起来，让中华文明同世界各国人民创造的丰富多彩的文明一道，为人类提供正确的精神指引和强大的精神动力"。

《福建历史文化名人概览》为福建省委宣传部交办的课题，福建社会科学院党组书记、副院长陈祥健担任课题指导，副院长、研究员刘小新和历史研究所原所长、研究员刘传标任组长，全书由刘传标统稿。参加撰写有刘传标、潘健、黄洁琼、张慧、陈美霞、周元侠、郑斯扬、游丽江、林洪婧、陈宇海、李佳丽、梁珊、李晶晶、谭敏、薛静、黄艳平等。

《福建历史文化名人概览》收录在福建乃至全国的历史文化等领域具有独特的影响和贡献的人物218人，旨在弘扬与赓续优秀的传统文化。由于时间仓促，及许多人士因生平资料缺乏而未能收录，同时一些人物因年代久远，历史资料少，考证较为困难，书中的缺漏、错误与不妥之处仍难避免，望读者给予批评指正。

福建社会科学院
《福建历史文化名人概览》课题组
2021 年 10 月 24 日